# 지역사회복지론 6판

| **오정수 · 류진석** 공저 |

학지사

# 6판 서문

2004년에 『지역사회복지론』 초판을 출간한 후 얼마 지나지 않아 2006년에 2판, 2009년에 3판, 2012년에 4판, 2016년에 5판을 출간하였다. 하지만 이후 세월이 경과하는 동안 지역사회복지 환경도 계속해서 빠르게 변화되고 관련 정책과 제도, 실천 영역도 새롭게 변모되어 다시금 개정이 불가피한 상황이 나타나게 되었다.

우리 사회는 이제 제4차 산업혁명, 코로나19 팬데믹으로 삶의 방식에서 새로운 변화가 나타나고 있으며, 가상현실과 사이버공동체 등이 이루어지고 있는 현실 속에서 새로운 지역사회의 개념과 전략이 요구되고 있다. 특히 국가에 의한 복지의 확대와 삶의 개인화라는 양극화 현상 속에서 지역사회가 미래사회에서도 개인과 국가 간을 연결하는 매개 구조로서 중요한 역할이 있다는 것을 확인하게 되었다. 그리고 지역사회 통합돌봄 체계의 구축, 사회서비스원의 활동 강화, 복지사각지대의 발굴 등 지역중심의 복지가 보다 중요하게 부각되고 있다.

이번 6판에서는 이러한 지역사회의 중요성과 새로운 제도와 서비스의 동향, 관련 통계자료 등에서 수정하고 보완해야 할 사항을 중심으로 작업하였다.

초판 발간 이후 그동안 대학 교재로 사용해 주신 전국의 사회복지학계 교수님들과 학생들에게 지면을 빌려 진심으로 고마운 마음을 전한다. 그들이 보내준 뜨거운 격려와 관심에 보답하고자 출간한 이번 6판이 독자들의 학문과 실천의 정진에 조금이나마 도움이 될 수 있기를 기대한다.

끝으로 이번 6판 출간을 위하여 애써 주신 학지사 김진환 사장님과 편집과정에서 수고해 주신 관계자 여러분에게도 감사드린다.

2024년 8월

저자 일동

# 초판 서문

이 책은 변화하는 새로운 사회환경에서 요청되고 있는 지역사회복지의 실천을 위하여 저술되었다. 지역사회복지는 실천하는 주체와 그들을 둘러싼 환경의 변화가 역동적인 상호작용을 하는 가운데 나타나는 사회적 실재다. 20세기를 지나 21세기에 진입한 오늘의 우리 사회가 맞이한 사회 환경은 엄청난 변화의 소용돌이 속에 있다. 세기적 전환과 변화를 주도하는 흐름은 세계화, 지방화, 정보화의 흐름이다. 이러한 흐름은 사회 각 부문과 관련되어 있지만, 특히 사회복지분야의 이목을 끄는 것은 그것이 사회복지조직과 실천의 목표, 방향 및 활동내용과도 긴밀하게 상호관련되어 있는 사회변동의 요인이기 때문이다.

세계화의 흐름은 국가의 경계를 넘어 다국적 기업이 주도하는 경제적 교역분야에 한정되지 않고 사회 각 분야의 개방으로 파급될 것으로 예상되고 있다. 지방화는 각 지역사회 공동체가 중앙중심에서 탈피하여 지방의 자율성을 회복 및 증대하여 나가는 과정 또는 결과를 의미한다. 이에 따라 공공복지분야에서는 2004년부터 사회복지사무소의 시범사업이 이루어지고, 2006년부터는 전국적으로 확대 실시가 예상되고 있다. 사회복지사무소의 설치는 공공부문의 사회복지행정 및 서비스 전달체계의 확립, 지역복지계획의 수립과 시행을 통해 공공부조의 효율적인 집행과 지역사회서비스의 확대와 질적 향상을 도모하는 것으로 지역단위의 지역사회복지 행정체계로서의 성격을 강화하는 의의를 지니고 있다. 민간복지부문에서는 사회복지협의회, 사회복지사협회, 사회복지공동모금회가 법정단체로서 중앙과 지방조직을 갖추고 민간복지의 체계적인 조직, 전문적인 인력, 효과적인 자원동원이라는 목표하에서 균형 있는 발전을 하도록 요청되고 있다.

그리고 지방화는 국가(state), 시장(market), 시민사회(civil society)의 3개 축에서 국가, 시장, 시민사회의 역할이 중심의 방향으로 수렴되는 범세계적인 추세 속에서 이루어지고 있다. 우리나라에서도 지역복지실천에서 시민사회단체의 참여가 활발하게 이루어지고 있으며, 기존의 제도권 사회복지기관에 자극과 도전이 되고 있다. 따라서 이들 시민사회단체의 사회복지 참여와 제도권 민간사회복지와의 역동적인 상호작용이 긍정적인 결실을 가져올 수 있도록 상호 간의 협력과 조화가 요청되고 있다. 지역복지활동에 대한 이해 측면에서도 이와 같은 이념적 다양화를 포괄할 수 있는 구도로 재해석되어야 할 것이다. 그리고 지역사회복지의 제도와 실천에서는 국가, 시장, 시민사회 간의 관계가 우리의 현실에 맞게 재조정되어야 하는 과제도 안고 있다.

21세기 사회에서 나타난 사회변화의 동향으로서 세계화와 지방화와 함께 또 다른 주도적인 흐름은 정보화다. 지역복지실천에서는 정보화 사회에 요구되는 새로운 개입과 실천기술, 실천윤리 등의 개발과 대응이 요구된다.

지역복지실천에서도 전통적인 지역사회조직의 방법을 넘어 새로운 다양한 모델이 개발되고 있다. 지역사회복지의 목표로서 지역사회의 역량강화가 새로운 실천의 목표로서 강조되고 있다. 그리고 지역사회의 실정과 주민의 욕구를 반영한 지역복지계획의 수립과 실천, 노인인구와 만성질환자의 증가에 따른 통합적 지역복지서비스의 실천, 전문적인 프로그램의 개발과 평가, 자원동원의 전략의 중요성 등도 새로이 강조되고 있다.

이 책은 이러한 새로운 환경의 변화를 가능한 한 충분히 반영하여 지역사회복지의 개념, 이념과 가치, 역사, 실천모델, 실천방법, 실천의 기능과 현장을 이해하는 데 도움이 되기 위하여 노력하였다. 지역사회복지의 개념(제1장), 이념과 가치(제2장), 거시적 실천방법(제5장), 실천의 기능과 현장 중 직접적 서비스(제7장), 자원동원(제10장), 동향과 과제(제13장)는 오정수 교수가 집필하였고, 지역사회복지의 역사(제3장), 실천모델(제4장), 실천기술(제6장), 공공복지 실천(제8장), 지역사회복지 네트워크와 지역사회복지계획(제9장), 자활(제11장), 지역사회복지운동(제12장)은 류진석 교수가 분담하여 집필하였다.

이 책이 21세기를 맞이한 우리 사회에 요구되는 지역사회복지실천의 이해에 다소나마 도움이 되기를 바라며, 독자 여러분의 격려와 충고를 기대한다. 이 책의 출판을 맡아 주신 학지사 김진환 사장님과 편집을 위하여 수고하신 편집부 직원들에게도 감사를 드린다.

2004년 4월

저자 오정수 · 류진석

# 차례

제1장

# 새로운 사회변화와 지역사회복지

1. 지역사회의 개념
2. 지역사회에 관한 이론
3. 지역사회복지의 관련 개념

BUS

# 1. 지역사회의 개념

## 1) 지역사회 개념의 변화와 정책환경

### (1) 지역사회 개념의 변화

지역사회라는 용어의 학문적 개념의 근원이 되는 커뮤니티(community)란 마술적(magic) 매력을 지닌 용어이며, 그 변화무쌍함으로 인하여 악명이 높은 개념이다. 이 용어는 우리말로 '지역사회'로 번역되기도 하고, 때로는 '공동체'로 번역되기도 한다.

지역사회의 개념은 우선 사회변화와 함께 역사성을 갖고 변화하여 왔다는 사실에 주목할 필요가 있다. 지역사회 또는 공동체의 개념은 역사적으로 그 의미가 다양하게 부여되어 왔다. 윌리엄스(Williams, 1976)에 따르면 '커뮤니티'라는 용어는 서구 영어권에서 14세기부터 사용되어 왔으며, 원래 의미는 지위가 높은 상층계급의 사람들과 대비되는 개념으로서 '평범한 사람들' 또는 '일반시민'을 의미하였다. 16세기에는 '공통 요소를 지닌 어떤 특성'을 의미하거나, 국가와 대비되는 '시민사회'를 의미하기도 하였다. 18세기 중반 영국에서 시작된 산업혁명 이후 산업화가 더욱 진행된 19세기 이후에는 광범위하고 복잡한 산업사회와 대비되는 전통사회의 지역성을 의미하였다. 산업화 이후 지역사회 구성원 간의 연대성의 감소와 개인화의 증가는 산업사회의 중요한 특성이 되었다. 한편, 커뮤니티는 유토피아적 방식의 집단생활을 의미하기도 하였다. 19세기 중반 이후에 나타난 유럽에서 공산주의 운동은 유토피아적 집단생활이란 커뮤니티 개념에 기반을 둔 이러한 이념적 경향을 반영한 극단적인 사회적 흐름이었다.

20세기에 들어와 지역사회의 개념은 대체로 지리적인 경계를 기준으로 언급되는데, 다소 모호하고 가변적인 특성을 보였다. 우선 지역사회라고 정의할 수 있는 지역 범위를 어떻게 규정할 수 있는가의 문제가 제기되기도 한다. 교통과 정보통신 수단이 발달하고 인공지능 기술이 일상에 도입되는 제4차 산업혁명이 급속하게 진행되고 있는 21세기의 사회에서는 전통적 의미의 지역과 공간적 경계가 무너지고 있다. 사이버공동체, 네트워크공동체 등 새로운 지역사회의 형태가 나타나고 있으며, 글로벌 공동체(global community)의 형성으로 초광의의 지역사회의 개념이 등장하였다. 따라서 단순한 지역성을 강조하는 지리적 의미의 지역사회는 점차 그 의미를 상실하고 있는 것이 오늘날 정보화 사회 이후 제4차 산업혁명 시대의 현실이다.

지역사회의 개념은 지리적 근접성에 기초한 연대감 측면에서도 문제가 제기되고 있다. 가령 같은 지역의 동일한 아파트에 거주하더라도 전혀 대인적인 접촉이 없이 살아가는 대도시 생활에서 지리적 근접성만으로 주민이 생활공동체로서의 연대감을 느끼고 있느냐 하는 의문이 제기되기도 한다. 따라서 지역사회라는 개념은 지리적 의미에 한정하여 보더라도 그 의미를 조작적으로 정의하기 어려운 모호한 개념이다.

지역사회의 또 다른 용어로서 공동체란 말은 공동의 관심과 이해관계를 기준으로 언급된다. 이러한 의미의 공동체는 직업, 취미, 활동 영역 등 기능적 기준에 기초하여 형성된다. 이 용어는 동질적 정체성에 기초한 강한 정서적인 어감을 갖고 있어서 때로는 사람들의 마음을 사로잡아 집단적 감정이나 행동을 유발하는 마술적인 매력을 지닌다. 이것은 사회를 변화시키는 강력한 힘으로 작용하기도 한다.

그리고 지역사회는 시대의 변천에 따라 의미가 변화하고, 그것을 사용하는 개인이나 집단의 의도에 따라 다른 의미를 갖게 된다. 사회복지 공동체라고 할 경우에도 사회복지에 관련된 공동의 관심과 이해관계를 가진 사람들이나 집단적 모임의 특성이 강조된다. 우리나라도 공동체는 사람들 간의 따뜻한 정과 정서적 특성이 담긴 용어이며, 정치적 수사에서도 흔히 등장하는 용어다. 그러나 복지 향상을 위한 지역사회실천이나 공동체 형성이라는 말을 할 때, 구체적으로 실천의 주체가 누구이며, 어떠한 방법으로 이루어 가느냐에 대해서는 이념이나 정책적 입장에 따라 다양한 견해가 존재할 수 있다.

한편, 18세기 이후 일어난 네 차례의 산업혁명은 인간의 삶의 방식의 변화와 함께 지역사회의 변화에도 중요한 함의를 갖고 있다. 18세기 중반 영국에서 시작된 제1차 산업혁명은 기계화와 대량생산을 가능하게 하여 산업화를 초래하였고, 산업화는 농경 중심의 전통적 지역사회의 해체와 상실을 가져왔다. 20세기 초에 미국에서 일어난 전기혁명은 제2차 산업혁명이 시작되었음을 알렸다. 전기의 사용으로 생산기술의 급속한 발전과 냉장고, 세탁기 등 가전제품의 사용으로 인간의 삶의 편리성과 함께 자동차에 의한 교통의 발전으로 지역사회의 지리적 공간을 확대하였다. 20세기 후반에 컴퓨터의 발명으로 나타난 제3차 산업혁명은 정보화 사회를 가능하게 하였으며, 이것은 지리적 경계를 넘어선 기능적 차원의 지역사회를 발전시켰다. 21세기에 들어 최근 인공지능(AI), 가상현실과 함께 찾아온 제4차 산업혁명, 그리고 2020년에 전세계를 강타한 코로나19 팬데믹은 인류에게 새로운 도전이었으며, 지역사회 차원에서도 새로운 전략과 역할을 요구하고 있다.

**표 1-1** 산업혁명과 지역사회

| 구분 | 시기 | 사회의 특성 | 지역사회에 대한 함의 |
|---|---|---|---|
| 제1차 산업혁명 | 18세기 중반 | 기계화, 대량생산 | 전통적 지역사회의 상실 |
| 제2차 산업혁명 | 20세기 초 | 전기혁명, 삶의 방식 변화 | 지리적 지역사회 공간 확대 |
| 제3차 산업혁명 | 20세기 후반 | 컴퓨터, 정보화 사회 | 기능적 지역사회 발전 |
| 제4차 산업혁명 | 21세기 | 인공지능, 가상현실 | 새로운 지역사회 전략 |

이에 따라 현대사회에서 지역사회의 의미는 지리적 특성을 넘어 기능적 특성, 그리고 나아가 새로운 지역사회의 전략이 요구되고 있다. 이와 같이 변화하는 사회에서 지역사회 개념의 특성은 다음과 같이 요약된다.

- 지역사회의 개념은 역사적으로 그 의미가 변천하여 왔다. 산업화가 진행

된 19세기 이전에는 일반시민, 시민사회, 전통사회의 지역적 특성 또는 유토피아적 집단생활의 의미를 지니고 있었다.

- 20세기 이후 지역사회의 개념은 지리적 의미의 지역사회와 기능적 의미의 지역사회를 동시에 포괄적으로 함축하고 있다.
- 공동의 관심과 이해관계를 강조하는 기능적 의미의 지역사회는 공동체라는 성격을 갖고 다양한 모습으로 발전하였으며, 그 사회적 의의가 부각되었다.
- 20세기 말 이후에 급속하게 변화하는 정보화 사회, 인공지능, 가상현실이 이루어지는 사회에서 전통적 의미의 지역사회와는 다른 새로운 형태의 지역사회가 나타나고 있다. 네트워크공동체와 같이 지리적 공간을 초월하는 새로운 개념이 존재하며, 글로벌 공동체와 같이 초광의의 지역사회 또는 가상현실의 사이버공동체 등 새로운 공동체 개념도 나타나고 있다.
- 지역사회나 공동체 개념은 구성원의 동질적 정체성에 기초한 강한 정서적 유대를 갖고 있어서 인간의 감정이나 행동으로 표출될 수 있다. 이러한 정서적 유대는 지역사회복지의 실천적인 측면에서는 구성원에 대한 역량강화 또는 임파워먼트(empowerment)를 통하여 지역사회를 긍정적인 방향으로 변화시키는 역량(competence)으로 작용할 수 있으며, 이 책의 제2부에서 설명하게 될 지역사회복지 실천방법의 동기(motif)가 될 수 있다.

### (2) 현대사회의 특성과 지역사회의 중요성

산업화 이후에 나타난 지역사회 연대성(solidarity)의 감소와 개인화(privatization)의 증가는 전통적인 지역사회가 과거와 같은 방식으로 대다수 사람들의 삶의 중심이 아니라는 점을 넘어 지역사회의 중요성에 대한 명백한 함의를 지니고 있다. 19세기 산업사회에 대한 분석으로 사회학의 기초를 제공한 퇴니스(Tönnies)와 뒤르켐(Durkheim) 이후, 현대 사회학자들은 사회에서의 결속과 연대의 근원을 규명하기 위해 노력해 왔다. 사회학의 분석에 의하면, 과거에 그곳에 존재했었고 사람들의 삶의 중심이었던 전통적인 지역사회는 산업화로 붕괴되었다.

20세기 이후에는, 한편으로는 분자처럼 무질서하게 움직이는 개인들과 다른 한편으로는 중앙집권화된 국가 사이에 양극화 현상이 나타났다. 20세기에 들어 국민국가의 등장과 특히 복지국가가 발전한 20세기 후반 이후 국가는 공동체의 삶을 향상시키는 수단이 되었다. 그러나 사람들은 국가복지의 확대에도 불구하고 개인화된 삶의 증가로 대인적 접촉을 상실하고 분리되어 공동체가 해체되어 가는 현상에 직면하게 되었다. 따라서 지역사회 또는 이웃은 중요하지 않은 것이 아니라 오히려 새로운 형태의 지역사회 관계가 존재해야 한다는 것을 알게 되었다. 사람들의 애착과 사회적 연대는 과거와 같이 자연적으로 존재하는 것으로 생각하는 대신에 그것을 의식적으로 창조하기 위해 노력해야 한다는 것이다.

현대의 이웃주의는 가장 순수한 형태로 정치 또는 사회 행동을 통해 지역의 사회적 연대의 공간을 만들려는 시도이다. 도시 근린생활의 다양한 프로젝트와 이웃 간의 협력은 오늘날 지역사회에서 만들어지는 건설적인 관계를 의미하며, 지역적 연대의 정치적 목소리를 의미한다(Bulmer, 1986: 95).

버거와 노이하우스(Berger & Neuhaus, 1977)는 현대사회에서 사람들이 삶의 의미와 정체성을 발견하고 즐길 수 있는 사적 공간과 냉담하고 이해하기 어려운 사회적 공간이라는 거대 구조를 대조하였다. 이러한 환경에서 양 극단을 연결하는 중재 장치가 부족하면 사람들이 삶의 위기에 처했을 때, 즉 외부의 돌봄이 필요할 때, 개인을 취약하게 만들 뿐만 아니라 안전한 삶의 기초가 되는 도덕적 토대를 박탈함으로써 사회질서를 위협받게 된다. 버거와 노이하우스는 거대 사회와 개인적 삶의 공간이라는 양 극단 사이에 매개 구조(mediating structures)가 사람들의 애착 관계와 사회 활동에 초점을 맞추기 위해 반드시 필요하다고 주장하였다. 이웃은 사생활의 공간과 사회생활의 제도적 영역 사이에서 중요한 매개 구조로 작용한다. 이웃은 공동체의 사회구조에 개인들을 참여시키는 역할을 하는 학교, 교회, 시민단체, 사회기관 등 소규모의 조직이 운영하는 환경이며, 지역의 서비스 채널로 지역의 사회기관을 활용함으로써 개인의 욕구를 더 적절하게 충족시킬 수 있는 방식으로 조직될 수 있다. 동시에, 이웃의 주민들은 필요한 사회 서비스 개발에 참여함으로써 지역사회에 힘을 실어 줄 수 있다. 전통적인 가족, 집단, 교회 공동체는 매우 동질성이 있지만 관심이 좁은 경향이 있는 반면, 다양성을 가진 사회 속에서 이웃의 매개 구조는 사람들의 다양한 관심사를 나누며 상호 간의 이익의 균형을 취할 수 있는 기회를 제공한다. 또한 개인들에게 공공의 이익과 비용을 내면화할 수 있는 기회를 제공하는 곳도 이러한 지역사회의 매개 구조이다.

최근에 우리나라에서 활발하게 전개되고 있는 '지역사회 통합돌봄'(커뮤니티 케어)을 위하여 이 점은 매우 유익한 함의를 제공한다. 이미 앞에서 언급한 바와 같이, 전통적인 지역 기반의 사회적 관계는 쇠퇴하였고, 사람들의 애착 관계와 삶은 공간적 이동성의 증가로 지리적으로 널리 분산되어 있으며, 핵가족이나 독립적 생활의 공간 안에서 개인화되어 있다. 따라서 지역사회 차원의 연대의 육성을 위해 중요한 것은 이차적인 매개 구조의 개발이다. 그러한 매개 구조는 자연적이지 않고 창조되어야 한다. 이러한 지역사회의 중요성에 관한 이슈는 서구에서뿐만 아니라 우리나라에서도 지역사회 통합돌봄의 제공에 관한 최근의 정책과 실천에서 그 중요성이 더욱 증대하고 있다.

### (3) 지역사회 개념과 정책환경

한편 지역사회 개념은 우호적이고 따뜻한 느낌을 가진 용어로서 정치적으로는 부정적으로 사용되거나 적극적인 반대를 초래한 적이 없는 개념이다. 이런 따뜻하고 우호적인 의미가 정책적인 용어로 활용될 경우 이념적·정책적 입장 차이는 숨긴 채 수사적으로 사용됨으로써 정책적 노선의 혼란과 문제의 근원이 되기 쉽다. 즉, 지역사회라는 개념의 모호성 때문에 지역사회 중심의 복지는 해석하는 입장에 따라 다르게 이해되기도 하며, 나아가 지역사회복지의 실천주체나 실천방법이 매우 모호한 성격을 띨 수밖에 없게 된다.

이러한 다면적 얼굴을 지닌 야누스적 지역사회 개념의 특성 때문에 서구 복지국가의 개혁이 전개된 1980년대 이후부터 최근에 이르기까지 다원주의 복지체제 또는 복지의 혼합경제라는 맥락에서 지역사회 중심의 복지가 강조되고 있으나, 그 실체가 무엇인가에 대해서는 주장하는 사람의 이념적 · 정치적 입장에 따라 동상이몽 격의 상반된 견해를 보이기도 한다. 가령 신자유주의 이념의 정책적 입장에서는 지역사회복지실천에서 민간부문 또는 가족 등 비공식 부문의 역할을 강조하는 반면, 복지국가 역할의 확대를 주장하는 사회민주주의 이념의 입장에서는 지역사회복지실천에서 국가나 지방정부를 중심으로 하는 공공부문의 역할을 강조한다.

현재 우리나라에서 활발하게 이루어지고 있는 지역사회 통합돌봄 체계의 구축에서도 지역사회가 가지고 있는 이러한 이중적 성격에 비추어 그 정책과 실천의 주체에 관한 논의가 다양하게 진행되고 있다.

## 2) 지역사회의 유형

### (1) 공간적 의미의 지역사회

장소를 기반으로 하는 지역사회는 특정한 공간을 중심으로 이루어지는 다음의 세 가지 차원에 의하여 규정된다.

- 생계욕구와 직면한 기능적 · 공간적 단위
- 정형화된 사회적 상호작용의 단위
- 집합적인 동질성의 상징적 단위

장소에 기초를 둔 이와 같은 지역사회는 규모와 영역, 조밀도에 따라 변하며, 근린 지역사회, 지방 지역사회, 대도시 지역사회 등으로 언급된다. 이러한 지역사회의 규모와 영역은 근린 지역사회로부터 대도시 지역사회로 가면서 확장된다.

#### (2) 기능적 의미의 지역사회

사람들은 공간적 의미의 지역사회 외에 비장소적 의미의 지역사회에 속할 수 있다. 비장소적 지역사회는 동질성을 지닌 공동체(communities of identification)나 이익공동체(communities of interest)로 설명될 수 있다. 동질성을 지닌 공동체는 어떤 특성이나 신앙, 민족, 종교, 생활방식, 이념, 사회계층, 직업유형, 성적 지향성, 취미활동 등을 중심으로 이루어진다. 그리고 이익공동체는 전문직 집단, 직장노조집단 등 구성원의 공동 이익을 중심으로 형성되기도 한다.

#### (3) 개인적 지역사회

이 개념은 복합적인 구조의 지역사회 내에서 개인을 중심으로 규정한 지역사회에 초점을 두고 있다. 개인적 지역사회(personal community)는 지리적 특성, 동질성을 지닌 특성, 이익을 중심으로 하는 특성을 모두 포함할 수 있다. 개인적 지역사회 개념은 개인을 중심으로 한 사회적 상호작용의 형태와 공식적 또는 비공식적 원조망을 포함한 사회자원의 범위를 이해하는 데 도움을 준다. 특히 지역사회복지실천과정에서 개인적 지역사회는 문제와 욕구를 사정하고, 개입의 범위와 방법을 선택하며, 자원동원의 전략을 수립함에 있어 중요한 기초자료가 된다.

### 3) 지역사회역량

#### (1) 지역사회역량의 의미

지역사회역량(community competence)의 개념은 사회환경을 구성하는 다양한 지역사회의 기능을 이해하기 위한 하나의 준거틀을 제공한다. 지역사회역량은 좋은 지역사회의 한 조건이다. 즉, 지역사회의 목표를 달성하기 위하여 문제해결과정에 참여하는 지역사회의 역량이다.

지역사회역량에 관하여 코트렐(Cottrell, 1983)은 "지역사회역량이란 지역사회를 구성하는 다양한 부분들이 지역사회의 문제와 욕구를 파악하는 데 효과적으로 협력하고, 목표와 우선순위에 대한 합의에 도달할 수 있으며, 합의된 목표를 수행하기 위한 수단과 방법에 동의하고, 효과적으로 협력하여 필요한 행동을 취할 수 있는 능력이다."라고 좀 더 구체적으로 정의하고 있다.

한편 바바린(Barbarin, 1981)은 사회시스템 차원과 인적 차원의 두 가지 능력을 결합하여 "지역사회역량이란 다양한 인구집단의 상이한 욕구에 반응하는 사회시스템의 능력과 삶의 문제해결이라는 목적을 위하여 자원을 활용하고 대안을 개발하는 시민의 능력을 결합한 것이다."라고 정의를 내리고 있다.

### (2) 지역사회역량을 향상하는 조건

펠린(Fellin, 1995)은 지역사회역량을 향상하는 조건을 인적 차원과 시스템 차원으로 나누어 제시하고 있다.

- 인적 차원의 지역사회역량에 필요한 조건
  - 지역사회주민은 지역사회에 대하여 헌신하여야 한다.
  - 다양한 지역사회의 집단은 자신들의 가치와 이익에 관하여 자각하고 있어야 한다.
  - 다양한 지역사회 구성원 간에 효과적인 의사소통이 이루어져야 한다.
  - 지역사회 구성원은 목표를 확인하고 목표 달성을 위한 활동에 참여하여야 한다.

- 시스템 차원의 지역사회역량에 필요한 조건
  - 지역사회 내 여러 집단 간에 일어나는 갈등을 처리하는 절차
  - 적절한 수준의 자율성을 유지하면서, 지역사회가 외부 사회와의 관계를 처리하는 능력

지역사회역량을 표현하는 또 다른 방식은 좋은 지역사회의 특성과 관련되

어 있다. 워렌(Warren, 2001)에 따르면 좋은 지역사회는 다음과 같은 특성을 갖는다.

- 사람들은 비인간적 기초가 아닌 인간적인 기초 위에서 서로를 존중한다.
- 지역사회 내에 권력의 광범위한 배분이 이루어진다.
- 지역사회는 다양한 소득집단, 인종집단, 종교집단, 이익집단을 포용한다.
- 높은 수준의 지역적 통제가 이루어진다.
- 지역사회는 의사결정과정에서 협력을 극대화하고 갈등을 최소화한다.

### (3) 지역사회의 역량강화

지역사회역량이 지역사회복지실천에서 중요한 개념으로 도입되면서 지역사회의 역량강화 또는 임파워먼트(empowerment)가 실천의 주요 전략이 되고 있다. 지역사회의 역량강화는 지역사회에 살고 있는 사람들이 그들의 문제에 대하여 무력감이나 좌절을 경험하는 상황을 전제로 하며, 지역사회복지실천이 이러한 상황을 극복하고 문제해결의 역량을 향상하는 실천의 핵심을 이룬다.

사람들이 그들의 지역사회 문제에 대하여 무력감이나 좌절을 느끼는 상황은 대체로 다음과 같다(Rubin & Rubin, 2001: 4-5).

- 압도적인 힘을 가진 거대한 권력기관, 기업체, 관료조직 등과 관련된 문제 앞에서 사람들은 변화의 가능성에 대하여 생각하기를 주저하게 된다.
- 문제가 다른 사람이나 외부의 사회적 · 경제적 힘에 의하여 발생하였음에도 사람들이 스스로의 잘못에 원인이 있다고 자기비난을 한다. 가령 가정폭력의 피해여성이 폭력을 당한 후에 자신의 잘못에 원인이 있다고 생각하는 경우다.
- 문제를 제기할 때에 발생할지 모르는 보복에 대한 두려움이 무력감을 가져온다.
- 경제력과 권력을 가진 사회 지배집단은 그들의 행동이 사회 전체에 유익

을 창출한다는 관념을 사람들에게 은연중에 제공함으로써 그들의 잘못된 정책이나 행동에도 불구하고 사람들이 저항하지 못하게 한다.

- 사람들은 소외나 분리감을 느낄 때 무력해진다. 이러한 소외나 분리는 지리적인 공간의 격리, 환경적 장애요인, 사회적 거리감 등에서 비롯된다.

이와 같은 무력감과 좌절을 극복하는 지역사회 역량강화는 조직화와 개발의 실천을 통하여 이루어질 수 있다. 조직화(organizing)는 사람들이 당면한 지역사회의 문제에 대한 인식을 공유하도록 사람들을 도와주는 과정이며, 사회연계망을 구축하여 집합적인 행동과 사회변화를 위한 강한 유대를 만들어 준다. 개발(development)은 사람들이 공동의 소명을 갖고 그들에게 영향을 미치는 의사결정을 하고, 프로그램과 정책을 통제할 수 있도록 지역사회 내의 역량강화를 창출한다.

조직화와 개발의 실천활동이 성공적으로 수행될 때, 지역사회 내에서는 다음과 같은 새로운 변화가 일어난다(Rubin & Rubin, 2001: 9-13).

첫째, 개인의 역량이 강화된다. 조직화를 통하여 사람들은 성공할 수 있다는 확신을 갖게 되며, 개인적 차원에서 문제해결의 성공과 실패를 판단하지 않고 사회적 차원에서 문제를 바라보고 함께 활동하게 함으로써 역량강화가 이루어진다. 역량강화는 공동의 과업을 위한 모금과 홍보활동, 연합활동, 대중홍보, 관료와의 만남활동, 협상, 차별의 장벽을 없애는 일 등을 수행하면서 스스로를 돕는 기술을 획득하며 자연스럽게 이루어진다. 이러한 일을 통하여 얻은 확신과 기술은 개인의 삶에도 영향을 미치며, 공동의 활동에 참여한 사람들은 과거에 경험하지 못한 향상된 자기 이미지를 갖게 된다.

둘째, 지역사회의 역량이 강화된다. 성공적인 조직화는 이미 존재하는 지역사회를 기초로 어려움을 겪고 있는 사람들 간에 새로운 연대를 구축한다. 또한 사람들은 자신을 지역사회의 구성원으로 인식하며 그들이 당면한 문제와 해결책이 집합적인 실체임을 깨닫는다. 이러한 지역사회 의식이 만들어지고 조직화의 과정이 가시화되면서 사람들은 문제에 공동으로 대처하는 능력이 향상되며, 문제해결 활동을 성공적으로 해 나가게 된다.

셋째, 지역사회의 문제가 해결된다. 지역사회의 역량강화가 이루어지면 지역사회 내에 존재하였던 구체적인 문제, 가령 학교급식문제, 쓰레기 청소문제, 환경문제 등에서 구체적인 성과가 나타나며 문제해결이 이루어진다.

넷째, 지역사회의 역량강화로 지역사회의 많은 문제가 해결되지만, 현대사회는 다양한 수준의 지역사회 내에서 새로운 문제를 계속 만들어 내고 있다. 나아가 지역사회 수준을 넘어 이웃, 지방, 국가, 지구촌에서 빈곤, 경제적 · 사회적 불평등, 환경 등의 영역에서 새로운 과제와 도전에 직면하고 있으며, 지역사회의 새로운 전략이 요구되고 있다.

### 4) 좋은 지역사회의 이미지

지역사회에 대한 이미지는 지역사회의 객관적인 특성뿐 아니라 지역주민의 주관적인 의견이나 느낌에 기초하여 평가된다. 좋은 지역사회(good community)는 무엇일까? 일반적으로 지역사회의 주민이 자신들이 살고 있는 지역사회에 대한 이미지를 평가할 때, 다음과 같은 요인은 긍정적인 이미지 형성에 기여한다. 즉, 주민이 지역사회에 대한 깊은 애정이 있고, 치안과 안전이 보장되며, 기능적인 생활환경과 이웃관계를 유지하고, 심각한 사회문제가 없으며, 교육과 고용의 기회가 충분하고, 쾌적한 공간적 · 문화적 환경이 유지되면 좋은 지역사회로 평가될 것이다. 지역주민은 좋은 지역사회를 살기 좋은 곳, 일하기 좋은 곳, 자녀를 교육하기에 좋은 곳, 은퇴하여 지내기에 좋은 곳 등으로 표현한다.

그러나 전문가들은 지역사회의 목표가 어떻게 수립되고 그 목표가 어떻게 달성될 수 있는가라는 관점에서 지역사회를 평가한다. 특히 사회복지실천 전문가들은 개인, 가족, 집단의 효과적인 사회적 기능의 수행을 위하여 지역사회의 역량이 얼마나 영향을 미칠 수 있는가라는 관점에서 지역사회를 평가한다. 좋은 지역사회는 문제해결을 위한 역량이 있는 지역사회이며, 이것은 사회복지실천의 목표와 전략을 확인하는 맥락이 된다. 그러므로 '해결되어야 하는 어떤 지역사회의 문제가 있는가?' 또는 '도움이 필요한 개인이나 가족이 있는가?'라는 관점에서 이러한 문제해결과 욕구 충족을 수행할 수 있는 지역사회역량은 사회복지실천의 일차적인 관심의 초점이다.

## 2. 지역사회에 관한 이론

### 1) 지역사회를 바라보는 이론적 관점

지역사회에 관한 사회학적 접근이론은 현대사회의 지역사회를 어떠한 관점에서 바라보는가에 따라 지역사회상실이론, 지역사회보존이론, 지역사회개방이론의 세 가지로 나누어진다.

#### (1) 지역사회상실이론

이 이론의 관점에서는 지역사회 공동체를 이상적이고, 복구될 수 없는 '잃어버린 세계(community lost)'로 이해한다. 이 이론은 산업화 이후에 드러난 지역사회가 가족을 비롯한 일차집단의 해체, 지역공동체의 쇠퇴, 복잡한 도시산업사회에서의 비인간적인 사회관계의 발전 등을 특성으로 하고 있다고 본다(Mayo, 1994: 52). 지역사회를 바라보는 이러한 이론의 배경에는 과거 전통사회의 유기적 지역공동체에 대한 낭만적인 향수가 깔려 있다. 이 이론이 함의하는 바는 상실된 지역사회의 기능을 대체할 수 있는 새로운 제도적 장치가 필요하다는 것이며, 국가나 사회의 역할을 강조하는 제도와 지역사회복지의 개입을 암시한다.

#### (2) 지역사회보존이론

이 이론은 지역사회상실이론에 대한 반론으로 제기된 것으로서 현대사회의 산업화된 도시에 살고 있는 도시인도 농촌사회에서와 비슷한 혈연, 이웃, 친구에 의한 사회관계망(social network)을 여전히 갖고 있다는 것이다(Mayo, 1994: 53). 따라서 지역사회보존(community saved)이론은 현대사회에서도 이러한 사회관계망을 육성하고 지지함으로써 전통사회가 가지고 있던 지역사회의 사회적 기능을 보존할 수 있다고 본다.

이와 같은 지역사회상실이론과 지역사회보존이론의 상반된 입장은 현대사회에서 나타나는 사회복지 활동 및 제도와 관련하여 해석될 수 있다. 복지국가의 유지와 확대를 주장하는 입장은 전통적 지역사회의 쇠퇴에 따라 약화된 상호부조 기능이 국가의 사회복지제도 개입에 의해 수행되어야 한다고 보며, 이러한 입장은 전자의 지역사회상실이론에 기초한 것으로 평가할 수 있다. 반면에 1980년대 이후 영국과 미국 등 서구 복지국가 개혁에서 볼 수 있었던 바와 같이, 복지국가의 제도적 역할을 축소하고 가족이나 지역사회가 갖고 있는 상호부조 기능의 능동적 수행을 강조하는 정책적 입장은 후자의 지역사회보존이론에 기초한 것으로 평가된다.

### (3) 지역사회개방이론

이 이론은 앞서 설명한 상반된 지역사회의 의미에 관한 두 가지 이론에 대한 제3의 대안으로 제시되었다. 앞의 두 이론이 지역성(locality)의 상실과 보존에 초점을 두고 전개된 반면, 이 이론은 혈연, 노동, 주거, 직업, 관심 등과 같은 폭넓은 연계망의 틀을 고려하고 있다. 지역사회개방(community liberated)이란 의미는 이와 같이 지역사회가 과거에 갖고 있던 좁은 의미의 지역성의 의미에서 해방된 새로운 개념이라는 것이다(Mayo, 1994: 53). 즉, 순수한 좁은 의미의 지역성에 기초한 개념에서 벗어나 다양한 사회관계망의 관점에서 비공식적 연계를 강조하고, 지역성에 기초한 개념과 공통의 이해관계 및 관심에 기초한 개념을 결합하고 있다. 제1절에서 설명한 바와 같이 이 이론이 갖는 의의는 현대사회의 지역사회가 지리적 의미와 기능적 의미를 포괄적으로 함축하게 된 사회발전의 현상을 비교적 잘 반영하고 있다는 점이다.

## 2) 공동사회와 이익사회

지역사회의 개념을 이해하기 위해서는 사회변화의 방향과 그에 따른 사회형태의 변화를 이해해야 한다(Bulmer, 1987: 41). 불머(Bulmer)는 이러한 사회변화의 관점에서 독일의 사회학자 퇴니스의 공동사회(Gemeinschaft)와 이익사회(Gesellschaft)의 개념을 소개하였다. 그는 사회관계를 소규모의 대면관계와 대규모의 비대면관계로 구분하였다. 사회관계를 소규모의 대면관계와 대규모의 비대면관계로 구분할 때, 퇴니스는 전자를 연합체(union), 후자를 협의체(association)라고 보았다. 연합체는 가족이나 이웃집단과 같이 자연발생적으로 존재하는 사회형태인 반면, 협의체는 사람들의 자발적인 의지에 기초한 합의로 형성되는 사회형태다. 사회적 돌봄과 관련하여 이러한 구분의 중요성은 공동사회와 이익사회라는 개념과 결합하여 다양한 사회형태의 발견과 연계할 수 있다는 점이다. 공동사회는 정서적이고 전통적인 관계에 기초한 사회형태인 반면, 이익사회는 개인주의와 계약, 그리고 합리적인 이익의 추구에 기초한 사회형태다. 따라서 공동사회와 이익사회, 연합체와 협의체라는 두 가지 형태의 구분을 상호 결합하면 네 가지 유형의 사회형태가 형성된다. 퇴니스는 서구사회의 역사적 발전이 공동사회의 연합체(unions of Gemeinschaft), 공동사회의 협의체(associations of Gemeinschaft), 이익사회의 협의체(associations of Gesellschaft), 이익사회의 연합체(unions of Gesellschaft)의 순서로 발전해 왔다고 주장하였다. 이러한 네 가지 유형의 사회형태는 사회적 돌봄과 관련성이 있다.

첫 번째 형태는 공동사회의 연합체로 그 전형은 가족이다. 인간은 출생에 의하여 이 관계에 들어가게 되며, 가족관계 자체의 존재는 개인의 합리적 의지와는 관계가 없다. 공동사회의 3개 축은 피, 장소, 마음인데, 이를 사회관계로 표현하면 혈연관계, 이웃관계, 친구관계가 된다.

두 번째 형태는 공동사회의 협의체로 이는 공동의 노동이나 직업적 소명 등에 기초하고 있다. 이러한 관계는 순수한 개인적 연대를 넘어 길드, 동료조직, 교회와 같은 조직으로 나아가게 한다. 이러한 관계 속에서 비공식적 사회적 돌

공동사회의 연합체 » 공동사회의 협의체 » 이익사회의 협의체 » 이익사회의 연합체

[그림 1-1] 공동사회와 이익사회의 변천과정

봄을 조직화하려는 노력이 있었는데, 이는 공동사회의 협의체를 창출하려는 시도였다.

세 번째 형태는 이익사회의 협의체로 이는 합리성과 이해타산에 기초하여 정해진 목적과 수단에 의하여 활동한다. 대기업의 조직이나 국가의 관료조직이 대표적인 예다. 여기에서는 개인적인 연대에 기초하여 행동이 이루어지지 않으며, 각 개인은 고립되고 개개인 간에는 긴장관계가 형성된다.

네 번째 형태는 이익사회의 연합체다. 이익사회의 협의체가 개인주의화, 비인간화, 경쟁사회화의 방향으로 나아간 반면, 이익사회의 연합체는 현대사회의 관료조직에서 인간관계의 회복 또는 사회연대성을 통하여 공동사회의 특성을 다시 도입하려는 노력을 반영한다. 사회복지에 관한 국가의 책임은 이러한 관점에서 해석될 수 있다.

이러한 공동사회와 이익사회의 변천과정은 사회변화에 관한 역사적 사회학적 분석의 산물이며, 퇴니스는 사회복지학 측면에서 분석을 하지는 않았다. 그러나 공동사회와 이익사회는 사회복지학 측면에서도 매우 중요한 함의를 가진다. 공동사회의 연합체 단계는 인류문명의 출발에서부터 존재하였던 것으로 전통사회 속에서의 구성원의 복지는 가족 중심의 비공식적 상호부조에 의하여 이루어졌다. 공동사회의 협의체 단계에서는 중세 이후 교회, 자선기관, 직장의 동료조직에 의한 초기 형태의 공식적 상호부조가 이루어지게 되었으며, 이것은 사회구성원을 위한 새로운 사회복지의 모습으로 나타나게 되었다. 이익사회의 협의체 단계에서는 18세기 제1차 산업혁명 이후 산업화와 관료조직의 발전이 이루어지지만 공공부문에 의한 공식적 상호부조의 발전은 지연되었다. 반면에 민간조직에 의한 자선 형태의 복지가 강조되었다. 20세기 이후 이익사회의 연합체 단계에서는 공공 및 민간 기관에 의한 공식적 상호부

표 1-2 공동사회와 이익사회의 사회복지학적 함의

| 구분 | 공동사회의 연합체 | 공동사회의 협의체 | 이익사회의 협의체 | 이익사회의 연합체 |
|---|---|---|---|---|
| 상호부조의 성격 | 혈연, 이웃, 친구관계에 의한 상호부조 | 종교, 노동, 직업적 소명에 기초한 사회연대 | 사회구성원 간의 고립과 긴장 상태, 공식적 사회 연대의 부족 | 인간관계의 회복과 사회연대성 추구 |
| 사회복지적 함의 | 가족 중심의 비공식적 복지 | 교회, 길드 등에 의한 초기 형태의 공식적 사회복지 | 공공의 공식적 복지의 발전 지연, 민간 중심의 사회복지 발전 | 사회보험, 공공부조, 사회서비스에 의한 제도적 사회복지 발전 |

조가 활발하게 이루어지고 사회보험, 공공부조, 사회서비스 등 제도화에 의한 사회복지활동이 나타나게 된다.

이와 같이 사회학자 퇴니스의 공동사회와 이익사회 이론을 불머가 사회복지 영역에서 소개한 것은 지역복지의 이론적 논의를 사회학적 차원으로 확장시켰다고 평가된다. 한편, 사회변화의 과정에서 한편으로는 삶의 개인화와 다른 한편으로는 복지에 대한 국가 역할의 확대라는 양극화가 이루어진 20세기 후반 이후에 제1절에서 소개한 지역사회라는 '매개 구조(mediating structures)'의 중요성이 부각되고 있다. 이것은 21세기 현대사회에서 지역사회가 이익사회의 연합체를 넘어 '개인'과 '국가' 사이에서 사회적 연대와 통합을 위한 새로운 역할을 매개 구조로서 수행해야 할 필요성을 부각시키고 있다.

## 3. 지역사회복지의 관련 개념

### 1) 지역사회복지

지역사회복지(community welfare)는 지역사회의 복지 향상을 위한 포괄적인 제도적 개념으로서 전문 또는 비전문 인력이 지역사회 수준에 개입하여 지역사회에 존재하는 각종 제도에 영향을 주고 지역사회의 문제를 예방하고 해결하고자 하는 일체의 사회적 노력이다.

이러한 지역사회복지 개념의 속성은 다음과 같은 내용을 포함한다.

- 지역사회복지는 지역성과 기능성을 포함하는 일정한 지역사회 내에서 이루어진다.
- 지역사회복지는 지역주민의 삶의 질 향상이라는 목표를 가진다.
- 지역사회복지는 지역사회의 문제를 해결하고 주민의 복지욕구를 충족하는 기능을 가진다.
- 지역사회복지는 정부와 민간기관이 공동 주체가 되어 공공과 민간의 협력이 강화되는 추세로 발전하고 있다.
- 지역사회복지는 조직적인 활동을 강조하는 전문적인 서비스와 방법을 사용한다.

### 2) 지역사회조직

지역사회조직(community organization)은 전문사회사업의 한 실천방법으로서 지역사회를 구성하는 개인, 집단, 이웃이 사회복리를 향상하기 위해 지역사회 수준에서 전개되는 일련의 활동이다. 이 개념은 사회사업의 전통적인 분류방법인 개별지도, 집단지도, 지역사회조직이라는 3대 방법에서 나온 것으로 볼 수 있다. 공공과 민간 사회복지기관의 전문사회복지사에 의하여 수행되며, 더욱 조직적이고, 추구하는 변화에 대해 의도적이고 계획적이며, 과학적인 지식과 기술을 사용한다. 로스만(Rothman, 2001)에 따르면 전문사회사업의 실천방법으로서 지역사회조직의 모델에는 지역사회개발(community development), 사회계획(social planning), 사회운동(social action)이 포함된다. 이러한 모형의 구체적인 내용은 제4장에서 설명할 것이다.

## 3) 지역사회 만들기

지역사회 만들기(community building)는 지역사회 내에서 공동체의식을 형성하는 활동으로서 지역사회의 문제를 해결할 수 있는 지역공동체의 사회자본(social capital)을 효과적으로 동원할 수 있도록 건전한 공동체를 구축하는 것을 목표로 삼는다. 다양한 문제가 얽혀 있는 지역사회의 문제를 풀어 나가기 위해서는 단편적인 노력이나 활동으로는 부족하며, 지역사회의 잠재되어 있는 자산을 응집할 수 있는 다원적인 전략과 활동이 필요하다. 따라서 이 개념은 다음과 같은 전제를 기초로 하며, 각각의 전제는 지역의 사회관계망을 강화하며 상호의무감을 고취한다(Rubin & Rubin, 2001).

- 지역사회 개발과 서비스 전략을 통합한다.
- 협력을 통한 파트너십을 고취한다.
- 지역사회역량을 구축한다.
- 지역사회의 조건에서부터 시작한다.
- 광범위한 지역사회의 참여를 증진한다.
- 평등의식을 고양한다.
- 문화적인 역량의 가치를 인식한다.
- 가족과 아동의 지원을 강화한다.

이 개념에서 지역사회 만들기의 기반이 되는 사회적 연대는 근린집단, 공공조직, 종교단체, 사회복지, 보건, 주택 등 지역사회복지 관련 조직 간의 체계적인 연계를 구축함으로써 이루어진다.

## 4) 지역사회복지실천

지역사회복지실천(community practice)은 지역사회를 대상으로 하는 사회복지실천을 포괄적으로 일컫는 개념이다. 이 개념은 개인, 가족, 지역사회를 대상으로 이루어지는 사회복지실천방법을 통합적으로 보는 실천의 관점에서, 특히 지역사회를 중심으로 이루어지는 사회복지실천을 의미한다. 따라서 지역사회복지실천은 실천방법의 특성이 강조되는 개념인 지역사회조직을 기초로 실천된다고 할 수 있다.

### 5) 지역사회보호

지역사회보호(community care)는 영국을 중심으로 1950년대 말 이후에 발전한 개념이며, 지역사회 중심의 돌봄 형태가 확장되면서 전 세계적으로 개념이 확산되었으며, 우리나라에서도 최근 커뮤니티 케어에 의한 지역사회 통합돌봄 정책이 활발하게 추진되고 있다. 이 개념은 사회적 돌봄이 필요한 사람들의 가정 또는 그와 유사한 지역사회 내의 환경에서 서비스를 제공하는 사회적 돌봄의 형태다. 지역사회보호의 특징은 다음과 같다.

- 가정 또는 가정과 유사한 환경, 즉 지역사회 내에 가정에서의 통원이 가능한 서비스 제공기관이나 시설, 또는 소수의 돌봄이 필요한 사람들이 함께 거주하는 그룹홈(group home)과 같은 돌봄의 장이 전제된다.
- 서비스 제공을 위해 함께 상주하는 직원이 없으며, 외부 직원이나 자원봉사자의 방문을 받아 서비스가 제공된다.
- 일상생활의 결정은 개인에 의하여 자율적으로 이루어진다.
- 가정에서 돌봄을 받거나 가정 외부에서 서비스를 받는다.

### 6) 시설보호, 주거보호, 재가보호

시설보호(institutional care)는 노인이나 장애인 등 사회적 돌봄이 필요한 사람들이 하나의 일정한 시설에서 돌봄 서비스와 함께 의식주를 제공받으면서

장기적으로 또는 단기적으로 거주하는 형태의 사회적 돌봄이다. 시설보호는 주거의 보호를 제공하는 점을 강조하여 주거보호(residential care)라고 일컬어지기도 한다. 특히 시설보호는 주거의 개념이 포함된다는 점과 훈련된 직원이 함께 거주한다는 점, 폐쇄성을 특징으로 엄격한 규율과 절차가 있어 개인의 자유와 선택이 제한된다는 점을 특성으로 갖는다.

재가보호(domiciliary care)는 돌봄이 필요한 사람들이 자신의 가정에서 돌봄을 받는다는 개념으로 여기에는 공공과 민간의 공식 조직에 의한 돌봄과 가족, 친척, 이웃 등 비공식 조직에 의한 돌봄이 모두 포함된다. 이러한 개념은 가정이라는 환경을 강조한다는 점에서 지역사회보호와 유사성을 가지나 가족환경과 유사한 지역사회 환경에서의 돌봄을 포함하지 않는다는 점에서 지역사회보호와 차이가 있다.

우리나라에서 사용되는 재가복지의 개념은 가정이라는 실천현장을 중심으로 한 서비스 제공을 강조하는 점에서 재가보호에 더 가깝다.

제2장

# 지역사회복지의 이념과 가치

1. 지역사회복지의 이념
2. 지역사회복지의 가치

BUS

## 1. 지역사회복지의 이념

### 1) 지역사회공동체와 사회통합

사회체계의 부분들을 결합하여 전체를 구성한다는 공동체 개념은 오랫동안 과학적 · 실천적 관심의 대상이 되어 왔다(Angell, 1968). 역사적으로 볼 때 산업혁명의 부산물로서 전통가족의 붕괴와 지역공동체에 대한 파괴적인 결과는 사회통합을 유지하고 재통합을 성취하는 실질적인 문제에 관한 관심을 불러일으켰다. 다양한 사회적 실체와 지역공동체는 사회의 분열을 방지하고 효과적인 통합을 달성하기 위하여 노력하여 왔다. 학술적인 측면에서도 사회통합에 관한 개념적 · 이론적 도전이 있었다. '사회통합은 일차원적인 개념인가 또는 다양한 측면을 가진 개념인가?' '사회통합의 존재 유무를 판단하는 유용한 기준은 무엇인가?' 등이다. 일단 개념의 문제가 정립된 이후에는 사회통합의 원인과 효과에 관한 이론적 문제가 제기되었다.

현대사회학에서는 통합을 일차원적 개념이기보다는 다차원의 개념으로 보고 있다. 랜데커(Landecker, 1951)는 통합의 유형을 네 가지로 분류하였다. 문화적 통합은 문화적 기준 간의 일관성을, 규범적 통합은 문화적 규범과 인간행위 간의 일치성을, 의사소통의 통합은 의사소통 네트워크가 사회체계를 관통하는 정도를, 기능적 통합은 노동분업의 단위 간 상호의존 정도를 의미한다. 이들 네 가지 유형 중 문화적 통합을 제외한 나머지 세 가지, 즉 규범적 통합, 의사소통의 통합, 기능적 통합을 사회통합이라고 할 수 있다.

사회통합 연구의 선구자는 사회학자 뒤르켐(Emile Durkheim)으로 그는 두 가지 형태의 사회통합 개념을 제시하였다. 첫째는 문화적 · 규범적 통합이다. 그는 공통의 가치와 신념을 통하여 부분들의 통합이 이루어지는 것을 '기계적 연대'라고 하였으며, 이러한 가치와 신념이 사람들과 집단을 성공적으로 결합하는 집합적 의식을 형성한다고 하였다. 둘째는 기능적 통합이다. 기능적 통합이란 생명을 가진 유기체의 부분들이 전체에 기여하는 것과 같이 상호의존을 통하여 통합이 이루어지는 '유기적 연대'라는 개념으로 표현하였다.

현대기능주의 사회학에서 사회통합은 파슨스(Talcott Parsons)의 이론에 의하여 더욱 발전되었다. 파슨스는 사회체계의 생존에 필수적인 네 가지 기능을 적응, 목표달성, 통합 및 유형유지로 제시하였다. 기능주의 이론에 따르면 분배정의를 위한 복지는 일차적으로 통합이라는 과업에 관련된다. 사회체계의 구성 부분들 간의 관계를 더 조화롭게 만드는 과정인 통합에는 두 가지 종류가 있는데, 하나는 체계통합이고 다른 하나는 사회통합이다. 체계통합은 제도의 통합에 주로 관련된 것이며, 사회통합은 사회집단 간의 통합에 관련된 것이다. 다시 말하면, 체계통합은 공동체의 수단적 측면, 즉 효율성에 관련된 것이고, 사회통합은 공동체의 표현적 측면, 즉 사기와 단합에 관련된 것이다.

이러한 사회체계의 생존에 통합이 필수 요건이 되는 이유는 다음과 같다. 첫째, 공동체는 그것이 민족국가이든, 기업이든, 노동조합이든 혹은 일반적인 단체이든 그 구성 부분들 간의 불균형과 갈등을 가능한 한 최소한의 상태로 유지해야 한다. 기능주의 이론에서 대부분의 복지활동의 동기는 사회질서를 유지하기 위한 것이며, 통합을 위한 제도는 그것이 체계의 효율성과 안정 그리고 질서에 기여하기 때문에 중요하다. 둘째, 구성원이 소속감을 가지고 유지하고자 하는 공동체적인 특성을 지닌 사회나 집합체는 일정한 정도의 연대감을 유지해야 한다. 이는 공동체의 다른 구성원에 대한 관심의 표현으로서 이타주의를 구현하는 제도와 실천은 정상적인 사회의 특성 중 하나라는 것이다.

이러한 관점에서 보면 사회복지는 공동체 형성의 결과일 뿐 아니라 수단이기도 하다. 사회복지제도의 원리에서 드러나는 공동체적 사회관계는 애정적 유대와 가치에 기초하는 가족제도의 인간관계와 거의 유사하다.

사회구성원 간의 사회통합(social integration) 또는 사회연대(social solidarity)는 사회적 자원의 분배를 가능하게 한다. 따라서 사회적 자원의 분배와 사회통합은 쌍방적 상호작용의 관계에 있다고 볼 수 있다. 사회적 자원의 분배는 사회구성원의 복지 또는 삶의 질 향상과 구성원 상호 간의 감정적 통합을 가져오며, 감정적 통합은 사회적 자원의 분배를 가능하게 한다는 것이 사회복지 실현의 전제다.

통합이라는 개념은 일정한 단위의 체계 내의 구성원 상호 간 또는 구성원이 체계에 대하여 갖는 연대감 혹은 애착(attachment)의 감정을 의미한다. 이러한 연대감 혹은 애착은 원조(aid)와 협력(cooperation)의 행위를 수반하기 때문에 통합이라는 개념의 지표로서 원조와 협력을 사용한다. 통합이라는 개념은 두 사람의 관계에서 출발한다. 한 사람이 상대방에게 물질적 지원을 함으로써 상대방의 복지를 향상하게 된다. 이러한 지원은 반대급부나 보상에 대한 기대 없이 금전이나 물품의 제공을 수반하여 증여자의 자원을 감소한다. 금전이나 물품의 제공이 없는 경우에도 시간이나 노력을 수반할 수 있다. 이러한 행위는 가족, 조직, 지역공동체, 민족, 국가 등 여러 차원에서 이루어지게 되는 것이다.

## 2) 가족주의와 국가주의

지역사회복지의 이념으로서 실천주체와 비용부담의 문제에 있어 누가 중심이 되어야 하느냐는 이념상의 선택의 문제로서 가족주의와 집합주의가 대립하고 있다.

가족주의와 국가주의의 쟁점은 '사회복지정책의 기조를 공공복지의 확대에 두느냐 또는 가족과 민간 중심의 복지를 확대하느냐' 하는 일반적인 정책논쟁과 '노인이나 장애인 등 사회취약계층의 돌봄을 위해 가족이 일차적인 책임을 수행해야 하느냐 또는 정부가 그 돌봄의 책임을 수행해야 하느냐' 하는 지역사회복지서비스의 실천주체와 비용부담에 관한 논쟁에 이르기까지 다양하게 전개되고 있다. 이러한 주제는 사회복지 정책 및 실천에 관한 가치와 신념의 체계를 다루고 있기 때문에 '가족' 또는 '국가'에 '주의(−ism)'라는 접미어를 붙여 이데올로기 논쟁의 성격을 나타내고 있다.

한국 사회복지의 현실에서도 가족주의와 국가주의는 주요한 사회적 쟁점이다. 경쟁력 강화에 기여하는 생산적 복지를 주장하거나, 가족과 민간의 기능 강화를 강조하는 정부의 사회복지정책 방향에 관한 논리는 가족주의에 기초하고 있으며, 공공부문의 사회복지 확대를 요구하는 집합주의의 논리와 대립하는 양상을 보인다.

여기에서는 사회복지제도 일반 또는 지역사회 내의 사회적 돌봄의 형태와 관련된 이데올로기의 두 가지 전형적인 이념형(ideal type)으로서 가족주의와 국가주의의 쟁점을 중심으로 설명한다.

### (1) 가족주의

가족주의는 특히 사회복지의 영역에서 사적 수준과 공적 수준에서 하나의 사회조직의 원리로서 작용한다(Dalley, 1988). 가족주의의 핵심 개념으로서 '가족'은 복지정책의 방향을 설정하는 기준이 된다. 사적 영역의 복지기능이 붕괴하는 곳에 공적 영역이 개입하여 복지서비스 제공의 책임을 지게 된다. 이는 윌렌스키와 르보(Wilensky & Lebeaux, 1965)가 분류한 사회복지의 보충적 역할과 제도적 역할 중 전자에 해당하는 것이다. 가족주의의 이데올로기는 공적인 영역에서도 동일하게 반영된다. 즉, 가족주의에 따르면 사회복지서비스는 돌봄의 가족 형태와 가장 근접한 형태로 재생산되어야 한다.

또한 가족은 일상생활의 모든 삶의 형태와 관련되어 있다. 이것은 가족이 일상생활의 모든 형태를 판단하고 측정하는 기준이 된다는 의미다. 따라서 가족주의 이데올로기에서는 비가족적인 형태는 비정상적인 것으로 간주된다. 가족주의는 사적 영역 또는 가사 영역에서 일차적으로 반영되며, 이는 나아가 공적 영역에서도 동일하게 반영된다. 일상생활의 가사 영역에서 남녀 역할의 분화는 돌봄기능을 수행하는 형태에 반영된다. 여성은 아동과 노인 등을 돌보아야 하는 책임을 수행하도록 기대된다. 현대 여권주의자(feminist)들은 돌봄의 기능에 관한 남녀 간 양성 불평등의 사회구조와 관련하여 여성의 종속 현상을 비판적으로 분석하고 있다(Mayo, 1994: 36-40).

이와 같은 가족 중심적 복지의 정책과 실천은 가족의 돌봄이 최선의 방책이라는 규범적 준거틀에 기초하고 있다. 이것은 또한 두 가지 측면의 의미를 내포한다. 첫째는 의존적인 사람들을 위한 돌봄은 가정에서 제공되는 것이 최선이라는 것이며, 둘째는 그러한 돌봄을 제공할 의무는 그들과 혈연관계에 있는 가족에게 있다는 것이다. 가족주의 이데올로기는 최근 영국과 미국의 사회복지정책에서 의식적으로 강조되어 왔는데, 가족주의 돌봄모델이 사회서비스의 적절한 정책 목표이며, 모든 사회복지 영역에서 적용되어야 하는 모델이라는 합의가 정책결정자, 실무자 및 전문가들 사이에 이루어지고 있는 것처럼 보인다. 이러한 추세는 특히 탈시설화 논쟁에서 두드러지게 나타난 바 있는데, 비인도적인 시설보호에 대한 적절한 대안으로 가족에 기초한 돌봄이 강조되고 있다. 그리고 그러한 가족돌봄의 제공이 불가능할 경우에는 가족 형태에 가장 근접한 조치가 도입된다. 아동의 경우 출생가정에서의 돌봄이 어려울 때 대리가정에 의한 돌봄이 선호된다. 가족주의 이념의 주창자들은 가족지향적 돌봄이 상호책임과 애정에 기초한 따뜻한 인간관계의 둥지로서의 가족 개념을 구현하고 있다고 본다.

한편, 가족주의 이념은 현대사회의 핵가족모델과 함께 개인주의와 밀접하게 관련되어 있다. 개인주의는 몇 가지 일련의 개념과 연결되어 있는데, 칸트(I. Kant)의 말을 빌리면 개인이란 '독립적인 의식의 중심'으로서 자아와 자기결정, 프라이버시 존중, 침입으로부터의 자유 등과 같은 개념을 내포한다. 따라서 이 이념에서는 가족단위의 프라이버시와 자율성이 강조되며, 가족은 외부의 제도, 특히 국가의 침입을 방어하는 보루로서의 의미를 지닌다. 핵가족은 명백하게 이러한 주장에 있어 핵심 요소이며, 개인주의의 기초가 된다.

그러나 가족주의 이념은 이러한 이상에도 불구하고 실제로는 부정적인 결과를 초래할 수 있다. 가족주의 입장에 따르면 여성은 가사 영역과 관련된 돌봄활동의 일차적 책임을 지게 된다. 그러나 현대사회의 가족구조의 변화와 다양성을 고려할 때, 필요한 돌봄을 충분하게 제공할 수 있는 여성이 많지 않다는 점에 문제가 있다. 이에 따라 의지할 곳 없는 노인이 가족이나 친척과의 접촉이 없이 고립되거나, 돌봄을 받아야 할 아동이 위탁가정(foster home)을 전전하는 사례가 발생하게 된다.

가족주의의 또 다른 결과는 가족이 아닌 다른 형태의 돌봄활동을 부정적인 것으로 평가하는 것이다. 노인요양시설, 병원에서의 돌봄, 아동복지시설 등은 이 이념의 반대 표적이 되어 왔다. 더욱이 이러한 시설의 수용자는 시설 그 자체와 함께 부정적인 낙인의 대상이 된다. 시설 환경에서 근무하는 사회복지사 또한 낮은 보수를 받고 사기가 저하되는 것으로 평가된다.

#### (2) 국가주의

가족주의가 개인의 독립성과 자율성에 기초한 가족지향적 돌봄을 강조하는 반면, 국가주의는 이와 상반된 상호의존적 가치를 강조하며 집합주의(collectivism)로 일컬어지기도 한다.

의존적인 생활을 하는 노인이나 장애인은 정도의 차이는 있으나 기본적인 생활과업의 수행을 위하여 타인에게 의존해야 한다는 사실을 인식한다. 그들에게는 아무리 정교한 보장구가 제공된다 하더라도 독립이 최선의 선택방안은 되지 못한다. 의존(dependency)과 상호의존(interdependency)은 일상생활의 한 부분이다. 완전한 독립의 생활은 고립과 분리를 의미하게 된다. 사회적 돌봄의 문제와 관련하여 볼 때, 국가주의는 모든 인간관계의 단면으로서 의존과 상호의존에 관한 인식에 기초하여 집합적 접근을 선호한다(Dalley, 1988).

그리고 국가주의적 접근방법은 일대일 돌봄관계에 내재하는 의무와 부담, 긴장 등을 극복할 수 있다고 본다. 혈연관계에 의하여 특정한 개인이나 가족이 돌봄활동의 역할을 강요당하지 않는다. 국가주의적 돌봄관계에서는 돌봄활동의 부담이 사회에 분산되어, 특정한 개인에 대한 돌봄의 압력이나 부담이 생기지 않는다.

국가주의적 돌봄의 기본 원칙은 다음과 같이 요약할 수 있다.

첫째, 장애인이나 의존적인 개인이라 하더라도 자신의 삶을 책임질 수 있는 위치에 있어야 한다. 마찬가지로 돌봄을 제공하는 사람도 돌봄에 관한 자신의 역할을 결정하는 데 주도적인 책임을 가져야 한다. 여성이 다른 사회활동에 관한 선택의 기회를 희생당하면서 돌봄의 제공을 강요당해서는 안 된다.

둘째, 돌봄의 체계는 돌봄을 제공받는 개인의 욕구와 취향에 맞추어져야 한다. 이것은 돌봄이 경직성을 띠어서는 안 되고, 융통성이 있어야 하며, 서로 다른 돌봄 형태 간에 적절한 시기에 변화가 가능해야 함을 의미한다.

셋째, 개인이 원하는 한 폭넓고 다양한 대인관계를 형성할 수 있는 최대한의 기회가 제공되어야 한다.

넷째, 개인이 원하는 방향으로 자신의 기술과 재능을 개발할 수 있는 최대한의 기회가 제공되어야 한다.

셋째와 넷째의 개념은 사회통합(social integration)과 정상화(normalization) 개념과 밀접하게 관련되어 있다. 의존적인 사람들도 자신이 원하는 한 사회생활이 단절되어서는 안 되며, 그들이 원하는 방향으로 자신의 삶의 환경을 개발할 수 있어야 한다.

다섯째, 앞의 원칙이 진정한 의미를 지니기 위해서는 경제적 안정이 보장되어야 한다. 의존적인 사람들이 독립적인 삶을 유지하기 위해서는 직접적인 재정 지원이 중요하다.

국가주의의 실천적 구성요소는 다음의 두 가지 요소로 요약된다.

첫째, 책임성이다. 국가주의는 사회의 모든 구성원에 대한 돌봄의 사회적 책임에 관한 것이다. 국가는 그러한 책임을 수행하는 기관의 하나이며, 사회의 모든 구성원이 그러한 책임을 지고 있는 것으로 간주된다. 이러한 개념이 '돌봄의 사회화'를 가져오게 한다.

둘째, 포괄성이다. 국가주의적 돌봄의 집합적 책임이 작용하는 영역은 공적·사적 영역을 모두 포괄한다. 공적 영역 내에서 국가주의적 원칙은 공공교육, 보건 및 복지제도 등 광범위한 사회활동에 적용된다. 마찬가지로 집합주의적 돌봄 원칙은 가사 영역에 적용되기도 한다. 따라서 공적 영역과 사적 영역 간의 구분이 명확하지 않은 한계가 있다. 반면에 가족주의 이념이 지배적인 사회에서는 공공과 사적 영역 간의 구분이 엄격하게 이루어진다.

## 2. 지역사회복지의 가치

지역사회복지의 가치는 지역사회의 공식 · 비공식의 사회적 돌봄(social care) 활동이 이루어지는 기초로서 대면적 또는 비대면적 사회관계 속에서 이루어진다. 여기에서는 사회관계와 사회적 돌봄의 형태를 살펴보고, 사회적 돌봄을 제공하는 동기로서의 가치를 살펴보기로 한다.

### 1) 사회관계와 사회적 돌봄의 형태

돌봄의 제공은 힘든 노동을 수반하는 활동이다. 따라서 돌봄 제공자는 상당한 부담을 가지게 된다. 그럼에도 사람들은 여러 가지 대인관계를 통해 자신과 연결된 사람들에게 돌봄을 제공한다. 왜 사람들은 다른 사람과 대인관계를 유지하는 것일까? 이러한 의문은 돌봄 제공 활동과정에서 핵심적이며, 충분한 이해가 필요한 부분이다.

이에 관한 일반적인 설명은 '그녀가 나의 어머니이기 때문에' '그가 나를 필요로 하기 때문에' 등이지만 이를 더 깊이 분석해 볼 필요가 있다. 웨이스(Weiss, 1974)는 돌봄 제공에 관한 두 개의 가설을 세우고 검증하였다.

첫 번째 가설은 '사회성 기금(fund of sociability)' 가설이다. 이 가설에 따르면 사람은 타인과 상호작용을 하고자 하는 욕구를 가지며, 이 욕구는 여러 가지 방식으로 분산되지만 전체적으로는 사회성의 일정량을 유지한다는 것이다. 따라서 사람들은 소수의 특정인과는 상당한 정도의 긴밀한 접촉을 유지하는 반면, 그 외 다수의 사람들과는 제한된 접촉만을 유지한다.

한편 두 번째 가설은 '매개적인 일차집단(mediating primary group)' 가설이다. 이 가설은 일차적 연대와 이차적 연대를 구분하고 있다. 일차집단은 긴밀하고 대면적이며 정서적인 연대를 갖는 반면, 이차집단은 수단적이고 정서적으로 중립적인 연대를 갖는다. 이 가설에 따르면 사람들의 신념이나 태도는 가족이나 청소년기의 또래집단과 같은 일차집단에서 형성되며, 또한 그 가치나 신념은 현재 자신이 속해 있는 다른 일차집단 속에서 타인과 상호작용함으로써 유지된다는 것이다.

그러나 이들 가설은 모두 적절하지 못한 것으로 밝혀졌다. 우선 사회성 기금 가설이 지지를 받지 못하는 것은, 사회관계는 기능이 분화되어 있으며, 한 가지 형태의 관계가 다른 형태의 관계를 대체하지 못한다는 점에 있다. 삶의 핵심 부분을 형성하던 하나의 사회조직망이 상실되면 사람들은 심각한 스트레스를 받게 된다. 가령 결혼이 제공하는 역할을 친구관계가 대체하지 못하며, 거꾸로 친구관계의 기능을 결혼이 대신하지 못한다는 것이다. 매개적인 일차집단이론에 관하여도 가설이 부정된다. 결혼관계와 친구관계는 긴밀하고 대면적인 일차관계이지만, 두 관계가 제공하는 것은 별개의 것이며 대체될 수 없다는 것이다.

따라서 웨이스는 사람들이 경험하는 서로 다른 다양한 사회관계에 따라 돌봄의 형태도 달라진다는 결론을 내렸다. 그는 사람들의 정서적이고 인지적인 욕구에 초점을 두고 사회관계를 구분하였다. 이러한 사회관계는 각각 다양한 형태의 비공식 돌봄을 제공하게 된다. 다음은 사회관계와 비공식 돌봄 형태 간의 상호관계를 보여 준다(Bulmer, 1987).

#### (1) 애정적 유착과 친밀성

애정적 유착과 친밀함은 안정감과 편안함을 느낄 수 있는 가족관계에서 얻어진다. 여기에서는 돌봄 제공자와 돌봄을 받는 상대방이 불편을 느끼지 않고 자유롭게 감정을 표현할 수 있다. 애정적 유착과 친밀성은 부부관계에서나 기타 지속적인 이성관계에서 이루어지며, 부모-자녀관계나 자매관계 등에서도 발견된다.

#### (2) 사회통합

사회통합에 의한 원조는 유사한 목적을 추구하거나 동일한 상황에 처해 있는 사람들이 자신들의 경험이나 정보, 생각을 나누는 관계에서 이루어진다. 이것은 친구나 직장동료에 의하여 제공되며, 자조집단(self-help group)도 사회통합에 의한 원조를 제공하는 수단이 되기도 한다.

### (3) 부양의 기대

이것은 노령의 부모를 돌보는 성인이 자신의 자녀가 미래에 자신을 부양해 줄 것을 기대함으로써 형성된다.

### (4) 존재가치의 확인

이것은 일정한 돌봄 제공의 역할에 있어서 개인의 능력을 입증하는 관계에 의하여 이루어진다. 가령 남성인 가장의 경우에는 가족을 돌보고 부양하는 자신의 존재와 능력을 통하여 돌봄을 제공한다. 이러한 돌봄 제공의 능력을 확인하는 근원(경제활동 능력 등)을 상실하는 경우에는 자아존중감의 상실로까지 나아갈 수 있다.

### (5) 신뢰에 의한 원조

친구나 이웃은 어떤 상황에서는 신뢰에 의한 돌봄활동의 근원이 될 수 있으나, 지속적인 돌봄으로서는 한계가 있다. 이러한 형태의 원조는 노인을 위한 비공식 원조의 경우에 명백하게 나타나며, 지속성의 결핍은 돌봄활동의 불안과 취약성을 드러낸다.

### (6) 조언

조언은 목사, 신부, 의사, 간호사, 사회복지사, 상담가 등 존경을 받는 타인과의 관계에서 오는 돌봄이다.

이와 같은 정서적 · 인지적 욕구에 기초한 사회관계에 따라 비공식 돌봄 형태가 다양하게 제공된다. 〈표 2-1〉은 사회관계와 비공식 돌봄 형태 간의 결

**표 2-1** 사회관계와 비공식 돌봄 형태

| 구분 | 애정적 유착 | 사회 통합 | 부양 기대 | 가치 확인 | 신뢰성 있는 원조 | 조언 |
|---|---|---|---|---|---|---|
| 물리적 보살핌 | 배우자 또는 동거자 | | 딸 또는 어머니 | | 혈연 | |
| 물질적 원조 | 배우자 또는 동거자 | 혈연 | 딸 또는 어머니, 자매 | | 혈연, 이웃 | |
| 심리적 원조 | 배우자 또는 동거자 | 친구 | | 친구, 직장동료, 핵가족 | 혈연, 이웃 | |
| 일반적 관심 | | | | | 혈연, 이웃 | 성직자, 의사 |

출처: Bulmer (1987), p. 147.

합을 나타낸다.

돌봄의 형태는 물리적 보살핌, 물질적 원조, 심리적 원조, 일반적 관심으로 분류할 수 있다. 물리적 보살핌은 애정적 유착에 기초하여 배우자나 동거자가 제공하며, 미래에 자녀로부터의 부양의 기대에 기초하여 딸이 노년의 부모에게 또는 어머니가 자녀에게 제공하기도 한다. 또한 신뢰에 의한 원조에 기초하여 혈연관계에 있는 자가 제공하기도 한다. 이와 마찬가지로 물질적 · 심리적 원조, 일반적 관심도 사회관계의 유형에 따라 다른 유형에서 제공된다는 것을 알 수 있다.

이와 같은 분류가 갖는 의의는 돌봄 제공 동기의 다양성과 복합성을 이해하는 데 있다.

## 2) 돌봄 제공의 동기로서의 가치

### (1) 이타주의

이타주의(altruism)는 인간행위의 원리로서 타인에 대한 배려를 의미한다. 증여나 선물 등의 행위는 주는 자와 받는 자 간의 일방적인 거래로서 경제 행위의 쌍방적인 거래와 구분된다. 티트머스(Titmuss, 1970)는 그의 저서인 『증여관계(*The Gift Relationship*)』에서 혈액의 공급에 관한 증여행위의 역할을 분석하였다. 그의 분석에 따르면 현대사회에서 가족이나 공동체 기능의 한계로 인하여 일상생활에서 사회 전체 구성원의 이타주의적 표현이 필요한데, 이러한 이타주의적 행위는 '보편적 낯선 타자(universal stranger)'에 의한 비대면적 상호원조행위라고 할 수 있다. 이러한 분석은 현대사회 내에서의 사회복지 정책이나 제도의 분석에까지 확대될 수 있지만, 이타주의는 지역사회 내의 불특정 낯선 타자 간의 돌봄과 원조행위를 설명하는 기준이 된다.

#### (2) 자선

자선(beneficience)은 이타주의에 비해 비교적 광범위하게 사용되는 개념으로 도덕적 권위와 의무감이라는 색채를 띠고 있다. 사회의 상위계층이나 중상위계층의 사람들에 의하여 이루어지는 기부나 원조행위는 순수한 이타주의적 동기라기보다는 그들의 사회적 위치에 따른 책임감에서 나오는 것으로 본다.

#### (3) 전통

전통(tradition)은 오랜 기간의 습관에서 나오는 행동에 기초한다. 이러한 행동은 오랜 기간 함께 살아온 노년의 부부가 서로 보살피는 돌봄활동에서 발견되며, 이러한 행위는 오랜 기간 같이 살아온 형제자매나 이웃관계에서도 발견된다.

#### (4) 의무

의무(obligation)는 전통과는 구별되면서도 약간의 유사성이 있고 자선과도 관련이 있다. 혈연관계의 유대와 이웃관계의 유대가 구별되는 것은 의무로 설명할 수 있다. 혈연관계의 연대는 출생과 함께 시작하여 평생 지속되는 것으로 본다. 일상적인 사회적 돌봄활동에서 의무감으로 이루어지는 대표적인 사례는 출가한 여성이 노년의 부모나 친척을 보살피는 경우다. 이들은 혈연관계에 의한 강한 의무감을 가지며, 이러한 돌봄활동을 수행하기에는 여성이 적합하다는 생각을 갖는다.

### (5) 상호성

사회적 돌봄을 제공하는 인간의 행위를 설명하는 가장 일반적인 해석은 상호성(reciprocity)의 개념이다. 사회과학자들에 의한 상호성의 연구는 원시사회의 교환행위에 관한 연구에서 시작되었다. 경제적 거래가 아닌 상호성을 지닌 거래가 일어나는 경우, 이러한 행위는 경제시장과는 다른 가치에 의하여 지배되며 사회적, 종교적, 도덕적 요소를 포함하는 복합적인 의미를 지닌다는 것이다. 인류학자 말리노프스키(B. Malinowski)는 한 원시사회에 관한 연구에서 이러한 상호성을 지닌 선물 증여의 행위는 그 사회 내의 깊은 사회연대를 창출하는 경향이 있다고 분석하였다. 그는 원시사회에서 이루어진 상호성을 지닌 증여의 형태를 순수한 선물, 관습적인 보상, 되돌려주는 등가의 선물, 등가의 교환, 거래 등 여러 가지 형태의 상호성으로 분류하였다. 샬린스(Shalins, 1965)에 따르면 이러한 상호성은 한편으로는 순수한 증여로서 대가를 바라지 않는 형태, 그리고 다른 한편으로는 다소 이기적인 성격을 띠고 보상을 기대하는 증여라는 형태 간의 연속선상에 위치한다.

앞에서 살펴본 이타주의, 자선, 전통, 의무, 상호성 등의 가치는 도움을 제공하는 사람들이 가지고 있는 사회적 돌봄 제공의 동기를 설명하는 부분적인 근거가 될 수 있다. 그러나 불머(Bulmer, 1987: 171)는 이러한 사회가치 중 상호성의 개념이 인간의 돌봄활동의 행위를 설명하는 가장 적절한 접근이론이라고 주장하였다.

제3장

# 지역사회복지의 역사

1. 한국 지역사회복지의 역사
2. 미국 지역사회복지의 역사
3. 영국 지역사회복지의 역사

BUS

## 1. 한국 지역사회복지의 역사

사회복지 전문직의 실천 영역으로서 지역사회복지의 실체는 지역사회복지 활동이나 지역사회조직에 관한 전문사회복지사의 주도성과 실천성 여부로 파악할 것인가, 아니면 활동내용을 중심으로 보아야 할 것인가에 따라 논란이 될 수 있다(황성철, 1997). 이러한 지역사회복지의 실체는 지역사회복지의 역사와 밀접히 관련될 수밖에 없으며, 바라보는 시각에 따라 역사적 전개 내용에서 차이가 나타날 수 있다. 여기에서는 한국 지역사회복지의 역사를 지역사회 중심의 사회복지서비스의 변화, 지역사회복지실천주체, 지역사회복지실천모델 등 지역사회복지의 활동내용을 중심으로 크게 세 시기로 구분하여 개략적인 변화과정을 살펴보기로 한다.[1)]

### 1) 지역사회복지의 형성기: 1950년대~1970년대

지역사회복지에 대한 현대적인 개념과 원리, 방법이 도입되기 훨씬 이전부터 지역사회주민이 당면하고 있는 사회경제적 문제를 지역공동체 및 국가적인 차원에서 해결하려고 하는 지역사회의 노력은 존재해 왔으나, 여기에서는 해방 이후부터 살펴보기로 한다.

우리나라에서 사회복지사업은 해방 이후 급속한 사회 변화로 인한 사회혼란과 한국전쟁을 거쳐 오면서 불우한 환경의 아동, 노인, 장애인 등을 위한 생활시설사업이 주류를 형성하여 왔음은 주지의 사실이다. 이러한 시대적 특성으로 인하여 지역사회복지사업은 외국민간원조기관에 의한 사회복지사업이

1) 한국의 지역사회복지 역사는 감정기, 최원규, 진재문(2010), 김성이, 오정수, 전광현, 황성철(1997), 최원규(1996), 최일섭, 류진석(1997) 등의 자료를 주로 참조하였다.

1970년대 초반까지 주종을 이루었다. 외국민간원조기관이란 '본부가 외국에 있고 그 본부의 지원으로 국내에 보건사업, 교육사업, 생활보호, 재해구호 또는 지역사회개발 등의 사회복지사업을 행하는 비영리적 사회사업기관으로서, 그 사업자원이 외국에서 마련되고 실질적으로 외국인에 의해 운영되는 기관'을 말한다. 이러한 외원기관의 활동은 1952년 7개 기관을 중심으로 외국민간원조한국연합회(Korea Association of Voluntary Agencies: KAVA)가 조직되면서 본격적으로 시작되었다. 1964년에 이르러 KAVA의 회원단체는 70여 개 기관으로 늘어났고, 회원 간 상호협의에 의한 보건, 교육, 사회복지, 구호 및 지역사회개발 등의 분야에서 협력활동이 활발하게 이루어졌다. 1950년대와 1960년대에 내한한 기관이 모두 96개에 달하였으며, 전시 및 전후복구의 시기에 사회복지서비스 활동에 중요한 역할을 담당하였다. 특히 외원기관은 교육과 보건 및 지역사회개발 등의 영역에도 기여하였으며, 미국식 전문사회사업의 실천방법과 관련된 이론을 국내에 전파하는 데 결정적 역할을 하였다. 그러나 1970년대 들어 사회복지시설의 운영재원에서 차지하던 외원기관 지원의 비중이 줄어들다 1974년 이후에 급격하게 감소하면서, 정부가 이를 대신하여 지원하게 되었다.

외원기관의 복지활동과 더불어 이 시기에 주목할 것은 대학부설 사회복지관의 출현과 민간사회복지관의 설립이라 할 수 있다. 사회복지관은 영국이나 미국의 인보관활동에서 기원을 찾을 수 있듯이 지역사회를 근거로 하는 복지실천주체로서 의미를 가진다. 우리나라에서 대학이 인보관활동에 최초로 참여하게 된 것은 1956년에 이화여자대학교에 복지관을 설립하면서부터이며, 1956년의 아현인보관, 1962년의 목포사회복지관 등 개인 및 민간단체에 의해 사회복지관 설립이 이루어졌다.

한편 지역사회 중심의 복지실천활동은 지역사회개발사업을 주된 정책수단으로 채택하면서부터다. 1957년에 한미합동경제위원회, 1958년에 지역사회개발위원회가 구성되어 지역사회개발사업을 실시할 수 있는 기반이 구축되었다. 1970년대 지역사회개발사업은 새마을운동사업으로 전환되어 획기적인 전기를 마련하였다. 새마을운동은 농촌생활환경개선사업에서 시작해 소득증대 사업으로까지 확대되었고, 도시에서는 의식개선운동으로 전개되기도 하였다. 새마을운동은 지역사회복지실천을 위한 기반을 마련하였다는 점에서 의의가 있으나, 관 주도의 운동이라는 점에서 지역사회복지의 자발성 원칙에서 벗어나는 한계를 지닌다.

### 2) 지역사회복지의 정착기: 1980년대~1990년대 초반

1980년대에 들어서서 지역사회복지는 커다란 변화를 경험하였다. 이 시기에 지역사회복지는 정부 주도하에 지역사회복지관의 설립, 재가복지서비스의 도입, 지역사회행동모델의 확대 등 과거보다 진일보한 모습으로 구체화되었다.

우리나라의 사회복지관은 1980년대 초반까지는 양적 · 질적인 면에서 기본적으로 1970년대의 골격을 그대로 유지하였다. 다만 1983년 「사회복지사업법」의 개정에 따라 사회복지관은 종합사회복지관 가형과 나형 그리고 사회복지관으로 나누어지면서 공식적으로 국가의 지원을 받게 되었다. 사회복지관 사업을 국가의 공식적인 지원사업으로 추진하게 된 배경은 당시 산업화 이후 대도시 주변부에 존재하였던 빈곤문제 해결을 위한 대안으로 사회복지관사업이 선택되었기 때문이다. 즉, 1980년대 제5공화국 초기 도시빈곤문제가 심각한 사회문제로 부각되면서 이를 해결하기 위한 방안이 정책당국에서 검토되었으며, 빈곤문제 해결을 위하여 공공 전달체계를 도입하는 방안과 민간 전달체계인 사회복지관을 확대 설치하는 방안 중 후자가 정책대안으로 선택된 것이다. 그러나 이러한 정책배경은 공공복지 전달체계의 개편을 늦추는 요인이 되었으며, 1980년대 말 이후 사회복지전담공무원제도를 도입하고 공공복지 전달체계의 도입을 추진하는 과정에서 민간 전달체계인 사회복지관과 공공복지 전달체계와의 역할과 관계 정립 문제, 사회복지관의 정체성 문제 등을 초래하였다.

그리고 1980년대 후반에는 사회복지관의 발전과정에서 몇 가지 특징적인 조치가 이루어졌다. 첫째, 영구임대주택단지 내에 사회복지관의 건립이 시작되었고, 둘째, 민간단체에 의한 사회복지관의 건립이 활성화되었으며, 셋째, 1989년에 사회복지관 운영 · 건립 국고보조사업지침이 마련되어 국가지원금 산출방식이 제정되었다. 이러한 특징은 지역사회를 중심으로 하는 사회복지관사업이 본격적인 궤도에 진입하였음을 말해 준다.

또한 이 시기에는 지역사회 중심의 사회복지서비스로서 재가복지가 도입되었다. 우리나라에서 재가복지는 노인복지와 장애인복지의 민간 분야에서 처음으로 시도되었는데, 노인복지분야에서는 1980년대 초에 한국노인복지회에서 노인결연사업, 상담사업 등을 추진하여 오다가 가정봉사원 파견사업으로 확대 · 실시되어 왔다. 1987년에 한국노인복지회가 국제노인복지회의 지원과 국고보조금으로 가정봉사원을 파견하는 시범사업을 시작하였다. 가정봉사원파견사업은 구호에 비중을 두는 기존의 방식을 탈피하여 대인사회복지서비스의 제공이라는 원조내용의 변화, 자원봉사자의 활용, 정기적인 서비스 제공 등과 같은 특징을 띠고 있다는 점에서 주목되었다. 장애인복지 분야에서는 1980년대에 장애인재활협회, 서울장애인종합복지관 등을 중심으로 지역사회중심재활사업(community-based rehabilitation)이 실시되었다. 특히 재가복지서비스의 형태로 장애인 가정방문을 통한 상담, 진단치료, 교육프로그램 등이 시행되었다.

지역사회복지의 변화에 또 다른 영향은 사회복지전담요원제도의 실시라 할 수 있다. 1987년에 사회복지전담요원(사회복지전담공무원)제도를 도입하여 전국 읍 · 면 · 동사무소에 배치하여 생활보호대상자(국민기초생활보장수급자)를 중심으로 공공부조업무에 종사하도록 하였다. 사회복지전담요원제도의 실시는 공공부조업무의 성과뿐 아니라 지역사회 중심의 공공사회복지 전달체계의 새로운 전기를 마련하기도 하였다.

한편 지역사회복지실천모델로서는 1970년대의 새마을운동으로 대표되는 지역사회개발모델로부터 지역사회행동모델로 점차 확대되는 경향을 띠기 시작하였다. 지역사회행동은 1980년대의 민주화 운동과 더불어 생활권 보장이라는 차원에서 지역사회를 중심으로 사회운동과 연관되면서 구체화되었다. 저소득지역에서의 재개발반대운동을 통한 지역조직화 사업, 핵발전소 설치반대운동 등 주민운동의 전개는 지역사회 차원에서 기존의 지역사회개발모델과는 달리 사회행동모델로 점차 변화되는 경향을 보여 주었다. 그리고 민간 차원에서 사회복지수급 대상자 중심의 각종 자조집단이 출현하였다. 장애인단체를 비롯하여 장애아동의 부모모임, 노인 등 다양한 자조집단이 상호 정보를 교환하면서 자신들의 권익옹호활동을 적극적으로 수행하기 시작하였다.

### 3) 지역사회복지의 발전기: 1990년대 초반 이후~현재

1990년대 이후 지역사회복지는 과거에 비해 지역중심성에 대한 강조, 전문성의 강화 등을 기초로 질적인 변화를 경험하게 된다. 특히 재가복지서비스의 확대, 지역사회복지실천주체의 전문화 및 다양화, 지역사회 중심의 자활사업 전개, 지방자치제의 실시 및 지역분권운동의 전개에 따른 지역사회복지의 내실화 요구 등 지역사회복지의 질적 전환이 이루어진 시기라 할 수 있다.

우선 사회복지관은 1990년대 이후 급속한 양적 확대를 가져와 1990년의 58개소에서 2024년 현재 전국에 481개소가 설치 · 운영되고 있다. 사회복지관은 국고보조금 및 지방비와 법인 자부담이라는 재정구조를 가지고 있었고, 민간법인의 운영, 정부의 지도감독 등 반관반민의 운영형태를 띠고 있다. 2005년부터 사회복지 지방이양사업의 국고보조금이 분권교부세로 전환됨에 따라 사회복지관은 지방자치단체의 일반재정으로 운영되고 있다.[2] 그리고 1997년 「사회복지사업법」의 개정으로 사회복지기관 평가제도의 도입과 함께 지역사회 중심의 자원동원 및 서비스 전달체계의 확립, 지역사회주민조직화사업이 강화되는 등 지역사회복지의 실천 영역이 확대되고 있다.

2) 분권교부세는 2014년까지 운영되다가, 2015년에 보통교부세로 통합운영되고 있다.

재가복지는 1990년대에 들어 비로소 정부 차원의 지원을 받아 종합적인 프로그램으로 발전하게 되었다. 정부는 가정에서 돌봄을 요하는 장애인, 노인, 소년소녀가정, 한부모가정 등 가족부양기능이 취약한 계층을 중심으로 지역사회 내에서 재가복지서비스를 제공하기 위하여 1992년부터 재가복지봉사센터를 설치 · 운영하고 있다. 재가복지봉사센터는 1980년대 이후 정부의 지원사업으로 설치가 확대된 기존의 사회복지관, 장애인복지관, 노인복지관 등에 전담인력, 장비 등 사업비를 추가 지원하여 복지관의 부설 형태로 설치 · 운영되고 있다. 주요 사업내용은 자원봉사자를 모집 · 교육하여 가정에서 돌봄을 요하는 장애인, 노인, 불우아동 및 저소득층 가정을 직접 방문하여 간병, 진료, 급식, 정서적 지원, 가사보조 등 일상생활에 필요한 각종 서비스를 제공하거나, 지역사회 내의 뜻있는 사람들과 양부모, 의형제를 맺어 주고 후원자를 알선하여 생활용품 및 용돈 등 경제적 지원을 하고 있다. 시설별 사업내용을 보면, 사회복지관에서는 저소득층 가정에 대한 종합적인 재가복지서비스를 제공하고, 장애인복지관에서는 장애인에 대한 순회 재활서비스를 제공하고 있다. 노인복지관은 단독노인세대, 거동불편노인에 대하여 재가복지서비스를 제공하며, 한국사회복지관협회와 광역(시 · 도) 사회복지협의회에서는 재가복지를 위한 자원봉사자의 양성과 공급을 하고 있다.

이 시기에 전개되었던 재가복지의 특성을 요약하면 다음과 같다.

첫째, 서비스 실천의 장(setting)은 주로 재가복지봉사센터로서 민간사회복지관 등에 부설되어 있다. 영국의 경우 공공기관과 각종 민간기관 등에 다양하게 분포되어 있는 것과는 대조적이다. 또한 우리나라에서는 소규모 거주시설(노인그룹홈), 주간보호를 비롯한 통원시설(day care center) 등에서의 서비스는 재가복지의 개념에서 제외되는 경향이 있다. 이것은 우리나라에서는 지역사회보호라는 광의의 개념(care at home or care from home)보다는 재가복지라는 협의의 개념(care at home)이 더 일반화되어 있는 경향에서 그 원인을 찾을 수 있다.

둘째, 서비스 실천의 주체는 주로 자원봉사자다. 재가복지봉사센터에 전문인력이 배치되어 있으나 소수에 불과하며, 이들은 자원봉사자를 조직하여 배치하고 관리하는 업무를 주로 담당함으로써 다수의 서비스 대상 인구에게 직접적으로 전문 서비스를 제공하기는 어려운 실정이다.

셋째, 서비스 실천의 대상은 가족 기능이 취약한 재가의 노인이나 장애인, 아동이다. 따라서 가정과 유사한 소규모 주거시설 등의 보호대상자를 적극적으로 포함하지 못하는 한계가 있다.

그럼에도 공공부문의 사회복지 전달체계 측면에서는 질적인 변화가 이루어졌다. 사회복지전담공무원의 배치가 일선 읍·면·동을 중심으로 본격적으로 이루어져 공공지역사회복지를 실천하기 위한 인력기반이 크게 확대된 것도 이 시기의 주요한 발전이었다. 그러나 수요자 중심의 복지서비스 제공의 비효과성, 전문적인 집행 등의 문제점으로 인해 공공 사회복지 전달체계의 개편 논의가 활발하게 전개되었다. 그 결과 2004년 7월부터 2006년 6월까지 2년간 시범 사회복지사무소를 설치·운영하고 2006년 7월 이후에는 시·군·구 단위에 주민생활지원국을 설치하여 운영하였다. 여전히 복합적 욕구를 가진 복지수요자에 대한 대응 미흡과 복지서비스의 효과성 문제가 제기됨에 따라, 2012년 상반기부터 시·군·구에 희망복지지원단을 설치하였고, 2013년부터 맞춤형 복지전달체계 구축을 위해 읍·면·동 기능 개편을 추진하는 등 통합사례관리 및 맞춤형 복지를 위한 지역 공공복지 전달체계의 변화를 도모하고 있다.

한편 지역사회복지실천모델과 관련하여 이 시기에 주목할 것은, 지역사회의 삶의 질 향상과 복지욕구의 해결을 공식적으로 표방하는 자주적인 지역사회복지조직의 활동이 구체화되면서 지역사회개발 및 사회행동모델의 실험과 적용이 이루어진 점이다. 1990년대 중반 이후 지역사회주민의 삶의 질 향상과 복지욕구의 해결을 공식적으로 표방하는 지역사회복지조직의 활동이 주목을 받기 시작하였다. 이들 조직은 푸드뱅크사업, 보건의료지원사업 등 저소득·빈곤계층을 위한 직접서비스 지원사업을 수행하고 있을 뿐만 아니라 지역복지정책개발사업, 각종 빈곤정책 프로그램 등과 관련된 조례제정운동을 비롯하여 다양한 사회행동을 실현하고 있다. 이러한 자주적인 지역사회복지조직은 지역주민운동에 뿌리를 두고 있으며, 저소득층에 대한 직접서비스 기능뿐만 아니라 사회행동 등 다양한 지역사회복지기능을 수행하고 있다. 그리고 IMF 구제금융 이후 사회복지 이슈를 매개로 하는 시민사회단체의 증대가 비약적으로 이루어졌다. 이들은 지역복지 이슈를 구체화하거나 노인, 아동, 장애인, 청소년 등의 문제를 집중적으로 제기하고 있다. 최근에 사회적 약자에 관심을 보이는 등 지역복지의 이슈나 삶의 질 향상과 관련된 지역중심의 복지 이슈가 시민사회운동의 중요한 영역으로 등장하였다. 지역주민의 자주적인 역량강화와 복지권의 실현을 위해 주민참여를 통한 지역복지운동이 다양하게 전개되고 있으며, 2005년에 '전국지역복지운동단체네트워크'가 발족되어 활동하면서 지역복지운동은 새로운 질적 전환을 모색하고 있다.

또한 2000년 10월의 「국민기초생활 보장법」 시행으로 지역사회 중심의 자활지원사업이 본격적으로 전개되었다. 자활사업의 전개는 과거와는 다르게 지역사회 차원에서 빈곤문제 해결을 위한 구체적이고 전문적인 실천활동을 요구하고 있으며, 지역사회복지 발전에 기여하고 있다. 지역사회의 자활지원사업을 담당했던 많은 조직이 대부분 지역자활센터로 지정되었으며, 2024년 현재 전국적으로 지역자활센터 250개소가 설치 · 운영되고 있다.

이 밖에도 1998년에 광역단체 사회복지협의회의 독립법인화 및 기초자치단체 사회복지협의회의 조직화, 2003년에 사회복지사업의 개정으로 지역사회복지조직 및 관련 자원 간의 네트워크를 통한 지역사회복지협의체의 구성, 지역사회복지계획의 수립, 2005년 국고보조사업의 정비로 사회복지분야 사업을 지방으로 이양하는 등 지방분권을 추진하면서 지역사회복지의 중요성이 강조되고 있다. 그리고 지역별 특성과 주민욕구에 부응하여 지역 실정에 맞는 사회서비스를 주도적으로 개발 · 제공하도록 지원하는 지역사회서비스혁신사업이 2007년부터 시행되었고, 2008년에는 지역사회서비스투자사업으로 명칭이 변경되었으며, 2013년에 포괄보조방식으로 변경되어 지역 자체적으로 사업을 개발하는 방식으로 진행되고 있다.

특히 2014년 12월 30일에 「사회보장급여의 이용 · 제공 및 수급권자 발굴에 관한 법률」(2015. 7. 1. 시행)이 제정됨으로써 사회보장급여대상자의 발굴강화, 시 · 군 · 구 지역사회보장협의체 및 읍 · 면 · 동 지역사회보장협의체의 구성 및 운영, 지역사회보장계획의 수립 · 시행 · 평가, 복지대상자 발굴을 촉진하기 위한 민관협력의 활성화 등 지역사회복지의 발전에 많은 영향을 미치고 있다.

2015년에는 행정서비스 중심의 읍 · 면 · 동 기능을 강화하여 국민의 복지체감도를 제고하고 복지사각지대를 해소하기 위해 읍 · 면 · 동 복지허브화 시범사업을 실시하였으며, 2016년에는 이 사업을 본격적으로 시행하였다. 그러나 읍 · 면 · 동의 기능확대로 전달체계의 외연을 확장하였지만, 지역사회 민 · 관의 기능적 연계체계 강화가 요구되었다. 그 결과 2017년 이후에는 최일선 행정단위인 읍 · 면 · 동을 주민 생활자치와 공동체 돌봄을 혁신하기 위해 찾아가는 보건복지서비스 사업을 추진하였다. 이 사업은 복지사각지대 해소를 위해 주민생활과 밀착한 읍 · 면 · 동에 찾아가는 보건복지전담팀을 설치하고 보건소 · 유관기관 · 지역주민 등과 함께 협력하여 복지 취약계층을 대상으로 찾아가는 보건복지서비스를 제공하고 있다.

한편, 2018년에는 돌봄이 필요한 주민들이 살던 곳에서 개인의 욕구에 맞는 서비스를 누리고, 지역사회와 함께 어울려 살아갈 수 있도록 주거, 보건의료, 요양, 돌봄 등을 통합적으로 지원되는 「지역사회 통합돌봄(커뮤니티 케어)」 기본 계획을 발표하였다. 이 계획에 따라 2019년부터 2022년까지 지역사회 통합돌봄 선도사업을 실시하였으며, 2023년부터는 노인 의료 · 돌봄 통합지원 시범사업을 추진하고 있다.

## 2. 미국 지역사회복지의 역사

미국 지역사회복지의 역사에 대해 다루고 있는 문헌은 많이 있으며(Fisher, 1984; Garvin & Cox, 2001), 역사 서술의 방식이나 시기 구분, 지역사회복지실천 활동 또는 지역사회조직화 등과 같은 분석 초점에 따라 다양하게 지역사회복지의 역사에 접근할 수 있다(Rubin & Rubin, 2001; Weil, 1996). 다양한 접근 중에서 여기에서는 이러한 논의를 기초로 지역사회복지의 전개과정을 크게 세 시기로 구분하여 개략적인 변화과정을 살펴보기로 한다.[3)]

## 1) 지역사회복지의 태동기: 1890년대~1910년대

미국 지역사회복지의 태동기에 영향을 미친 것은 무엇보다도 인보관운동과 자선조직협회운동 그리고 농촌개발운동 등이 대표적이다. 웨일(Weil, 1996)에 따르면 인보관운동(Social Settlement Movement)은 지역사회개발, 계획, 조직화와 변화의 뿌리이고, 자선조직협회(Charity Organization Societies)는 지역사회복지서비스의 연계, 지역사회계획과 조직 간 관계의 원천이 되었으며, 농촌개발운동(Rural Development Movement)은 지역사회개발과 자조(self-help)에 영향을 미친 것으로 보고 있다.

자선조직협회(C.O.S.)는 1869년에 영국에서 처음 만들어진 자선조직협회를 본받아 1873년까지 미국에서도 창설되는 분위기가 조성되었다. 그리하여 1877년에 뉴욕 주 버팔로 시에서 영국 성공회 소속인 거틴(S. H. Gurteen) 목사에 의해 최초의 자선조직협회가 창설되었다. 원래 자선조직협회는 자선의 중복을 예방하고 빈민을 구호하기 위해 존재했던 수많은 민간단체의 업무를 조정하기 위해 설립되었다. 그러나 자선조직협회는 기관 간의 업무조정뿐만 아니라 특정 개인이나 가족에게 제공하는 원조활동을 논의하기 위해 사례회의(case conference)를 조직화하였고, 직접적인 구호와 서비스도 제공하기 시작하였다.

이 시기에 자선조직협회를 이끌었던 지도자들은 구빈을 위한 정부의 활동

---

3) 미국 지역사회복지의 역사는 김근홍 등(2008), 최일섭, 류진석(1997), Weil(1996), Garvin과 Cox(2001), Rubin과 Rubin(2001) 등을 주로 참조하였다.

은 빈민의 재활을 위해서는 도움이 되지 않는다는 생각을 가지고 있었고, 빈민계층을 구호받을 가치가 있는 빈민과 가치가 없는 빈민으로 구분하여 가치가 있는 빈민, 즉 자선조직협회 우애방문원(friendly visitors)의 도덕심을 본받아 빈곤에서 탈피할 소지가 있는 빈민에게만 원조를 제공하였다. 그리고 자선조직협회의 또 다른 기능인 다양한 사회문제의 개선과 해결을 위해 자선기관과 협력적인 계획을 모색하고, 새로운 사회복지기관을 설립하는 활동도 모색하였다. 특히 자선조직협회운동은 빈민을 돕는 이론적 기반으로서 적자생존론에 기초한 사회진화론(Social Darwinism)을 수용하였고, 이를 과학적 자선이라고 불렀다.

인보관운동은 영국에서 창시되었는데, 미국에서는 자선조직협회보다 15년 뒤에 시작되었다. 1886년에 코이트(S. Coit)는 1884년 영국의 바네트(S. Barnett) 목사가 런던의 동부 슬럼지역에 세운 토인비 홀을 방문하고 뉴욕으로 돌아와 뉴욕 시 근린길드(Neighborhood Guild of New York)를 결성하였다. 애덤스(J. Adams) 여사는 1889년에 유명한 헐 하우스(Hull House)를 시카고에 건립하였다. 그 후 인보관운동은 전국의 도시로 급속히 확대되었다.

당시의 산업화, 도시화, 이민 등으로 야기된 사회문제에 대처하기 위하여 자선조직협회와 인보관운동이 시작되었으나, 문제에 대한 분석과 대처방식, 사업내용은 판이하였다. 인보관운동가들은 자선사업가로 불리기보다는 사회개혁가로 불리기를 원하였으며, 그들의 관심은 빈민 구제를 직접 실행하는 것보다 빈곤원인의 제거, 도시생활 및 노동환경의 개선에 있었으며, 사후치료보다는 사전예방적인 방법을 우선시하였다.

미국 지역사회복지의 태동기에 중요한 지역사회복지실천활동으로 자리 잡은 자선조직협회와 인보관운동은 성격과 활동내용에서 여러 가지로 비교되었다. 자선조직협회는 가정방문, 자원개발, 후원, 사회조사의 기술 발전 등에 중요한 영향을 미쳤으며, 사회사업실천방법을 발전시키는 계기가 되었다. 반면에 인보관운동은 개인의 도덕적 결함보다는 환경의 영향을 강조하는 인도주의적 실증주의(positive humanitarian) 사상에서 실천으로서의 의미를 지닌다.

표 3-1 자선조직협회와 인보관운동의 비교

| 구분 | 자선조직협회 | 인보관운동 |
|---|---|---|
| 사회문제의 원인 | 개인적 속성 | 환경적 요소 |
| 이데올로기 | 사회진화론 | 자유주의와 급진주의 |
| 참여주도층 | 상류층 | 중류층과 대학생 |
| 활동의 초점 | 빈민 개조와 역기능의 수정 | 빈민과의 거주와 사회질서의 비판 |
| 사회문제 해결방법 | 자선기관의 서비스 조정 | 서비스의 직접 제공 |
| 활동의 내용 | 우애방문원의 가정방문 | 각종 서비스와 사회개혁활동 |
| 의의 | 지역사회조직실천방법의 출발 | 민간사회복지관활동의 출발 |

출처: 최일섭, 류진석(1997)에서 재정리.

자선조직협회와 인보관운동을 사회문제의 원인을 바라보는 시각, 이데올로기의 기반, 참여주도층 등을 비교하여 정리하면 〈표 3-1〉과 같다(최일섭, 류진석, 1997).

## 2) 지역사회복지의 형성기: 1920년대~1950년대

제1차 세계대전이 끝나고 대공황으로 이어지는 동안에 산업화와 도시화 현상 그리고 인종 간의 대립이 가속화되고 심화되는 양상을 보였다. 특히 1929년 10월 주식시장의 붕괴로 시작된 대공황은 미국 역사상 유례없는 충격을 주었다. 이 시기에 지역사회복지는 물론 전반적인 사회복지 분야는 사회복지수요를 충족하기에는 많은 한계를 보였으며, 대공황의 여파로 가족복지기관, 인보관 등에서는 실업자가 증가하였다. 이러한 상황에 대처하기 위하여 1935년에 「사회보장법」의 입법 등으로 사회복지 영역에서 연방정부의 개입이 확대되기 시작하였다.

사회복지의 전문화와 조직화가 자선조직협회와 인보관운동에 의해 주도되었던 시기와는 달리, 대공황 이후 연방정부에 의한 공공복지의 발달은 지역사회복지실천분야에서 새로운 기회가 되었다. 과거의 민간사회복지조직을 중심으로 이루어졌던 빈민 구제와 이와 관련된 활동이 정부기관으로 이양되었으며, 지역중심의 사업활동이 국가적 차원으로 확대되었다. 물론 지역사회의 민간복지조직은 그들의 사업을 확장해서 확대된 복지수요에 대처하고 긴급구호활동을 전개하기도 하였다. 그 결과 연방정부 차원에서 사회복지체계에 대한 계획과 조정의 필요성을 인식하였으며, 국가계획위원회(National Planning Board)가 1933년부터 1944년까지 활동하면서 지역사회복지에 많은 영향을 미쳤다. 이와 같은 영향으로 인하여 지역사회조직가들이 정부기관에서 활동하였으며, 공공과 민간 기관의 상호협력이 시작되었다. 그리고 사회문제와 이와 관련된 서비스에 관심이 집중되면서 지역사회복지협의회(Community Welfare Councils)가 출현하였으며, 지역사회문제에 대한 관심은 사회복지실천 방법을 문제 중심적 또는 실천분야의 준거틀로 확립하는 데 중요한 요인이 되었다(Johnson, Schwartz, & Tate, 1997).

또한 이 시기 지역사회조직으로는 실업자를 조직화하는 공산당활동, 급진사회사업의 대중운동, 알린스키(S. Alinsky)의 지역조직운동이라는 세 가지 형태가 출현하였다. 급진사회복지사(radical social workers)에 의한 대중운동(the rank and file movement)은 서비스를 직접 제공하는 것에서 지역사회조직사업으로 활동의 초점을 옮겼다. 그러나 사회복지사들이 점차 뉴딜 사회복지 프로그램의 확장으로 정부기관에 흡수됨으로써 대중운동은 조직화의 동력을 상실하였다. 공산당활동이나 대중운동은 지역사회조직에 미치는 영향력이 미미한 반면에, 지역사회의 문제에 초점을 두고 비이데올로기적인 지역주민조직에 초점을 둔 알린스키의 활동은 오늘날 지역복지사업에 직접적인 영향력을 미치고 있다. 특히 알린스키의 지역사회조직 방식은 지역사회에 기초한 지역사회조직의 형성, 지역사회구성원 스스로 조직을 통해 문제를 해결하는 데 초점을 두고 있다(Rubin & Rubin, 2001).

한편 1939년에 지역사회복지의 발전에 중요한 시금석이 된 레인 위원회 보고서로 알려진 「지역사회조직의 실천분야(The Field of Community

Organizations)」라는 보고서가 발표되었다. 이 보고서는 사회사업실천방법으로서 지역사회조직을 공식화하였으며, 지역사회조직실천의 내용에 대한 다음과 같은 중요한 논의를 담고 있다. 첫째, 지역사회조직이라는 용어를 과정(process)과 분야(field)로 언급하였다. 둘째, 지역사회조직의 과정 또는 그것의 일부는 사회사업의 일반 영역 내에서뿐만 아니라 밖에서도 수행된다. 셋째, 사회사업 내에서 지역사회조직과정은 사회복지기관의 주요 기능 또는 이차적 기능으로 수행된다. 넷째, 지역 · 주 · 국가 수준에서 지역사회조직과정이 존재한다. 다섯째, 지역사회복지조직의 실천에서 일차적 기능으로 수행하는 조직의 규칙은 클라이언트에게 직접적인 원조를 제공하지 않는다. 이 밖에도 지역사회조직방법으로 사회계획과 행동을 위한 사실 발견, 사회복지 프로그램 및 서비스의 시도 · 개발 · 수정, 그리고 조직 · 집단 · 개인 간 상호협력 증진을 위한 관계 개선 및 촉진, 사회복지활동의 참여 증진 등을 명시하였다. 이 결과, 지역사회조직(C.O.)은 사회복지 전문직으로서 공식화되었으며, 전통적인 사회사업실천방법의 하나로 자리잡게 되었다(Weil, 1996).

1940년대 및 1950년대에는 지역사회복지에 대한 실천방법이 더욱 전문화되어 보건과 복지협의회의 발전, 지역사회계획, 풀뿌리조직의 개발 등으로 지역사회복지실천이 강조되었다. 1946년에 지역사회조직연구협회(Association for the Study of Community Organization)가 설립되었고, 1955년에 이 조직은 전국사회복지사협회(NASW)로 통합되었다.

1950년대에는 지역사회복지기관들이 협력적 접근에서 계획적 접근으로 변모하였으며, 연방재정의 증가로 합리적인 계획에 대한 요구가 더욱 높아졌다. 따라서 지역사회복지기관의 실무자들이 수행해야 할 주요 기능은 지역사회의 사실과 정보 수집, 특정 사회문제를 해결하기 위한 행동계획의 공식화, 지역사회복지서비스의 질 향상 및 상호협력 증진을 위한 계획의 개발, 지역사회 문제 및 서비스에 대한 정보를 제공할 수 있는 자료의 개발 등이라 할 수 있다.

### 3) 지역사회복지의 발전기: 1960년대 이후~현재

1960년대 및 1970년대는 미국에서 빈곤의 재발견으로 특징되는 시기다. 빈곤문제가 인종문제와 결부되면서 사회적 쟁점으로 부각되었으며, 풍요 속의 빈곤이라는 지적처럼 가진 자(the haves)와 못 가진 자(the have-nots) 간의 위화감이 심화되던 시기였다. 그리고 시민권운동의 성장, 빈곤과의 전쟁(war on poverty), 베트남전쟁 등과 같은 사회 상황은 시민참여와 사회정의에 대한 활동을 더욱 촉진하였다.

이러한 시대 상황에서 지역사회복지실천은 사회정의와 관련된 이슈에 대해 직접적인 조직화가 이루어졌으며, 다양한 전략과 접근을 활용한 사회행동 및 옹호계획이 개발되었다. 지역사회조직모델의 전형으로 언급되는 로스만(Rothman, 2001)의 세 가지 모델, 즉 지역사회개발(local development), 사회계획(social planning), 사회행동(social action)에 대한 논의도 이러한 상황과 밀접히 관련되어 있다고 볼 수 있다. 이 시기에 들어와 지역사회조직이 인보관운동의 전통을 이어받고 있기는 하지만, 사회행동과 사회개혁에 관한 활동도 지역사회복지의 전문분야로 등장하였다.

지역사회복지의 내용도 기존의 전통적인 원조의 범위를 넘어서 보건, 지역사회 정신건강, 교육, 주택 등에 대한 관심으로 확대되었고, 지역사회 내의 사회복지서비스 대상자 중심으로 그 활동범위 역시 확장되었다. 그리하여 지역사회복지실천은 지역사회주민의 참여를 통한 지역사회 결속력의 강화와 통합을 추구하였으며, 지역사회 자원의 합리적 배분과 지역사회의 변화까지 포함하는 것으로 발전하였다.

한편 1970년대와 1980년대의 신보수주의 이념의 확산과 그에 따른 복지국가에 대한 도전은 지역사회복지실천모델의 변화에 가장 큰 영향을 준 조류였다. 신보수주의 이념의 영향으로 사회복지는 미시적인 임상과 거시적인 행정으로 양분되는 경향을 보이고 사회개혁과 지역사회 개입을 위한 전문 사회복지방법은 위축되었다. 지역사회복지실천에서는 1960년대 성행하던 사회행동이나 사회계획모델은 보수적인 이데올로기와 예산 부족 등의 이유로 인해 퇴색하고 자조를 기반으로 하는 모델이 강조되었다. 또한 협의회나 공동모금 등도 순수 사회복지분야로서의 이미지가 희석되는 경향을 보여 주었다. 레이건(R. W. Reagan) 및 부시(G. H. W. Bush)의 보수주의 정권하에서 사회복지예산이 삭감되는 가운데 지역사회복지를 위한 전략은 오히려 다양하게 개발되었다. 특히 축소된 예산으로 질적인 수준이 떨어지지 않는 사회복지서비스를 제공하기 위하여 사회복지기관들은 자조집단을 형성하고 자원봉사를 조직화하는 노력을 경주하였다(정무성, 1997).

1990년대와 2000년대에도 복지삭감에 대한 압력, 사회복지서비스의 민영화 등 보수주의적 분위기는 여전히 지속되었다. 지역사회에 대한 개입방식은 지역사회조직과 지역사회에 기초한 옹호적 접근에 대한 강조보다는 사회복지기관의 행정과 계획, 조직발전, 평가개발에 주안점을 두었으며, 지역사회복지실천모델에서도 목표 및 접근방식의 세분화 및 다양화가 이루어졌다. 이러한 변화는 다양성, 다중문화주의(multiculturalism), 억압이라는 사회적 이슈에 효과적으로 대응하려는 노력으로 구체화되었다. 그리고 1996년에 시행되었던 복지개혁(welfare reform)은 그 효과에 대한 논란에도 불구하고 지역 수준에서 사회복지실천에 대한 새로운 활동 모색과 더불어 사회복지서비스의 효율성, 평가 등을 증진하는 계기가 되었다. 또한 복지개혁은 지역사회 중심의 민간비영리조직의 양적 확산과 함께 프로그램의 목표, 조직 간의 협력관계에 많은 영향을 미치고 있다.

2008년 대선에서 승리한 오바마(B. H. Obama)의 과거 전력 및 선거운동에서 보여 준 사회참여와 활동은 풀뿌리 지역사회조직활동에 대한 새로운 평가와 함께 지역사회조직화에 대한 학문적 · 실천적 관심을 증대하였다. 2015년에 오바마 정부는 최저임금 인상추진 계획을 발표하는 등 사회적 약자에 대해 많은 관심을 보이고 있다. 이러한 사회적 흐름과 함께 민간의 자원활동이 활발히 추진되고 있다. 특히 사회복지분야의 전문가 집단으로 구성된 미국사회복지아카데미(American Academy of Social Work and Social Welfare)가 2016년에 공식적으로 시작한 '사회복지를 위한 담대한 도전(The Grand Challenges for Social Work)'이라는 계획(initiative)이 주목을 받고 있다. 왜냐하면 이 계획은 개인, 가족 그리고 지역사회의 웰빙 증진, 보다 강력한 사회적 연결망과 공평한 사회구조, 보다 정의로운 사회를 위한 도전과제를 포함하고 있기 때문이다. 또한 미국사회가 직면하고 있는 다양한 사회문제를 해결하기 위한 사회복지분야의 실천계획으로 불리울 만큼 사회복지분야의 교육과 연구, 실천 등에 많은 영향을 미치고 있기 때문이다.

## 3. 영국 지역사회복지의 역사

영국은 지역사회복지의 역사적 기원이 되는 「구빈법」 이래 지역사회복지에 대한 법제화를 이끌어 왔으며, 현대적 의미의 전문화된 지역사회복지의 시작인 자선조직협회(C.O.S.)운동과 인보관운동을 전개한 국가이기도 하다. 1869년에 설립된 자선조직협회는 중복구호를 방지하기 위하여 여러 가지 자선활동을 조정하고, 환경조사와 적절한 원조의 제공을 목적으로 하였다. 인보관운동은 1884년에 세계 최초의 인보관(settlement house)인 토인비 홀(Toynbee Hall)을 설립하면서부터 시작되었다. 토인비 홀의 영향으로 그 후 인보관이 확산되어 설립되었으며, 빈민을 위한 교육, 문화활동의 전개, 사회개량과 사회입법을 위해 노력하였다.

또한 제2차 세계대전 이후 영국은 국가책임하에 지역사회복지를 수행하기 위해 지방정부 중심의 집행체계 및 전문사회사업의 확립, 시설보호의 문제를 개선하기 위한 지역사회보호서비스 확충 등 다양한 지역사회복지의 발전과정을 경험하였다. 영국 지역사회복지의 역사는 공공부문 중심의 사회복지서비스 전달이라는 특성으로 인하여 지역사회 중심의 지역사회보호가 주류를 이루고 있다고 해도 과언이 아니다. 여기에서는 영국 지역사회복지의 역사를 공공부문의 지역사회복지, 특히 지역사회보호(community care)의 발전과정을 중

심으로 살펴보기로 한다.[4)]

### 1) 지역사회보호의 태동기: 1950년대~1960년대 후반

서구에서 사용되고 있는 지역사회보호 또는 재가복지의 개념은 시설보호에 대한 반성에서 출발하였다. 영국에서는 재가복지의 개념보다 지역사회보호의 개념이 더 일반화되어 사용되고 있다. 지역사회보호의 기원은 사회적 돌봄의 욕구를 지닌 사람들을 위한 돌봄의 방법으로서 수용시설에 대한 부정적인 평가에서 출발하였다. 수용시설의 쇠퇴는 동전의 양면과 같이 지역사회보호와 연관되어 있으며, 지역사회보호는 현재 대인사회서비스 분야 발전의 가장 핵심적인 흐름의 맥을 형성하고 있다.

지역사회보호라는 접근방법의 기원은 1950년대 후반까지 거슬러 올라간다. 시설의 보호에서 벗어나 지역사회로 나아간다는 개념은 역사적인 이해가 다소 필요한 주제다. 수용시설은 대체로 17세기 초에 제정된 「구빈법」 시대의 산물이라고 할 수 있다. 당시 빈민수용시설인 구빈원은 일반 시민의 거주환경과 삶에서 격리된 환경이었으며, 동시에 열악하고 비인도적인 환경을 의미하였다. 지역사회보호라는 새로운 접근의 기원은 이와 같은 수용시설에 대한 부정적인 이미지에 있었다.

'시설보호로부터 지역사회'라는 새로운 접근방법의 개발과 실천은 제2차 세계대전 이후에 이루어졌다. 특히 노인인구와 정신질환자의 보호를 위한 프로그램이 점차 확대되었으며, 치료방법의 발전과 새로운 치료제의 도입으로 환자의 조기퇴원과 정신병원의 폐쇄를 촉진하였다. 지역사회보호의 개념을 공식적으로 사용한 최초의 공식문서는 1957년 정신병과 정신장애에 관한 왕립

4) 지역사회보호의 전개과정에 대한 시기 구분은 김치영(1999), Payne(1995) 등의 논의를 기초로 크게 세 시기로 구분하였다. 그리고 전개과정의 주요 내용은 김치영(1999), 오정수(2000), 오혜경(1996), Payne(1995) 등의 논의를 주로 참조하였다.

위원회의 보고서로서 이 보고서는 병원에서 지역사회보호로의 전환을 권고하였다. 이 보고서의 영향으로 1959년에 「정신보건법(Mental Health Act)」이 제정되어 지역사회보호가 법률적으로 명확하게 규정되었으며, 형식적으로나마 지역사회보호정책이 전개되어 나갔다.

그리고 1962년의 병원계획은 대규모 정신병원의 폐쇄가 시행될 것을 전망하였다. 이와 동시에 시설의 실패를 입증하는 학술적인 조사연구가 1960년대에 다수 이루어졌다. 이 연구보고서들은 시설에 대한 점증하는 사회적 비판의 이정표가 되었다. 그리하여 정신병과 정신장애를 지닌 사람들을 위한 병상이 현저하게 감소하고, 많은 노인이 퇴소하게 되었으며, 다수의 노인은 소규모 주거보호(residential care)에 배치되었다. 이처럼 정신병원에 장기간 수용된 환자의 수가 지속적으로 감소하기 시작하였으며, 지역사회보호에 의한 치료방법이 환자에게 편리를 제공하며 치료적인 차원에서도 긍정적으로 반응하였다. 또한 지역사회를 수용된 개인을 분산, 재배치하는 장소라는 의미뿐만 아니라 사회문제와 관련하여 개인이 속한 지역이라는 의미로 받아들이는 등 지역사회에 대한 새로운 인식을 하게 되었다.

### 2) 지역사회보호의 형성기: 1960년대~1980년대 후반

초기의 지역사회보호의 개념은 시설에서 지역사회로 나아간다는 포괄적인 의미를 가지며, 지역사회보호로 실질적인 전환의 계기는 1969년의 「시봄 보고서(Seebohm Report)」 제출 이후라 할 수 있다. 제2차 세계대전 후 「구빈법」 체계가 종결되면서 종전의 구빈행정을 대신하고 지역사회의 사회적 의존인구의 다양한 욕구를 충족하기 위하여 지방정부 내의 여러 부서에 의하여 서비스가 개발되어 왔다. 그리하여 지방정부 내의 보건, 주택, 복지 등 관계부서가 주요 복지서비스를 제공하여 왔으며, 이들은 각각 고유한 접근방법과 전문인력을 갖고 업무를 수행하면서 지방정부 또는 지역사회 내에서 한정된 자원의 분배를 둘러싸고 경쟁관계에 있게 되었다. 시봄 위원회는 이러한 문제에 대하여 문제의 본질에 대한 부정확한 지식, 분리된 책임소재, 전문 사회사업가의 부족 등이 부적절한 사회서비스의 원인이 되었으며, 이러한 요소가 문제를 혼란케 하였다고 보았다(서상목, 최일섭, 김상균, 1988).

시봄 위원회는 지방행정의 대인사회서비스 조직과 책임을 검토하고 지역사회에 기초하여 가족지향적인 서비스를 제공하는 새로운 사회서비스 부서의 창설을 제안하였다. 즉, 여러 부서에 산재되어 있는 서비스를 통합하여 가족의 총체적 욕구의 측면에서 각각의 문제를 인식하는 서비스의 제공을 주장하였다. 서비스 통합의 중요성을 강조한 이 제안은 대인사회서비스의 효율적인 조정에 기여하였다.

이와 같이 「시봄 보고서」의 가장 중요한 주제는 사회서비스의 행정적인 재조직에 초점을 두었으나, 보고서의 많은 부분이 지역사회에 관심을 두었다. 지역사회는 사회서비스의 수혜자일 뿐 아니라 서비스의 제공자로 인식되었다. 또한 사회서비스 부서의 직원은 고립적인 서비스 수행단위가 아니라 지역사회 내의 서비스망의 부분으로 인식되어야 하며, 서비스를 조정하고 지역사회의 자원을 동원하도록 하였다. 그리고 지역사회지향의 정책은 각종 비공식 보호서비스와 시민의 참여를 격려하였다.

1960년 후반 이후 사회복지서비스 부문의 주요한 정책적 근거가 된 「시봄 보고서」에서는 지방행정당국의 서비스를 중심으로 고용, 교육, 주택당국, 가정원조, 경찰, 교회, 자원봉사조직, 친구, 이웃에 의한 서비스를 포괄하는 것으로 이해되고 있었다. 즉, 지역사회보호의 주체는 공공과 민간의 다양한 조직을 포함하는 것이었다. 그리고 이미 지역사회 중심의 공공복지 전달체계가 확립된 영국에서는 지방행정당국을 중심으로 공공과 민간의 다양한 서비스가 제공되었다. 복지국가체제가 확대되어 온 1970년대 말까지 지역사회보호는 대인사회서비스의 바람직한 발전방향으로서 어느 정도 정치적 합의가 이루어져 있었다.

그러나 지역사회보호의 개념, 특히 지역사회보호의 일관성 있는 정책방향이 명확하게 정립된 것은 아니었다. 지역사회보호라는 개념 자체가 매우 포괄적이고 모호한 개념이었기 때문에 정권의 교체에 따른 정책이념의 변화는 지역사회보호에 관한 정책의 변화를 수반하였다. 1979년 보수당의 대처(M. H. Thatcher) 정권의 등장 이후 신보수주의 이념에 의한 사회복지개혁이 추진되면서 공공재정지출의 축소라는 정책적 목표하에 기존의 지역사회보호의 정책결과에 강한 비판이 제기되었으며, 새로운 정책대안의 수립 필요성이 제기되었다. 기존의 지역사회보호정책에서는 민간 주거보호비용에 대하여도 국가에 의한 사회보장지출(보충급여, 현재는 소득부조)이 허용되었으며, 이러한 정책의 결과 공공재정이 팽창되고 민간 재가서비스(domiciliary care)의 발전은 저해되었다는 점이 비판되었다. 노인인구의 증가에 따라 민간 주거보호시설(residential home)에 대한 공공재정 지출은 대처 정부의 사회복지 부문에 대한 재정지출억제정책에도 불구하고 1980년대 중에 급속하게 증가하였고, 따라서 보수당 정부의 정책적 검토의 주요 대상에 오르게 되었다.

한편 이 시기에 「시봄 보고서」 외에 지역사회보호에 영향을 미친 대표적인 보고서로 「하버트 보고서(Harbert Report)」와 「바클레이 보고서(Barclay Report)」를 들 수 있다. 이들 보고서의 주요 내용을 살펴보면 다음과 같다(오정수, 1997).

우선 「하버트 보고서」는 『지역사회에 기초한 사회적 돌봄(*Community-Based Social Care*)』이라는 제명으로 출판되었다. 「시봄 보고서」의 정책건의 결과, 1971년에 창설된 에이번(Avon) 지방정부 사회서비스국의 행정책임자로서 하버트(W. Harbert)는 지역사회에 기초한 서비스의 발전을 추구하였다. 이 지방정부의 사회서비스 행정 경험에 기초한 그의 보고서에서는 공공의 법정서비스가 지역주민의 복잡하고 다양한 모든 욕구를 해결할 수 없으며, 자조집단의 서비스에도 한계가 있어 재정적인 원조와 지원이 필요함을 인식하게 되었다고 언급하고 있다. 이에 따라 지역사회에 기초한 접근방법이 사회서비스국에 의하여 개발되었다. 그리고 공공서비스와 민간서비스 외에도 비공식 서비스의 역할을 인식하여 가족체계와 지역사회의 근린에 초점을 둔 비공식 서비스의 중요성을 강조하였다. 즉, 공공과 민간 서비스의 주요 과업은 친구와 친척에 의하여 제공되는 비공식 돌봄을 지원함으로써 클라이언트의 긴급한 욕구를 충족하여 주는 것이다. 하버트는 지역사회보호를 "지역사회에서 사회적 의존 인구를 지원하기 위하여 다양한 방법으로 제공하는 법정서비스, 민간서비스 및 비공식 돌봄 제공자에 의한 서비스"라고 정의하였다. 그는 다양한 형태의 서비스가 상호보완적이고, 각각은 적절한 재정적 지원을 받아야 하며, 특히 자원봉사서비스는 공공의 법정서비스에 대한 대체 서비스가 아님은 물론 지방행정당국의 사회서비스 예산을 절감하기 위한 수단이 아니라고 강조하였다.

다음으로 「바클레이 보고서」는 「시봄 보고서」 이후 지속적인 논의의 주제였던 사회사업가의 직무와 역할에 대하여 광범위한 제안을 하였다. 특히 지역사회사업의 전략이 카운슬링 지향에서 사회적 돌봄계획으로 전환되어야 함을 주장하였다. 위원회는 지역사회를 "혈연, 공동이익, 지리적 근접성, 친구, 직업, 서비스의 주고받음 또는 이러한 요소의 다양한 결합에 의하여 상호 간에 유대를 가진 사람들 간의 비공식 조직망"으로 정의하였다. 그리고 지역사회의 중요한 특성은 불우한 사람들에 대하여 개별적 · 집단적 반응을 동원할 수 있는 지역사회 내의 인간관계망의 능력으로 보았다. 따라서 보고서는 이러한 비공식 돌봄망의 중요성과 함께 공식 사회서비스가 고립적이지 않고 비공식 서비스와 긴밀한 관계를 유지하면서 활동해야 할 필요성을 크게 강조하였다. 따라서 사회사업가는 비공식 돌봄서비스와 공식 돌봄서비스 간의 파트너십을 개발해야 한다. 사회적 돌봄서비스를 함께 나누는 것은 지역사회에서 더 나은 서비스와 더 많은 서비스를 증진하는 방법이며, 사회적 의존 인구를 위한 돌봄서비스 부담을 지역사회가 공평하게 분담하는 방법이라고 주장하였다. 시봄(F. Seebohm)과는 달리 바클레이(P. M. Barclay)는 대부분의 사회적 돌봄이 공공 또는 민간의 공식 서비스에 의하여 제공되는 것이 아니라 비공식 관계망의 지역사회 내 주민에 의하여 제공되는 것으로 보았다.

### 3) 지역사회보호의 발전기: 1980년대 후반~현재

영국 보수당 정부는 1986년 그리피스(J. Griffiths) 경을 위원장으로 하는 위원회를 구성하고 지역사회보호를 지원하는 공공재정의 사용을 재검토하며 더욱 효과적인 지역사회보호를 위한 재정활용 방안을 보고하도록 하였다. 1988년에 「그리피스 보고서(Griffiths Report)」로 알려진 『지역사회보호: 행동을 위한 어젠다(*Community Care: Agenda for Action*)』란 제명의 보고서는 보수당 정부가 추진한 영국 복지국가 개혁에서 사회서비스 분야의 청사진으로 마련된 것이었다. 이 보고서는, 첫째, 지역사회보호의 일차적 책임을 지방당국이 가진다는 점, 둘째, 지방당국은 대인사회서비스의 직접적인 제공자가 아닌 계획자, 조정자, 구매자로서 역할을 수행한다는 점, 셋째, 주거보호에 대한 욕구는 지방당국에 의하여 사정된다는 점을 강조하였다. 특히 이 점은 일정한 자격을 갖추면 자동적으로 주어지던 중앙정부의 사회보장급여로서 보충급여의 주거보호에 대한 지원이 중단되고, 주거보호에 관한 지원책임을 지방당국에 이관하여 그 적격성을 재심사하며, 재정지출을 통제하겠다는 정책의지의 표현이었다.

따라서 「그리피스 보고서」에서는 지역사회보호의 이행을 강조하고, 지역사회보호를 위한 권한과 재정을 지방자치단체에 이양할 것을 제안하였다. 특히 지역사회보호는 국가에 속한 국민보건서비스(National Health Service: NHS)의 각 기관 간 지방자치단체, 민간비영리단체, 개별 보호자 간의 연계활동으로 전체를 총괄하는 지도력을 발휘할 수 없으면 효과가 없다는 점을 강조하고, 경쟁을 통한 서비스 제공의 다양화를 도모해야 함을 강조하였다. 1990년에는 이러한 내용이 입법화되어 「국민보건서비스 및 지역사회보호법(National Health Services and Community Care Act)」으로 공표되었다. 이 법은 NHS 개혁과 지역사회보호개혁의 일괄법으로, NHS 부문은 1991년 4월부터 시행되었지만, 각 지방자치단체가 실시하게 될 지역사회보호 부문은 지방정부의 재정부담으로 2년이나 연기되어 1993년 4월부터 시행하게 되었다.

1993년의 지역사회보호개혁에서는 시장경제의 원리, 즉 소비자의 선택과 서비스 제공자 간의 경쟁을 통하여 지역사회보호서비스의 수준을 향상하고 케어 매니지먼트(care management)의 도입으로 적절한 서비스를 제공하려고 하였다. 구체적인 정책내용은 다음과 같다.

- 지역사회의 욕구와 자원분석과 관련된 돌봄계획을 수립한다.
- 돌봄욕구의 정확한 판단과 이에 기초한 돌봄서비스를 제공하기 위해 케어 매니지먼트를 도입한다.
- 공공서비스에 대한 민간서비스와 경쟁 유도, 욕구 중심의 서비스 제공 등 지방자치단체의 역할을 변화시킨다.
- 돌봄계획과 관련된 외부기관과의 동반자적 관계를 추진한다.
- 복지서비스에 대한 감독제도를 강화한다.
- 중앙정부에서 지방자치단체로의 권한과 재정의 이양 등으로 지방자치단체의 재량권을 발휘할 수 있도록 한다.

이와 같은 정책의 변화로 인하여 지역사회보호의 개념이나 실천방향에서 과거와는 다르게 공공부문이나 지방행정당국의 역할보다는 민간부문의 역할이 상대적으로 강조되고 있다. 1988년에 정부에 제출된「그리피스 보고서」이후 지역사회보호의 개념은 다양한 장에서의 광범위한 서비스의 발전을 추구하면서 지방당국의 역할뿐만 아니라 가족 등의 비공식 부문, 민간부문, 자원부문의 역할이 강조되고 있고, 소비자의 선택권 증진과 케어 매니지먼트를 도입하였다. 이러한 지역사회보호 실천주체의 다양화—더 구체적으로는 민간과 자원 부문의 역할 강조—는 이른바 신보수주의 이념의 경향하에서 좁게는 '케어의 혼합경제', 넓게는 복지다원주의(welfare pluralism) 논리에 의하여 뒷받침되고 있다.

특히 영국 노동당 정부는 2008년부터 지역사회 돌봄서비스의 질을 향상하기 위해 관리감독기구에 민간부문이 참여할 수 있도록 '지역참여 네트워크(Local Involvement Networks: LINks)'에 관한 법적 근거를 마련하여 시행하였다. 지역사회의 개인이나 자원조직이 지역사회의 돌봄서비스 제공기관에 대해 모니터링을 하고 새로운 제안을 할 수 있는 권한을 규정하는 등 민간부문의 역할을 강화하였다. 2010년에 집권한 보수당 정부는 2012년의 「보건 및 지역사회돌봄법(Health and Social Care Act)」에 따라 의료와 장기요양 간 협력 강화, 소비자 보호 및 정보제공 강화 등의 개혁을 추진하였고, 기존 지역사회참여네트워크(LINks)를 폐지하고 보건서비스의 정보 제공 및 소비자보호 등을 위한 지역 헬스워치(Local HealthWatch)로 재편하였다. 그리고 2014년에 제정된 「돌봄법(Care Act)」은 기존의 「보건 및 지역사회돌봄법」과 「만성질환 및 장애법(Chronically Sick and Disabled Act)」 등과 같은 기존의 돌봄 관련 법률들을 하나로 통합하였다. 이 법에 따라 돌봄비용의 상한선을 정하여 초과금액에 대한 정부의 비용 지원을 보장하고, 개인이 서비스 이용료 지불 시점을 선택할 수 있도록 하였다. 이와 같은 통합돌봄정책의 추진과정에서 주목할 점은 사회적 소외와 외로움이라는 문제를 다루기 위해 지역사회의 역할을 강조하는 자산 및 역량기반 접근법에 대한 관심이 증대하고 있다는 것이다.

한편, 2022년 4월에 통과된 「보건 및 지역사회돌봄법(Health and Social Care Act)」에 의해 통합케어시스템(Integrated Care Systems: ICSs)을 구축하여 운영하고 있다. 통합케어시스템(ICSs)은 국민의 건강을 개선하고 불평등을 줄이기 위해 보건의료와 돌봄 서비스를 함께 계획하고 제공할 목적으로 설립되었다. 통합케어시스템(ICSs)은 지자체 및 지역 내 기타 조직과 함께 NHS 서비스 제공자와 기타 기관을 통합하여 보건의료 서비스 계획, 건강 개선 및 지역 내 불평등 해소 등에 대한 공동 책임을 지는 지역 기반 조직이다. 통합케어시스템(ICSs)의 핵심 목표는 첫째, 모든 국민의 건강 및 보건의료의 결과개선, 둘째, 서비스 결과, 경험 및 접근성의 불평등 문제 해결, 셋째, 생산성과 비용 대비 가치 향상, 넷째, 국민보건서비스(NHS)가 광범위한 사회 및 경제 발전을 지원하도록 돕는 것이다. 이러한 통합케어시스템의 도입은 보건의료서비스의 계획, 지불 및 전달 방식의 재편성을 의미하며, 지역기반에 기초한 조직 간 협업 모델로의 전환이라 할 수 있다(오영인, 2022; NAO, 2022).

제 4 장

# 지역사회복지실천모델

1. 지역사회복지실천모델의 의의
2. 지역사회복지실천모델의 유형
3. 지역사회복지실천모델의 특징

BUS

# 1. 지역사회복지실천모델의 의의

## 1) 지역사회복지실천의 개념

지역사회복지실천(community practice)은 사회복지실천의 기초로서 사회복지사의 활동 영역에서 필수적이다. 지역사회복지실천은 전통적인 지역사회복지의 실천모델로 언급되는 로스만(Rothman, 2001)의 세 가지 모델인 지역사회개발, 사회행동, 사회계획과 밀접히 관련되어 있다. 뿐만 아니라 지역사회복지실천은 클라이언트의 의뢰, 지역사회자원의 사정, 클라이언트 지원체계의 개발, 클라이언트의 욕구 충족을 위한 정책결정자에 대한 옹호활동 등 거시적 사회복지실천활동 및 직접적인 서비스 제공과 관련이 될 수밖에 없다(Hardcastle, Wenocur, & Powers, 1997).

웨일(Weil, 1996)에 따르면 기존에 사용되었던 지역사회조직(community organizing)의 의미로는 지역사회복지의 실체 및 활동 영역을 포괄할 수 없기 때문에 오히려 지역사회복지실천이라는 용어를 사용하는 것이 바람직하다고 하였다. 왜냐하면 지역사회복지실천은 지식, 기술, 방법 측면에서 다양한 실천모델을 포괄할 수 있는 용어이며, 지역사회문제의 해결과정에서 나타나는 조직 간 협력, 지역사회의 참여 등을 개념적으로나 이론적인 틀로 제시할 수 있기 때문이다.

웨일(2005)은 지역사회복지실천의 핵심 가치로 민주적 과정, 지역사회주민 참여, 집단결정주의(group determination), 임파워먼트, 다문화주의, 리더십 개발 등을 언급하며, 지역사회복지실천의 주요 과정 또는 실천활동 영역을 다음과 같이 제시하고 있다.

- 지역사회개발(development): 지역사회의 생활조건이나 경제적 조건, 고용 및 기회구조 등 지역사회주민의 삶과 환경을 변화시키기 위한 지역사회

의 사회적 · 경제적 개발과정
- 지역사회 조직화(organizing): 지역사회의 사회적 · 경제적 · 정치적 조건을 변화시키기 위한 일련의 활동에 지역사회주민참여를 통한 역량강화 및 지역사회 조직화 과정
- 지역사회 계획(planning): 지역사회서비스의 효과성 제고, 서비스의 조정 및 개혁을 포함하여 지역사회에서 이용 가능한 프로그램과 서비스에 대한 계획 과정
- 지역사회의 진보적 변화(progressive change): 바람직한 지역사회의 사회적 · 경제적 · 정치적 변화를 초래하고 영향을 줄 수 있는 집단행동

지역사회복지실천의 가치와 주요 과정에 대한 웨일의 언급처럼, 지역사회복지실천은 지역사회 조직화, 지역사회 계획, 지역사회개발과 지역사회의 진보적 변화에 관한 과정, 방법, 실천기술을 포함하고 있다. 그리고 지역사회복지실천은 지역사회주민의 참여, 서비스의 계획에 따른 과정 및 기술적 방법, 삶의 조건을 개선하기 위한 지속 가능한 지역사회개발, 사회행동 및 사회변화 전략 등에 관한 실천기술과 밀접하게 관련되어 있다.

한편 지역사회복지실천이란 "지역사회집단, 조직과 제도, 그리고 지역사회 구성원 간의 관계 및 상호작용의 행동패턴을 변화시키는 실천기술의 적용이라 할 수 있으며, 조직과 지역사회에서 사회변화를 위한 전문적이고 직접적인 개입을 의미하는 거시적 사회복지실천활동(macro-practice)의 일부"(Hardcastle et al., 1997)라 할 수 있다. 그러나 이러한 거시적 실천활동은 지역사회주민의 회생 및 심리사회적 손상 회복을 강조함으로써 상담, 임상치료 등 미시적인 개입(micro-oriented intervention)과 관련될 수밖에 없기 때문에 지역사회복지실천이란 반드시 거시적 접근의 실천에 제한되는 것은 아니다. 사회복지사가 지역사회주민의 삶과 생활기능을 높이기 위해 지역사회자원의 개발, 연결, 관리는 물론 클라이언트가 사회환경을 활용하도록 도움을 제공하는 것처럼 미시적 사회복지실천활동과 유기적 관계를 맺고 있다고 볼 수 있다.

따라서 지역사회복지실천은 기존 지역사회복지의 포괄적 개념규정보다는 사회복지실천개입 및 전문적 활동을 더욱 구체화한 개념임과 동시에 사회복지실천의 거시적 차원과 미시적 차원의 결합을 강조한 개념으로 볼 수 있다. 그러므로 지역사회조직가, 계획가, 사회행동가 등의 거시적 사회복지사뿐만 아니라 직접적인 서비스 제공자 혹은 임상사회복지사도 지역사회복지실천과 관련된 지식과 기술을 갖추어야 한다.

## 2) 지역사회복지실천모델의 목적과 역할

### (1) 지역사회복지실천모델의 목적과 구성요소

지역사회복지실천모델은 두 가지의 기본 목적을 가지고 있다. 하나는 과정목적이고, 다른 하나는 과업목적이다. 과정목적(process goal)은 지역사회의 개입활동을 수행하기 위해 사용되는 수단과 방법에 초점을 맞춘 반면에, 과업목적(task goal)은 지역사회 개입 노력에 따른 목적과 성과에 초점을 맞춘다. 이러한 두 가지 목적과 관련하여 일부의 지역사회복지실천모델은 과정(process)을 매우 중요시하기도 하며, 다른 실천모델의 경우에는 성과(outcome)를 강조하기도 한다(Hardina, 2002).

한편 지역사회복지실천모델의 분류기준 또는 구성요소는 변화목적, 변화전략 및 전술, 사회복지사의 역할 등 각 모델을 제시하고 있는 학자에 따라 다양하게 언급하고 있는데, 몬드로스와 윌슨(Mondros & Wilson, 1994)은 지역사회복지실천모델이 가지는 구성요소를 다음과 같이 제시하고 있다(Hardina, 2002에서 재인용).

- 변화목적
- 직원, 지도자, 구성원에게 필요한 구체적인 역할
- 이슈 선택 과정
- 변화 노력을 위한 표적(target)의 확인

- 표적체계의 협조 여부에 대한 사정(assessment)
- 변화전략
- 변화를 위한 필요자원의 이해
- 변화과정에서의 조직역할에 대한 이해

### (2) 지역사회복지실천모델의 역할

지역사회복지를 수행하는 데 있어서 실천모델의 역할이 무엇인가? 이에 대한 해답으로서 하디나(Hardina, 2002)는 지역사회복지실천모델은 사회복지사에게 지역사회 개입방법을 안내하는 역할을 수행한다고 하였다. 또한 웨일(1996)은 지역사회실천모델이 개념적인 구성요소나 사회복지사의 역할 측면에서 상호배타적이지 않다는 점을 인정하지만, 각각의 실천모델은 사회복지사에게 지역사회 문제해결을 위한 사정과 전략 선택, 실천개입에 대한 평가 등에서 유용하게 활용될 수 있다는 점을 강조하고 있다. 따라서 각 실천모델은 지역사회복지실천의 영역에서 지역사회의 개입방법을 비교하고 특정 상황에서 필요한 적정 모델을 선택하는 데 도움을 줄 수 있다.

## 2. 지역사회복지실천모델의 유형

지역사회복지실천모델은 각 사회마다 각기 다른 전통과 사회·정치·경제의 발전과정과 관련하여 발전하였기 때문에, 지역사회복지실천모델을 단일한 모델로 설명하는 것은 어렵다. 이러한 이유로 여기에서는 그동안 대표적인 지역사회복지실천모델로 언급되는, 미국의 경험을 기초로 제시한 로스만(J. Rothman)의 모델, 테일러와 로버츠(S. H. Taylor & R. W. Roberts)의 모델, 웨일과 갬블(M. Weil & D. N. Gamble)의 모델과 영국의 경험을 기초로 분류한 포플(K. Popple)의 모델에 대해 살펴보기로 한다.

## 1) 로스만의 모델

지역사회복지활동을 체계적으로 분류하여 지역사회복지실천모델로 제시한 대표적인 학자로 로스만을 들 수 있다. 로스만(2001)은 지역사회조직을 한 가지 형태로 보지 않고 적어도 세 가지 다소 독특한 모델, 즉 지역사회개발, 사회계획 및 정책, 사회행동으로 구분하였다. 또한 이들 유형이 분석적으로는 상호구분이 되지만, 실제에서는 혼용된 형태로 나타나기도 한다고 강조한다.

로스만이 1967년에 발표한 논문은 사회계획을 첫 번째 모델로 제시하고, 지역사회개발모델과 사회행동모델을 포함하고 있다. 그 이유는 당시 빈곤퇴치 사업 등 전문 사회복지기관이 중심이 되는 지역사회복지사업이 활발했기 때문이다. 반면에 1987년에는 지역사회개발모델, 사회계획모델, 사회행동모델에 사회개혁모델을 추가하였다. 그러나 1995년에는 사회계획모델에 정책을 연계하여 지역사회개발모델, 사회계획 및 정책모델, 사회행동모델의 세 가지 모델을 제시하였다. 최근에 계획과 정책을 함께 연계한 것은 양자가 모두 사회문제의 해결을 위한 처방을 내리기 위해 자료의 수집과 분석과정을 포함하고 있기 때문이다. 양자 간에 상호구분되는 특징도 있는데, 가장 두드러진 것은 정책적 접근이 더 상위적인 차원(예: 국가, 정부구조, 입법 및 행정부의 목표 설정 등)의 활동으로 구성되어 있다는 점이다. 이러한 로스만의 세 가지 분류 방식은 지역사회복지실천모델의 가장 전형적인 모형으로 인식되고 있으며, 구체적인 내용을 살펴보면 다음과 같다(정무성, 1997; Rothman, 2001).

### (1) 지역사회개발모델

지역사회개발모델(local/community development)은 자조기반에 근거하여 지역사회문제 해결을 위한 지역사회능력과 사회통합이라는 과정목표를 통해 지역사회를 새롭게 만드는 데 초점을 두고 있으며, 지역사회의 문제나 욕구를 다룰 때 주민의 자조(self-help)정신을 강조한다. 따라서 주민이 스스로 문제를 해결할 수 있는 능력을 강화하는 데 역점을 두고, 문제의 파악 및 해결 과정에 있어 주민의 광범위한 참여를 장려한다.

하디나(2002)에 따르면 지역사회개발의 중요한 목적은 지역사회로부터의 배제와 지역문제 해결의 자주성 결여라는 인식과 소외에 초점을 둔 과정, 관계 형성, 문제해결에 있다. 구체적으로는 주로 교육적인 방법을 통해 주민 가운데 지도자를 양성하고 그 지도력을 개발하여 지역사회문제에 주민이 협력적으로 일할 수 있는 분위기를 조성하는 것을 강조한다. 이 모델에서 전문가는 조력자, 조정자, 문제해결기술 훈련자의 역할을 담당한다.

그러나 지역사회개발모델은 첫째, 지역사회의 변화 노력을 위해 지역사회의 관련집단 간의 합의와 협력을 이끌어 내기가 용이하지 않다는 점, 둘째, 지역사회의 관련집단이 성, 계급, 인종 등과 관련된 경계를 초월하는 공통의 이해관계를 가지고 있다는 가정의 현실성 문제, 셋째, 실질적인 정책결정자가 사회변화를 지지할 수 없는 경우 지역사회개발을 위한 협상을 거부할 수 있는 권력구조의 문제 등이 한계점으로 지적되고 있다(Hardina, 2002).

### (2) 사회계획 및 정책모델

사회계획 및 정책모델(social planning & policy)은 각종 지역사회문제를 해결하는 데 있어 합리적인 면을 강조한다. 이 모델은 범죄, 주택, 정신건강문제와 같은 구체적인 사회문제를 해결하는 기술적 과정을 중시한다. 이 모델에서는 공식적인 계획과 정책 준거틀에 대한 설계가 핵심적이며, 계획이나 정책집행의 효과성과 효율성을 강조하기 때문에 과업목적에 초점을 두고 있다.

특히 사회계획과정은 문제 확인, 사정, 목표 개발, 실행, 평가라는 구성요소로 이루어지며, 사회복지사는 문제해결모델로서 이러한 요소를 인식해야 한다고 본다. 사회복지사는 전문가로서 지역사회실천과정을 주도해 나가고, 욕구가 있는 지역사회주민에게 재화와 서비스를 제공함으로써 지역사회주민은 수급자의 역할에 머무르게 된다. 현대 사회계획은 고도의 자료분석 기법이 활용되는데, 전문가는 자료를 수집·분석하여 전망하고 그에 입각한 프로그램의 계획과 평가까지 담당한다.

그러나 사회계획 및 정책모델은, 첫째, 계획가가 무제한적인 시간과 자원을 가지고 있지 않다는 점, 둘째, 계획과정의 합리성을 전제하고 있기에 문제해결 과정에 미치는 정치적 영향력은 고려하지 못하고 있다는 점 등이 한계점으로 지적되고 있다(Hardina, 2002).

### (3) 사회행동모델

사회행동모델(social action)은 지역사회의 억압받고 소외된 주민이 사회정의와 정치적 공평성의 입장에서 사회적·정치적·경제적으로 더 나은 처우를 받을 수 있도록 해 주는 활동이다. 이 모델에서는 지역사회에서 권력과 자원의 재분배, 사회적 약자에 대한 의사결정의 접근성을 강화함으로써 지역사회의 변화에 초점을 두고 있다. 따라서 지역사회의 기존 제도나 상태에 대한 근본적인 변화를 추구한다. 항의나 시위, 협상 등이 문제를 해결하기 위한 수단으로 이용되기도 한다. 사회행동모델에서 사회복지사는 조직가로서 역할을 담당하며, 직접 행동을 취할 수 있도록 조직화하고 사회적 약자를 지지하며 옹호하는 활동을 수행한다.

한편 사회행동모델은 기본적으로 과업 달성을 중시하기 때문에, 적절한 의사결정구조의 활용 또는 관계 형성 등과 같은 과정목표는 무시되기도 한다. 일반적으로 사회행동이라는 용어는 조직적 대항, 입법로비활동, 대중조직의 개발, 정치 캠페인 등을 포함하여 사회정책과 법률적 변화에 영향을 미치는 광의의 과업을 의미하는 데 사용된다.

그러나 사회행동모델은 다음과 같은 점이 한계점으로 지적되고 있다.

- 일부 실천가는 지역사회 상황에서 실천활동을 대항활동(confrontation)으로 제한하고 있다는 점이다. 이러한 경향은 지역사회 관련집단을 양극화하거나 바람직한 결과를 달성하는 데 어려움으로 작용한다.
- 일부 조직가와 지역사회구성원이 대항전략에 대해 주저할 수 있다는 것이다.

- 윤리적 이슈와 관련된 것으로 대항 형태의 불법성이 있을 수 있고 긴급 상황에서 사용될 수 있어 조직가와 조직구성원이 위험에 놓일 수 있다는 점이다(Hardina, 2002).

이상에서 개략적으로 살펴보았던 세 가지 실천모델을 지역사회활동의 목표, 지역사회구조와 문제 상황에 대한 전제, 변화전략 및 전술, 사회복지사의 역할 등의 열두 가지 실천변수에 따라 비교 · 정리한 것이 〈표 4-1〉이다. 그러나 로스만(2001)은 이러한 전통적인 세 가지 모델은 실천변수에 따른 이념형적 분류이며, 실제 지역사회복지실천의 개입전략에 있어서는 상호중복되고 혼합된 형태, 즉 행동/계획, 개발/계획, 개발/행동 등과 같은 형태가 지역사회실천으로 활용될 수 있다는 점을 강조한다.

또한 실천과정에서 시간의 변화에 따라 모델의 전환이 일어날 수 있다. 가령 개입의 초기에는 지역사회개발모델로 시작하였으나 일정한 시간이 경과한 후에는 지역사회의 문제를 구체적으로 해결하기 위한 사회계획모델로 개입의 전략을 전환할 수 있다. 이러한 모델의 전환은 세 가지 모델 간에 다양한 조합이 가능하다. 이와 같이 로스만은 초기에 제시한 세 가지 모델의 전형을 현실의 지역사회복지실천과정에 적용하기 위하여 모델의 혼합과 전환(mixing and

표 4-1 로스만의 지역사회복지실천모델 비교

| 구분 \ 모델 | 지역사회개발 (local development) | 사회계획 및 정책 (social planning & policy) | 사회행동 (social action) |
|---|---|---|---|
| 지역사회활동목표 | 지역사회의 활동능력과 통합; 자조(과정목표) | 지역사회문제의 해결 (과업목표) | 권력관계와 자원의 변화; 기본적인 제도 변화 (과업목표 및 과정목표) |
| 지역사회구조와 문제 상황에 관한 전제 | 지역사회의 상실, 아노미; 관계 및 민주적 문제해결 능력의 결여; 정태적 · 전통적 지역사회 | 실질적인 사회문제, 정신 및 신체적 건강문제, 주택, 여가 등 | 사회적 고통을 당하고 있는 사람, 사회부정의, 박탈, 불평등 |

| | | | |
|---|---|---|---|
| 변화전략 | 문제 결정 및 해결에 다수의 사람 참여 | 문제에 관한 자료수집과 최적의 합리적 행동 조치 결정 | 이슈의 구체화와 표적 대상에 대해 조치를 취할 수 있도록 주민 동원 |
| 변화 전술과 기법 | 합의; 지역사회집단 간, 이해관계 간 상호의사소통, 집단토의 | 합의 또는 갈등 | 갈등 대결, 직접행동, 협상 |
| 사회복지사의 역할 | 조력자-촉매자, 조정자; 문제해결기술과 윤리적 가치에 대한 교사 | 사실 수집자와 분석자, 프로그램 실행자와 촉진자 | 행동주의적 옹호자; 선동자, 중개자, 협상자, 파당 |
| 변화의 매개체 | 과업지향적인 소집단 활용 | 공식 조직과 객관적인 자료 활용 | 대중조직과 정치과정 활용 |
| 권력구조에 대한 지향성 | 협력자로서 권력구조의 구성원 | 고용주와 후원자로서 권력 구조 | 활동의 외부 표적으로서 권력구조; 타도되거나 강요된 압제자 |
| 수급자체계(지역)의 범위 정의 | 지리적 측면에서 전체 지역사회 | 지역사회 전체 또는 지역 사회 일부 | 지역사회 일부 |
| 지역사회 하위부분(community subparts)의 이해관계에 대한 전제 | 공통의 이해관계 및 조정 가능한 차이 | 이해관계의 조정 가능 또는 갈등 | 쉽게 조정할 수 없는 갈등적 이해관계, 자원의 희소성 |
| 수급자(beneficiaries) 개념 | 시민(citizens) | 소비자(consumers) | 희생자(victims) |
| 수급자 역할의 개념 | 상호작용적 문제해결과정에의 참여 | 소비자 혹은 수령자(recipients) | 고용주, 지역사회구성원, 회원 |
| 임파워먼트의 활용 | 협동적이고 의사결정을 할 수 있는 지역사회 능력 구축; 주민의 개인적 주인의식 고취 | 소비자의 서비스 욕구 규명; 소비자의 서비스 선택의 정보 제공 | 수급자체계(지역사회)를 위한 객관적 권력—지역사회 의사결정에 영향을 미치는 권리와 수단—의 획득; 참여자의 주인의식 고취 |

출처: Rothman (2001), pp. 45-46.

phasing)이라는 개념을 도입하였다.

한편 로스만은 2007년에 발표한 논문에서 과거 세 가지 실천모델의 개념보다 확장하여 제시하고 있다(Rothman, 2007). 즉, 지역사회역량개발(community capacity development), 사회계획 및 정책(social planning & policy), 사회옹호(social advocacy)다. 지역사회역량개발은 지역사회조직화의 접근으로서 합의와 협력을 강조하고, 집단정체성의 형성 및 문제해결 능력의 배양 등을 핵심목표라는 점을 강조하기 위한 것이다. 이는 지역사회개발(local development)의 의미가 너무 지리적 측면에 초점을 두고 있다는 인상을 탈피하고, 지역사회구축(community building)의 의미와 밀접히 관련되어 있다. 사회계획 및 정책은 사회계획(social planning)보다 참여계획 및 정책개발을 포함하여 합리적인 문제해결 방식 및 자료활용 등을 강조하고 있다. 사회옹호는 사회행동(social action)과 마찬가지로 권력불균형을 해소하기 위해 대항전술, 압력전술의 사용 등을 강조한다.

## 2) 테일러와 로버츠의 모델

테일러와 로버츠는 저서 『지역사회복지의 이론과 실천(*Theory and Practice of Community Social Work*)』(1985)에서 로스만의 기본 세 가지 모델을 중심으로 두 가지 모델을 새로 추가하여 총 다섯 가지 모델을 제시하고 있다. 테일러

표 4-2 테일러와 로버츠의 지역사회복지실천모델 비교

| 실천모델 | 후원자와 클라이언트의 결정권한 정도 |
|---|---|
| 프로그램 개발 및 조정 | 후원자가 100% 결정권한 |
| 계획 | 후원자가 7/8의 결정권한 |
| 지역사회연계 | 후원자와 클라이언트가 각각 1/2의 결정권한 |
| 지역사회개발 | 클라이언트가 7/8의 결정권한 |
| 정치적 권력강화 | 클라이언트가 100%의 결정권한 |

출처: Weil (1996), pp. 32-33에서 재정리.

와 로버츠는 지역사회복지실천모델을 첫째, 실천방법의 각 변인, 둘째, 대안적인 전략, 셋째, 의사결정의 영향 정도 등에 있어 후원자와 클라이언트가 어느 정도의 결정권한이 있느냐에 따라 〈표 4-2〉와 같이 구분하였다(정무성, 1997; Taylor & Roberts, 1985, Weil, 1996에서 재인용).

#### (1) 프로그램 개발 및 조정

프로그램 개발 및 조정(program development and coordination)모델은 지역사회복지의 모체인 인보관운동과 자선조직협회운동에 근거하고 있다. 이 모델은 주로 공공기관, 지리적 지역사회를 대상으로 서비스를 제공하는 민간기관, 기능적 지역사회, 기관협의회 등에서 수행되는 실천에 초점을 두고 있다.

#### (2) 계획

계획(planning)모델은 로스만의 초기 사회계획모델에서 인간지향적인 측면을 강조하여 수정한 것으로, 합리적인 기획모델에 기초한 조사전략 및 기술을 강조한다. 특히 기획에 있어 사람들과의 상호교류적인 노력을 강조하고 좀 더 옹호적이며 진보적인 정치적 접근을 포함한다. 그리하여 조직과정의 관리, 영향력의 발휘, 대인관계 등의 과정지향적인 기술을 강조할 뿐 아니라 설계 및 실행과 같은 과업지향적인 기술적 측면의 필요성을 주장하고 있다.

#### (3) 지역사회연계

지역사회연계(community liaison)모델은 로스만의 모델에는 포함되어 있지 않은 것으로 사회복지기관의 일선 직원이나 행정가에 의해 수행되는 기능을 중심으로 설명된다. 이 모델에서 지역사회실천은 사회복지기관의 일차적인 책임인 직접서비스 전달에 대한 이차적 기능으로 보고 있다. 사회복지기관의 행정가가 지역사회관계, 지지활동, 환경개선, 조직 간의 관계 등과 같은 역할을 수행하는 데 비해, 일선 사회복지사는 클라이언트의 옹호, 욕구사정, 프로그램 개발 등의 역할을 수행한다. 그러나 행정가 및 일선 사회복지사 모두 소비자 집단과 함께 일하며, 표적집단의 욕구 충족을 위한 프로그램의 적용 등에 관한 지역사회실천기술을 갖추어야 한다.

#### (4) 지역사회개발

지역사회개발(community development)모델은 조력, 리더십 개발, 자조, 상호부조, 지역성에 바탕을 둔 지역사회 연구 및 문제해결을 강조한다. 이 모델은 시민참여와 교육과정을 매우 중요시하고 있으며, 전문가는 조직가(organizer)의 역할보다는 주로 조력자(enabler)의 역할을 담당하게 된다.

#### (5) 정치적 권력강화

정치적 권력강화(political empowerment)모델은 로스만의 사회행동모델과 밀접히 관련된 것으로, 갈등이론과 다원주의 사회에서의 다양한 이익집단의 경쟁원리에 기초하며, 의도된 시민참여에 의한 정치적 권력강화에 초점을 둔다. 이 모델의 중요한 목적은 사회체계 및 사회제도에서 시민의 참여를 보장하고 극대화함으로써 민주주의의 확장을 도모하고 새로운 조직 개발을 통해 참여의 채널을 촉진하는 데 있다. 전문가들은 교육자, 자원개발자, 운동가로서의 역할을 하게 되며, 이러한 경향은 합법적으로 위임된 조직이나 자생조직으로 진전될 수 있다.

### 3) 웨일과 갬블의 모델

웨일과 갬블(1995)은 기존 지역사회복지실천모델에 관한 문헌을 검토한 후 〈표 4-3〉에서 보는 바와 같이 목표, 변화표적체계, 일차적인 구성원, 관심 영역, 사회복지사의 역할 등을 중심으로 지역사회실천모델을 여덟 가지 유형으로 구분하였다. 이러한 지역사회복지실천모델이 상호배타적이지 않으며, 개념적인 구성요소나 사회복지사의 역할 등에서 상호중복되고 있지만, 지역사회복지실천과 관련하여 가장 적절한 개입전략을 선택하는 데 유용한 준거틀

**표 4-3** 웨일과 갬블의 지역사회복지실천모델 비교

| 구분<br>모델 | 목표 | 변화의 표적체계 | 일차적인 구성원 | 관심 영역 | 사회복지사의 역할 |
|---|---|---|---|---|---|
| 근린지역 사회조직 | 조직화를 위한 구성원의 능력 개발, 도시·지역계획과 외부개발에 영향과 변화 | 시, 외부개발자, 지역사회주민 | 이웃 지역사회주민 | 지역사회주민의 삶의 질 | 조직가<br>교사<br>코치<br>촉진자 |
| 기능적인 지역사회 조직 | 행위, 태도의 옹호와 변화에 초점을 둔 사회정의를 위한 행동, 서비스 제공 | 일반대중, 정부기관 | 동호인 | 특정 이슈와 대상을 옹호 | 조직가<br>옹호자<br>집필자 및<br>정보전달자<br>촉진자 |
| 지역사회의 사회적·경제적 개발 | 지역주민 관점에 입각한 개발계획 주도, 사회경제적 투자를 주민이 이용할 수 있도록 준비 | 은행, 재단, 외부 개발자, 지역사회주민 | 지역사회의 저소득계층, 주변계층, 불이익계층 | 소득, 자원, 사회적 지원개발, 교육과 리더십기술 향상 | 협상가<br>증진자<br>교사<br>계획가<br>관리자 |
| 사회계획 | 선출된 기관 또는 휴먼서비스 계획협의회가 행동을 하기 위한 제안 | 지역사회 지도자의 관점, 휴먼서비스 지도자의 관점 | 선거로 선출된 공무원, 사회기관과 기관 간의 조직 | 지역계획에 사회적 욕구 통합, 인간 서비스 관계망 조정 | 조사자<br>프로포절 제안자<br>정보전달자<br>관리자 |
| 프로그램 개발과 지역사회 연결 | 지역사회서비스의 효과성을 증진하기 위한 기관 프로그램의 확대와 방향 수정 | 기관 프로그램의 재정 충원자, 기관 서비스의 수혜자 | 기관위원회 또는 행정가, 지역사회 대표자 | 특정 대상자를 위한 서비스 개발 | 대변자<br>계획가<br>관리자<br>프로포절 제안자 |
| 정치·사회 행동 | 정책 또는 정책형성자의 변화에 초점을 둔 사회정의를 위한 행동 | 선거권자, 선출된 공무원, 잠재적 참여자 | 특정 정치적 권한이 있는 시민 | 정치권력의 형성, 제도의 변화 | 옹호자<br>조직가<br>조사자<br>조정자 |

| | | | | | |
|---|---|---|---|---|---|
| 연합 | 프로그램의 방향 또는 자원을 최대한 끌어낼 수 있는 다조직적인 권력기반 형성 | 선출된 공무원, 재단, 정부기관 | 특정 이슈에 이해 관계가 있는 조직 | 사회적 욕구 또는 사회적 관심과 관련된 특정 이슈 | 중개자<br>협상가<br>대변자 |
| 사회운동 | 특정 대상집단 또는 이슈에 대한 사회정의를 위한 행동 | 일반대중, 정치제도 | 새로운 비전과 이미지를 창출할 수 있는 조직과 지도자 | 사회정의 | 옹호자<br>촉진자 |

출처: Weil & Gamble (1995), p. 581.

을 제시해 줄 수 있다. 특히 여덟 가지 모델은 개발(development: 지역사회의 사회적 · 경제적 개발모델), 조직화(orgnizing: 근린지역사회조직모델, 기능적인 지역사회조직모델), 계획(planning: 프로그램 개발과 지역사회 연결모델, 사회계획모델), 사회변화(social change: 정치 · 사회행동모델, 연합모델, 사회운동모델)라는 기능 중심으로 재분류할 수 있다(Weil, 1996).

### (1) 근린지역사회조직

근린지역사회조직(neighborhood and community organizing)모델은 지리적으로 가까운 지역사회 조직화에 초점을 두고 있다. 비록 하나의 특정 이슈와 사건을 계기로 지리적인 의미의 지역사회조직이 만들어지더라도, 대부분 지역사회의 사회적 · 정치적 · 환경적인 이슈를 취급하게 된다. 근린지역사회조직모델은 능력 개발과 과업 수행이라는 두 가지 목표를 강조한다. 첫째, 지역사회주민이 조직활동에 참가하면 조직하는 기술, 문제분석, 계획, 리더십을 발전시키기 때문에 주민의 능력을 개발할 수 있다는 것이다. 둘째, 지역사회주민은 조직활동을 통해 지역사회의 사회적 · 경제적 조건을 향상하거나 도시계획이나 지역계획과 외부 개발에 영향을 미쳐 구체적인 과업을 성취한다는 것이다.

변화를 위한 표적체계는 시와 같은 공공행정기관, 개발계획의 추진 기업이며, 주요 관심 영역은 지역사회주민의 삶의 질에 있다. 사회복지사는 조직가

(organizer), 교사(teacher), 코치(coach), 촉진자(facilitator) 역할을 수행한다. 조직가는 조직이나 집단을 만들기 위해 이웃 주민과 함께 일하고, 조직과정과 조직화의 기술 개발에 도움을 제공하면서 조직의 참모(staff)가 될 수 있다. 일단 조직에서 공식적 리더십이 형성될 때, 사회복지사는 모임 계획, 목표 설정, 자원할당, 전략 수립과 실행, 과업 및 과정 평가 등 전형적인 참모로서 기능한다. 그러나 조직의 발전과정에서 중요한 점은 조직의 리더십과 참모의 촉진 역할을 명확하게 구분하는 것이다. 왜냐하면 사회복지사는 조직의 직접적인 리더십 역할보다는 오히려 조직 내의 리더십을 형성하고 발전시키는 것이 더욱 중요하기 때문이다. 또한 사회복지사는 행동을 위한 이슈의 정의, 조직구성원의 충원을 위한 전략 개발, 조사와 욕구기법의 교육, 행동을 위한 전략계획 수립 등에서 조직구성원에게 도움을 주어야 한다.

### (2) 기능적인 지역사회조직

기능적인 지역사회조직(functional community organizing)모델의 구분은 지리적인 의미의 지역사회조직보다 기능에 초점을 두고 있다. 기능적인 의미의 지역사회조직이란 이해관계를 기초로 한 지역사회조직을 말한다. 예를 들면, '학교폭력 추방을 위한 학부모모임' '정신지체아동의 사회재활을 위한 모임' 등과 같은 조직을 들 수 있다. 오늘날 많은 사람은 지리적인 근접성보다 공통 이슈에 관한 관심을 공유하는 경향이 높아, 이러한 조직활동이 활발하게 이루어지고 있다.

기능적인 지역사회조직의 핵심적인 관심과 목표는 자신들이 선택한 이슈의 정책, 행위, 태도의 옹호나 변화에 있다. 그리고 이 조직은 선택한 이슈에 대해 교육하고 조직 내적인 능력 증진, 이슈에 관한 지식 증대, 리더십 개발에 전념한다.

기능적인 지역사회조직의 일차적인 구성원은 동호인이다. 관심의 영역은 선택한 이슈와 대상집단을 위한 옹호에 두고 있으며, 이러한 옹호는 교육을 통해서나 조사, 공공행동, 정책개발, 로비, 서비스 개발을 통해 이루어진다.

이 모델에서 사회복지사는 근린지역사회조직과 마찬가지로 조직원의 충원, 문제의 정의, 옹호 전략과 전술 결정에 기여할 수 있는 촉진자의 역할과 조사와 분석기법을 가르치는 역할을 수행한다. 그리고 이해관계를 기반으로 한 기능적인 지역사회조직은 조직구성원이 지리적으로 흩어져 있기 때문에 소식지, 보고서 등이 중요한 의미를 지닌다. 따라서 사회복지사는 집필과 정보제공자로서의 역할도 수행해야 한다.

### (3) 지역사회의 사회적 · 경제적 개발

지역사회의 사회적 · 경제적 개발(community social and economic development) 모델은 앞에서 살펴본 로스만의 지역사회개발모델과 밀접한 관계가 있다. 그러나 이 모델은 저소득계층과 불이익계층의 효과성을 제고하기 위해서는 경제 개발과 사회 개발이 동시에 이루어져야 한다는 인식을 전제하고 있다. 이 모델의 주요 목표는 저소득계층 및 불이익을 받는 지역사회주민의 삶의 질과 기회를 증진하는 데 있다. 즉, 지역사회주민의 관점에서 개발계획을 주도하고, 지역사회주민으로 하여금 사회적 · 경제적 투자를 이용하도록 준비시키며, 사회적 · 경제적 투자를 위해 내부적 · 외부적 자원을 개발하고 이용하는 것이라 할 수 있다. 따라서 이 모델에서는 사회적 · 경제적 개발과 자원 개발의 계획을 준비하고 실행할 수 있도록 주민과 지역사회조직의 능력을 강화하는 것에 초점을 둔다.

변화를 위한 표적체계는 은행, 재단, 외부개발자, 지역사회주민이라 할 수 있다. 이러한 표적체계와 관련하여 중요한 점은 지역사회의 사회적 · 경제적 개발에 투자할 수 있도록 자원을 가진 사람들을 설득하는 것이다. 이 모델의 일차적인 구성원은 저소득집단, 주변집단 또는 불이익집단이며, 주요 관심 영역은 사회적 · 경제적 영역에서 투자의 균형뿐 아니라, 교육 수준과 리더십기술의 향상에 있다.

사회복지사는 지방자치단체의 직원 또는 초기조직단계에서 집단의 직원 역할을 수행하며, 현실적인 개발목표를 결정하거나 필요한 지역사회 기술과 자원을 명확히 하기 위한 욕구사정(need assessment)과 조사의 기술을 발휘해야 한다. 또한 지역사회조직의 리더십과 기술을 개발하는 데 있어 사회복지사는 조직을 만들고 훈련하는 능력뿐만 아니라 계획, 관리, 협상능력을 갖추는 것이 필수적이다.

### (4) 사회계획

사회계획(social planning)모델은 개별 기관 수준 및 휴먼서비스 기관의 협의체(consortium) 또는 지역 휴먼서비스계획협의회 등에서 이루어진다. 계획가의 중심 과업은 휴먼서비스, 사회계획, 서비스의 통합과정에서 합리성을 발휘하는 것이며, 계획가는 휴먼서비스에 필요한 자원결정과 자원을 효율적으로 이용하고 구체적인 기술과 책임성을 가져야 한다.

이 모델에서 변화를 위한 표적체계는 지역사회 지도자의 관점, 휴먼서비스 지도자의 관점이며, 사회계획의 일차적인 구성원은 선거로 선출된 공무원, 사회기관의 책임자, 기관 상호 간의 조직 또는 이들 간의 조합으로 이루어진다. 주요 관심 영역은 휴먼서비스의 관계망을 계획하고 조정하는 데 있으며, 공공영역의 지역계획에 사회적 욕구를 통합하는 일이다.

사회복지사는 계획가로서의 역할을 담당한다. 계획가의 필수적인 기술은 조사, 욕구사정, 평가, 프로포절(proposal) 개발, 분석 등에 관한 것이며, 정보전달과 관리기술 또한 갖추어야 한다.

### (5) 프로그램 개발과 지역사회 연결

프로그램 개발과 지역사회 연결(program development and community liaison)모델은 지역사회조직의 연결활동이 프로그램 개발 측면에서 필수적이라는 인식에 근거한다. 이 모델의 목표는 지역사회의 대상자에게 필요하다고 평가되는 서비스를 향상하거나 또는 새로운 서비스를 계획하고 실행하는 것이다. 또한 지역사회서비스의 효과성을 증진하기 위한 기관 프로그램의 확대 또는 프로그램의 방향 전환도 이 모델의 목표가 될 수 있다.

특히 지역사회와 서비스 프로그램 간의 상호작용은 다양한 방식으로 강화될 수 있다. 우선 욕구사정에서 잠재적 서비스 대상자와 주민을 관련하거나 잠재적 서비스 대상자, 관련 기관 직원 혹은 이들 양자의 핵심집단을 이용하는 방법을 들 수 있다. 또한 자문기관의 개발과 의사결정위원회에 지역사회 지도자를 관련시키는 것도 상호작용을 증진하는 방법이라 할 수 있다. 그리고 프로그램이 만들어지고 실행되면 지역사회로 피드백하는 메커니즘은 표적집단에 대한 새로운 프로그램의 형성에 매우 귀중한 부분이다.

변화를 위한 표적체계는 새로운 서비스나 재계획된 서비스의 잠재적 수혜자이고, 이러한 서비스에 비용을 지불하는 사람들이다. 이 모델의 일차적인 구성원은 계획된 변화와 프로그램 개발과정에 관여한 기관위원회와 지역사회 대표들이며, 관심의 주 영역은 특정 대상이나 지역사회를 위한 서비스 개발이다.

사회복지사의 주된 역할은 계획가(planner), 프로포절 기획자(proposal writer), 대변자(spokesperson), 중개자(mediator), 촉진자(facilitator)라 할 수 있으며, 관리자(manager), 감시감독자(monitor), 평가자(evaluator)의 역할도 수행해야 한다.

#### (6) 정치 · 사회행동

정치 · 사회행동(political and social action)모델은 지역사회에서 기회를 제한하는 불평등을 극복하고, 지역사회의 욕구를 무시하는 의사결정자에 대항하고, 조직의 효과성에 대한 신념을 강화하며 불공정한 조건을 변화시키는 기술을 개발함으로써 사람들의 권한을 부여하는 것을 주요 내용으로 한다. 이 모델의 초점과 목표는 정책 또는 정책결정자를 변화시키는 데 있으며, 특히 저소득집단에 불이익을 야기하는 정부당국의 조치를 변화시키는 데 초점을 둠으로써 사회적 · 정치적 · 경제적 정의를 위한 행동을 하는 데 있다. 즉, 권력의 균형을 이동시킴으로써 초기 의사결정과정에서 배제된 사람들이 미래의 의사결정에 중요한 역할을 하는 것이다. 또한 참여민주주의를 강화하고 사회정의를 실현하는 데 기반을 두고 있다.

변화를 위한 주요 표적대상은 잠재적인 참여자다. 그리고 선거로 선출된 공직자와 행정관료가 될 수 있다. 또 다른 변화의 표적은 지역사회주민의 건강과 생존을 위협하는 환경오염 등과 같이 지역사회에 해를 미치는 활동에 참여한 기업과 정부당국이 될 수 있다.

이 모델의 일차적인 구성원은 특정 정치적 권한이 있는 시민이거나 특정 사안에 책임 있는 시민이다. 직접적인 행동을 통해 추구하려는 대의명분이 다양할지라도 관심 영역은 정치권력을 형성하는 것이며, 사회정의를 위한 제도의 변화에 있다.

사회복지사의 역할은 옹호자, 교육자, 조직가, 조사자로서 수행이다. 내부적으로 조직가는 내부적 집단과정과 의사결정기술 면에서 능력을 쌓아 올리는 것에 관여하며, 외부적으로는 직접적인 행동기술, 대중과 언론관계, 심층적인 조사에 초점을 두어야 한다. 비록 조직가가 일부 중요 사항에 대해 옹호자로서 역할을 수행하더라도, 조직가는 집단구성원이 적극적인 옹호자가 되도록 도와주는 것이 중요하다.

### (7) 연합

연합(coalitions)모델은 분리된 집단 및 조직을 집합적인 사회변화에 동참하도록 하는 데 있다. 이 모델의 목표는 연합의 공통 이해관계에 대응할 수 있는 자원동원의 잠재력을 증진하고, 사회적 프로그램의 방향에 영향을 미칠 수 있는 다조직적(multiorganizational)인 권력기반을 구축하는 것이다.

이 모델에서 변화를 위한 표적체계는 대부분 선거로 선출된 공직자이며, 서비스 프로그램의 신설과 확대에 자금제공을 고취하는 재단, 특정 사회적 관심에 대응할 수 있는 권위를 지녔지만 준비가 되지 않은 정부당국이다. 이 모델의 주요 관심 영역은 연합의 구성집단과 조직이 지지하는 구체적인 이슈다.

사회복지사의 역할은 전문적 또는 휴먼서비스 연합에서의 지도자와 대변자이며, 사회복지사는 연합을 만들고 유지하기 위해서 중개와 협상 기술을 갖추어야 한다.

#### (8) 사회운동

사회운동(social movements)모델의 목표는 바람직한 사회변화에 있다. 예컨대, 민주화 운동, 시민운동 등은 대표적인 사회운동이다. 이 모델에서 변화를 위한 표적체계는 일반대중과 정치제도라 할 수 있다. 그리고 사회운동모델의 일차적인 구성원은 새로운 비전과 이미지를 창출할 수 있는 조직과 지도자다. 사회복지사는 사회운동의 자원봉사자 또는 사회운동조직의 참모로서 관여할 수 있다. 이때 사회사업가의 역할은 옹호자와 촉진자로서 수행하는 것이다.

### 4) 포플의 모델

포플(1996)은 영국의 경험을 '보호(care)'와 '행동(action)'의 연속선을 기준으로 〈표 4-4〉에서 보는 바와 같이 지역사회복지실천모델을 여덟 가지로 유형화하고 있다. 그러나 각 모델은 독립적으로 구별되기보다는 기법이나 기술 측면에서 중복될 수 있으며, 상이한 전통과 이데올로기를 반영한다. 포플이 분류한 지역사회복지실천모델의 주요 내용을 살펴보면 다음과 같다.

**표 4-4** 포플의 지역사회복지실천모델 비교

| 모델 | 주요 전략 | 사회복지사의 역할 |
|---|---|---|
| 지역사회보호 | • 사회관계망과 자발적 서비스의 증진<br>• 자조개념의 개발 | 조직가<br>자원봉사자 |
| 지역사회조직 | • 타 복지기관 간 협력 증진 | 조직가<br>촉매자<br>관리자 |
| 지역사회개발 | • 삶의 질 향상과 관련된 신뢰 및 기술 습득을 하도록 집단 원조<br>• 적극적 참여 | 조력자<br>지역사회활동가<br>촉진자 |
| 사회/지역계획 | • 사회적 상황의 분석, 목표와 우선순위의 설정, 서비스 및 프로그램의 실행 및 평가 | 조력자<br>촉진자 |

| | | |
|---|---|---|
| 지역사회교육 | • 교육과 지역사회 간의 밀접하고 동등한 관계 시도 | 교육자<br>촉진자 |
| 지역사회행동 | • 지역수준에서 계급 및 갈등에 기초한 직접적인 행동 | 행동가 |
| 여권주의적<br>지역사회사업 | • 여성복지의 향상<br>• 성 불평등 해소를 위한 집합적 활동 | 조력자<br>촉진자 |
| 인종차별철폐<br>지역사회사업 | • 소수인종의 욕구 충족을 위한 집단조직 및 활동<br>• 인종주의에 대한 도전 | 행동가<br>자원봉사자 |

출처: Popple (1996), pp. 149-150에서 재정리.

### (1) 지역사회보호

지역사회보호(community care)모델은 노인, 장애인, 아동 등 지역주민의 복지를 위한 사회관계망과 자발적 서비스를 증진하는 데 목적이 있으며, 복지욕구를 충족하기 위한 자조개념을 개발하는 데 집중하고 있다. 이 모델에서 사회복지사는 지역사회주민이 자원봉사활동의 주도자가 되고 보호를 제공할 수 있도록 격려하는 역할을 담당한다.

### (2) 지역사회조직

지역사회조직(community organization)모델은 타 복지기관 간의 상호협력을 증진하는 수단으로 사용되고 있으며, 사회복지기관의 상호 협력 및 조정은 중복서비스를 방지하고, 자원의 부재현상을 극복하여 복지 전달의 효율성과 효과성을 높이는 데 일조하고 있다. 서비스 중심의 지역사회조직모델은 탐색적이고 실험적인 활동을 하는 데 용이할 뿐 아니라 사회복지기관이 개발한 서비스의 관리 및 정부의 재정보조를 유도하는 데도 도움이 된다. 이 모델에서 사회복지사는 조직가, 촉매자, 관리자로서 역할을 담당한다.

### (3) 지역사회개발

지역사회개발(community development)모델은 지역사회구성원의 삶의 질을 향상하기 위한 기술과 신뢰를 습득할 수 있도록 집단을 원조하는 데 중점을 두고 있다. 교육을 통해 자조개념을 증진함으로써 지역사회의 독자성을 반영할 수 있으며, 사회복지사는 조력자(enabler), 지역사회활동가, 촉진자로서의 역할을 수행한다.

### (4) 사회/지역계획

사회/지역계획(social/community planning)모델은 지역사회개발모델과 유사한 측면이 있지만, 사회적 상황, 사회정책과 사회복지기관의 서비스 분석, 주요 목표 및 우선순위의 설정, 서비스 프로그램의 기획과 적절한 자원의 동원, 그리고 서비스와 프로그램의 집행 및 평가 등에 중점을 두고 있다.

### (5) 지역사회교육

지역사회교육(community education)모델은 교육과 지역사회 간의 관계를 보다 밀접하고 동등한 관계로 방향 설정을 하려는 시도로서, 비판적 사고와 담론을 통해 억압적 조건이나 상황을 변화시키는 행동양식을 고양하는 데 중점을 두고 있다. 특히 교육과정은 지역사회구성원의 경험, 문화, 가치 등의 타당성을 제공하는 기회로 활용하는 것이 바람직하다고 본다.

### (6) 지역사회행동

지역사회행동(community action)모델은 전통적으로 계급에 기초한 모델로 갈등과 직접적인 행동을 활용하며, 권력이 없는 집단이 자신들의 효과성을 증대할 수 있는 대응이다. 그리고 지역사회행동모델은 특정 이슈에 대한 권력자와의 협상을 위해 직접 행동을 선호한다.

#### (7) 여권주의적 지역사회사업

여권주의적 지역사회사업(feminist community work)모델은 지역사회실천에 대한 페미니즘의 적용이라는 특징을 가지며, 여성불평등의 사회적 요인에 대한 집합적 대응을 통해 여성의 복지를 향상하는 데 초점을 두고 있다.

#### (8) 인종차별철폐 지역사회사업

인종차별철폐 지역사회사업(black and anti-racist community work)모델은 지역사회실천에서 인종차별에 저항하거나 그들의 권리 보호를 위해 상호원조와 조직화에 초점을 두고 있다. 교육, 주택, 건강, 고용 등의 영역에서 차별을 시정하는 데 목적이 있으며, 캠페인, 자조집단 형성, 직접 행동, 보충적인 급여 제공 등 다양한 방식으로 전개되고 있다.

## 3. 지역사회복지실천모델의 특징

지역사회복지실천은 조직화, 개발, 계획, 변화전략 등을 통해 지역사회의 다양한 문제를 해결하려는 노력이다. 지역사회복지실천은 지역사회의 사회적 · 경제적 상황이나 문제해결 방법, 이데올로기적 가치지향 등에 따라 다양한 방식으로 전개되어 왔으며, 그 결과 지역사회구성원의 욕구 충족과 삶의 질 향상 및 사회변화를 목적으로 하는 지역사회복지실천모델은 다양한 유형으로 분류되고 있다. 지역사회복지실천모델의 유형과 발전과정을 통해 나타난 특징을 종합적으로 살펴보면 다음과 같다.

첫째, 지역사회복지실천모델은 시대적 상황 및 개별 국가의 경험을 반영하고 있어 단일한 모델보다는 다양한 유형으로 분류되고 있다. 미국의 경험에 기초하여 분류하고 있는 모델은 일반적으로 조직화, 개발, 계획, 사회행동 등을 강조하며, 민간 주도적인 지역사회복지실천을 중심으로 논의를 전개하고 있다. 반면에 영국의 경우 공공부문 중심의 사회복지서비스 제공 및 실천활동이라는 특성을 반영하여 지역사회보호모델이 중요한 실천모델로 언급되고 있다.

둘째, 지역사회복지실천모델의 발전과정은 사회적 · 경제적 배경이나 이데올로기, 사회복지실천의 전문화 경향과 밀접히 연관되어 있다. 지역사회복지실천모델에 많은 영향을 미친 이데올로기는 신자유주의의 확산과 경쟁원리의 강화다. 이러한 이념적 공세 및 사회환경의 변화는 지역사회복지의 실천활동에도 많은 영향을 미치고 있다. 그 결과 지역사회복지실천은 지역사회에서 자조집단의 형성, 지역사회 중심의 서비스 전달의 강조, 연합 및 협력 모델의 모색 등 여러 중요한 변화를 경험하고 있다. 특히 신자유주의의 이념 확산으로 지역사회복지서비스의 효율성 문제가 중요한 이슈로 부각되거나, 사회복지교육에서 지역사회조직이나 지역성에 기초한 옹호활동보다는 오히려 기관행정, 계획, 조직 개발과 프로그램 평가 등을 강조하는 경향과 함께 지역사회복지실천모델에서도 프로그램 개발 및 연계모델 또는 협력 등이 중요한 실천활동의 초점으로 변화되는 경향을 보여 주고 있다.

셋째, 지역사회복지실천모델의 세분화 경향을 띠고 있다. 전통적인 지역사회복지실천모델은 로스만의 지역사회개발, 사회계획 및 정책, 사회행동으로 분류되었으나, 웨일과 갬블은 1990년대 이전까지 지역사회복지실천방법에 대한 종합적인 검토를 통해 여덟 가지 유형으로 세분화하고 있다. 즉, 지역사회의 의미는 지역성과 기능성을 동시에 내포하고 있기 때문에 로스만의 지역사회조직 역시 '지리적 지역사회조직'과 '기능적 지역사회조직'으로 구분할 필요가 있다는 점을 강조하였다. 그리고 로스만의 사회행동모델을 정치 · 사회행동, 연합, 사회운동으로 구분하였으며, 기존의 지역사회개발모델을 지역사회 사회 · 경제개발로 구체화하였다. 이처럼 전통적인 지역사회복지실천모델로 언급되었던 유형을 사회환경 변화에 대응할 수 있는 모델로 점차 세분화하는 경향을 보여 주고 있다.

넷째, 지역사회복지실천모델의 다양한 분류는 실천현장에 적합한 적용과 선택에 유용할 것이며, 이를 효과적으로 실행하기 위해서는 사회복지사의 역할이 무엇보다 중요하다. 더구나 지역사회복지실천모델의 적용과 선택은 지역사회에서 당면하고 있는 여러 가지 조건이나 사회복지사의 실천이념 등 다양한 기준에 따라 달라질 수 있음을 시사하고 있다. 하디나(2002)는 지역사회문제, 지역사회의 욕구와 문화적 가치, 실천가로서 사회복지사의 이론적 관점과 성향, 전략과 전술상의 윤리적 기준 등이 지역사회복지실천모델의 선택에서 중요한 고려요소라고 하였다.

결국 지역사회복지실천과정에서 다양한 실천모델이 개별 지역사회의 상황에 맞게 선택적으로 사용될 수 있으며, 이를 통해 지역사회와 지역주민의 삶의 질이 개선될 수 있다고 본다. 특히 지역사회복지실천모델은 지역사회의 조건, 자원, 지역문제, 주요 행위자 등을 중심으로 다양하게 적용할 수 있는 탄력성을 요구하고 있으며, 이에 지역사회의 강점 및 임파워먼트의 접근에 기초한 포괄적 지역사회모델로의 진화가 필요하다.

제 5 장

# 지역사회복지의 거시적 실천방법

1. 거시적 실천의 기초
2. 거시적 실천의 방법

BUS

# 1. 거시적 실천의 기초

## 1) 거시적 실천의 의의

거시적 실천이란 미시적 실천에 대비되는 개념으로서 지역사회복지의 실현을 위한 전문직의 실천방법이다. 지역사회복지는 인간성 회복을 위한 인도주의 정신과 사회정의를 실현하고자 하는 사회개혁을 근본이념으로 하고 있다. 사회복지 전문직은 사회적으로 취약한 위치에 있는 계층이나 사람들을 위한 관심을 갖고 있으며, 사회정의의 실현을 추구한다. 이러한 의미에서 거시적 실천이 필요하며, 지역사회복지의 이념을 실현하기 위해 거시적 사회복지실천가들은 다음과 같은 목표 아래 활동한다.

- 지역사회의 능력 향상과 사회통합
- 지역사회문제의 해결
- 서비스와 프로그램의 제공을 통한 지역사회주민의 욕구 충족

거시적 실천가로서 사회복지사는 지역사회의 환경과 주민의 삶의 향상을 위한 변화의 매개자다. 이러한 변화의 목표와 바람직한 변화에 대한 실천가의 헌신이 없다면 진정한 의미의 거시적 실천이라고 할 수 없을 것이다.

이와 같이 지역사회복지가 목표를 달성하는 데는 거시적 실천의 개입이 필요하지만, 미시적 실천과 관련 없이 이루어지는 것은 아니다. 거시적 실천이 개별적인 미시적 실천의 한계를 뛰어넘는 것이지만 클라이언트와의 일대일의 활동과정에서 확인되는 욕구, 문제, 관심을 기반으로 한다는 점에서 미시적 실천은 거시적 실천의 기초가 된다. 그리고 미시적 실천가도 지역사회나 조직의 변화를 위한 책임을 갖고 있다. 미시적 실천가는 클라이언트의 욕구나 문제를 가장 일차적으로 확인하는 주체다. 이러한 문제와 욕구가 모여서 다수의 공통

적인 욕구와 문제로 발전하고 집합적인 쟁점이 되면 지역사회 전체 또는 조직체로부터 체계적인 변화를 위한 개입이 필요하게 되어, 거시적 실천으로 나아가게 된다.

로스만 등(Rothman, Erlich, & Tropman, 2001)에 따르면 거시적 실천개입이 이루어지는 현장(arenas)은 지역사회(communities)와 조직체(organizations), 소집단(small groups)이다. 네팅 등(Netting, Kettner, & McMurtry, 1998)도 지역사회와 조직체를 거시적 실천의 현장으로 보고 있다. 소집단은 지역사회나 조직체에서 이루어지는 변화를 위한 전략의 핵심적인 부분으로서 변화의 수단이나 전략의 부분으로 간주될 수 있다. 이 책에서도 지역사회와 조직체를 지역사회복지의 거시적 실천이 이루어지는 주요 현장으로 보고자 한다.

한편 피셔(Fisher, 1995) 등의 일부 학자는 거시적 실천이 이루어지는 현장을 정책과 정치적 맥락에서 찾기도 한다. 국가 차원의 정책에 영향을 미치는 이념이나 가치에 대한 이해가 거시적 실천의 기본 내용이며, 조직과 지역사회의 영역은 정치체계와 긴밀하게 관련되어 있다. 그러나 여기에서는 지역사회복지 실천의 맥락에서 거시적 실천은 정치체계와의 관련성과 이해의 필요성을 인식하면서도 지역사회와 조직체에 초점을 두고자 한다.

그리고 거시적 실천이 전문직으로서 의미를 갖는 것은 사회복지실천의 양대 축의 하나로서 사회복지실천의 가치와 윤리, 지식과 기술을 기초로 하기 때문이다. 따라서 거시적 실천은 사회복지 전문직의 일반적 가치인 인간의 존엄성과 가치 존중, 사회정의, 봉사, 인간관계의 중요성, 정직과 성실, 능력이라는 가치를 공유하며, 사회복지사 윤리강령의 윤리적 기준을 준수한다.

## 2) 거시적 실천을 위한 관점

### (1) 생태학과 체계이론

지역사회의 거시적 실천을 위한 이론적 기초는 단순히 하나의 이론만 있는 것은 아니며, 다수의 이론이 존재한다. 그러나 여기에서는 지역사회를 중심으로 한 사회복지실천을 위하여 생태학과 사회체계이론의 관점을 소개하고자 한다.

생태학이론은 사회복지실천의 사회환경을 개념화하는 데 광범위하게 활용되고 있다. 생태체계(ecological system)는 지역사회의 인구적 특성, 물리적 환경, 지역사회의 사회 구조와 조직 등에 초점을 두고 있으며, 사회계층, 인종구성, 연령구조, 가족구성, 노동분업과 같은 지리적 영역 내에 거주하는 인구집단의 특성을 설명한다.

생태학이론의 관점은 사람들과 서비스의 지역사회 환경에 대한 상호의존성, 해당 지역사회와 다른 지역사회의 상호작용에 초점을 두고 있으며, 인구집단의 이동, 이민과 이주, 성장의 역동성 등 변화하는 지역사회의 특성을 이해하는 데 도움을 준다. 생태학의 관점에서 볼 때, 지역사회역량이란 지역사회 주민과 사회환경 간의 생산적인 균형을 효과적으로 유지하는 능력이다. 여기서 생산적인 균형이란 질서가 있고 건설적인 방식으로 변화가 일어나는 것이며, 주민을 위하여 필요한 일상생활의 자원을 제공하는 것을 말한다.

사회체계(social systems)의 관점은 지역사회체계 내의 다양한 사회제도를 관련시키는 방식이다. 사회제도는 생산–분배–소비, 사회화, 사회통제, 사회참여, 상호부조의 기능을 수행하는 사회체계의 하위체계(subsystems)다. 사회체계의 관점은 두 가지 측면에 초점을 두고 있는데, 수평적으로는 이러한 지역사회의 하위체계가 지역사회 내에서 상호작용하는 방식이며, 수직적으로는 지역사회 외부에서 이러한 하위체계가 다른 외부체계와 상호작용하는 방식이다. 이러한 관점에서 볼 때, 지역사회의 능력을 향상하기 위해서는 전체로서의 지역사회체계와 지역사회 내의 다수의 사회단위로서 하위체계를 동시에 고려해야 한다. 좋은 지역사회는 지역사회주민의 이익을 위하여 이러한 하위체계가 효과적으로 작동한다.

지역사회를 이러한 체계론적 관점에서 보는 것은 지역사회를 하나의 행위자(actor)로 보는 것을 의미한다. 이러한 관점에서는 지역사회가 언제, 어떻게, 왜, 어떠한 행위를 하며, 어떠한 환경적 힘이 이러한 지역사회의 행위에 영향을 미치는가를 분석할 필요가 있다. 그리고 지역사회의 목적을 성취하고 구성원의 욕구를 만족시키기 위하여 지역사회가 갈등을 처리하고 균형을 유지하며 변화에 대응하는 방식을 알아야 한다(Fellin, 1995: 12).

### (2) 거시적 실천을 위한 준거틀

거시적 실천은 지역사회 내에 존재하는 문제, 인구집단, 조직에 대한 포괄적 이해에서 출발한다. [그림 5-1]은 거시적 실천을 위한 개념적 준거틀로서 문제와 인구대상, 영역(지역사회와 조직체)을 이해해야 하며, 이를 둘러싼 정책적 맥락과 정치적 환경을 이해해야 할 필요성을 보여 준다.

지역사회의 문제는 한 사람의 클라이언트에게서 제기된 것일 수도 있고, 지역주민이 집단으로 제기하는 문제일 수도 있다. 또한 문제가 발생하는 지역사회와 조직에 대한 이해가 필요하다. 지역사회의 문제와 인구대상, 영역(지역사회와 조직체)를 이해하는 과정에서 사회복지사는 불가피하게 [그림 5-1]에서 세 가지 원이 중복되는 곳에 초점을 맞추어야 할 것이다. 우선 문제와 인구대상이 만나는 부분에 대한 검토가 필요하다. 예를 들면, 지역사회에서 제기되는 문제가 청소년 학교폭력이라면, 학교폭력문제와 청소년 인구집단에 관한

[그림 5-1] 거시적 실천의 개념적 준거틀

출처: Netting et al. (1998), p. 71.

문헌과 자료의 검토가 이루어져야 한다. 그리고 청소년 인구집단의 학교폭력 문제가 해당 지역사회에 어떠한 영향을 미치는가를 검토해야 한다. 이 사례에서 사회복지사를 비롯한 거시적 실천가들은 다음과 같은 사항을 이해하고 있어야 한다.

- 학교폭력에 관한 기본 개념과 사회적 쟁점
- 학교청소년집단
- 해당 지역사회와 관련 조직체
- 청소년집단에 영향을 미치는 학교폭력문제
- 학교폭력문제와 지역사회의 관련성
- 지역사회에서 표출된 일반청소년집단의 욕구
- 학교폭력에 개입된 청소년의 문제와 욕구

나아가 지역사회의 문제와 욕구는 해당 지역사회와 인구집단에 영향을 미치는 공식적인 정책의 맥락에서 다루어져야 한다. 이러한 정책은 지역사회를 둘러싼 정치적 · 사회적 환경의 영향을 받는다. 따라서 지역사회의 문제해결은 지역사회의 문제에 관한 정책과 정책환경에 대한 이해를 전제로 한다.

## 2. 거시적 실천의 방법

거시적 실천의 과정에 관해서는 국내외 다수의 학자가 다양한 이론을 제시하고 있다. 국내 문헌에서는 최일섭과 류진석(1997)이 다음과 같은 지역사회복지실천과정을 제시하였다.

① **문제의 발견과 분석**: 이 단계에서는 사회문제와 가치관, 관련이론을 분석하고, 사회문제를 조작화한다.

② **정책 및 프로그램의 개발**: 이 단계에서는 정책목표를 설정하고 프로그램을 개발한다. 프로그램 개발은 업무 내용, 자원, 실천 가능성을 고려한다.

③ **프로그램의 실천**: 이 단계의 프로그램 실천은 사회복지사의 과업 중심적 활동과 과정 중심적 활동을 포함한다.

④ **평가**: 이 단계의 평가는 과정평가와 결과평가를 포함한다.

최근에는 미국적 사회복지실천 상황에서 개인과 지역사회를 위한 실천을 통합하는 사례관리(case management)가 강조되고 있는데, 대표적으로 로스만과 세이저(Rothman & Sager, 1998)의 모형은 다음과 같은 실천과정을 제시한다.

① **기관에의 접근**: 사회복지기관에 클라이언트가 접근하는 과정은 기관, 가족, 지역사회조직체, 경찰, 학교, 클라이언트 자신 등 다양한 경로를 통하여 이루어진다.

② **인테이크**: 클라이언트와 지역사회의 문제와 상황을 확인하는 과정을 포함한다.

③ **사정**: 개인과 지역사회의 사정은 사회적 · 심리적 · 의료적 사정을 포함하며, 문제의 원인과 역동성을 이해한다.

④ **목적 설정**: 앞에서의 사정에 기초하여 개입의 단기와 장기의 목적을 설정한다.

⑤ **개입계획**: 상담과 치료의 직접 제공이라는 치료계획과 공식 · 비공식 자원을 연계하는 서비스계획을 포함한다.

⑥ **자원 확인과 분류**: 관련 서비스 자원에 대한 정보를 획득하고 자료를 조직화하는 일을 포함한다.

⑦ **공식 연계–기관과 프로그램**: 서비스 욕구의 확인, 클라이언트와 기관의 연결, 접촉과 오리엔테이션, 문서 준비, 관련 기관의 방문 등을 포함한다.

⑧ **비공식 연계–가족과 사회관계망**: 가족, 이웃, 지역사회집단을 포함한 비공식 원조망을 파악하는 일이다.

⑨ **모니터링**: 모니터링의 핵심은 기관의 서비스 제공자 및 비공식 지지자와의 체계적인 접촉을 가짐으로써 이루어진다.

⑩ **재사정**: 장기 서비스 제공이 전망되는 경우, 기관의 절차에 따른 정기적인 재사정이 요구된다.

⑪ **결과평가와 종결**: 전문가의 판단에 기초하여 서비스가 종결되는 과정에서 결과평가가 이루어진다.

이 책에서는 지역사회복지실천이 미시적 실천과 거시적 실천을 통합하는 것이 필요하다는 사실을 전제하면서, 앞의 절에서 제시한 거시적 실천의 관점에 초점을 두어 네팅 등(Netting et al., 1998)이 제시하고 있는 지역사회를 위한 거시적 실천방법의 준거틀을 기초로 다음과 같은 실천방법을 제시한다. 이 장에서는 실천적 개입의 전략에 초점을 두고, 문제와 표적집단의 이해, 지역사회의 강점과 문제의 분석, 개입전략의 개발을 설명하며, 제6장에서는 실천의 기술적 과정에 초점을 두고, 지역사회실천개입 중 지역사회사정과 프로그램의

**표 5-1** 이 책에서의 지역사회복지실천과정의 준거틀

| 문제와 표적 집단의 이해 | 지역사회의 장점과 문제의 분석 | 개입전략의 개발 | 지역사회실천 개입 | 평가 |
|---|---|---|---|---|
| • 지역사회문제에 대한 이해<br>• 인구집단에 대한 이해 | • 표적집단의 확인<br>• 지역사회의 특성 분석<br>• 차별의 인식<br>• 지역사회구조에 관한 확인 | • 인과관계와 개입가설의 개발<br>• 참여자의 확인<br>• 변화를 위한 시스템의 준비와 점검<br>• 변화를 위한 접근 방법의 선택<br>• 정치적 · 경제적 요인의 고려<br>• 성공 가능성의 검토<br>• 목적과 목표의 설정 | • 지역사회의 사정<br>• 프로그램 기획과 실행 | • 효율성 평가<br>• 효과성 평가 |

출처: Netting 등(1998)에서 재정리.

기획 · 실행 · 평가를 설명할 것이다.

## 1) 문제와 표적집단의 이해

지역사회복지실천활동에서는 거시적 실천기법을 활용하는 여러 가지 개입의 출발점이 있는데, 여기서는 표적집단과 문제를 이해하는 과업에 초점을 두고 거시적 실천에서 출발하고자 한다. 변화를 위해 실천가들은 우선 지역사회의 문제에 관한 정보를 수집하는 과제에 직면하게 된다.

### (1) 지역사회문제에 관한 이해

#### ① 지역사회 상황의 확인

이 과제에 대한 접근에 있어서는 우선 지역사회의 조건과 지역사회의 문제 간의 차이를 인식하여야 한다. 지역사회의 조건이란 지역사회의 많은 사람들에게 고통을 주는 상황이 존재하더라도 공식적으로 확인되거나 문제로서 인정되지 않은 상황을 의미한다. 예를 들어, 지역사회의 교통혼잡, 대기오염, 범죄, 약물남용 등의 상황은 문제로서 인식되지 않은 채 잠재적인 문제로 존재하기도 한다. 그러한 조건이 문제로 규정되기 위해서는 공식적인 인정과 지역사회의 행동을 위한 어젠다(agenda)로 채택되어야 한다. 지역사회의 조건과 문제를 구분하는 것은 거시적 차원의 지역복지실천에서 매우 중요하다. 만약 사회적 조건이 지역사회의 문제로서 공식적인 인정의 과정을 거치지 않았다면, 그러한 공식적 인정을 위한 과제를 수행해야 한다. 문제로서 확인하는 일의 일차적 과제는 그러한 사회적 조건의 표적인구집단, 지리적 경계, 사람들이 겪는 고통과 어려움을 제시하는 것이어야 한다.

#### ② 문제와 상황에 관한 문헌의 검토

사회적 조건을 지역사회의 문제로서 제시하기 위해서는 문헌의 검토와 사회조사가 필요하다. 조사연구, 평가, 실천에 관한 문헌은 문제를 분석하는 데 유용하다. 구조화된 설계에 따라 이루어진 조사연구의 결과는 문제를 일반화하는 기본 근거가 된다. 이전에 실시된 서비스 프로그램의 평가결과도 유용한 정보가 된다.

③ 문제를 입증하는 자료의 수집

오늘날과 같이 복잡한 지역사회의 상황에서는 많은 지역사회의 문제해결을 위해 다수 기관이 제한된 자원을 놓고 경쟁적인 관계가 된다. 따라서 지역사회의 문제를 입증하는 자료의 수집은 지역사회복지실천가에게는 하나의 도전이다. 지역사회의 문제에 관한 정보와 자료의 원천에는 각종 공식기관의 통계자료가 포함된다.

문제를 입증하기 위해서는 자료의 해석이 이루어져야 한다. 자료해석의 방법으로는 타 지역과 해당 지역 간의 횡단적 비교방법이 있으며, 해당 지역 내에서 일정 기간 시계열상의 종단적 비교를 통하여 해당 지역사회의 문제를 입증할 수 있다. 또한 관련된 문제에 관한 국내외의 공신력을 가진 기준과 해당 지역사회의 상황을 비교하여 문제를 입증할 수 있다. 그리고 이러한 비교가 불가능한 문제의 경우에는 해당 문제에 관한 심층적인 질적 분석을 통하여 문제를 입증할 수도 있다.

④ 과거 관련 사건의 확인

다음 단계의 과업은 지역사회의 상황이나 문제에 관한 과거 사건의 내력을 확인하는 일이다. 지역사회의 상황이나 문제는 그 자체의 내력을 가지며, 이것은 문제에 대한 사람들의 인식에 영향을 미친다. 과거에 지역사회의 주요 인사가 그러한 문제에 대하여 어떻게 인식하였으며, 어떠한 변화 노력이 있었는지, 누가 참여하였는지, 변화 노력의 결과는 무엇인지를 알아보아야 한다. 과거 중요한 사건에 관한 탐색은 지역사회의 지도자, 공직자, 토착주민, 지역운동가 등과의 인터뷰나 토의를 통하여 할 수 있으며, 이에 대한 탐색은 변화 노력의 신뢰성을 향상하는 데 기여한다.

⑤ 문제해결에 대한 장애요인의 확인

지역사회의 문제를 이해하기 위한 앞에서의 과업이 수행되고 나면, 문제해결을 위한 변화 노력에 장애가 되는 요인이 무엇인가를 검토해야 한다. 왜 지금까지 문제가 지속되고 있는가? 변화를 위하여 어떤 장애요인이 처리되어야 하는가? 이러한 장애요인을 확인하는 일은 변화 노력에서 우선적으로 처리되어야 한다.

### (2) 인구집단에 관한 이해

① 표적집단에 관한 이론적 검토

문헌검토의 중요한 부분은 적절한 이론적 관점을 찾아서 적용하는 것이다. 이론은 현상을 설명하고 조사연구를 위한 준거틀을 제공하며, 발견된 사실을 범주화하여 해석할 수 있도록 해 준다. 이론적 준거틀은 표적집단의 이해에 중요한 기초가 되며, 분석의 내적 일관성과 실천적 개입을 위한 근거를 제공한다.

② 표적집단과 문제에 관한 과거 경험의 탐색

지역사회복지실천가는 지역 수준에서의 과거 경험에 관하여 가능한 한 충분한 자료를 수집하여야 한다. 과거에 변화를 위한 노력이 있었는가? 그 결과는 긍정적인가, 아니면 부정적인가? 표적집단을 대표하는 인사들을 확인하여 인터뷰하고, 표적집단과 지역사회를 대표하는 기관과의 상호작용에 관하여 기록하는 것은 변화를 위한 전략과 전술을 형성하는 데 도움을 줄 것이다.

③ 문제 원인과 문제에 관한 요약진술

지금까지 이루어진 문제에 대한 다양한 검토—현재의 상황, 과거의 경험,

조사연구 결과, 이론—를 토대로 문제의 원인에 관한 진술이 가능한 시점에 이르게 된다. 그러나 대부분의 문제의 원인과 결과에 관한 진술은 한 가지 형태만 있는 것이 아니며, 다양한 설명의 대안이 있을 수 있다. 따라서 문제의 원인에 관한 한 가지 설명을 선택하기보다는 복수의 합리적인 설명과 대안의 선택을 제시하는 것이 바람직하다.

문제에 대한 진술은 표적집단, 경계, 문제에 관하여 명확하게 하여야 한다. 문제의 진술에는 보충적인 설명과 자료가 뒤따를 수 있으나, 문제진술 자체는 변화 노력을 지원하는 모든 사람이 동의할 수 있는 합의점을 제시할 수 있어야 한다.

## 2) 지역사회의 강점과 문제의 분석

지역사회를 이해하기 위한 첫 번째 과업은 해당 지역사회를 다른 지역사회와 비교할 수 있는 준거틀을 만드는 것이다. 지역사회의 이해를 돕는 준거틀은 〈표 5-2〉와 같이 표적집단의 특성, 지역사회의 특성, 차별의 인식, 구조에 관

**표 5-2** 지역사회 이해를 위한 준거틀

| 초점 | 변수 | 과업 |
|---|---|---|
| 표적집단 확인 | 사람 | • 표적집단의 특성과 지역사회의 인식에 관한 이해 |
| 지역사회 특성 | 공간<br>사회문제<br>가치 | • 지역사회의 지리적 경계의 확인<br>• 표적집단에 영향을 미치는 사회문제의 분석<br>• 표적집단에 영향을 미치는 지배적인 가치의 이해 |
| 차별 인식 | 억압<br>차별 | • 억압에 관한 공개적 · 비공개적 메커니즘의 확인<br>• 표적집단에 가해지는 차별의 사정 |
| 구조 확인 | 권력<br>자원<br>지역사회 통제와 시민참여 형태 | • 권력의 소재 인식<br>• 자원의 가용성 확인<br>• 자원의 통제와 서비스 전달 형태의 확인 |

출처: Netting et al. (1998), p. 133.

한 확인에 대한 내용을 포함한다.

### (1) 표적집단의 확인

지역사회를 분석하는 대부분의 접근방법은 개입이 시작되기 전에 지역사회를 가능한 한 전체적으로 이해할 것을 제안하는 것이 일반적이다. 그러나 여기서는 표적집단을 선택함으로써 지역사회의 범위를 좁게 규정할 것을 제안한다. 즉, 지역사회는 표적집단의 관심과 욕구라는 관점에서 이해되어야 한다. 표적집단은 문제를 겪고 있는 개인, 가족, 집단을 의미하며, 이들을 위한 개입은 지역사회의 변화를 가져오는 것을 의미한다.

모든 지역사회에는 다양한 욕구를 지닌 많은 집단이 존재한다. 따라서 제한된 자원과 시간의 제약 속에서 이루어지는 특정한 표적집단의 선택에는 가치가 개입하게 된다. 사회복지사는 표적집단을 선택할 때 특정한 관점에서 지역사회를 바라보게 되며, 지역사회의 분석과 이해에는 이와 같이 특정한 관점과 가치의 개입이 불가피하다.

표적집단의 특성을 반영하는 내용에는 기본적으로 인구적 특성과 함께 사회경제적 위치, 연령, 인종, 성 등이 포함된다. 그리고 빈곤지역의 범위, 특정한 사회적 욕구를 확인하여야 하며, 표적집단이 빈곤지역 또는 특정한 사회적 욕구와 일치하는지를 확인하여야 한다. 다음과 같은 질문은 표적집단의 특성을 이해하는 데 도움이 된다. 표적집단이 그들의 관심사, 문제, 욕구에 관하여 어떻게 인식하고 있는가? 그들은 이러한 것을 능력 강화의 필요성, 억압에서의 자유라는 측면에서 보고 있는가? 기회에 대한 접근, 장애물의 제거, 자원의 필요성, 서비스의 필요성이라는 측면에서 보고 있는가?

### (2) 지역사회의 특성

지역사회의 특성 이해는 지역사회의 크기를 결정하는 것에서 출발한다. 지역사회의 크기는 공간적 크기로 이해될 수 있고, 거주하는 주민의 수로도 이해될 수 있다. 지리적 경계는 근린지역에서 광역지역으로 확대될 수 있기 때문에, 지역사회의 경계와 크기를 정하는 과업은 거시적 실천과 개입의 내용에 중대한 영향을 미친다.

① 지역사회 경계의 확인

거시적 실천을 위하여 지역사회의 경계를 확인하는 과업은 다음과 같은 질문에 따라 이루어진다. 실천적 개입이 이루어질 지리적 경계는 어디까지인가? 지리적 경계 내에 있는 표적집단의 인구는 얼마인가? 표적집단에 대한 물리적 · 사회적 장애물은 무엇인가? 표적집단을 돕는 보건 및 복지 서비스 등 각종 서비스의 행정 관할의 경계는 어떠한가?

거시적 실천을 위하여 경계를 설정하는 것은 표적집단과의 만나는 부분에 집중함을 의미한다. [그림 5-2]는 지역사회의 경계와 표적집단과 만남이 이루어지는 부분에 집중적인 실천적 개입이 이루어진다는 것을 보여 준다. 그리고 지리적 경계 내에 이루어지는 각종 서비스의 행정 관할을 확인하는 것이 필요하다. 또한 표적집단의 지역사회 내 서비스에의 접근성을 확인하여야 한다.

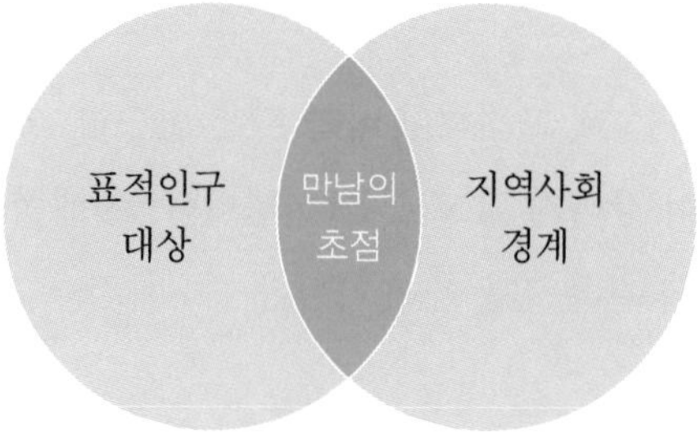


[그림 5-2] 지역사회의 경계와 표적집단

출처: Netting et al. (1998), p. 137.

② 사회문제의 분석

거시적 개입의 실천은 선택된 표적집단과 그들이 경험하는 사회문제를 중심으로 구조화되는 경향이 있다. 그러나 이 말은 표적집단이 한 가지 문제만을 경험한다는 것은 아니며, 실천가는 그들이 경험하는 문제를 가능하면 많이 이해하도록 노력해야 한다. 사회문제의 이해는, 첫째, 표적집단이 경험하는 어려움을 평가할 수 있게 해 주고, 둘째, 좀 더 현실적인 해결책을 제시할 수 있게 한다는 점에서 도움을 준다.

사회문제에 관한 자료수집은 직접 접촉과 문헌조사를 통하여 이루어진다. 사회문제를 경험한 사람들과의 직접 접촉은 실천가에게 문제에 관한 일차적인 해석을 접할 수 있게 한다. 그리고 문헌조사는 확인된 사회문제에 관한 이론적 지식과 유사한 문제에 기초한 실천과 연구의 결과를 제공해 준다.

지역사회의 주요 사회문제를 이해하는 데 도움을 주는 질문은 다음과 같이 정리할 수 있다.

- 지역사회의 사회문제를 이해하는 데 도움이 되는 자료의 원천은 무엇인가?
- 표적집단에 영향을 미치는 주요 사회문제는 무엇인가?
- 사회문제는 서로 연관이 있는가? 한 가지 문제가 해결되기 위해서는 또 다른 어떤 관련된 문제가 해결되어야 하는가?

③ 지배적인 가치의 이해

지역사회를 이해하는 데 고려해야 하는 다른 변수는 가치다. 지역사회의 가치란 지역사회주민이 강하게 갖고 있는 신념이다. 지배적인 가치를 이해하는 과업을 위하여 다음과 같은 질문이 제기된다.

- 표적집단에 중요한 문화적 가치, 전통, 신념은 무엇인가?
- 표적집단에 영향을 미치는 지배적인 가치는 무엇인가?
- 이러한 가치를 지지하는 집단과 반대하는 집단은 누구인가?
- 표적집단을 중심으로 나타난 가치갈등이 있는가?

그리고 잰슨(Jansson, 1988)에 따르면 사회복지실천의 핵심에는 가치가 관련되어 있으며 실천가의 의사결정에 영향을 미치는 다섯 가지 도덕적 이슈가 있는데, 이를 지역사회의 표적집단에 적용해 보면 다음과 같은 질문이 도출된다.

- 표적집단은 서비스를 받아야 하는가? 서비스를 받는다면 기간은 얼마나 되는가?
- 지역사회가 책임을 갖고 있는 욕구와 문제는 무엇인가? 어떠한 욕구나 문제에 우선순위가 있는가?
- 구체적인 표적집단의 문제를 위하여 어떤 전략이 사용되어야 하는가?
- 지역사회는 어느 표적집단에 우선적인 원조나 개입을 해야 하는가?
- 지역사회는 표적집단의 욕구를 위하여 어떤 자원을 사용해야 하는가?

이와 같은 질문이 암시하는 바는 지역사회 내의 일부는 다른 사람에 비하여 더 많은 도움을 받을 자격이 있다는 것이며, 이러한 가치판단에 기초하여 개입의 대상이 결정된다는 것이다.

### (3) 차별의 인식

지금까지의 과업이 표적집단을 확인하고 지역사회의 특성을 이해하는 것이었다면 여기에서 다루는 내용은 지역사회 내의 차별에 관한 것이다. 어느 표적집단이 선정되더라도 지역사회 내의 집단 간에는 차별이 존재하며, 표적집단 내에서도 차별이 있다.

#### ① 억압에 관한 공개적 · 비공개적 메커니즘의 확인

억압이란 어떤 집단에 대하여 심각한 제약을 가하는 사회적 행동을 말한다. 이러한 억압은 권력을 가진 정부나 사회조직이 공개적으로 또는 암묵적으로 어떤 집단을 착취하거나 불이익을 주는 것으로 나타난다. 억압은 보통 다양한 형태의 차별로서 인종, 성별, 연령, 장애 등을 이유로 나타난다.

표적집단에 대한 차별을 이해하기 위한 질문은 다음과 같다.

- 표적집단에서 유색인종, 소수민족, 여성, 노인, 장애인 등의 인구비율은 얼마나 되는가?
- 가용 자료와 정보에 기초하여 이와 같은 차별이 표적집단의 삶의 질에 어떠한 영향을 미치는가?
- 표적집단에 영향을 미치는 결정에 이들의 관점이 어느 정도 반영되는가?

#### ② 차별의 입증

표적집단에 대한 차별을 입증하기 위한 질문은 다음과 같다.

- 지역사회와의 통합을 저해하는 표적집단의 장애요인이 있는가?
- 표적집단은 어떠한 형태의 차별을 경험하고 있는가?

지역사회 내에서 가치의 갈등을 확인하는 과업은 억압과 차별을 확인하기 위한 매우 중요한 과제다. 가치는 표적집단에 대한 편견이나 선입견에 기초하고 있는 경우가 많다.

### (4) 구조에 관한 확인

구조에 관한 확인은 표적집단에 영향을 미치는 권력의 분포, 자원의 할당, 서비스 배분의 형태에 관한 내용을 이해하는 과업이다.

#### ① 권력소재의 인식

권력의 소재를 확인하는 일은 다음과 같은 세 가지 질문을 중심으로 이루어진다.

- 표적집단을 위한 서비스의 재정을 조달하는 일차적인 원천은 누구인가? 서비스 재정의 주요 원천은 표적집단의 욕구에 관한 결정에 영향을 미칠 수 있다는 것을 의미한다.

- 표적집단을 위하여 일하는 부서의 지도자는 누구인가? 지역사회를 권력의 관점에서 바라보는 것은 지역사회 내의 공식·비공식 지도자를 확인하여야 함을 의미하며, 일을 성취하기 위하여 그들의 효과성을 점검하는 것을 말한다.
- 서비스 전달망에 영향을 미치는 지역사회의 권력구조의 형태는 무엇인가?

지역사회의 권력구조는 엘리트구조, 다원주의구조, 무정형구조가 있다. 엘리트 접근방식은 지역사회 내 일부 사람이 지역사회 여러 분야의 권력을 장악하고 있다고 본다. 다원주의 접근방식은 사회적 이슈가 변화하면 여러 이익집단이 나타나고 집단 간의 연합 형태도 변화한다고 가정한다. 무정형 접근방식은 지역사회 내에 일관성 있는 권력의 유형이 존재하지 않는다고 본다.

② 자원의 가용성 확인

지역사회의 구조와 관련된 이슈는 가용 자원의 확인이다. 이 과업과 관련된 질문은 다음과 같다.

- 표적집단에 주요 서비스 제공자로 간주되는 지역사회기관과 집단은 무엇인가?
- 표적집단에 대한 서비스를 위하여 가능한 재원의 원천은 무엇인가?
- 비금전적 자원이 필요하며, 그것은 가용한가?

자원은 다양한 영역에서 획득될 수 있다. 자원의 원천은 보건, 복지, 교육, 주택, 레크리에이션, 고용, 종교 등을 포함한다. 이러한 자원의 원천 중에서 표적집단에 가용한 자원을 확인한 후에는 표적집단이 어떻게 접근하여 자원을 활용할 수 있는가를 사정해야 한다.

③ 자원의 통제와 서비스 전달 형태의 확인

이 과업과 관련된 질문은 다음과 같다.

- 표적집단에 대한 원조를 제공하기 위하여 돕는 집단은 무엇인가?
- 표적집단에 대한 자원의 배분에 영향을 미치는 지역사회 내부와 외부의 관계는 무엇인가?

표적집단의 유형에 따라 지역사회 내의 서비스 배분 형태에 영향을 미치는 다양한 형태의 시민 참여가 있다. 참여의 형태와 수준을 사정함에 있어 거시적 실천가는 시민단체의 참여와 클라이언트의 참여를 구분해야 한다. 많은 시민단체는 그들 자신의 신념에 따라 표적집단의 권리를 위하여 헌신하기도 한다. 그러나 시민단체의 관점이 표적집단과 반드시 동일한 관점을 갖는다고 할 수는 없다. 표적집단의 대표자들도 그들 자신의 언어로 자신의 입장을 표명해야 한다. 전문가나 다른 시민단체가 그들을 대신할 수는 없다.

표적집단에 대한 서비스 가용성에 영향을 미치는 요인은 지역사회 내부와 외부 요인 모두를 포함한다. 지역사회 내부의 상호관계는 지역사회 내의 하위체계를 서로 묶어 주는 중요한 역할을 수행한다. 표적집단에 대한 지역사회 외부의 힘도 서비스 분배 형태에 영향을 미치며, 추가의 자원을 제공함으로써 지역사회를 강화하기도 한다.

### 3) 개입전략의 개발

거시적 실천을 위한 개입전략의 개발은 개입가설의 개발, 참여자의 정의, 변화를 위한 시스템의 준비 점검, 변화를 위한 접근방법의 선택, 정치적 · 경제적 요인에 대한 고려, 성공의 가능성 검토, 목적과 목표의 설정 등의 내용을 포함한다.

### (1) 인과관계가설과 개입가설의 개발

거시적 개입을 위한 가설을 설정하기 위해서는 먼저 문제의 원인과 결과의 관계를 설명할 수 있는 요인을 문제 분석, 인구집단의 분석 등에서 찾아내어 구체적인 작업가설(working hypothesis)을 만들어야 한다. 지역사회의 문제와 인구집단에 관한 분석은 광범위한 자료와 정보를 제공한다. 이러한 자료와 정보는 분류되어야 하며, 변화 노력을 위하여 적절한 자료와 정보를 찾아야 한다.

예를 들면, 10대가 경험하는 높은 수준의 스트레스, 10대에 대한 가족의 지지 결여가 사회적 소외, 우울, 자살충동을 초래한다는 작업가설에서 스트레스와 가족지지의 결여라는 원인과 사회적 소외, 우울, 자살충동이라는 결과 간의 인과관계를 설정할 수 있다.

인과관계가설의 정보에 기초하여 구체적인 개입과 그 결과 간의 관계를 설명하는 진술의 개입가설이 설정된다. 이러한 진술에는 ① 표적집단과 문제, ② 제안된 개입방법, ③ 개입에서 예상되는 결과가 포함된다.

이 사례를 기초로 하여 개입가설을 '학교사회복지사의 개입과 가정에서의 지지적 서비스는 표적집단의 소외와 우울 증상의 감소를 가져오며, 개입 후 1년 후에 10대 자살률의 25% 이상이 감소될 것이다'와 같이 설정할 수 있다.

### (2) 참여자의 정의

#### ① 변화시작체계

변화시작체계(initiator system)란 문제의 존재를 처음으로 인식하고 그것에 대한 관심을 확산한 개인이나 집단을 의미한다. 문제를 처음으로 제기한 개인이나 집단은 초기의 개입과정에 참여하기도 하고, 참여하지 않을 수도 있다. 그들은 문제에 관한 정보를 갖고 있으나 무력감을 느끼기도 한다. 따라서 교육, 훈련, 집단상담 등에 의한 능력 강화 전략을 사용하여 그들의 참여를 촉진할 수 있다.

② 변화매개체계

전문적인 변화 노력에서 초기의 문제에 관한 이슈는 변화시작체계에서 변화매개체계(change agent system)로 옮겨 가게 된다. 변화를 위한 활동에서 조직의 자원이 필요한 경우 변화매개체계는 변화 노력에 관한 공식적 승인을 얻은 조직적 체계가 된다. 이러한 승인은 변화 노력을 수행하기 위하여 요구되는 인력, 자원, 시간 등을 포함한다.

③ 클라이언트체계

클라이언트체계(client system)는 변화를 요청한 사람들과 변화의 직접적인 수혜자를 의미한다. 클라이언트체계는 구체적인 변화활동의 표적집단에 속한다.

④ 지원체계

지원체계(support system)는 변화활동의 수행에 관심을 갖는 지역사회 내의 모든 사람이나 집단을 의미한다. 이 집단은 변화 노력에 적극적이며, 필요하다면 지원이나 대변활동에 참여할 수 있다.

⑤ 통제체계

통제체계(controlling system)는 변화 노력의 실행을 승인하고 지시할 수 있는 공식적인 권한이나 권위를 가진 개인이나 집단을 의미한다. 거시적 수준의 변화활동은 대개 공식적인 권위의 승인이 필요하다. 변화활동이 공공기관이나 공적인 자금의 지원을 받는 경우, 이에 대한 통제는 선출된 공공기관에서 나온다. 반면 변화활동이 민간기관에 의한 경우, 통제는 해당 기관의 이사회에서 나온다.

⑥ 호스트체계와 변화수행체계

호스트체계(host system)는 변화활동 수행의 책임을 지는 조직이나 집단을 의미한다. 거시적 실천에서 변화수행체계(implementing system)는 정책의 변화와 프로그램의 실행을 담당하는 조직이나 전문가 집단이며, 이에 의하여 고용된 전문가와 자원봉사자는 변화수행자로 언급된다.

⑦ 표적체계

표적체계(target system)는 변화가 요구되는 개인, 집단, 조직, 구조, 정책 등을 의미한다. 표적체계는 명확하게 정의하기 어려운 복잡한 개념으로서 구체적이고 가시적인 대상이 아닌 철학, 가치, 태도, 정책, 실천 등을 의미하기도 한다. 또한 변화활동은 다수의 표적을 갖는 경우가 많다.

⑧ 행동체계

행동체계(action system)는 변화를 계획하고 그것을 실행함에 있어 능동적인 역할을 수행하는 개인, 집단, 조직을 의미한다. 행동체계는 변화매개체계와 많이 중복되지만, 변화매개체계 외에도 다른 부분이 의사결정과 변화활동에 중요한 역할을 수행하기도 한다.

앞에서 설명한 변화를 위한 참여자의 상호작용관계는 [그림 5-3]에 제시되

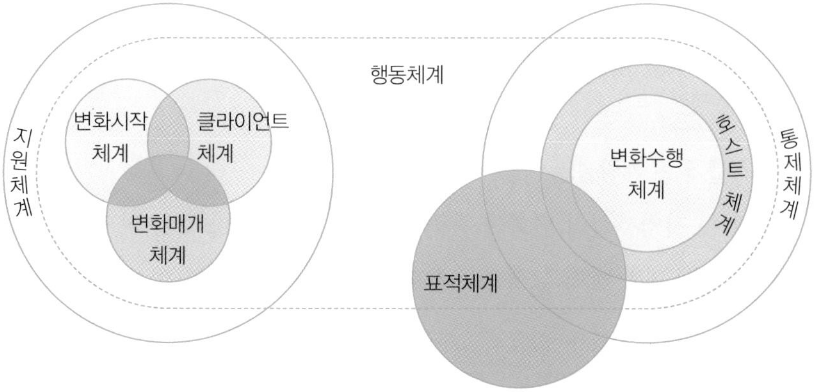


[그림 5-3] 변화를 위한 시스템 간의 상호작용

출처: Netting et al. (1998), p. 296.

었다. 그림의 왼쪽 원들은 변화를 제기하거나 지원하는 체계다. 외부의 큰 원은 변화를 지지하는 지원체계로서 지원체계 내에는 변화시작체계, 클라이언트체계, 변화매개체계가 포함되어 있으며, 이들 체계는 서로 중복되기도 한다. 오른쪽 그림의 원들은 변화가 필요한 체계다. 여기에는 변화수행체계와 통제체계가 포함된다. 표적체계는 이들 체계 경계의 내부 또는 외부에 위치한다. 행동체계는 오른쪽 원과 왼쪽 원을 포괄하는 시스템으로 구성된다.

지역사회의 변화를 위하여 참여하는 다양한 체계의 구성을 이해하기 위하여 지역사회 개입 사례를 예로 들어 적용해 보자. 사례는 학교청소년비행문제를 해결하기 위하여 비행청소년집단과 지역사회의 환경을 대상으로 실천된다고 가정한다. 변화시작체계는 학교청소년비행의 피해자로서 문제를 제기한 일부 학부모집단, 클라이언트체계는 학교폭력의 피해학생, 변화매개체계는 학교사회복지사를 고용한 사회복지기관과 사회복지사, 지원체계는 지역사회의 교육청, 시청, 사회복지공동모금회, 언론기관 등이 될 수 있다. 표적체계는 비행청소년집단과 지역사회의 불건전한 환경이, 변화수행체계는 학교와 교사가, 통제체계는 학교 이사회나 운영위원회가 된다. 변화를 위한 행동체계에는 이러한 모든 체계 혹은 일부 체계가 포함되며, 이러한 체계는 상호중복될 수도 있다.

### (3) 변화를 위한 시스템의 준비 점검

#### ① 변화를 위한 개방성의 점검

이 과업은 지역사회의 변화와 관련하여 각각의 체계가 갖는 과거의 경험에 비추어 변화에 대한 준비 상태를 점검하는 것이다.

#### ② 기대되는 반응의 확인

이 과업은 지역사회의 변화와 관련하여 각각의 체계가 변화 노력에 얼마나 헌신하고 있는가를 점검하는 것이다. 각 시스템의 변화 노력에 대한 헌신의 수준이 낮으면 변화 노력의 효과적인 수행에 부정적인 결과를 초래할 수 있다.

③ 자원의 활용 가능성

변화 노력에 있어서 자원의 활용 가능성은 사업 수행의 가장 핵심적인 사항이다. 자원은 금전적인 요소 외에도 동원되는 인력의 양, 가용한 시간 등을 포함한다.

④ 변화에 대한 외부의 반대

마지막으로 점검해야 할 사항은 각 체계의 외부에 있는 개인이나 집단이 변화 노력에 반대할 가능성을 점검하는 일이다.

### (4) 변화를 위한 접근방법의 선택

전문적인 변화 노력에서 변화를 위한 접근방법은 표적체계로서 정책, 프로그램, 프로젝트, 사람, 실천을 대상으로 한다. 이와 같은 변화를 위한 접근방법은 문제의 성격과 서로 관련되어 있다.

### (5) 정치적 · 경제적 요인에 대한 고려

① 정치적 요인의 고려

변화 노력에서 정치적 요인은 매우 중요하다. 대중적 이미지를 위하여 누가 변화 노력의 효과적인 대변자가 되어야 하는가를 결정하여야 한다. 특히 변화 활동의 성공을 위하여 중요한 인물이 포함되어 있는가를 확인해야 한다. 이러한 중요인물이 제외된 경우에는 심각한 장애나 손실이 초래되기도 한다.

② 경제적 요인의 고려

변화를 위한 개입을 결정함에 있어 중요한 관심사는 경제적 비용의 문제다. 이 문제에 관하여 제기되는 질문은 다음과 같다.

- 제안된 변화를 위한 개입에서 필요한 비용은 얼마인가?
- 재정적인 지원의 원천은 무엇인가?

개입을 위한 비용에는 필요한 인력의 수와 급여, 필요한 공간과 장비 확보의 비용, 프로그램 수행과정의 소요비용 등이 포함된다. 이러한 변화전략의 수행을 위한 개입의 구체적인 비용을 산정하는 일은 쉬운 일이 아니다. 그러나 비용 분석은 필수적인 과업이며, 현실적인 비용의 산출과 이에 기초한 대안의 비교를 통하여 최종의 의사결정이 이루어질 수 있다.

### (6) 성공의 가능성 검토

변화 노력의 성공 가능성을 검토하는 과업은, 첫째, 개인, 집단, 조직의 차원에서 누가 변화의 목표를 지지하는가, 누가 변화를 반대하는가를 검토하는 것, 둘째, 객관적 사실(facts)의 차원에서는 어떤 요인이 변화를 지지하고 반대하는가를 검토하는 것으로 두 가지 차원에서 수행된다.

### (7) 목적과 목표의 설정

목적(goal)은 변화 노력에서 기대되는 결과에 관한 일반적인 진술이다. 목표(objective)는 각각의 목적을 측정 가능한 용어로 구체적으로 진술하는 것이다. 일단 목적이 진술되면, 다음 단계는 목표를 구체화하는 것이다. 목표에는 과정목표(process objectives)와 결과목표(outcome objectives)가 있다.

목표 설정과 이에 따른 프로그램의 개발과 욕구사정 등에 관한 내용은 제6장에서 다루기로 한다.

제 6 장

# 지역사회복지실천의 기술

1. 지역사회사정의 개요
2. 지역사회복지실천에서의 욕구사정
3. 지역사회복지 프로그램의 기획과 평가
4. 지역사회복지실천을 위한 사회복지사의 기술

BUS

## 1. 지역사회사정의 개요

### 1) 지역사회사정의 의미

지역사회복지의 실천기술과 관련하여 중요한 점은 지역사회 개입방법에 대한 이해와 적용이라 할 수 있다. 지역사회사정(community assesment)은, 첫째, 계획 또는 조사의 수단, 둘째, 정보교환의 도구, 셋째, 공식적인 문제해결의 일부, 마지막으로 서비스의 필요주체에 대한 결정방법으로 사용할 수 있다. 특히 지역사회사정은 클라이언트에 대한 원조, 프로그램의 개발, 지역사회 중심의 서비스에 대해 준비하는 안내 역할로서 의미를 지닌다(Hardcastle, Wenocur, & Powers, 1997).

일반적으로 사정(assesment)은 분석, 자료의 해석, 문서화 또는 구두보고 그리고 개입준비의 평가를 말한다. 사정은 개인적 · 환경적 · 문화적 요인이 상호 관련되어 있으며, 조직이나 지역사회의 실천 수준에 활용되면서 개인, 상황, 환경에 대한 지속적인 감시와 직접적인 분석을 포함한다. 사정은 질문에 대한 보고나 해답과 같은 산물이고, 연구와 조사 및 평가와 같은 과정이며, 실천에서 중요한 합리적 기술이라 할 수 있다.

클라이언트의 상황이나 지역사회주민의 상황을 관찰하는 경우 무엇보다도 관련 변수를 확인하여야 한다. 사정은 연결되지 않은 변수들의 혼합에 의한 무질서에 일정한 질서를 부여하는 방법이라 할 수 있다. 메이어(Meyer, 1993)에 따르면 사정은 조사와 연구에서 무엇을 할 수 있는가라는 현실적인 입장에 의해 추론과 평가, 문제정의, 개입 또는 계획으로 이르는 과정이다. 한편 헵워스와 라센(Hepworth & Larsen, 1993)에 따르면 사정의 차원은, 첫째, 문제의 본질, 둘째, 문제 대처능력, 셋째, 관련 체계, 넷째, 이용 가능하거나 필요한 자원, 다섯째, 문제 해결의 동기부여 등으로 구분할 수 있다(Hardcastle et al., 1997에서 재인용).

이처럼 다양한 의미를 지니고 있는 사정은 사회복지실천의 기초적인 과정이며, 강점사정, 욕구사정 등과 같이 실천방법의 초점에 따라 강조점이 상이할 수 있다. 지역사회사정 역시 지역사회문제의 해결과 프로그램의 개발, 지역중심의 서비스 개발을 위한 예비수단으로서 하나의 과정이며, 개인적 요인을 포함한 상황, 환경 간의 상호작용 등 각 차원으로 구분할 수 있다. 따라서 지역사회사정은 현재의 상황을 진단하기 위한 체계적 과정이며, 지역사회의 제반 요소를 확인하는 과정이라 할 수 있다.

## 2) 지역사회사정의 유형

지역사회사정의 유형은 사정의 목적, 영역, 초점 등에 따라 다양하게 구분할 수 있으며, 실제 지역사회사정을 수행할 경우에는 여러 유형이 동시에 활용될 수 있다. 대표적인 지역사회사정의 유형에 대해 살펴보면 다음과 같다 (Hardcastle et al., 1997).

### (1) 포괄적 사정

지역사회에 대한 포괄적 사정(comprehensive assessment)은 철저한 방법론에 기초하고 1차 자료의 생성과 함께 전체 지역사회를 포함한다는 의미를 지닌다.

### (2) 문제 중심 사정

문제 중심 사정(problem-oriented assessment)은 전체 지역사회와 관련되지만 지역사회의 중요 문제에 초점을 둔 사정을 의미한다. 예를 들어, 아동보호, 정신건강 등과 같은 지역사회의 특정 문제를 중심으로 사정하는 것을 말한다.

### (3) 하위체계 사정

하위체계 사정(subsystem assessment)은 전체 지역사회를 사정하는 것이 아니라 지역의 특정 부분이나 일면을 조사하는 것을 의미한다. 예를 들어, 학교,

종교기관, 보호기관 등은 클라이언트와 관련된 지역사회의 하위체계라 할 수 있으며, 이러한 하위체계에 초점을 둔 사정을 말한다. 하위체계 사정은 하위체계를 정태적 또는 평면적으로 이해하기보다는 하위체계의 역동성을 고려해야 한다. 그리고 옹호지향적 하위체계 사정, 서비스지향적 하위체계 사정 등 어떤 하위체계에 초점을 둘 것인가에 따라 다양할 수 있다.

### (4) 자원 사정

사회복지사는 지역사회에서 이용할 수 있는 네 가지 영역, 즉 권력, 전문기술, 재정, 서비스라는 자원 영역을 검토해야 한다. 대부분의 사회복지사는 중개 또는 연계 활동에 참여하고 있다. 만약 개인에 초점을 맞출 경우, 사회복지사의 과업은 지역사회의 자원을 활용할 수 있도록 할당하고, 클라이언트에게 자원을 연결하고 클라이언트의 욕구와 관련하여 자원의 효과성을 평가하는 것이다. 그러나 자원 사정(resource assessment)은 클라이언트의 욕구보다는 이용 가능한 자원의 본질, 운용, 질에 초점을 둔다. 따라서 실제로 어떤 서비스가 이용 가능한가, 어떤 서비스가 가장 잘 이용되고 있고 그 이유는 무엇인가(서비스 제공의 위치, 질, 직원의 태도 때문인가 등), 핵심 용어의 사용이 서로 다른가 등에 대한 이해를 높이기 위해 자원 목록을 개발하는 것이 필요하다.

### (5) 협력 사정

일반적으로 지역사회사정이 전문가의 관점에 의해 사정의 영역, 목적, 다차원에서 이루어지고 있지만, 이와는 달리 지역사회주민 독자적으로 또는 지역사회주민과 서비스 이용자와 공동으로 지역사회에서 이루어질 수 있다. 따라서 협력 사정(collaborative assessment)은 지역사회 참여자들이 완전한 파트너로서 조사계획, 참여관찰, 분석과 실행국면 등에 관계되면서 지역사회에 의해 수행되는 사정을 의미한다.

## 2. 지역사회복지실천에서의 욕구사정

### 1) 욕구사정의 개요

지역사회복지실천가는 지역사회의 문제 확인과 문제의 원인에 대한 사정을 통해 지역사회구성원과 함께 활동을 수행하여야 한다. 지역사회 문제해결모델에서 중요한 두 가지 요소는 문제의 확인(identification)과 사정(assessment)이라 할 수 있다. 시겔 등(Siegel, Attkisson, & Carson, 2001)은 욕구확인과 욕구사정이라는 개념을 구분하여 욕구확인(need identification)은 지역사회에서 어떤 문제나 욕구를 가지고 있는가를 파악하는 것이며, 욕구사정(need assessment)은 이러한 욕구 중에서 상대적인 중요성, 즉 욕구의 우선순위를 결정하는 데 목적이 있다고 하였다. 이러한 개념 구분이 유용하지만 욕구사정의 개념에는 욕구확인이 선행되어야 가능하기 때문에 여기에서는 욕구사정이라는 용어로 통칭하여 사용하기로 한다.

한편 임상사회사업에서는 사회복지사가 독자적으로 클라이언트의 문제와 욕구를 확인하면서 상담을 수행하지만, 지역사회복지실천에서는 욕구사정이 더욱 복잡하다. 사회복지사는 욕구사정 과정에서 지역사회주민 및 구성집단, 지역사회 지도자 등을 참여시키기 위해 조사기법 및 상호관계의 다양성을 활용해야 한다. 또한 사회복지사는 질적 또는 양적 조사방법을 사용하여 지역사회주민과 지역사회집단의 문제, 관점, 문화를 이해하기 위하여 노력해야 한다.

#### (1) 욕구사정의 목적과 초점

일반적으로 욕구사정은 지역사회주민에게 어떤 서비스가 필요한지를 결정하기 위해 수행된다. 지역사회복지실천과정에서도 욕구사정은 중요한 의미를 지닌다. 왜냐하면 지역사회복지실천가가 사업수행을 하기 전에 대상집단 또는 지역사회주민이 어떤 서비스를 원하고 필요로 하는가를 파악해야 하며, 이의 해결을 위해 필요한 사업내용을 결정하거나 프로그램을 개발하는 경우가 많기 때문이다. 지역사회복지실천에서 욕구사정은 지역사회의 다양한 이슈와 문제를 포괄해야 하며, 다양하고 상이한 자료수집방법으로 이루어지기 때문에 욕구사정에 관한 방법론에 대해 정확히 이해하여야 한다. 그리고 욕구사정은 특정 지역사회집단을 목표로 할 수 있고 지역사회주민, 서비스 전문가, 기업가, 성직자, 지도자 등을 광범위하게 포함하기 때문에 그들의 문화, 관점, 특성을 이해해야 한다. 따라서 욕구사정이란 지역사회복지실천활동을 수행하기 위한 예비적인 안내 역할로서 의미를 지니고, 조사방법론 및 지역사회 특성, 지역사회구성원의 특성을 파악하는 것이다. 욕구사정의 목적과 초점을 살펴보면 다음과 같다(Hardina, 2002).

첫째, 지역사회주민, 서비스 전문가, 지도자, 다른 핵심인사의 인식, 즉 어떤 서비스가 필요한가에 초점을 두고 있으며, 지역사회에 영향을 미치는 사회문제를 확인하고 문제해결의 우선순위를 결정하는 데 주안점을 둔다.

둘째, 욕구사정의 초점은 서비스의 이용 가능성, 서비스체계의 조정, 서비스의 차이, 서비스의 접근 가능성 등이다. 특히 서비스가 필요한 전체 대상집단을 포괄하고 있는가를 판단하기 위해 서비스의 차이에 대한 분석이 요구된다. 접근 가능성에 대한 사정은 지역사회주민이 서비스를 쉽게 찾을 수 있고 접근할 수 있는가를 조사하는 데 있다. 접근 가능성은 위치, 대중교통수단의 이용 가능성, 주차시설, 운영시간, 서비스의 비용, 서비스에 대한 대기시간, 신청의 용이성 및 처리기간 등의 요인에 의해 제약을 받을 수 있다.

### (2) 욕구사정의 고려사항

욕구사정에서 고려해야 할 사항은 다음과 같다.

첫째, 정보와 이용 가능한 자원에 대한 파악이다. 어떤 자료에 기초하여 지역사회문제나 주민의 욕구를 확인 · 추산할 것인가를 결정해야 하며, 원하는 자료를 손쉽게 수집할 수 있는 방법은 무엇이며, 자료의 정확성과 유용성 등 지역사회에 대한 정보문제에 대해 고려해야 한다. 그리고 자원의 이용 가능성, 자료수집의 비용, 바람직한 정보를 수집하는 데 자원의 기여 정도 등을 포함해야 한다.

둘째, 현재 이용 가능한 서비스가 지역사회문제 또는 욕구에 대해 포괄하고 있는가를 판단해야 하며, 자료수집방법 및 욕구사정의 내용과 관련하여 지역사회가 어느 수준에서 허용할 수 있는가도 고려해야 한다.

셋째, 욕구사정은 자료수집과 분석을 통해 공식적이고 체계적인 접근을 해야 한다. 공식적인 욕구사정은 인터뷰, 서베이, 통계자료를 통한 자료분석을 사용하며, 문제분석을 위해 다양한 관점에 입각한 접근과 방법론을 적용해야 한다. 다양한 자료원에서 수집된 자료는 욕구사정의 신뢰도를 높일 수 있고, 지역사회문제를 더욱 정확하게 확인할 수 있다는 것이다. 욕구사정이 수렴적 분석(convergent analysis)으로 불리듯이, 다양한 자료수집방법으로 얻은 정보를 종합 및 통합하여 최종 분석이나 결정이 이루어져야 한다는 것이다.

넷째, 욕구사정 방법을 선택하는 데 있어서 조사방법 및 조사 수행시간, 실제 수행하는 데 필요한 자원, 지역사회구성원의 포함 여부에 대한 실천가의 정향(orientation) 등을 고려해야 한다.

### (3) 욕구사정 질문의 예

욕구사정 시 사용되는 질문은 크게 지역사회주민의 욕구와 제공되는 서비스를 중심으로 이루어진다. 여기에서는 지역사회에 대한 관점, 서비스 욕구에 대한 관점, 지역사회욕구에 대한 서비스 제공자 및 핵심 정보 제공자의 관점, 지역사회 자산(community assets)에 대한 관점으로 분류하여 사용되는 질문의 예를 살펴보기로 한다(Hardina, 2002).

#### ① 지역사회에 대한 관점

- 개인과 집단이 어떤 사회문제를 경험하고 있는가?
- 어떻게 사회문제가 처리되고 있는가?
- 사회문제를 해결하기 위해 지역사회구성원은 어떤 행동을 취하고 있는가?

- 사회문제를 해결하기 위해 정부는 어떤 행동을 취하고 있는가?
- 사회문제를 해결하기 위해 지역기관은 어떤 행동을 취하고 있는가?

② 서비스 욕구에 대한 관점

- 사회문제를 해결하기 위해 제공되는 서비스가 있는가?
- 지역사회구성원이 확인된 문제를 해결하기 위해 서비스의 필요성을 느끼고 있는가?
- 사회문제를 해결하기 위해 지역사회구성원이 이용할 수 있는 서비스가 있는가?
- 이러한 서비스가 지역사회구성원에게 접근 가능한가?
- 이러한 서비스를 받지 못하는 지역사회구성원이 있는가?
- 어떤 서비스가 부가적으로 제공되어야 하는가?

③ 지역사회 욕구에 대한 서비스 제공자 및 핵심 정보 제공자의 관점

- 지역사회구성원에게 필요한 서비스의 형태는 무엇인가?
- 현재 지역사회조직을 통해 제공되는 서비스는 무엇인가?
- 비교할 수 있는 서비스가 한 개 이상의 조직에서 제공되고 있는가?
- 이러한 조직의 일부에서 전문화되고 특화된 서비스가 제공되고 있는가?
- 이러한 서비스가 지역사회구성원의 욕구를 충족할 만큼 적절한가?
- 이러한 서비스가 지역사회구성원에게 접근 가능한가?
- 이러한 서비스를 받지 못하는 지역사회구성원이 있는가?
- 어떤 서비스가 부가적으로 제공되어야 하는가?
- 어떻게 서비스가 조직 간 조정되고 있는가(자원의 공유, 의뢰, 사례관리, 공동 위치)?
- 서비스 체계를 전체로 볼 때, 제공되지 않는 서비스는 무엇인가?

④ 지역사회 자산에 대한 관점

- 지역사회구성원의 기술과 자원은 무엇인가?
- 어떤 조직과 기관이 지역사회에 있는가? 어떤 자산이 이러한 조직과 관계가 있는가?
- 지역조직 간 연계되고 있는 것은 무엇인가? 연계 내용이 조직화 과정에서 어떻게 활용되고 있는가?
- 조직화 과정을 증진하는 데 이용할 수 있는 지역사회 외부의 자원은 무엇인가?

## 2) 욕구사정을 위한 자료수집방법

### (1) 질적 접근방법 I: 지역사회구성원에게서 정보수집

지역사회구성원에게서 정보를 얻기 위해 사용하는 질적 접근방법은 지역사회문제와 욕구에 대해 직관으로 정보를 수집하는 데 초점을 둔다. 지역사회복지실천에서 질적 접근방법을 사용하는 목적은, 첫째, 향후 조사방향을 설정하며, 둘째, 조직화 노력을 수행하는 데 활용될 수 있는 문제를 확인하는 것이다. 지역사회복지실천가가 조직화의 필요성과 지역사회의 이슈에 대한 명확한 문제제기를 하기 위해서는 지역사회주민의 관점에서 욕구를 파악하는 기법을 사용하며, 지역사회의 문화적 가치나 규범을 이해하여야 한다. 지역사회구성원에게서 자료를 수집하는 질적 접근방법으로는 비공식 인터뷰, 공식 인터뷰, 민속학적(ethnographic) 방법 등이 있다.

① 비공식 인터뷰

지역사회복지실천가는 지역사회조직화를 위해 지역사회와 지역사회주민에 대해 올바른 이해와 통찰력을 개발하여야 한다. 이 과정에서 우선적으로 실천가는 지역사회주민과 비공식 인터뷰를 수행하여야 한다. 루빈과 바비(Rubin & Babbie, 1997)는 비공식 인터뷰를 현장관찰의 과정에서 일어날 수 있는 질문자와 응답자 간의 '무계획적이고 기대하지 않은 상호작용'으로 정의하고 있다(Hardina, 2002에서 재인용). 따라서 비공식 인터뷰는 특정 상황 또는 이슈에 대응하기 위해 이루어지는 공식 인터뷰나 서베이와는 다르다. 물론 실천가는 비공식 인터뷰에 그들이 조사하려는 주제가 있더라도, 사전에 어떤 질문도 준비하지 않는다. 각각의 질문은 자연스럽게 정보제공자의 이전 반응과 질문자의 정보욕구에 따라 이루어진다. 응답자는 단순히 실천가와 대화할 뿐, 자신이 인터뷰하고 있다는 사실조차도 인지하지 못한다.

비공식 인터뷰는 지역사회복지실천에서 정보를 수집하는 도구이며, 지역사회주민과 관련된 특정 이슈와 문제를 해결하기 위한 조직화의 시작 수단으로 활용된다. 실천가는 비공식 인터뷰를 통해 응답자에게서 공통의 주제와 패턴을 인식할 경우 그 문제에 훨씬 용이하게 초점을 맞출 수 있다. 공통의 이슈가 확인되면, 실천가는 지역사회주민과 함께 연결할 기회를 갖게 된다.

② 공식 인터뷰

지역사회복지실천가는 지역 조건이나 특정 사회문제에 관해 전문지식을 소유한 주요 정보제공자(key informants)와 공식적인 회합을 가질 수 있다. 주요 정보제공자는 지역사회구성원을 포함한 이해집단, 기업가, 정치가, 사회복지 또는 보건 관련 전문가 또는 그 지역의 지역지도자 등 다양한 구성원이며, 공식 인터뷰는 전화나 대면관계를 통해 이루어질 수 있다. 공식 인터뷰와 관련된 주요 특징을 살펴보면 다음과 같다.

- 인터뷰의 형식은 응답자가 풍부하고 자세한 설명을 할 수 있도록 개방형 질문으로 구성되며, 조사자는 인터뷰 질문에 대한 지침을 사용하여 인터뷰를 하게 된다.
- 질문의 순서 등에 관한 제한은 없지만, 질문자는 일반적으로 표준화된 인터뷰 도구를 사용한다. 그 이유는 자료수집과정에서의 신뢰도와 일관성을 유지할 수 있기 때문이다.

- 조사자는 응답자의 허락을 받은 후 인터뷰 과정을 녹음할 수 있지만, 인터뷰 진행 중에 기록하는 것은 중요하다. 인터뷰를 통해서 수집된 자료의 분석은 응답자가 제기했던 공통의 주제와 패턴을 확인하는 데 필요하다.
- 응답자의 선택은 일반적으로 비공식 또는 비확률 표집방법에 의해 이루어진다. 조사자는 인터뷰 대상을 연령, 성, 인종 등을 고려하여 다양한 지역사회구성원을 대표할 수 있는 사람으로 선택할 수 있으며, 특정 사회문제를 경험하고 있는 사람들 역시 선택할 수 있다. 그리고 조사자가 인터뷰 응답자를 선택하는 데에는 할당표집(quota sampling) 또는 눈덩이표집(snowball sampling) 등과 같은 비확률 표집방법을 사용하기도 한다.

③ 민속학적 방법

민속학적(ethnographic) 방법은 사회적 약자 계층의 문화 규범과 실천행위를 규명하는 데 활용할 수 있으며, 통상 지배문화에서 벗어난 사람들의 삶의 양식을 조사하는 데 이용되어 왔다. 지역사회복지실천가는 지역주민이 어떻게 그들의 지역문제를 인식하고 있는지, 그리고 그 문제들에 대해 어떤 해결방법을 사용하고 있는지 등에 관한 통찰력을 얻는 조사방법으로 민속학적 방법을 사용할 수 있다. 민속학적 방법의 주요 특징을 살펴보면 다음과 같다.

- 민속학적 방법은 사람들 간의 사회적 표현을 기술하고 해석하는 과정이며, 현장연구로서 인류학적 조사연구기법과 관련성이 높다. 민속학적 방법은 조사자의 관찰과 심층 인터뷰가 함께 사용되며, 응답자의 외양이나 모습, 언어 등도 조사과정에 포함된다. 조사자는 집단 내에서의 개인 간 및 집단 간 상호작용을 조사하고, 특정 활동의 이면에 숨어 있는 의미와 그러한 활동이 일어나는 사회적 맥락을 조사하여야 한다.
- 민속학적 방법의 목적은 집단의 신념이나 삶에 대한 이해를 얻는 것이다. 예를 들어, 빈곤지역에서의 사회적 상호작용, 경제적 생존 패턴 등을 조사하는 데 성공적으로 사용되어 왔다. 민속학적 방법은 현장참여와 조사

집단과의 협력에 의해 수행되며, 이는 지역사회구성원의 신뢰와 정당성을 얻는 데 중요하게 작용한다.

- 민속학적 방법에 대한 자료분석은 조사자의 관찰과 인터뷰의 기록에 기초하며, 조사자가 발견한 내용을 서술적으로 묘사한 것에 의해 이루어진다. 이러한 서술은 지역사회주민이 가진 공통 주제, 행동 패턴, 문화 규범을 확인하는 것에 국한되기도 하지만, 관찰된 사건, 관련 행위자, 특정 활동에 대한 규칙, 이러한 요소의 사회적 맥락에 대한 것도 묘사될 수 있다.
- 민속학적 방법이 다른 조사방법과 다른 점은 조사자의 감정이나 관점, 가치나 신념이 자료원이라는 점이다. 예를 들어, 조사자가 다양한 상황이나 응답자에 대한 반응을 기록한 일기 등이 자료원이 될 수 있다.

#### (2) 질적 접근방법 II: 정보의 수집과 종합화를 위한 질적 접근방법

지역사회복지실천가는 해결해야 할 지역사회문제가 무엇인지를 결정해야 하며, 이를 결정하기 위한 최선의 방법은 문제로 영향을 받고 있는 지역주민이나 집단에 직접 물어보는 것일지도 모른다. 그러나 많은 사람의 지역사회문제에 대한 관점의 차이로 인해 해결방법에 대한 공통의 관점을 도출하기가 어렵다. 실천가는 중요한 사회문제에 대한 공통의 관점을 이끌어 내기 위해 비공식 기법을 사용하게 되는데, 이러한 질적 접근방법으로는 지역사회포럼, 대화기법, 명목집단기법, 초점집단기법, 델파이기법 등이 있다.

##### ① 지역사회포럼

지역사회복지실천가는 지역사회 이슈에 관한 자료수집뿐만 아니라 지역문제 및 해결책에 대한 지역사회구성원의 공통 인식을 촉진하려는 목적으로 욕구사정을 활용한다. 이를 수행하기 위해 손쉽게 활용되는 방법이 지역사회포럼(community forum)이다. 지역사회포럼은 지역사회구성원을 특정 시간의 모임에 초대하여 지역사회문제에 대해 자신의 입장을 개진하도록 하는 방법이다.

한편 공청회(public hearings)와 지역사회포럼은 구별된다. 공청회에서도 지역사회구성원에게 정부의 프로그램이나 계획에 대한 의견을 개진할 기회를 제공하는데, 공청회의 실행에 대한 책임은 정부기관에 있다. 공청회의 단점은, 첫째, 비구조화되고 통제하기가 어려우며, 둘째, 소수의 개인이나 집단이 공청회를 주도할 수 있고 발언 기회의 봉쇄, 공청회 자체를 혼란시킬 수 있으며, 셋째, 공청회의 참여자 및 그들의 견해가 실제 지역사회를 대표하는지를 결정하기 어렵다는 점이다.

지역사회복지실천가는 지역사회구성원의 문제와 욕구에 대한 인식을 문서화하기 위해 지역사회포럼을 수행한다. 지역사회포럼은 모든 사람에게 공개될 수도 있고, 지역사회를 대표한다고 생각되는 사람들만 초대될 수도 있다. 참석자는 특정한 지역문제에 대한 설명을 듣고 의견이나 피드백을 요청받기도 하며, 지역문제를 확인하고 문제해결방안을 제시할 수도 있다. 지역사회포럼은 공청회와 마찬가지로 통제하기가 어렵지만, 대부분 참여자에게서 정보를 수집하기 위해 구조화된 접근을 하며, 문제에 대한 인식을 공유하거나 문제해결방안을 함께 모색하고자 한다.

② 대화기법

대화(dialogue)의 목적은 지역사회구성원이 지역문제에 대한 공통의 이해를 넓히고 문제를 해결하기 위한 연합행동(joint action)에 동의하도록 하는 데 있다. 지역사회복지실천가는 일반적으로 촉진자, 계획가의 역할을 담당하며, 이러한 역할을 효과적으로 수행하기 위해 지역사회구성원과 대화를 하게 된다. 대화과정은 문제해결을 위한 실현 가능한 대안을 이끌어 내고 문제를 효과적으로 다루는 데 필요한 자원을 확인하기 위해 사용되기도 하며, 산출목표의 설정과 행동계획이 개발될 수도 있다. 결과적으로 대화과정 동안 지역사회구성원을 문제해결과정으로 안내할 수 있다.

③ 명목집단기법

명목집단(nominal group)기법은 지역사회문제에 대한 이해를 높이고 목표확인과 행동계획의 개발에 활용하는 방법이다. 명목집단기법의 절차는 다음과 같다.

a. 지역사회구성원에게 영향을 미치는 문제나 이슈에 관한 목록을 작성하도록 요청한다.
b. 개개인이 목록에 작성한 문제를 각각 큰 소리로 읽도록 한 후 확인된 문제를 기록한다.
c. 목록이 만들어지면 참여자들의 토론과 함께 확인된 문제에 대한 이해를 제고한다.
d. 토론의 결론으로 나온 각각 제기된 문제에 대해서 순위를 작성한다. 순위작성은 가장 중요한 문제를 확인하는 것이며, 순위에 대한 합의가 이루어지지 않을 경우 반복 시행하여 순위를 결정한다.

④ 초점집단기법

초점집단(focus group)기법은 지역사회문제에 대한 공통의 관점을 확인하는데 사용하는 또 다른 기법으로, 명목집단기법이나 대화기법을 대신하여 지역사회포럼의 맥락 내에서 사용할 수 있다. 초점집단기법의 절차와 내용을 살펴보면 다음과 같다.

a. 실천가는 지역사회집단의 이해관계를 가장 잘 대표할 수 있는 참여자 6~8명을 선택한다.
b. 선택된 사람들은 하나의 초점집단이며, 이들을 대상으로 편안한 분위기에서 독립적으로 인터뷰한다.
c. 인터뷰 동안에 이루어지는 질문은 6~8개 정도의 개방형 질문으로 구성되며, 조사자는 각각의 질문에 대답하기 위한 시간을 참석자에게 주고 응답내용은 초점집단의 동의하에 녹음한다.

한편 초점집단기법은 초점집단에 참석한 대표자들이 단순히 지역사회의 문제를 확인하는 것보다는 어떻게 지역사회문제가 발생하였으며, 왜 발생하게 되었는가에 대해 진술할 경우에 가장 큰 효과를 발휘할 수 있다. 그리고 초점집단기법은 지역사회문제에 대한 견해가 합의되지 않을 경우에, 소수 관점과 다수 관점으로 구분하는 데 유용한 자료수집방법이다.

⑤ 델파이기법

델파이(delphi)기법은 지역사회포럼의 외부에서 사용되며, 우편이나 메일(e-mail)을 통해서 수행될 수 있는 기법으로 전문가 중심의 주요 정보제공자를 활용하는 방법이다. 주요 정보제공자는 학자, 사회복지전문가, 기업인, 지역사회지도자, 보건관련 전문가 등 지역사회문제를 결정하는 데 있어 통찰력을 겸비한 사람들이다. 델파이기법은 지역사회문제에 대해 전문가 간의 공통적인 인식과 동의를 확보하는 과정이라 할 수 있다. 델파이기법의 주요 절차를 살펴보면 다음과 같다.

a. 주요 정보제공자를 중심으로 전문가를 선정한다.
b. 지역사회문제에 대한 개방형 설문지를 작성 · 발송한다.
c. 주요 정보제공자는 지역사회문제에 대한 자신들의 견해와 입장을 작성한다.
d. 설문지를 회수하고 회수된 응답내용을 합의된 부분과 합의되지 않은 부분으로 종합 정리한다.
e. 분석 결과 합의되지 않은 내용에 대해서는 그 이유와 함께 두 번째 설문지를 전문가들에게 발송하여 의견을 묻는다.
f. 회수된 응답을 분석하고, 미합의 시 반복과정을 거쳐 합의에 도달한다.

### (3) 양적 접근방법

지역사회복지실천가는 지역사회에 대한 표준화된 정보를 수집할 수 있는 다양한 접근방법을 사용하며, 이러한 접근방법은 지역사회문제의 정도와 영역을 설명하는 데 유용하다. 표준화된 정보를 활용하여 지역사회 또는 인구적 집단을 비교하고, 시계열적 변화를 확인할 수 있으며, 앞으로 지역사회에 미칠 영향에 대한 예측도 가능하다. 욕구사정을 위한 양적 자료수집으로는 구조화된 서베이, 프로그램 모니터링, 사회지표분석 등이 있다.

① 구조화된 서베이

서베이(survey)는 욕구사정의 자료수집기법으로 가장 중요하게 사용된다. 서베이는 구조화된 또는 반구조화된 질문지를 사용하여 우편, 메일, 면접조사를 통해 계획적이고 체계적으로 자료를 수집하는 방법이다. 개방형 질문보다는 폐쇄형 질문과 응답항목의 제시 등에서 공식 인터뷰와 차이가 있다. 서베이에는 욕구에 대한 조작적 정의, 응답자 선정방법, 설문내용 등에서 조사상의 엄격성을 확보하는 것이 필요하다.

서베이의 장단점을 살펴보면, 우선 서베이의 장점은 지역사회욕구를 파악하는 데 있어 응답내용을 표준화할 수 있으며, 지역사회 내의 다양하고 상이한 집단 간, 지역사회구성원 간의 응답결과를 비교할 수 있다는 것이다. 그러나 조사자가 미리 가능한 응답 항목을 결정해야 하기 때문에, 지역사회구성원에 따라 지역사회문제 및 해결방안이 상이할 경우에는 응답 항목으로 포괄할 수 없다는 한계가 있다.

② 프로그램 모니터링

욕구사정에 있어 기존 사회복지기관이나 지역사회조직에서 확보한 자료를 분석하는 것이 신속하고 간편할 수 있다. 왜냐하면 지역사회조직이나 사회복지기관이 소유하고 있는 기록은 지역사회의 욕구나 기존 서비스의 효과성에 대한 많은 정보를 제공해 주기 때문이다. 조사자는 서비스가 필요한 목표집단을 결정하기 위해 지역사회기관의 기록을 검토해야 한다. 프로그램 모니터링을 하는 주요 목적은 프로그램의 적용 대상이 적정한가, 아니면 특정 집단만 프로그램으로 포괄하고 있는가를 파악하고 프로그램의 효과성을 검토하는 데 있다. 기존 프로그램에 대한 모니터링은 다음과 같은 질문을 통해서 수행될 수 있다.

- 사람들이 모든 프로그램의 서비스를 사용하고 있는가?
- 서비스를 신청한 사람 또는 서비스의 수급자격이 있는 모든 사람에게 프로그램을 제공하고 있는가?
- 서비스를 신청한 지역사회구성원이 현재 기관에서 제공받지 못하는 서비스가 있는가?
- 기존 서비스나 프로그램은 욕구 충족이나 문제해결에 효과적인가?

③ 사회지표분석

사회지표분석은 정부기관 또는 사회복지 관련 조직에 의해 수집된 기존 자료를 이용하여 지역사회구성원의 욕구나 문제를 분석하는 방법이다. 우리나라의 경우 통계청에서 발행하는 각종 통계자료, 보건복지부나 지방자치단체, 사회복지기관에서 발행하는 자료를 이용할 수 있다. 예를 들어, 인구센서스자료, 한국의 사회지표, 사회통계조사보고서, 노동통계, 보건복지통계 등을 바탕으로 해당 지역사회의 문제 또는 욕구, 서비스 이용실태를 분석하는 것이다. 최근에는 인터넷을 통해 각종 통계자료를 열람할 수 있기 때문에 자료의 접근성 및 활용도가 높아지고 있다.

그러나 사회지표분석은 각 통계의 출처가 다양한 만큼 많은 정보를 얻을 수 있고 조사도 비교적 쉽지만, 해당 지역사회의 실정에 맞는 지표가 부족하기 때문에 분석에 제한과 어려움이 있다.

### 3) 공간분석기법

지역사회의 물리적 특성(공간, 건물, 다른 지리적 특징 등)은 지역사회의 특성이나 지역사회구성원이 이용 가능한 자원을 결정하는 데 유용할 수 있다. 예컨대, 지역사회구성원에게 필요한 공간이 무엇이며, 사회복지기관 및 보건의료시설, 여가시설 등의 분포 상황, 지리적 접근의 용이성 등 지역사회의 공간적 · 물리적 특성은 지역사회의 문제를 이해하는 데 도움을 주기도 한다. 이러한 공간분석(spatial analysis)의 대표적인 기법으로 지역사회 지도 그리기, 지리정보체계 분석이 있다.

### (1) 지역사회 지도 그리기

지역사회 지도 그리기(community mapping)는 지역사회시설이나, 공원, 빌딩의 위치, 사회복지기관 등을 도표로 나타내기 위하여 근린지역의 거리나 영역(area)에 대한 지도를 이용하는 것이다. 지역사회 지도 그리기는 자원 접근과 관련해서 문제를 확인할 수 있는 중요한 수단으로서 다음과 같은 측면에서 유용하게 활용할 수 있다.

첫째, 지역사회 지도 그리기는 지역사회 내에 문제가 되고 있는 지역의 위치를 지적하거나, 색깔과 핀을 사용함으로써 지역사회의 특징을 일목요연하게 확인하는 데 유용하게 사용할 수 있다.

둘째, 지역사회 지도 그리기를 통해 지역사회복지기관이나 관련시설이 어떻게 분포되어 있고, 지역사회에서 필요한 서비스를 어떻게 효과적으로 전달할 수 있는가를 검토함으로써 지역사회의 자산사정(asset assessment) 수행에 도움을 줄 수 있다.

셋째, 지역사회 지도 그리기 과정을 통해 지역사회의 공간적 특성 또는 문제에 대한 인식을 심화할 수 있다. 예를 들어, 공공시설 및 각종 복지관련 시설, 서비스 등에 대한 접근 가능성을 확인함으로써 자신들의 삶의 양식에 영향을 미치는 지역사회의 공간적 특성을 이해하는 데 유용하며, 지역사회의 문제에 대한 관심을 높일 수 있다.

따라서 지역사회 지도 그리기는 지역사회의 문제가 무엇인가를 파악하는 데 도움을 주며, 문제해결에 필요한 것이 무엇인지에 대하여 성찰할 수 있는 기회를 제공해 준다.

#### (2) 지리정보체계

지리정보체계(geographic information system: GIS)는 지역사회문제를 그리기 위한 또 하나의 도구로 여기에는 컴퓨터, 스캐너, 프린터, 소프트웨어 등의 특수 장비가 필요하다. 지리정보체계를 이용하여 지역사회문제와 서비스의 활용을 쉽게 지도로 나타낼 수 있으며, 다양한 지역사회문제를 공간적으로 표시할 수 있다.

## 3. 지역사회복지 프로그램의 기획과 평가

### 1) 프로그램 기획의 정의 및 유형

#### (1) 프로그램 기획의 정의

프로그램 기획(program planning)의 개념은 여러 학자가 다양하게 정의하고 있다. 프로그램 기획을 정의하기에 앞서 프로그램과 기획의 의미를 구분하여 살펴보기로 하자.

프로그램(program)은 목적 달성을 위한 집합적 활동이며, 목적을 어떻게 실현할 것인가에 대한 방법론을 담고 있다. 또한 프로그램은 서비스 전달을 위한 도구이며, 욕구 충족을 위한 수단이다. 이러한 의미에서 볼 때 지역사회복지 프로그램은 지역사회의 변화나 문제해결을 위해 제공되는 서비스 전달과정에 대한 것이며, 지역사회복지기관의 조직적 과정을 거쳐 전문가의 개입으로 이루어지는 문제해결 노력이라고 할 수 있다.

기획(planning)은 계획을 수립하는 과정 또는 적절한 수단을 통해 목표를 달성하기 위한 미래의 가치에 대한 일단의 결정을 준비하는 과정이라 할 수 있다. 기획은 미래예측 가능성을 높이고 과거의 시행착오를 시정하려는 조직화된 노력이며, 대안선택을 위한 의사결정과정이자 전문화된 기능으로서 전문지식과 기술, 관리기법이 필요한 작업이다.

따라서 프로그램 기획이란 프로그램에 대해 기획의 일반적이고 포괄적인 과정을 적용한 것이다. 프로그램 기획이란 현재와 미래의 환경 변화에 대응하기 위한 것으로 프로그램의 목적 설정, 수단의 선택, 실행, 평가에 이르는 제반 프로그램 과정에서의 합리적인 의사결정과 활동을 말한다(김영종, 2010). 이러한 프로그램 기획의 개념은 첫째, 미래지향적인 속성이 있고, 둘째, 결과라기보다는 진행형으로서 지속적인 과정이며, 셋째, 목표지향적인 의미를 담고 있다.

#### (2) 프로그램 기획의 유형

프로그램 기획의 유형을 살펴보면 다음과 같이 네 가지로 나누어진다.

- 욕구 중심 기획(need-based planning): 프로그램에 참여할 대상에 대한 욕구를 중심으로 프로그램을 기획하는 방법
- 문제해결 중심 기획(problem-solving based planning): 목표집단의 문제를 나열하고 이러한 문제가 발생하는 원인을 근본적으로 해결하기 위하여 프로그램을 기획하는 방법
- 자원활용 중심 기획(resource-allocation based planning): 관련 지역사회 및 집단이 인적 · 물적 자원을 최대로 활용할 수 있도록 프로그램을 기획하는 방법
- 참여 기획(participatory planning): 프로그램과 관련된 사람이 함께 참여하여 프로그램을 기획하는 방법

### 2) 프로그램 기획과정

프로그램 기획과정은 여러 학자가 제시하였는데, 관점과 단계 구분에 따라 약간의 차이가 있다. 여기에서는 정무성과 정진모(2001)가 제시한 프로그램

기획과정을 중심으로 살펴보기로 한다.

### (1) 준비/계획단계

#### ① 예비조사

예비조사는 프로그램을 구체적으로 계획하기 이전에 지역사회 또는 이용자의 상황과 조건을 파악하고, 프로그램 기획의 정당성과 필요성을 입증할 수 있는 기초자료를 수집하는 것이다.

#### ② 문제 분석과 욕구 측정

프로그램 개발의 필요성과 타당성이 누구에게나 객관적으로 이해될 수 있게 문제 및 욕구의 식별, 그 규모와 심각성, 경향을 살펴본다. 이 단계는 대안 선택과 프로그램 실행계획을 위한 기초작업을 하는 단계이며, 현재의 자원과 사업으로 충족하지 못하는 욕구를 식별하는 과정이다.

#### ③ 서비스 대상자의 선정

문제의 확인 및 분석이 이루어지면, 서비스 대상자를 선정해야 한다. 대상자 선정이 부정확할 경우 자원의 낭비, 클라이언트 혜택의 감소 등의 문제를 초래하기 때문에 임의적으로나 자의적으로 선정해서는 안 된다. 즉, 과학적 방법을 통해서 대상자를 선정하여야 한다. 이러한 방법에는 문제집단의 분포를 분석해 표적집단을 선정하는 '표적집단 사후확인방법'과 반대로 표적집단을 먼저 정하고 그 분포를 분석하는 '표적집단 추정방법' 등이 있다.

#### ④ 목표 설정

파악된 문제를 해결하기 위해 실현 가능한 목표를 설정하는 단계다. 프로그램은 목표를 달성하기 위한 활동으로 구성되기 때문에 목표를 어떻게 설정하는가에 따라 프로그램의 방향이 결정된다. 목표 설정의 이유를 보면, 첫째, 프로그램의 기획과 조정을 원활히 하기 위해서, 둘째, 서비스 전달의 책임을 맡고 있는 실무자에게 지침을 제공하기 위해서, 셋째, 프로그램의 성과에 대한 평가기준을 제시하기 위해서다.

프로그램과 관련된 목표라는 용어에는 목적, 목표, 세부목표 등이 있다. 목적(purpose)은 포괄적인 서비스의 사명에 대한 의도적인 표현이며, 프로그램 실천의 이념 틀을 제시한다. 목표(goal)는 목적을 더 구체화한 프로그램의 지향점을 의미한다. 세부목표(objective)는 프로그램을 통해 달성하고자 하는 것에 대한 설명이다.

⑤ 개입전략(대안의 선택, 프로그램 설계)

구체적인 목표를 단계별로 달성하기 위해 적절한 해결방안이나 대안을 선정한다. 실천활동계획표를 만들어 누가 책임을 지고 해당되는 일을 추진할 것인지를 결정해야 한다. 이 단계에서는 대안 개발, 필요한 활동의 제시, 활동상의 문제점 나열, 문제원인을 해결하기 위한 해결책의 제시, 활동 및 해결책의 우선순위 결정, 자원의 결정 및 동원계획 수립, 관리정보계획 수립, 평가계획 수립 등이 이루어진다.

### (2) 프로그램 실천 및 실행단계

프로그램 실행이란 이전 단계의 준비사항을 고려하고 정해진 시간 내에 계획한 서비스를 실시하는 것을 말한다. 프로그램을 실행하는 데 있어서 중요한 것은 효과성, 효율성 등을 확인하는 것이다.

### (3) 평가단계

프로그램 평가단계는 설정된 목표가 어느 정도 달성되었는가를 알아보기 위한 과정으로서 시행한 프로그램의 가치와 의의를 판단하는 사회적 과정이라 할 수 있다.

## 3) 프로그램 평가

### (1) 프로그램 평가의 목적

프로그램 평가란 체계적인 연구방법을 적용하여 프로그램의 기획, 집행, 효과를 사정하는 활동이다(Rossi & Freeman, 1982). 평가의 목적은 평가대상, 내용, 성격 등에 따라 달라질 수밖에 없기 때문에 일률적으로 규정하기 어렵다. 그러나 일반적으로 프로그램 평가의 목적은 크게 다음과 같이 세 가지로 요약할 수 있다.

첫째, 책임성의 제고다. 이는 정책결정자가 프로그램의 질과 효과에 대해서도 적극적으로 책임을 져야 한다는 것이다. 책임성은 구성요소에 따라 그리고 책임성의 영역에 따라 매우 다양한 의미를 포함한다. 예컨대, '누구에 대한 책임성인가?' '무엇에 대한 책임성인가?'라는 질문에서 보듯이 책임성의 구성요소는 다양하게 나타난다. 책임성의 대상은 사회복지조직, 사회복지전문직, 클라이언트, 사회라고 할 수 있고, 책임성의 주된 내용은 효과성과 효율성으로 볼 수 있다(남기민, 1999; 정무성, 1999).

둘째, 프로그램의 향상이다. 평가는 프로그램이 최선의 방법으로 수행되고 있는가에 대한 여부를 판단하거나, 문제해결을 위한 새로운 대안 마련에 도움을 주려는 목적을 가진다. 즉, 평가는 프로그램 향상에 관한 의사결정에 도움을 주는 정보를 제공해 준다.

셋째, 기초지식의 발전이다. 프로그램의 평가는 사회현상에 대한 새로운 지식을 발전시키고 장기적으로 이를 사회문제 해결에 응용하는 데 도움을 준다. 즉, 평가를 통해 문제해결이나 욕구충족을 위한 프로그램을 형성할 뿐 아니라 사회현실에 대한 이해, 인과관계, 과학적 방법론의 적용 등 기초지식의 발전에도 기여한다.

김형식(1997)은 프로그램 평가의 목적을 프로그램 계획이나 운영과정에 필요한 정보를 확보하여 이 과정이 바람직하게 추진되도록 노력하는 것으로서 프로그램 과정상의 환류기능으로 파악한다. [그림 6-1]에서 보는 바와 같이

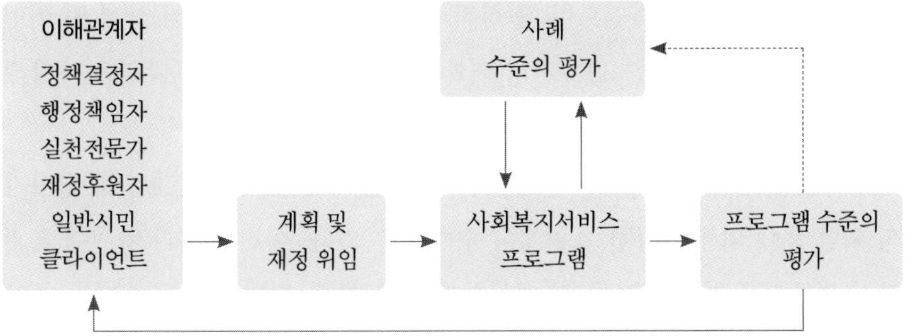


[그림 6-1] 프로그램과 사례 수준에서의 평가의 활용

출처: Gabor, Unrau, & Grinnell (1998), p. 35.

프로그램 평가는 이해관계자집단 또는 투입에 대한 환류기능으로서 의미를 가지며, 사회복지서비스 프로그램을 개선하는 데 필요한 정보를 제공하는 데 목적을 두고 있다. 이러한 환류기능을 평가의 성격과 관련하여 보면, 형성평가와 총괄평가에서 추구하는 상이한 목적을 동시에 제공해 주고 있음을 알 수 있다(Posavac & Carey, 1997).

그 밖에 프로그램 평가의 목표에는 프로그램 담당자가 프로그램 과정에서 행하는 활동에 대하여 사회적 책임을 지도록 하는 책임성 이행기능, 프로그램에 내재된 변수 간의 인과관계 검증을 통한 이론 형성에의 기여, 프로그램의 지속 또는 중단의 결정, 프로그램의 실무와 절차의 개선 등이 있다(김형식, 1997).

### (2) 프로그램 평가의 유형

평가의 유형은 어떤 차원에서 이루어지느냐에 따라 다양하다. 평가수행방법과는 무관하게 사회복지 프로그램의 평가는 사회적 압력에 대해 반응을 보일 수밖에 없기 때문에 이해관계자집단의 관련 정도에 따라 평가의 목적이 다를 수 있다. 예를 들면, 기관운영자의 입장에서는 예산할당에, 프로그램 실무자의 입장에서는 프로그램의 기능 차원에 더 많은 관심을 표시할 수 있다. 또한 평가의 초점이 과정 혹은 결과에 주어지느냐 아니면 이 양자를 포괄하는가에 따라서도 상이할 수 있으며, 실험적 · 유사실험적 · 비실험적 설계 중 어떤 것에 의해 수행되는지나 평가자의 역할 등에 따라서도 평가의 차원은 다양해질 수 있다(Meier & Usher, 1998: 378-381).

평가의 차원은 이해관계자집단의 목적, 평가의 초점, 평가설계방법, 평가자의 역할 등에 의해 다양한 차원에서 수행될 수 있다. 이러한 평가 차원에 근거하여 평가의 유형은 평가주체, 평가단계, 평가기준, 평가성격 등에 따라 다양하게 분류된다. 즉, 평가유형은 평가의 주체에 따라 자체평가, 내부평가, 외부평가로 분류할 수도 있고, 평가의 단계에 따라 사전평가, 과정평가, 사후평가로 분류할 수도 있다. 평가의 기준이나 초점에 따라서는 노력성 평가, 효율성 평가, 효과성 평가, 영향평가, 메타평가 등으로 나누어진다.

한편 평가의 대표적인 유형은 평가의 성격에 따라 구분되는 총괄적 평가와 형성적 평가다.

- 총괄적 평가(summative evaluation): 총괄적 평가는 프로그램이 달성하고자 했던 목표를 얼마나 잘 성취했는가의 여부를 평가하는 데 목적이 있다. 따라서 프로그램의 결과와 효과를 평가하는 데 초점을 두며, 대개 프로그램 시행이 종료된 후에 실시한다.
- 형성적 평가(formative evaluation): 형성적 평가는 프로그램이 수행 · 전달되는 과정 중에 실시되는 평가로, 프로그램의 문제점을 관찰하여 수정, 확대, 개선에 도움이 되는 정보를 제공하는 데 목적이 있다.

### (3) 프로그램 평가의 기준과 평가요소

평가의 기준이란 평가를 위한 척도다. 즉, 프로그램의 성패를 판단하기 위해서 프로그램의 어떤 측면을 평가의 초점 내지는 대상으로 설정할 것인가에 대한 기준을 말한다. 프로그램 평가의 기준은 노력, 효율성, 효과성, 영향, 품질, 과정, 형평성 등이다. 구체적으로 프로그램 평가의 기준과 평가요소를 살펴보면 〈표 6-1〉과 같다.

**표 6-1** 프로그램 평가의 기준과 평가요소

| 기준 | 정의 | 평가요소의 예 |
|---|---|---|
| 노력<br>(effort) | 프로그램<br>활동의 양 | 프로그램의 투입 요소와 이의 전환과정<br>• 단위활동의 수<br>• 이용자의 수<br>• 전문지식과 기술의 소유와 활용 정도(전문인력의 수)<br>• 프로그램 예산 및 자원<br>• 프로그램 기간 및 하위활동의 단위기간 등<br>• 프로그램 활동에 대한 전문인력의 투입시간 |
| 효율성<br>(efficiency) | 산출 대비<br>비용 정도 | 서비스 단위 산출당 소요 비용<br>• 프로그램 노력(프로그램의 투입 요소)에 대한 비용<br>• 프로그램 결과에 대한 비용 등 |
| 효과성<br>(effective-ness) | 프로그램<br>목표의 달성<br>정도 | 목표 달성과 프로그램 노력 간의 인과관계<br>• 이용자의 인지적 · 감정적 변화<br>• 이용자의 행동상의 변화<br>• 이용자집단(clientele)의 사회적 변화 등 |
| 영향<br>(impact) | 사회문제나<br>이용자 욕구<br>변화에 미친<br>영향 | 프로그램 노력과 사회지표 변화 간의 관계<br>• 위기집단과 표적집단 내에서의 변화 정도<br>• 사회지표상의 변화에 대한 실증적 기대 정도 등 |
| 품질<br>(quality) | 프로그램의<br>전문성 | 프로그램 제공자의 전문성<br>• 서비스 인력의 전문 자격 소유 여부와 정도<br>• 프로그램에서 활용하고 있는 전문 지식과 기술의 발전 상태 등 |
| 과정<br>(process) | 프로그램<br>결과의 정도 | 프로그램 운영상의 매개체<br>• 세부목표(수단적 목표)의 달성 정도와 연계성<br>• 세부목표와 프로그램 결과 사이의 영향 정도의 차이 등 |
| 형평성<br>(equity) | 프로그램<br>배분의<br>공평성 | 프로그램 접근성<br>• 대상집단에 동일한 접근 기회가 주어지는지의 여부와 그 정도<br>• 프로그램 활동이 지역 내에 균등하게 배분되는 정도 등 |

출처: 한동우(2001), p. 88.

### (4) 성과평가의 관점

휴먼서비스 프로그램에서의 성과평가(성과측정, performance measure)모델에 대해서 마틴과 케트너(Martin & Kettner, 1996)는 체계모델과 관련하여 효율성 관점, 질적 관점, 효과성 관점으로 분류하여 설명하고 있다([그림 6-2] 참조).

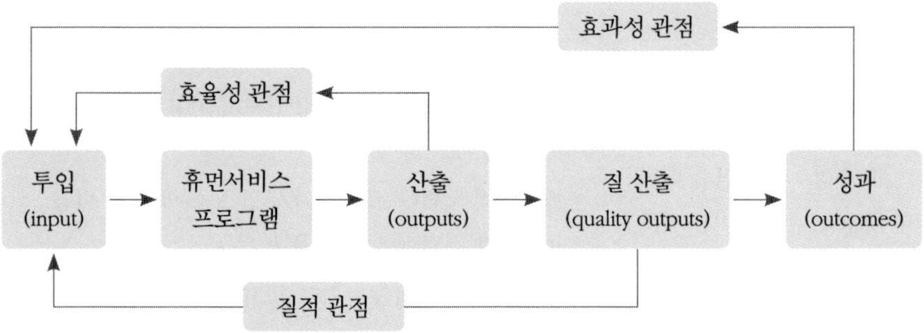


[그림 6-2] 프로그램 체계모델과 성과평가

출처: Martin & Kettner (1996), p. 8.

첫째, 효율성 관점은 투입에 대한 산출의 비율로 생산성을 평가하는 것이다. 이 관점에 따르면 사회복지서비스 프로그램은 투입 대비 산출의 극대화를 추구한다.

둘째, 질적 관점은 투입 대비 질적인 산출의 극대화에 초점을 두고 있으며, 사회복지서비스 프로그램에서 높은 질의 서비스는 시행착오율의 감소, 비용 감소, 대중이미지의 개선, 클라이언트의 만족도 증대 등의 결과를 가져온다고 본다. 이 관점은 투입에 대한 특정 질적 표준을 충족하는 산출(질적 산출)로 생산성을 정의한다.

셋째, 효과성 관점은 투입에 대한 성과의 비율에 관심을 가지며, 투입 대비 성과의 극대화를 추구한다.

따라서 성과평가는 사회복지 프로그램의 효율성, 질, 효과성에 대한 정보를 정기적으로 수집하고 보고하는 것으로 정의할 수 있다.

## 4. 지역사회복지실천을 위한 사회복지사의 기술

제4장에서 설명한 것처럼 지역사회복지실천을 위하여 사회복지사가 활용하는 기술은 지역사회복지실천모델에 따라 다양하다. 각각의 실천모델은 차별화된 목표와 전략을 가지며, 실천기술은 이러한 목표를 달성하고 전략을 수행하기 위한 수단으로 활용된다. 가령 지역사회주민의 능력 향상과 통합을 목표로 하는 지역사회개발모델은 주민참여를 강조하는 전략을 가지며, 이러한 전략을 추진해 나가기 위해서는 지역사회교육, 조직화 또는 임파워먼트 기술이 필요하다. 지역사회의 구체적인 문제해결을 목표로 하는 사회계획모델은 합리적 계획 수립의 전략을 가지고 지역사회계획 수립과 프로그램 작성의 기술을 적용한다. 지역사회의 불균형한 권력관계와 자원배분의 변화를 목표로 하는 사회행동모델은 사회적 쟁점의 부각과 주민동원의 전략으로 제도와 정책의 변화를 추구하며, 이를 위해서는 옹호/대변 기술 등이 필요하다. 그 외에도 지역사회의 관련된 부문과 자원을 결합하는 연계 기술, 자원동원 기술 등이 각각의 모델에 공통으로 적용될 수 있다.

### 1) 조직화 기술

조직화(organizing) 기술은 지역사회복지실천에서 가장 기본적인 기술로서 지역사회 전체 또는 일부 집단을 하나의 역동적인 실체(unity)로 만들어 나가는 과정에서 활용된다. 지역사회 내에는 무력감(powerlessness)이나 구성원 간에 인간적인 갈등과 긴장이 존재하기도 한다. 조직화에서 가장 어려운 과제 중의 하나는 구성원과 리더 사이에 내적 갈등이 있을 때 이들의 관계를 조율하는 작업이다. 조직화에서는 대인관계 기술이 중요하며, 다른 사람이 말하는 것을 이해하고 중요한 쟁점을 파악하는 능력을 가져야 한다. 조직가는 지역사회구성원의 생각을 이해하기 위하여 그들을 방문하고 그들의 불평과 제안을 듣기도 하며, 모임을 주선하여 생각과 관심을 나누기도 한다. 또한 조직가는 사람들이 정직하고 개방적인 태도로 이야기할 수 있도록 격려하고, 대화 내용을 이해하고 그 의미를 파악할 수 있어야 한다. 이러한 대화의 경청기술은 다문화의 상황이나 성(gender)과 관련된 쟁점을 다룰 때 특히 중요한데, 서로 다른 문화적 배경을 가진 사람들 또는 남녀는 서로 다른 방식으로 정보를 교환하기 때문이다. 어떤 집단의 사람들은 간접적인 방식으로 대화하기를 좋아하는 데 비해 다른 집단의 사람들은 직접적이고 단도직입적으로 이야기하기를 좋아한다. 또한 여성은 남성보다 간접적으로 의사소통하는 것을 선호한다.

일반적으로 조직가는 이와 같은 기술을 수행하면서 다음의 네 가지의 보조적인 기술을 사용한다(Rubin & Rubin, 2001: 126-129). 첫째, 조직가는 사람들이 어떤 문제에 대하여 행동을 취하도록 촉매자(catalyst)로서 역할을 수행한다. 둘째, 조직가는 지역사회의 사람들이 그들의 문제를 해결할 수 있는 능력을 개발하도록 도움을 제공하는 교사(teacher)의 역할을 수행한다. 셋째, 조직가는 촉진자(facilitator)로서 정보를 제공하고 조직의 중요한 과업을 다루어 나간다. 넷째, 조직가는 연결자(linker)로서 지역사회와 외부 세계의 연결고리를 구축하여 외부 지지자에게서 정보와 지식을 얻어 낸다.

### 2) 연계 기술

연계(network linkages) 기술은 지역사회 내 구성원 간의 관계를 강화함으로써 연계망이라 일컫는 사회적 자산을 형성하는 것이다(Rubin & Rubin, 2001: 111). 사회관계망(social network)은 개인 간의 접촉 통로 또는 연결망으로서 교회, 부모-교사회, 헬스클럽, 동료, 이웃 등 다양한 조직과 관련되어 있다. 더 중요한 사실은 사회복지사의 지역사회복지활동을 지원하는 연계망은 앞에서 언급한 조직화 기술의 결과로서 나타난다는 점이다. 조직화의 중요한 과제는 기존에 존재하는 사회관계망을 발견하고 그것에 추가하여 사회적 지지(mutual support)를 위한 공동체를 만들어 가는 것이다. 그렇게 함으로써 사람들은 서로를 원조할 수 있는 이웃이 함께하고 있음을 발견하게 되며, 이것이 지역사회와 사회적 변화 활동에의 참여를 촉진한다.

### 3) 옹호/대변 기술

옹호/대변(advocacy) 기술은 지역사회의 클라이언트가 정당한 처우나 서비스를 받지 못하는 경우에 활용되며, 표적집단에 대하여 강력한 영향력이나 압력을 행사하는 것을 포함한다. 옹호자는 클라이언트의 이익을 위하여 전문적인 대변인이나 대리인으로서 활동한다. 따라서 옹호기술은 기대하는 변화를 달성하기 위하여 표적집단과의 갈등이나 대결을 결의하기도 한다. 지역사회복지분야의 실천가는 옹호기술의 이러한 성격 때문에 옹호기술의 사용을 기피하기도 한다. 그러나 갈등이나 대결을 결의하는 옹호기술의 적극적인 활용과정에서는 미시적 실천과정에서와 마찬가지로 지역사회복지실천가의 사려깊고 훈련된 자아(self)를 사용하는 것이 필요하다. 옹호기술의 실제 과정은 옹호활동의 계획, 문제의 정의, 목표의 설정, 표적 정하기, 옹호를 위한 재가의 획득, 개입의 수준 결정, 개입전략의 실행, 결과의 평가 등 일련의 과정으로 이루어진다(Rothman & Sager, 1998: 184-185).

### 4) 자원동원 기술

자원동원(resource mobilization) 기술은 지역사회 내의 문제를 해결하는 데 현존하는 자원만으로는 불충분하여 자원동원이 필요한 외부의 극적인 사건이 발생한 상황에서 활용된다. 다양한 자원동원의 기술은 기존의 집단이나 조직체를 활용하는 방법, 다수의 개인으로 하여금 직접 참여를 촉진하는 방법, 개인으로 구성된 사회 네트워크를 활용하는 방법이 있다(Rubin & Rubin, 2001: 151-159).

첫째, 기존의 집단이나 조직체를 활용하는 방법은 자원동원을 위한 가장 신속한 방법으로서 지역사회 내의 교회 같은 종교기관, 노조, 청소년집단 등 조직체를 대상으로 그 조직체의 지도자로 하여금 구성원이 특정한 사회적 쟁점을 위한 활동에 참여하도록 요청함으로써 이루어진다. 그러나 지역사회 내에 경쟁적인 소수집단이나 종교집단이 있는 경우에는 어떤 집단이나 조직을 자원동원의 기반으로 할 것인가를 선택하는 데서 어려움이 있을 수 있다. 또한 일부 집단의 리더와 다른 집단의 리더 간에 경쟁적인 상황이 발생하기도 한다. 조직가는 자원동원을 위한 연합활동에서 이러한 상황이 발생하지 않도록 적절한 기술을 사용하여야 하며, 지역사회 내 집단 간의 장기적인 연합이 어려운 경우에는 사례에 따라 일시적인 연합의 기술을 활용할 수도 있다.

둘째, 개인의 직접 참여를 통한 자원동원의 기술은 개인과의 직접적인 접촉을 통하여 이루어진다. 이러한 활동은 우편물의 발송, 지역사회 내에서의 가정방문, 공공의 장소에서의 대화 등을 포함한다. 이러한 동원기술의 핵심은 개인으로 하여금 필요한 활동에 참여하도록 설득하는 것이다.

셋째, 네트워크를 통한 자원동원은 직장, 혈연, 기타 사회활동 등을 통하여 이미 서로 알고 있는 사람들의 연대를 활용하는 방법이다. 사람들은 이미 자신이 속해 있는 네트워크의 구성원이 관여하거나 관심을 갖고 있는 문제에 대하여 행동을 취할 가능성이 높다. 조직가는 네트워크의 오피니언 리더를 통하여 지역사회활동에의 참여를 촉진하는 메시지를 전달하고 구성원 내의 상호 간의 영향력을 통하여 자원동원이 이루어지도록 한다.

### 5) 임파워먼트 기술

임파워먼트(empowerment) 기술은 두 가지 차원에서 활용된다. 첫째는 현상을 타파할 수 있는 능력에 관한 개인의 신념을 향상하는 것이며, 둘째는 지역사회의 집합적인 목표를 달성하기 위하여 지역사회 집단의 능력을 향상하는 것이다(Rubin & Rubin, 2001: 89-96).

개인적 임파워먼트를 형성하는 과정에서 첫 번째 단계는 의식의 향상이다.

의식의 향상은 그들이 공유하고 있는 지역사회문제의 희생자라는 인식에서 출발하여 대화와 억압적 경험의 나눔을 통하여 이루어지며, 나아가 그들이 경험하는 문제가 개인적인 차원이 아닌 사회적인 차원이며, 그들 자신이 문제의 원인이 아님을 인식하면서 이루어진다. 이러한 의식의 향상은 개인적 무력감을 분쇄하며 집합적인 행동으로 나아가는 출발점이다. 임파워먼트의 다음 단계는 자기주장이다. 사람들은 공적인 형태로 자기주장을 행하며, 조직가는 그들의 자기주장을 격려하고 그들의 목소리를 발견하도록 도와준다. 다음 단계는 그들의 쟁점이 공공의 어젠다가 되게 하는 것으로, 공공의 데모나 캠페인을 통하여 쟁점을 사람들에게 알리는 것이다. 자기주장과 어젠다 형성을 통하여 개개인은 그들의 목소리를 획득하고 더욱 강화된 권한을 행사할 수 있게 된다. 이러한 권한의 향상은 참여의 확대, 법적인 조치, 힘의 행사 등으로 나타난다.

개인적 임파워먼트는 개인의 능력에 관한 신념의 향상을 중요시하며, 집합적인 임파워먼트는 사람들이 구성원 상호 간에 대한 책임을 인식하고, 그렇게 함으로써 미래의 행동을 위한 자원으로서 사회자본(social capital)을 만들어 나가는 과정을 중요시한다. 사람들은 집합적 행동을 통하여 그들이 지역사회 전체와 구성원 상호 간에 책임을 가진 존재라는 것을 이해하게 된다. 이렇게 하여 강화된 연대는 지역사회의 사회자산의 일부가 된다. 다수의 참여를 통한 집합적인 활동과 과업의 수행으로 구성원은 그들의 능력에 대한 자신감을 갖게 되며, 새로운 기술을 발전시키고 자신들과 지역사회의 능력에 대한 확신을 얻는다. 지역사회의 공동의 활동은 지역사회의 사회자산을 확대하고, 이는 미래의 지역사회 프로젝트의 수행과 향상을 가능하게 한다.

### 6) 계획과 프로그램 기술

계획과 프로그램(planning and program) 기술은 사회서비스를 생산하는 지역사회복지조직이 지역사회에 필요한 재화와 서비스를 제공하는 활동과 관련되어 있다. 지역사회복지기관이 제공하는 사회서비스에는 아동, 노인, 장애인 등을 위한 사회복지서비스, 지역사회주민을 위한 보건, 교육, 주택 서비스 등이 포함된다. 지역사회 계획과 프로그램의 기술은 지역사회의 문제와 주민욕구에 대한 분석 기술, 문제해결과 욕구충족을 위한 다양한 대안의 모색, 선택된 대안으로서 프로젝트와 프로그램의 단계별 실행 기술, 프로젝트와 프로그램의 관리와 평가를 위한 기술로 구성된다. 또한 프로젝트와 프로그램의 재정조달을 위한 준비로 프로포절 작성 기술이 필요하다.

제 7 장

# 직접적 지역사회복지의 실천

1. 지역사회복지서비스의 공급체계
2. 지역사회의 직접서비스
3. 사회복지관

BUS

## 1. 지역사회복지서비스의 공급체계

사회복지서비스의 공급주체는 일반적으로 다음 네 가지 부문으로 분류되고 있으며, 지역사회복지는 이러한 네 가지 모든 형태와 관계를 가지고 있다.

첫째, 공공부문(public sector)의 공급체계다. 역사적으로 공공부문의 지역사회복지에 대한 개입은 산업화를 전후한 사회변동의 상황에서 가족이나 종교기관에 의한 전통적인 방법으로 사람들의 욕구를 충족하는 것이 한계에 도달하였을 때 이루어졌다. 특히 국가와 지방자치단체는 모든 국민의 인간다운 생활을 보장할 책임을 지고 빈곤계층, 노인이나 장애인 등 사회적 의존인구에 대한 지역사회복지서비스에 관여하게 되었다.

우리나라의 현행 지역공공복지서비스 공급체계에서 정책 결정은 보건복지부를 정점으로 하지만, 하위전달체계는 행정안전부 산하 시 · 도 → 시 · 군 · 구 → 읍 · 면 · 동으로 이어지는 이중 전달체계를 유지해 왔다. 그러나 이러한 체계는 변화하고 있는 지역사회 상황에서 다양한 주민의 욕구나 지역사회의 고유한 특성을 반영할 수 없기 때문에 독자적이고 전문적인 공공지역사회복지 전달체계를 발전시켜야 한다는 정책적 과제가 제기되어 왔다. 이에 따라 그동안 공공복지 전달체계 개편의 주요 내용을 보면, 2004년부터 2006년까지 사회복지사무소 시범사업 실시, 2012년 시 · 군 · 구 희망복지지원단 설치, 2016년부터 2017년까지 읍 · 면 · 동 복지허브화 추진, 2017년 이후 읍 · 면 · 동 찾아가는 보건복지전담조직 설치 등이 대표적이다. 그러나 현재 공공의 책임으로서 지역사회복지서비스는 대부분 민간사회복지기관과 시설에 위탁 · 운영하는 사업으로 실천되고 있다. 공공지역사회복지의 실천에 대해서는 제8장에서 다룬다.

둘째, 민간비영리부문(voluntary sector)의 공급체계다. 이 부문은 민간이 운영한다는 점에서 공공부문과 다르며, 이윤을 추구하지 않는다는 점에서 민간영리부문과도 다르다. 특히 이 부문은 민간법인이나 단체의 자발적인 자유의

지에 의해 공급된다는 특징을 가진다. 서구에서는 복지국가 위기 이후의 대처 방법으로 공공부문의 민간비영리부문으로의 전환이나 민간비영리부문의 활성화가 이루어지고 있다. 우리나라의 경우는 현재 민간비영리부문에 대한 공공과 민간의 재정지원이 충분하지 못한 상태이지만, 민간비영리부문은 지역사회복지서비스 공급체계에서 중심 역할을 수행하고 있다.

셋째, 민간영리부문(private sector)의 공급체계다. 이 부문은 최근에 출현하여 확대되고 있는 민간의 사적 영리부문으로서 일반 시장메커니즘을 통해 사람들에게 필요한 재화나 서비스를 공급하는 하나의 정상적인 서비스 공급 형태다. 우리나라에서는 아직 이 부문의 서비스 공급은 미약하지만 선진국에서는 매우 활발하게 진행되고 있다. 특히 기업체가 출자한 서비스 공급체계를 통하여 노인 등 복지 소비자에게 서비스를 제공하는 실버산업의 출현이 바로 그러한 예이며, 국민소득 수준이 높은 고령사회에서는 지역사회복지서비스를 공급하는 중요한 방편으로 활용되고 있다.

넷째, 비공식부문(informal sector)의 공급체계다. 이 부문은 민간, 특히 가족, 친족, 이웃 등을 중심으로 하는 것으로 전통적으로 사람들의 복지 욕구를 충족해 온 실천의 주체다. 그러나 산업화로 인해 이러한 비공식부문의 기능과 역할이 많이 취약해졌으며, 공식적 지역사회복지가 이러한 사회변동에 의해 등장하였다. 따라서 지역사회복지의 공식체계는 비공식부문에 대한 지원체계를 강화하여 노인이나 장애인을 돌보는 가족구성원에게 그들의 기능과 역할을 효율적으로 수행할 수 있도록 지원하고 강화해 주어야 하며, 이를 위해 사회제도를 마련하는 등 그 책임을 수행해야 할 것이다.

이와 같이 지역사회복지서비스 공급체계는 공공부문만 아니라 민간비영리부문, 민간영리부문, 비공식부문을 포함하는 다양한 시스템을 갖고 있다. 이 장에서는 민간에 의한 직접 지역사회복지서비스의 형태와 실천현장인 사회복지관 및 재가복지봉사센터에 대해 살펴본다.

# 2. 지역사회의 직접서비스

## 1) 프로그램에 의한 직접서비스

### (1) 인구대상별 직접서비스

지역사회에서 실천되는 프로그램에 의한 직접서비스는 인구대상을 중심으로 다음과 같이 분류할 수 있다.

- 아동복지 프로그램: 아동상담 및 사회교육, 어린이공부방, 아동 기능교실, 부모상담 및 교육, 유아교육 등이 있다.
- 청소년복지 프로그램: 청소년상담, 교양교육, 청소년독서실, 근로청소년 사회교육, 청소년 기능교실
- 노인복지 프로그램: 사회교육 및 여가지도, 불우노인 결연, 노인부업교실, 노인가정봉사원 파견, 노인식사 및 목욕서비스
- 장애인복지 프로그램: 재활서비스, 장애인 이송, 자립작업장 설치 · 운영, 재가장애인서비스
- 가족복지 프로그램: 가정문제 종합상담, 취업 · 부업 기능훈련, 선의봉사실 운영, 보건의료서비스
- 지역사회복지 프로그램: 주민사회교육, 주민편의시설 제공, 취미교육

### (2) 기능별 직접서비스

지역사회에서 제공되는 직접서비스는 기능별로 다음과 같이 분류할 수 있다.

- 환경적 개입: 클라이언트와 지역사회 환경 간의 관계를 변화시킨다. 이러한 접근은 지역사회 내의 다른 기관과의 연계나 협력을 통하여 클라이언트의 권익을 옹호하거나 문제를 해결하며, 경제적 지원을 행하거나, 지역

사회에의 소속감이나 유대를 강화하기도 한다.

- 신체적 개입: 클라이언트의 물리적 필요를 충족해 주는 목욕, 이용(理容)서비스를 제공하고, 보건의료서비스를 제공한다.
- 정서적 개입: 심리적 문제를 갖고 있는 클라이언트를 대상으로 상담이나 심리재활서비스를 실시하여 감정, 정서, 태도의 변화를 도모한다.
- 인지적 개입: 클라이언트에게 필요한 정보를 제공하거나 교육, 기술훈련, 인지개선 프로그램을 통하여 인식과 인지의 변화를 도모한다.

## 2) 지역사회보호

지역사회보호(community care)란 지역사회의 개념과 보호의 개념이 결합된 합성어다. 지역사회보호란 사람들로 하여금 충분한 독립과 자신의 생활에 대한 통제를 성취할 수 있도록 적정한 수준의 개입과 지원을 제공하는 것을 의미한다. 이러한 목표를 현실화하기 위해서는 다양한 보호의 실천현장에서 광범위한 지역사회복지서비스의 개발과 공급이 이루어져야 한다. 이들 지역사회보호서비스에는 다음과 같은 다양한 돌봄의 스펙트럼이 포함된다.

### (1) 돌봄의 실천현장에 따른 분류

지역사회보호의 실천현장에 따른 분류는 다음과 같다.

- 자신의 가정에서 거주하는 사람에 대한 가족 내에서의 돌봄
- 더 많은 돌봄이 필요한 사람에 대한 지역사회 내의 주간보호(daycare)
- 주거보호가정(sheltered housing), 그룹홈(group homes), 호스텔
- 생활보호시설(residential care), 요양보호시설, 병원에서의 장기적인 보호

### (2) 돌봄의 주체에 따른 분류

지역사회보호 돌봄주체에 따른 분류는 다음과 같다.

- 가족, 친구, 이웃 등 돌봄 제공자에 의한 서비스: 지역사회보호는 서비스의 제공에 있어 공공기관과 민간조직의 역할에 초점을 두고 있지만, 대부분의 보호는 가족, 친구, 이웃을 포함한 돌봄 제공자에 의하여 제공된다. 공공과 민간의 공식적인 서비스 제공자의 주요 책임은 보호를 제공하는 돌봄 제공자를 지원하는 데 있다. 그들의 가치 있는 기여를 지원하고 유지하기 위해서는 무엇보다도 돌봄을 제공하는 수발자를 돕는 일이 정당하고 건전한 사회적 투자라는 인식이 전제되어야 한다.
- 사회적 돌봄: 일상생활에서 실질적인 도움이 되는 사회적 돌봄은 양질의 지역사회보호에서 주요한 요소다. 세탁, 식사준비, 이동, 가계예산 등을 비롯한 일상생활 과업을 돕는 서비스는 사람들로 하여금 지역사회에서 정상적인 생활이 가능하도록 돕는 필수적인 요소다. 그리고 주간보호, 단기보호, 주택, 교육 등의 서비스도 사회적 돌봄의 한 부분이다. 주거보호, 요양보호가 반드시 필요한 사람에게는 이들 서비스를 선택할 수 있는 방안이 마련되어야 한다.
- 건강보호: 의료보호와 요양보호도 중요한 지역사회보호의 한 부분이다. 방문보건서비스는 필수적이다. 지역사회 보건의사의 기본 역할은 보건의료욕구를 실현하는 것이며, 지역사회 간호사도 환자와 정기적으로 접촉을 하면서 서비스의 중요한 역할을 담당한다.
- 사회보장: 사회보장체계도 다양한 방법으로 지역사회보호를 위한 재정적인 지원을 제공한다. 여기에는 저소득층과 장애인, 노인 등을 위한 다양한 급여가 포함된다. 지역사회보호를 위한 사회보장이 발달한 영국의 경우에는 사회보장 재정지원으로 장애인보호수당(invalid care allowance), 장애급여(disability benefit), 소득부조(income support), 주택급여(housing benefit), 사회기금(social fund) 등이 있다.

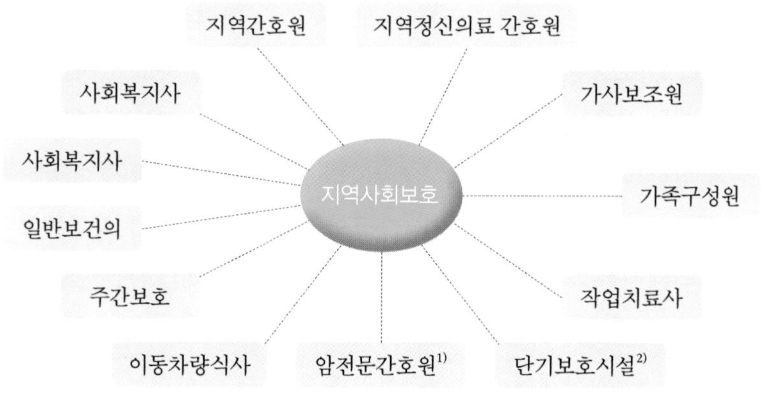


[그림 7-1] 지역사회보호의 범위

주: 1) 암으로 죽어 가는 환자를 돕는 기관
2) 노인이나 환자의 수발자가 떠나 있어야 하는 경우 이들을 위한 보호를 제공하는 시설
출처: Moore (1993).

## 3) 재가보호

재가보호(domiciliary care)는 보호가 필요한 사람들이 자신의 가정에서 보호를 받는다(care at home)는 개념으로서 여기에는 공공과 민간의 공식 조직에 의한 보호와 가족, 친척, 이웃 등 비공식 조직에 의한 보호가 모두 포함된다. 가정이라는 환경이 전제된다는 점에서 지역사회보호의 개념과 같으나, 그룹홈이나 통원기관과 같은 가족적 환경에서의 보호를 포함하고 있지 않다는 점에서 지역사회보호와는 구별된다.

### (1) 지역사회 내의 보호와 지역사회에 의한 보호

지역사회보호의 개념과 관련해 지역사회 내의 보호(care in the community)와 지역사회에 의한 보호(care by the community)라는 개념이 있다. 이는 지역사회보호라고 할 때 지역사회의 범위와 사회원조망이 무엇인가가 명확하지 않아 생기는 개념 혼란을 없애기 위하여 제안된 개념이다. 실제로 지역사회라는 보호의 주체는 명확하지 않으며, 대부분의 보호활동은 가족에 의하여 제공된다. 이 경우 지역사회 내의 보호란 가족과 친구 등 1차 집단과 지역사회 내의 서비스 제공기관에 의한 보호를 포함한 모든 보호의 형태를 의미하며, 지역사회에 의한 보호란 가족, 친척 등 1차 집단에 의한 보호를 의미한다(Moore, 1993: 147). 따라서 지역사회 내의 보호는 공공과 민간 조직의 공식적인 형태의 보호를 강조하며, 지역사회에 의한 보호는 가족 등 비공식 부문의 보호를 강조한다.

### (2) 한국의 재가복지

앞에서 살펴본 사회적 돌봄의 형태와 관련해 볼 때, 우리나라에서 사용되는 재가복지의 개념은 지역사회보호와 재가보호의 개념이 혼합된 형태이면서 재가보호에 가까운 개념이다. 가족이라는 장을 중심으로 서비스를 제공한다는 점과 공공 및 민간 조직의 보호를 포함한다는 점에서 지역사회보호와 재가보호의 개념이 일치하며, 우리나라의 재가복지의 개념도 이러한 기준에 부합한다. 그러면서도 우리나라의 재가복지는 몇 가지 점에서 서구의 지역사회보호와 다른 점을 가진다.

첫째, 우리나라에서는 지금까지 공공조직에 의한 사회적 돌봄이 제공되지 않고 있다. 이것은 우리나라 재가복지서비스 전달체계가 공공복지서비스 전달체계의 부재 가운데 민간조직을 중심으로 형성되었기 때문이다.

둘째, 우리나라의 재가복지는 가족주의의 전통에 따라 가족의 비공식 돌봄을 강조함으로써 앞서 분류한 사회적 돌봄의 형태 중 재가보호의 성격을 강하게 나타낸다.

셋째, 노인홈 또는 주간보호센터와 같은 가정과 유사한 환경의 조성과 이에 대한 지역사회 내에서 제공되는 다양한 서비스의 제공은 재가복지의 개념에서 다루어지지 않고 있다. 이러한 점에서 앞서 언급한 지역사회보호의 개념과 다소 차이를 두고 있다고 하겠다.

표 7-1 지역사회보호와 다양한 보호의 실천현장

| 구분 | 수용시설 | 시설에서의 보호 | 시설에서의 지역사회보호 | 공식 조직의 재가보호 | 비공식 조직의 재가보호 |
|---|---|---|---|---|---|
| | (institutional care) | | (community care) | (domiciliary care) | |
| 돌봄 장소 | 주거시설에서의 돌봄 | | 가정에서 시설에 내왕하여 돌봄 | 가정에서의 돌봄 | |
| 사례 | 병원<br>클리닉<br>수용소 | 병원 호스텔<br>호스텔<br>단기휴양홈<br>요양홈<br>숙박시설<br>보호시설 | 단기보호<br>주간보호<br>낮병동<br>점심클럽<br>작업치료<br>외래환자치료 | 지역사회간호원<br>일반보건의<br>가사원조<br>사회복지사<br>개호사<br>이동차량식사 | 목욕<br>식사<br>요리<br>레저<br>쇼핑<br>옷 입히기 등 |
| 문제해결 유형 | 주거(○)<br>돌봄(○) | 주거(○)<br>돌봄(○)<br>서비스(○) | 주거(×)<br>돌봄(○)<br>서비스(○) | 주거(×)<br>돌봄(○)<br>서비스(○) | 주거(×)<br>돌봄(○)<br>서비스(○) |
| 체류기간 | 장기 | 단기 | 단기 | 단기 | 장기 |

출처: Moore (1993), p. 146 참조.

## 3. 사회복지관

사회복지관은 지역사회를 기반으로 일정한 시설과 전문인력을 갖추고 지역주민의 참여와 협력을 통하여 지역사회의 복지문제를 예방하고 해결하기 위하여 종합적인 복지서비스를 제공하는 사회복지시설이다. 『사회복지관 운영 관련 업무처리 안내』(보건복지부, 2024a)에 따르면 사회복지관은 사회복지서비스 욕구를 가진 모든 지역사회주민을 대상으로 보호서비스, 재가복지서비스, 자립능력 강화를 위한 교육훈련 등 그들이 필요로 하는 복지서비스를 제공하고, 가정기능 강화 및 주민 상호 간의 연대감 조성을 통하여 각종 지역사회문제를 예방·치료하는 종합적인 복지서비스 전달기구로서 지역사회주민의 복지 증진을 위한 중심적인 역할을 수행하는 것을 목표로 한다.

우리나라에서 사회복지관운동은 100여 년에 이르는 역사를 갖고 있다. 미국의 감리교 선교사 놀스(M. Knowles)는 1906년에 최초로 원산에 반열방(班列房)이라는 인보관을 설치하여 여성을 위한 계몽사업을 시작하였으며, 이후 미국 감리교 선교부는 서울에 태화여자관을 설립하고, 개성, 춘천, 공주 등지에 여자관을 설립하였다(한국사회복지관협회, 1999). 이러한 종교단체의 활동 외에도 조선총독부는 1930년대에 종로, 왕십리, 영등포 등지에 인보관을 설치하여 직업보도, 구호사업 등을 실시하였다. 해방 이후에는 이화여자대학교가 외원기관의 원조로 사회관을 설치하여 지역주민을 위한 복지서비스를 제공하고 학생실습의 장으로 활용하였다. 외원단체로는 캐나다유니테리안 한국봉사회가 1960년대에 목포, 인천, 경기도 이천, 서울 마포에 사회복지관을 설립하였다. 1970년대에는 성심여자대학교, 중앙대학교가 대학부설 사회복지관을 설립하였으며, 1975년에는 기독교아동복리회가 서울과 지방에 사회복지관을 설립하였다. 이와 같이 1970년대 초기까지 사회복지관사업은 외원단체와 민간기관이 중심이 되어 빈곤층과 소외계층을 위한 치료적 사업을 위주로 이루어졌다.

1980년대 후반에 이르러 우리나라의 사회복지관사업은 양적 · 질적 확대의 시기를 맞이하였다. 1988년에 사회복지관 설치 · 운영 국고보조 사업지침이 수립되었으며, 1989년에는 「주택건설촉진법」에 따라 저소득층을 위한 영구임대아파트 건립 시 일정 규모의 사회복지관을 의무적으로 건립하도록 하였다. 하지만 2005년부터 사회복지관사업은 지방이양사업으로 선정되어 국고보조사업에서 분권교부세로 재정지원방법이 변경되었다. 1980년에 24개에 불과하였던 사회복지관은 1990년대 이후에 지역사회의 다양한 복지욕구 증가와 함께 지속적으로 증가하였다.

지역사회의 직접 복지서비스 실천기관으로서 우리나라의 사회복지관은 2024년 현재 전국에 481개소가 설치 · 운영되고 있다. 이와 같이 사회복지관이 양적으로 성장하면서 1990년대 이후에는 사회복지관 평가에 의한 정부의 차등 지원이 이루어지고, 서비스의 질을 강화하는 책임성과 전문성이 강조되

표 7-2 연도별 사회복지관 현황

| 구분 | 2005 | 2010 | 2011 | 2012 | 2013 | 2014 | 2015 | 2016 | 2017 | 2018 | 2019 | 2020 | 2021 | 2022 | 2023 | 2024 |
|---|---|---|---|---|---|---|---|---|---|---|---|---|---|---|---|---|
| 개소 | 391 | 425 | 433 | 436 | 439 | 442 | 452 | 459 | 464 | 465 | 467 | 475 | 475 | 477 | 480 | 481 |

출처: 한국사회복지관협회 홈페이지.

고 있다.

사회복지관 설치의 법적 근거로는 1989년에 사회복지관 설치 · 운영규정이 제정되었고, 2004년에는 「사회복지사업법 시행규칙」에서 사회복지관의 설치 기준을 신설하였다. 그리고 2012년 8월부터 시행된 개정 「사회복지사업법」에 사회복지관 설치 규정을 신설하였다. 이에 따르면 사회복지관은 지역사회의 특성과 지역주민의 복지욕구를 고려하여 사회복지서비스 제공 등 지역복지 증진을 위한 사업을 실시할 수 있다고 규정하여 사회복지관 설치 · 운영의 법률적 근거(제34조의5)를 확보하였다. 2021년의 「사회복지사업법」 개정으로 그동안 사회복지관이 수행하는 사례관리 사업, 서비스 제공 사업, 지역조직화 사업 등의 근거를 법률에 명시하였으며(2022. 6. 22. 시행), 구체적인 기준이 없는 인력 기준을 시행규칙으로 정하도록 하여 원활한 사업을 추진할 수 있도록 하였다.

사회복지관의 설치 · 운영 주체는 지방자치단체, 사회복지법인 및 기타 비영리법인이며, 지방자치단체는 사회복지관을 설치한 후 사업의 전문성을 향상시키기 위해 운영능력이 있는 사회복지법인 등에 위탁하여 운영할 수 있다. 그리고 지방자치단체는 공공단체의 시설물을 위탁받아 사회복지관을 설치 · 운영하거나 사회복지법인 등에 위탁하여 운영할 수 있다.

사회복지관을 설치하고자 할 때에는 저소득층 밀집지역에 우선 설치하되, 사회복지관이 일부 지역에 편중되지 않도록 한다.

사회복지관의 운영원칙, 사업의 대상, 기능별 사업의 구체적인 내용은 다음과 같다.

## 1) 사회복지관의 운영 원칙

『사회복지관 운영관련 업무처리 안내』(보건복지부, 2024a)에 따르면 사회복지관 운영의 기본원칙에는 지역성, 전문성, 책임성, 자율성, 통합성, 자원활용, 중립성, 투명성의 원칙 등이 있다.

### (1) 지역성의 원칙

지역사회 내에서 지역사회복지사업을 실시하고 있는 사회복지관은 지역사회의 특성과 지역주민의 욕구를 정확하고 신속하게 반영하여 지역사회의 문제를 해결하고, 지역주민의 욕구충족을 위한 서비스를 제공하여야 한다. 또한 사회복지관은 지역주민의 적극적 참여를 유도하여 주민의 능동적 역할과 책임을 조성하여야 한다.

### (2) 전문성의 원칙

사회복지관은 노인문제, 장애인문제, 아동학대 및 방임문제, 청소년 비행 및 일탈의 문제, 정신건강문제, 알코올 및 약물 남용문제 등 다양한 지역사회문제에 대처하기 위하여 기본욕구를 충족하는 일반적인 프로그램과 특정한 문제를 해결할 수 있는 전문 프로그램을 병행해 나가야 한다. 이를 위하여 이러한 프로그램을 수행할 수 있는 지식과 기술을 보유한 인력을 확보하고, 기존의 인력에 대한 지속적인 재교육을 통하여 전문성을 증진하는 방안도 적극적으로 검토하여야 한다.

### (3) 책임성의 원칙

사회복지관은 서비스 이용자의 욕구를 충족하고 지역사회문제를 해결함에 있어서 효과성을 극대화하기 위하여 최선의 노력을 기울여야 한다. 정부나 공동모금회의 지원이든 민간기업의 후원이든 해당 프로그램에 대한 효과성과 효율성을 제시하지 못하면 재원확보가 어렵다. 특히 지역사회복지서비스의 유료화는 기관의 책임 있는 자세와 태도를 더욱 요구한다.

#### (4) 자율성의 원칙

사회복지관은 다양한 복지서비스를 효율적으로 제공하기 위하여 사회복지관의 능력과 전문성이 최대한 발휘될 수 있도록 자율적으로 운영하여야 한다. 사회복지관의 자율성을 확보하기 위해서는 기관 자체의 각성과 개편도 중요하지만, 지도감독의 책임을 맡고 있는 중앙 및 지방 정부의 제도 정비와 협력 차원의 지역사회복지활동의 지원이 필수다.

#### (5) 통합성의 원칙

사회복지관은 사업을 수행함에 있어 지역 내 공공 및 민간복지기관 간에 연계성과 통합성을 강화시켜 지역사회복지 체계를 효율적이고 효과적으로 운영되도록 하여야 한다.

#### (6) 자원활용의 원칙

사회복지관은 주민욕구의 다양성에 따라 다양한 기능인력과 재원이 필요하므로 지역사회 내의 복지자원을 최대한 동원 · 활용하여야 한다.

#### (7) 중립성의 원칙

사회복지관은 정치활동, 영리활동, 특정 종교활동 등에 이용되지 않도록 중립성을 유지하여야 한다.

#### (8) 투명성의 원칙

사회복지관은 자원을 효율적으로 이용하고 운영과정의 투명성을 유지하여야 한다.

### 2) 사회복지관 사업의 대상

사회복지관 사업의 대상은 사회복지서비스 욕구를 가지고 있는 모든 지역사회주민을 대상으로 하되, 다음의 주민을 우선적인 사업대상으로 한다.

- 「국민기초생활 보장법」에 따른 수급자 및 차상위계층
- 장애인, 노인, 한부모가족 및 다문화가족
- 직업 및 취업 알선이 필요한 사람
- 보호 및 교육이 필요한 유아, 아동 및 청소년
- 그 밖에 사회복지관의 사회복지서비스를 우선 제공할 필요가 있다고 인정되는 사람

### 3) 사회복지관의 기능과 사업 내용

사회복지관은 지역사회의 특성과 지역주민의 복지욕구에 대한 조사결과를 바탕으로 해당 사회복지관의 실정에 적합한 사업내용을 자율적으로 결정할 수 있으나, 사회복지관의 3대 기능(서비스 제공 기능, 사례관리 기능, 지역조직화 기능)을 균형 있게 수행하여야 한다.

사회복지관의 사업은 초기에 사회복지관 설치 · 운영규정(1989. 6. 29.)에 의해 인구학적 특성에 따라 6대 분야의 복지서비스(가정복지사업, 아동복지사업, 청소년복지사업, 장애인복지사업, 노인복지사업, 지역복지사업)를 제공하였다. 그 이후 사회복지관의 사업은 「사회복지사업법 시행규칙」(2004. 9. 6.)에 의해 가족복지사업, 지역사회보호사업, 지역사회조직사업, 교육문화사업, 자활사업으로 분류되었다. 그러나 사회복지관의 사업분류는 사업의 대상이나 영역이 아니라 사회복지관이 수행해야 할 기능을 중심으로 재편되어야 한다는 논의를 반영하여 「사회복지사업법 시행규칙」의 개정(2012. 8. 3.)이 이루어졌다. 이에 따라 현재 사회복지관의 사업은 서비스 제공 기능, 사례관리 기능, 지역조

표 7-3 사회복지관의 기능 및 사업

| 기능 | 사업내용 |
|---|---|
| 서비스 제공 | 가족기능 강화, 지역사회보호, 교육문화, 자활지원 등 기타 |
| 지역조직화 | 복지네트워크 구축, 주민조직화, 자원 개발 및 관리 |
| 사례관리 | 사례발굴, 사례개입, 서비스연계 |

직화 기능으로 분류되고 있다(〈표 7-3〉 참조).

특히 사회복지관이 수행하는 서비스 제공 사업, 사례관리 사업, 지역조직화 사업 등의 근거를 2021년 12월에 개정된「사회복지사업법」제34조의5에 규정하고 있다(2022. 6. 22.시행). 이는 그동안 훈령이나 시행규칙에서 규정한 사회복지관의 사업을 법률에 명시하였다는 점을 의미한다. 구체적으로 보면, 사회복지관은 지역복지 증진을 위하여 다음과 같은 사업을 실시할 수 있다.

- 지역사회의 특성과 지역주민의 복지욕구를 고려한 서비스 제공 사업
- 국가 · 지방자치단체 및 민간 부문의 사회복지서비스를 연계 · 제공하는 사례관리 사업
- 지역사회 복지공동체 활성화를 위한 복지자원 관리, 주민교육 및 조직화 사업
- 그 밖에 복지 증진을 위한 사업으로서 지역사회에서 요청하는 사업

#### (1) 서비스 제공 기능

이 기능에 포함되는 사업분야는 가족기능 강화, 지역사회보호, 교육문화, 자활지원 등 기타 분야가 있다.

##### ① 가족기능 강화

- 가족관계 증진사업: 가족원 간의 의사소통을 원활히 하고 각자의 역할을 수행함으로써 이상적인 가족관계를 유지함과 동시에 가족의 능력을 개

발 · 강화하는 사업

- 교육 및 훈련 프로그램, 상담 및 검사

• 가족기능 보완사업: 사회구조 변화로 부족한 가족기능, 특히 부모의 역할을 보완하기 위하여 주로 아동 · 청소년을 대상으로 실시되는 사업
  - 아동 · 청소년 대상 방과후 돌봄 및 보육 · 교육, 진로 탐색 및 지도, 사회성 향상 집단프로그램, 학교사회사업 등
• 가정문제 해결 치료사업: 문제가 발생한 가족에 대한 진단 · 치료 · 사회복귀 지원사업
  - 신체 및 정신 장애인 교육 · 특수치료 · 사회적응 프로그램, 청소년 및 위기가정, 폭력 · 학대가정 개입 등
• 부양가족 지원사업: 보호대상 가족을 돌보는 가족원의 부양 부담을 줄여주고 관련 정보를 공유하는 등 부양가족 대상 지원사업
  - 치매노인 및 장애인, 만성질환자 등 부양가족 지원
• 다문화가정, 북한이탈주민 등 지역 내 이용자 특성을 반영한 사업

② 지역사회보호

• 급식서비스: 지역사회에 거주하는 보호대상 노인이나 결식아동 등을 위한 식사제공 서비스
  - 식사 및 밑반찬 배달, 경로식당 등 급식 운영
• 보건 · 의료서비스: 노인, 장애인, 저소득층 등 재가복지사업 대상자를 위한 보건 · 의료 관련 서비스
  - 의료, 간병, 각종 치료, 보건교육, 방문간호, 영양 서비스
• 경제적 지원: 경제적으로 어려운 지역사회주민을 대상으로 생활에 필요한 현금 및 물품 등을 지원하는 사업
  - 현금 및 후원품 지원
• 일상생활 지원: 독립적인 생활능력이 떨어지는 보호대상자들이 시설이 아닌 지역사회에 거주하기 위해서 필요한 기초적인 일상생활 지원서비스

– 가사서비스, 목욕 및 이용, 심부름, 차량지원, 주거환경 개선 등

- 정서서비스: 지역사회에 거주하는 독거노인이나 소년소녀가정 등 부양가족이 없는 보호대상자를 위한 비물질적인 지원서비스
  – 정서지원 및 멘토링 등
- 일시보호서비스: 독립적인 생활이 불가능한 노인이나 장애인 또는 일시적인 보호가 필요한 실직자 · 노숙자 등을 위한 보호서비스
  – 주단기보호, 쉼터, 공동생활가정 등
- 재가복지봉사서비스: 가정에서 보호를 요하는 장애인, 노인, 소년 · 소녀가정, 한부모가정 등 가족기능이 취약한 저소득 소외계층과 국가유공자, 지역사회 내 재가복지봉사서비스를 원하는 사람에게 제공하는 다양한 서비스
  – 가사, 간병, 정서, 결연, 의료, 자립지원, 주민교육서비스 등

③ 교육문화

- 아동 · 청소년 사회교육: 주거환경이 열악하여 가정에서 학습하기 곤란하거나 경제적 이유 등으로 학원 등 타 기관의 활용이 어려운 아동 · 청소년에게 필요한 경우 학습내용 등에 대하여 지도하거나 각종 기능교육(컴퓨터, 피아노, 미술, 태권도, 서예 등) 실시
  – 학습지도 및 예체능 등 각종 기능교육
- 성인기능교실: 기능 습득을 목적으로 하는 성인사회교육사업
  – 자격취득 교육 및 기능교육
  – 교양강좌
- 노인 여가 · 문화사업: 노인을 대상으로 제공되는 각종 사회교육 및 취미교실 운영사업
  – 노인건강운동교실
  – 여가 프로그램, 교육교양 프로그램
  – 경로당 지원사업

• 문화복지사업: 일반주민을 위한 여가 · 오락 프로그램, 문화 소외집단을 위한 문화 프로그램, 그 밖에 각종 지역문화행사사업
  – 일반주민 여가 프로그램
  – 소외집단 대상 프로그램(문화체험, 캠프 등)
  – 주민문화행사

④ 자활지원 등 기타
• 직업기능훈련: 저소득층의 자립능력 배양과 가계소득에 기여할 수 있는 기능훈련을 실시하여 창업 또는 취업을 하도록 지원하는 사업
  – 이용, 조리, 컴퓨터 등 기능훈련, 창업교실, 서비스 교육
• 취업 알선: 직업훈련 이수자와 기타 취업희망자를 대상으로 취업에 관한 정보 제공 및 알선사업
  – 가사도우미, 간병인, 사무원, 일용직 등 알선
  – 취업 · 부업 안내센터 및 창업정보센터 운영
• 직업능력 개발: 근로 의욕 및 동기가 낮은 주민의 취업욕구 증대와 재취업을 위한 심리적 · 사회적 지원 프로그램 실시사업
  – 근로의욕 고취 프로그램, 재활 프로그램
• 그 밖의 특화사업
  – 지역사회 욕구에 근거하여 특성화, 차별화된 특화사업 개발 · 운영

(2) 사례관리 기능

이 기능에는 사례발굴, 사례개입, 서비스연계 등 사업분야가 포함된다.

• 사례발굴: 지역 내 보호가 필요한 대상자 및 위기개입 대상자를 발굴하여 개입계획 수립
• 사례개입: 지역 내 보호가 필요한 대상자 및 위기개입 대상자의 문제와 욕구에 대한 맞춤형 서비스가 제공될 수 있도록 사례개입

- 서비스연계: 사례개입에 필요한 지역 내 민간 및 공공의 가용자원과 서비스에 대한 정보 제공 및 연계, 의뢰

**사회복지관의 사례관리**

1. 사례관리의 목적 및 목표

1) 목적: 복합적인 상황에서 도움을 필요로 하는 주민들을 대상으로 전문성을 기반으로 한 체계적인 욕구사정과 지역사회자원 연계를 통해 사례주민과 그 가족의 사회적 기능을 강화·유지한다.

2) 목표

▶사례주민의 욕구를 정확히 분석하여 개인에게 적합한 서비스를 제공·연계하고, 강점을 강화할 수 있는 실천 활동을 통해 문제해결역량을 강화한다.

▶사례주민의 비공식 자원 및 지역사회 지지체계 형성을 지원하여 사례주민의 사회적 관계망을 확장한다.

▶지역 내 다양한 서비스와 자원을 연계·활용하기 위한 통합사례관리 네트워크를 강화한다.

2. 사례관리의 대상

▶지역 내 복합적인 문제 및 욕구를 보이는 개인 또는 가족

▶국민기초생활수급자, 차상위 계층 및 기타 저소득층에 속하는 개인 또는 가족

▶경제적, 심리·사회적, 신체적 어려움으로 가족해체, 경제적 기능상실 등 위기상황에 놓인 개인 또는 가족

3. 사례관리 예시

▶〈case A〉: 'ㄴ' 종합사회복지관

사회복지관에서 서비스를 이용하고자 하는 모든 사람을 대상으로 초기상담을 진행하고, 사례관리 대상자를 선정하는 회의에 서비스 제공 부서가 함께 참여함으로써 복합적인 문제를 보이는 사례관리 대상자에게 가장 적절한 개입 방식을 선정하고 개별 욕구에 맞는 서비스를 효율적으로 연계할 수 있는 체계를 갖추고 있음

▶ 〈case B〉: 'ㅅ' 종합사회복지관

사례관리 대상자의 강점을 발견하고 활용할 수 있도록 지원하는 강점관점 지역기반 사례관리를 실시하고 있음. 사례관리 대상자의 욕구 또는 문제를 해결할 때 사례관리 대상자의 자원(강점, 이웃관계 등)을 우선 활용하는 방법을 모색하고, 비공식적 자원, 공식적 자원을 다음으로 지원할 것을 원칙으로 하고 있음

출처: 보건복지부(2024a).

### (3) 지역조직화 기능

이 기능에는 복지네트워크 구축, 주민조직화, 자원개발 및 관리 등이 포함된다.

#### ① 복지네트워크 구축

지역 내 복지기관 시설과 네트워크를 구축함으로써 복지서비스 공급의 효율성을 제고하고, 사회복지관이 지역복지의 중심으로서의 역할을 하도록 강화하는 사업

- 지역사회연계사업: 지역 내 유관기관 연계사업, 지역복지협의회 활동
- 지역욕구조사
- 실습지도: 사회복지전공 대학(원) 실습지도

#### ② 주민조직화

주민이 지역사회 문제에 스스로 참여하고 공동체의식을 갖도록 주민조직의 육성을 지원하고, 주민협력 강화에 필요한 주민의식을 높이기 위한 교육을 실시하는 사업

- 주민복지 증진사업
  - 지역행사
  - 주민편의 시설 제공 등 시설개방
  - 복지정보 제공
- 주민조직화사업
  - 주민조직 운영
  - 지역사회운동을 통한 지역문제 해결
- 주민교육
  - 주민지도자교육
  - 사회복지교육

③ 자원개발 및 관리

지역주민의 다양한 욕구 충족 및 문제해결을 위해 필요한 인력, 재원 등을 발굴하여 연계 및 지원하는 사업

- 자원봉사자 개발 · 관리
- 후원자 개발 · 관리

### 4) 사회복지관의 평가

사회복지관의 평가는 3년 주기로 이루어지고 있으며, 평가영역은 시설 및 환경, 재정 및 조직운영, 프로그램 및 서비스, 이용자의 권리, 시설운영 전반 등이다. 이 중에서도 프로그램 및 서비스 영역은 사회복지관 사업의 기능별로 평가되고 있다. 사례관리는 사례관리 실행체계, 사례관리 인력의 전문성, 사례관리 수행의 전문성, 사례관리 협력 연계로 평가지표가 구성되어 있다. 서비스 제공은 프로그램 기획의 전문성, 프로그램 수행과정, 프로그램 평가로 평가지표가 구성되어 있다. 지역조직화는 지역조직화 실행체계, 지역조직화 수

행의 전문성, 지역사회 네트워크로 구성되어 있다.

### 5) 재가복지봉사서비스

지역사회복지관과 함께 지역사회 내의 대표적인 직접서비스 실천기관으로서, 지역사회에서 일정한 시설과 전문인력 및 자원봉사자를 갖추고 필요한 재가복지봉사서비스를 제공하는 사회복지시설로 운영되던 재가복지봉사센터가 사회복지관에 통합되었다. 2009년 6월에 발표한 사회복지전달체계 개선 종합대책에서 제시한 사회복지시설 유형 및 기능 재조정에 따라 재가복지봉사센터는 사회복지관으로 흡수되는 방안으로 결정되었다. 이러한 기능조정방안에 따라 2010년부터 재가복지봉사센터는 사회복지관으로 흡수, 통합되었으며, 재가복지봉사센터에서 제공하는 서비스도 사회복지관의 서비스 제공 기능 중 지역사회보호의 재가복지봉사서비스로 현재 시행되고 있다.

재가복지봉사서비스는 가정에서 보호를 요하는 장애인, 노인, 소년·소녀가정, 한부모가족 등 가족기능이 취약한 저소득 소외계층과 국가유공자, 지역사회 내 재가복지봉사서비스를 원하는 사람에게 제공되는 가사, 간병, 정서, 결연, 의료, 자립지원, 주민교육서비스 등의 서비스를 말한다(보건복지부, 2024a).

우리나라에서 지역사회복지는 해방 이후 급속한 사회변화로 인한 사회혼란과 한국전쟁을 거치면서 불우한 환경의 아동, 노인, 장애인 등을 위한 수용시설사업이 주류를 형성하여 왔다. 그러나 수용시설에 대한 사회적 수요는 점차 감소하고, 상대적으로 재가복지에 대한 수요는 증가하고 있다. 특히 65세 이상 노인인구가 급속히 증가하여 현재 고령사회가 되었으며, 앞으로 초고령사회로 진입을 목전에 두고 있어 재가노인을 위한 다양한 서비스의 제공이 필요한 실정이다. 또한 장애인구의 증가와 재가장애인을 위한 서비스 수요의 증가도 지역사회보호 또는 재가복지에 대한 수요를 증대하는 요인이 되고 있다.

한편 우리나라에서 재가복지는 노인복지와 장애인복지의 민간분야에서 처음으로 시도되었는데, 노인복지분야에서는 1980년대 초에 한국노인복지회에서 노인결연사업, 상담사업 등을 추진하여 오다가 가정봉사원 파견사업으로 확대 실시되어 왔다. 장애인복지분야에서는 1980년대에 장애인재활협회, 서울장애인종합복지관 등을 중심으로 지역사회중심재활사업(community-based rehabilitation)이 실시되었다. 특히 재가복지서비스의 형태로 장애인 가정방문을 통한 상담, 진단치료, 교육 프로그램 등이 시행되었다.

1990년대에 들어 재가복지는 비로소 정부 차원의 지원을 받아 종합적인 프로그램으로 발전하게 되었다. 정부는 가정에서 보호를 요하는 장애인, 노인, 소년 · 소녀가정, 한부모가정 등 가족부양기능이 취약한 계층을 중심으로 지역사회 안에서 재가복지서비스를 제공하기 위하여 1992년부터 재가복지봉사센터를 설치 · 운영하였다. 재가복지봉사센터는 1980년대 이후 정부의 지원사업으로 설치가 확대된 기존의 사회복지관, 장애인복지관, 노인복지관 등에 전담인력, 장비 등 사업비를 추가 지원하여 복지관의 부설 형태로 설치 · 운영되었다. 그러나 2010년부터는 사회복지관에서는 센터를 흡수 · 통합하여 재가복지봉사서비스를 제공하고 있으나, 지역에 따라 장애인복지관 및 노인복지관에서는 재가복지봉사센터를 운영하고 있다.

주요 사업내용은 자원봉사자를 모집 · 교육하여 가정에서의 보호가 필요한 장애인, 노인, 아동과 저소득층 가정을 직접 방문하여 간병, 진료, 급식, 정서적 지원, 가사보조 등 일상생활에 필요한 각종 서비스를 제공하거나, 지역사회 내의 뜻있는 사람들과 양부모, 의형제를 맺어 주고 후원자를 알선하여 생활용품이나 용돈 등 경제적 지원을 하고 있다. 시설별 사업내용을 보면, 사회복지관에서는 저소득층 가정에 대한 종합적인 재가복지서비스를 제공하고, 장애인복지관에서는 재가장애인을 방문, 상담, 의료 · 교육 재활, 직업재활 등의 서비스를 제공하고 있다. 노인복지관은 경제적 · 정신적 · 신체적으로 독립적인 일상생활이 어려운 저소득 취약계층 노인들에게 일상생활지원, 정서지원, 정기적 사례관리 등 재가서비스를 제공하고 있다.

### (1) 우리나라 재가복지의 특성

앞서 살펴본 바와 같이 우리나라의 재가복지의 특성을 요약하면 다음과 같다.

첫째, 서비스 실천현장은 주로 민간 사회복지관 등이다. 영국의 공공기관과 각종 민간기관 등에 실천현장이 다양하게 분포되어 있는 것과는 대조적이다. 또한 우리나라에서는 소규모 거주시설(노인홈), 주간보호시설(day care center) 등에서의 서비스는 재가복지의 개념에서 제외되는 경향이 있다. 이것은 우리나라에서는 지역사회보호라는 광의의 개념(care at home or care from home)보다는 재가복지라는 협의의 개념(care at home)이 일반화되어 있는 경향에서 그 원인을 찾을 수 있다. 따라서 우리나라에서의 재가복지는 지역사회보호의 하위 개념으로 보아야 한다.

둘째, 서비스 실천의 주체는 주로 자원봉사자다. 재가복지봉사서비스를 위하여 전문인력이 배치되어 있으나 극소수이며, 이들은 자원봉사를 조직하여 배치하고 관리하는 업무를 주로 담당함으로써 다수의 서비스 대상인구에게 직접적으로 전문 서비스를 제공하기는 어려운 실정이다.

셋째, 서비스 실천의 대상은 가족기능이 취약한 재가노인이나 장애인, 아동이다. 따라서 앞서 언급한 바와 같이 가정과 유사한 소규모 주거시설 등에서의 보호대상자를 적극적으로 포함하지 못하는 한계가 있다.

### (2) 재가복지봉사서비스의 특성

재가복지봉사서비스는 가정에서 보호를 요하는 장애인, 노인, 소년・소녀가정, 한부모가족 등 가족기능이 취약한 저소득 소외계층과 국가유공자, 지역사회 내 재가복지서비스를 원하는 사람에게 제공되는 가사, 간병, 정서, 의료, 결연 등의 서비스를 말한다.

여기에서 '재가복지봉사서비스'란 개념이 갖고 있는 몇 가지 중요한 요소를 분류할 수 있다. 즉, 실천의 현장, 실천의 주체, 실천의 객체(내용), 실천의 대상이란 네 가지 요소가 바로 그것이다. 첫째, 재가복지봉사서비스를 제공하는 실천의 중심 또는 현장은 사회복지관 등 민간 사회복지기관이다. 둘째, 실천의 주체(subject)는 전문인력과 자원봉사자다. 셋째, 실천의 객체 또는 내용(contents)은 재가에서 이루어지는 다양한 사회서비스로서 가사, 간병, 정서, 의료, 결연 등의 서비스다. 이것은 재가복지봉사서비스란 개념 구성에서 가장 핵심적인 요소라고 할 수 있다. 넷째, 실천의 대상(target)은 가정에서의 보호가 필요한 장애인, 노인, 소년·소녀가정, 한부모가정 등 가족기능이 취약한 저소득 소외계층과 국가유공자, 지역사회 내 재가복지봉사서비스를 원하는 사람이다.

우리나라의 재가복지봉사서비스는 재가복지실천의 핵심적인 현장의 역할을 수행하고 있으며, 공공행정기관, 민간복지기관, 자원봉사자, 보호대상자와 밀접한 연계체계를 구성하고 있다.

- 행정기관과의 관계: 재가복지봉사서비스를 제공하는 사회복지관은 일선 서비스공급기관으로서 상급기관인 시·군·구 사회복지 관련 부서의 지도·감독을 받고, 기타 인접 읍·면·동, 보건소(보건지소) 등에서 지원을 받는다.
- 타 복지기관과의 관계: 국공립·민간 의료기관, 사회복지시설, 학교, 기업체, 종교단체, 각종 지역민간단체와는 협조체계를 유지한다.
- 자원봉사자와의 관계: 지역사회주민을 대상으로 자원봉사자를 모집하고 교육·훈련·배치하며, 이들에게서 재정적인 지원을 받을 수도 있다.
- 보호대상자와의 관계: 지역사회 내에 가족기능이 취약하여 재가복지봉사서비스가 필요한 노인, 장애인, 결손가정, 소년·소녀가정을 방문하여 상담, 가사, 간병, 정서적 서비스 등을 제공한다.
- 한국사회복지관협회와의 관계: 재가복지봉사서비스를 제공하는 사회복지관의 중앙협의기구로서 한국사회복지관협회는 사회복지관의 전문적 지역사회복지실천을 위한 제도 정비 등 정책건의, 사회복지관 우수프로그램 조사 및 보급, 사회복지관의 지원을 위한 각종 자원개발 사업추진, 사회복지관 종사자 직무교육, 홍보 등을 실시한다.

### (3) 재가복지봉사서비스의 기능과 역할

재가복지봉사서비스는 다음과 같은 다양한 기능과 역할을 수행한다.

- 조사 · 진단의 역할: 재가복지서비스 대상자 · 가정의 욕구조사와 문제의 진단 등을 통해 필요한 서비스의 종류를 선정한다.
- 서비스 제공의 역할: 재가복지서비스 대상별 측정된 욕구와 문제의 진단내용에 따라 직간접서비스를 제공한다.
- 지역사회자원 동원과 활용의 역할: 재가복지봉사서비스의 내실화와 대상자 및 가정의 욕구와 문제 해결을 위해 지역사회 인적 · 물적 자원을 동원하여 활용한다.
- 사업평가의 역할: 재가복지서비스사업을 평가하기 위하여 서비스 기능, 분야별 효과, 자원 동원 및 활용 효과 등에 관하여 자체 평가하고 그 결과가 사업에 활용되도록 한다.
- 교육기관의 역할: 자원봉사자와 지역사회주민에게 재가복지봉사서비스사업, 사회복지사업과 취미, 교양 등에 관한 교육을 제공한다.
- 지역사회 연대의식 고취의 역할: 지역사회 내의 인적 · 물적 자원의 연계를 통한 계층 간의 연대감을 고취한다.

### (4) 재가복지봉사서비스 운영의 기본원칙

재가복지봉사서비스의 운영원칙은 다음과 같다.

- 적극성의 원칙: 서비스 대상자의 요청을 기다리지 아니하고 적극적으로 서비스 요구를 발굴하여 필요한 서비스를 제공하여야 한다.
- 능률성의 원칙: 최소의 비용으로 최대의 효과를 얻기 위하여 인적 · 물적 자원을 효율적으로 운영하여야 한다.
- 연계성의 원칙: 다양한 서비스 욕구를 적절히 충족하기 위하여 행정기관, 사회봉사단체 등 관련 기관과 수시 연계체계를 갖추고 알선, 의뢰, 자원

봉사 등을 수행하여야 한다.

- 자립성의 원칙: 보호대상자에 대한 서비스는 본인의 신체적 · 정신적 · 사회적 자립과 자활을 조성하는 데 주안점을 두어야 한다.

#### (5) 재가복지봉사서비스의 내용

보호대상자의 인구적 특성과 욕구 유형에 따라 필요하다고 판단되는 서비스를 제공하되 그 주요 내용을 예시하면 다음과 같다.

- 가사서비스: 집안 청소, 식사 준비 및 취사, 세탁, 청소 등
- 간병서비스: 안마, 병간호 수발, 병원 안내 및 동행, 통원 시의 차량 지원, 병원수속 대행, 보건소 안내, 약품 구입, 체온 측정, 신체운동, 집안소독 등
- 정서적 서비스: 말벗, 상담, 학업 지도, 책 읽어 주기, 여가지도, 취미활동 제공, 행정업무 등
- 결연서비스: 서비스 대상자에 대한 생활용품 및 용돈 등의 재정적 지원 알선, 의부모 · 의형제 맺어 주기 등의 서비스
- 의료서비스: 지역의료기관, 보건기관과의 연계 및 결연을 통한 정기 또는 수시 방문 진료(링거 투약, 혈압 체크, 질병 상담 및 치료 등)
- 자립지원서비스: 탁아, 직업보도, 기능 훈련, 취업 알선 등 자립능력을 배양할 수 있는 내용의 서비스 등
- 주민교육서비스: 보호대상자의 가족, 이웃, 친지 등을 포함한 지역주민을 위한 재가복지봉사서비스 요령 및 방법 교육
- 기타 사회복지관 내 시설을 활용한 서비스

### 6) 사회복지관의 발전과제

사회복지관은 1983년에 개정된「사회복지사업법」제2조 사회복지사업의 정의에 '사회복지관 운영'이 포함됨으로써 법적 지위를 획득하였다. 그 이후 사

회복지관은 복지환경변화에 대응하면서 지역사회의 복지문제를 예방하고 해결하기 위하여 종합적인 복지서비스를 제공하는 등 우리나라 지역사회복지의 중심축으로서의 역할을 수행해 왔다.

그러나 통합사례관리사업의 도입, 지역사회보장협의체의 활성화, 찾아가는 보건복지서비스 및 지역사회 통합돌봄체계 구축 등 지역중심의 공공복지서비스가 질적으로 변화하고 있다. 또한 지역사회보장계획의 수립 및 시행으로 지방정부의 독자적이고 체계적인 지역사회복지서비스 공급이 확충되는 방향으로 발전하고 있다.

이러한 공공복지 전달체계의 변화와 복지서비스의 확충에 따라 사회복지관의 정체성과 발전 방향에 대한 논의가 새롭게 제기되고 있다. 왜냐하면 공공복지 전달체계의 변화는 사회복지관의 기능과 중복되거나 협력의 필요성이 요구되고 있기 때문이다. 따라서 지역사회복지서비스 전달체계로서 공공과 민간의 역할과 기능 분담이 이루어져야 하며, 지역의 특성을 고려한 사회복지관 사업의 탄력적 운영, 주민조직화 등 지역공동체 구축을 위한 사회복지관의 역할이 새롭게 정립되어야 한다. 그리고 민간부문의 자율적 운영의 강화에 따라 재정의 자율성과 책임성 확보를 위한 요구가 증대하고 있다. 특히 사회복지관 운영에 대한 지방 정부의 재정 지원에도 불구하고 보조금은 사회복지관 전체 운영의 기본운영비 지원에 지나지 않아 재정적 자율성과 민간자원 동원을 위한 새로운 활성화 방안의 모색이 필요한 실정이다.

제 8 장

# 지역사회의 공공복지실천

1. 공공복지실천의 의의
2. 공공복지실천주체의 전문인력
3. 공공복지실천의 전달체계
4. 지역사회 통합돌봄(커뮤니티 케어)
5. 지역사회서비스투자사업

BUS

## 1. 공공복지실천의 의의

### 1) 공공복지실천의 개념과 특징

누가 사회복지서비스를 제공하는가? 즉, 사회복지서비스의 공급주체 및 실천주체에 따라 사회복지의 유형을 구분할 수 있다. 사회복지서비스의 제공주체가 공공부문인가 민간부문인가에 따라 공공복지와 민간복지로 분류할 수 있으나, 사회복지서비스의 재정책임과 급여 전달책임에 따라 복지의 공급체계는 다양한 유형으로 분류할 수 있다. 예를 들어, 사회복지서비스의 재정 및 급여 전달이 공공부문이나 민간부문의 책임에 의해 수행되고 있는가, 아니면 재정책임은 공공부문에 있고 급여 전달은 민간부문에 의해 이루어지고 있는가에 따라 순수공공부문, 순수민간부문, 공공과 민간의 혼합 등으로 세분화된다.

공공복지의 특성을 살펴보면, 첫째, 서비스의 공급 및 실천 주체가 정부다. 둘째, 운영재원은 조세에 의한 정부재정으로 충당된다. 셋째, 서비스의 수급자격은 엄격히 규정되어 있는 편이며, 일정한 조건에 해당되면 차별 없이 서비스를 받을 수 있다. 그리고 공공복지는 민간복지에 비해 상대적으로 사회적 약자에 대한 보장의 보편성을 실현할 수 있으며, 법적 · 제도적 형태에 의해 적용대상을 포괄할 수 있는 강제성과 서비스 전달이 용이하고 사회연대성을 증진할 수 있다는 장점을 가지고 있다. 그러나 민간부문에 비해 공공복지는 소비자 선택의 자유 및 서비스 제공의 유연성 측면에서 비교우위가 떨어지며, 관료주의적 경향으로 융통성 발휘가 제약을 받을 수 있다는 단점이 있다.

이와 같은 공공복지의 특성에 기초하여 공공복지실천을 정의하면 개인, 집단, 지역사회의 삶의 수준을 개선하고자 노력하는 조직적이고 체계적인 활동으로서 정부 주도하에 사회복지서비스의 생산과 전달 등이 이루어지는 전문적이고 직접적인 개입활동이라 할 수 있다. 공공복지실천이 지역사회를 기초로 이루어지는 경우 지역공공복지실천으로 볼 수 있다. 따라서 지역공공복지실천은 첫째, 사회복지서비스의 실천주체는 지역사회의 복지집행기관으로 지방자치단체이며, 둘째, 전문인력인 사회복지전담공무원에 의해 법적 규정에 의한 사회복지업무를 수행하고 있으며, 셋째, 지역사회구성원의 욕구 충족과 문제 상황에 대처하기 위한 전문 서비스 제공 및 연계활동을 특징으로 한다.

### 2) 공공복지실천의 변화

현행 지역사회의 공공복지실천은 국민기초생활보장제도를 비롯하여 장애인, 노인, 소년·소녀가장 등의 공공부조업무를 중심으로 이루어지고 있고, 직접서비스와 관련된 사회복지업무를 사회복지관, 재가복지봉사센터 등 민간복지기관에 위탁하고 있는 실정이다. 따라서 앞으로 직접서비스에 대한 공공부문의 역할 강화와 함께 민간비영리부문과 유기적인 협조관계를 발전시켜야 할 것이다. 그리고 급증하는 복지욕구를 충족하기 위해서는 전문적이고 다양한 지역사회복지서비스를 발굴 및 제공하고 복지전담인력 및 복지인프라를 확충해야 할 것이다.

이러한 상황에서 지역공공복지실천과 관련하여 중요한 영향을 미칠 수 있는 변화로 사회복지 전달체계의 변화와 개편 논의, 지역사회서비스투자사업의 시행, 「사회보장급여의 이용·제공 및 수급권자 발굴에 관한 법률」의 제정(2014. 12. 30. 제정, 2015. 7. 1. 시행)을 들 수 있다(사회복지 전달체계의 변화와 개편 논의, 지역사회서비스투자사업에 대한 자세한 내용은 각각 3절과 4절에서 살펴볼 것이다).

「사회보장급여의 이용·제공 및 수급권자 발굴에 관한 법률」(「사회보장급여법」으로 약칭)의 주요 내용을 보면 다음과 같다.

첫째, 사회보장급여 지원대상자의 발굴을 위하여 업무담당자가 직권으로 필요한 급여를 신청할 수 있도록 하고, 타 급여와 연계하여 지속적인 지원이 필요한 경우에는 지원계획을 수립하여 맞춤형 급여를 제공할 수 있도록 함으로써 수급권자의 보호를 강화하였다.

둘째, 지역의 사회보장 증진 및 관련 기관 · 단체와 연계를 강화하고 사회보장 업무를 효율적으로 수행하기 위하여 시 · 도 사회보장위원회와 시 · 군 · 구 지역사회보장협의체, 읍 · 면 · 동 지역사회보장협의체를 설치할 수 있도록 하여 지역사회보장의 원활한 운영체계를 마련하였다(자세한 내용은 제9장 참조).

셋째, 지역주민에게 다양한 사회보장급여를 제공하기 위하여 지방자치단체장이 지역사회보장조사, 「사회보장기본법」의 사회보장기본계획과 연계된 지역사회보장계획 및 연차별 시행계획을 수립 · 시행 · 평가하여 지원할 수 있도록 하였다(자세한 내용은 제9장 참조).

넷째, 복지사각지대의 해소를 위하여 사회보장급여를 필요로 하는 지원대상자를 발견할 때 신고하도록 의무를 규정하고, 지원대상자 발굴을 촉진하기 위하여 민관협력에 관한 사항을 명시하였다.

「사회보장급여법」의 시행으로 지방자치단체의 사회서비스 제공책임의 강화, 민간기관 및 사회보장 관련 기관 간 협력을 통한 서비스 제공, 지역사회보장의 운영체계 구축 등 지역사회복지의 발전에 많은 영향을 미치고 있다. 현재 지역사회보장협의체의 운영성과는 지방자치단체별로 차이가 있지만, 지역사회에서 공공과 민간의 연계 및 협력의 필요성을 강화하였다. 또한 지역사회보장계획의 수립에 따라 공공복지의 실천주체인 지방자치단체의 역할이 증대되고 지역사회의 특성을 반영한 복지실천이 강조되고 있다.

## 2. 공공복지실천주체의 전문인력

공공복지실천의 주체는 제도적으로 또는 조직상으로 중앙정부와 지방자치단체다. 특히 지방자치단체는 지역사회를 대상으로 사회복지서비스의 집행기능을 수행하고 있고, 읍 · 면 · 동에서 서비스의 전달기능이 이루어지고 있다. 지역공공복지실천주체의 전문인력으로 사회복지전담공무원이 배치되어 공공복지업무를 수행하고 있다. 사회복지전담공무원은 과거에는 「사회복지사업법」 제14조에 명시하였다. 그러나 2017년 10월 사회복지사업법 개정으로 제14조가 삭제되었으며, 현재는 「사회보장급여법」 제43조에 사회복지전담공무원을 규정하고 있다.

한편, 지역공공복지실천주체로서 사회복지전담공무원, 사회복지공무원 또는 사회복지담당공무원 등 다소 혼란스럽게 명칭을 사용하고 있다. 사회복지전담공무원은 법적으로 규정하고 있으며, 사회복지사 자격증을 갖춘 사회복지직렬의 공무원을 의미한다. 반면에 사회복지공무원은 직렬구분에 따라 사회복지직렬의 공무원과 행정직 등 다른 직렬이면서 복지업무를 담당하는 공무원을 모두 포함하여 사회복지업무를 수행하는 공무원을 말하며, 일반적으로 사회복지담당공무원으로 지칭하고 있다. 여기에서는 사회복지직렬의 공무원을 의미하는 사회복지전담공무원의 연혁과 직무, 역할에 대해 살펴보면 다음과 같다.

### 1) 사회복지전담공무원의 연혁

사회복지전담공무원은 「사회보장급여법」 제43조 규정에 따라 사회복지업무를 담당하는 지방자치단체의 사회복지직 공무원으로서 주로 시·도 및 시·군·구, 읍·면·동에 배치되어 근무하고 있다. 1987년 49명이 최초로 배치되었으며, 1991년부터 읍·면·동에 본격적으로 배치되기 시작하였다. 그 이후 복지수요의 급증과 국민기초생활보장제도의 시행으로 채용인원이 급속히 증가하여 지역사회복지행정업무를 수행하고 있다. 특히 사회복지전담공무원은 과학적이고 사실을 반영한 자산조사를 통하여 국민기초생활보장제도의 성공적 도입·정착에 주도적인 역할을 수행하고 있으며, 복지체감도를 높이기 위한 현장밀착형 통합서비스를 제공하는 업무를 수행하고 있다.

사회복지전담공무원의 연혁을 살펴보면 1987년에 생활보호대상자(현재 국민기초생활보장수급자), 노인, 장애인 등 저소득 취약계층에게 전문적인 복지서비스를 제공하기 위하여 저소득 밀집지역인 읍·면·동에 별정직 사회복지전문요원으로 처음 배치되었다. 그 후 1992년에 「사회복지사업법」의 개정을 통해 사회복지전문요원의 법적 근거를 마련하였으며, 2000년 1월부터는 사회복지전문요원의 직렬이 별정직에서 일반직(사회복지직렬)으로 전환되었다. 이에 따라 과거에 사용되었던 사회복지전문요원이라는 명칭은 사용되지 않고 있으며 현재는 사회복지직렬의 공무원이며, 사회복지업무를 주로 담당한다는 의미에서 사회복지전담공무원으로 불리고 있다.

### 2) 사회복지전담공무원의 직무

사회복지전담공무원은 사회복지사 자격증 소지자 중 공무원임용시험을 통해 지방 사회복지직으로 시 · 군 · 구청장이 임용하며, 국민기초생활보장수급권자 조사 · 선정 · 급여 등의 공공부조와 노인, 장애인, 한부모가족 등에 대한 각종 사회복지서비스 제공, 사회서비스 바우처사업의 대상자 선정 등을 담당하고 있다. 보다 구체적으로 사회복지전담공무원이 담당하는 사회복지에 관한 전문적 업무를 보면, 다음과 같다. 첫째, 취약계층 발굴 및 상담과 지도, 사회복지에 대한 욕구조사, 서비스 제공 계획의 수립, 서비스 제공 및 점검, 사후관리 등 통합사례관리에 관한 업무, 둘째, 사회복지사업 수행을 위한 취약계층의 소득 · 재산 등 생활실태의 조사 및 가정환경 등 파악 업무, 셋째, 사회복지에 대한 종합적인 정보제공, 안내, 상담 업무 등이다.

다른 한편으로 시 · 군 · 구 및 읍 · 면 · 동의 복지업무를 중심으로 직무내용을 구분하여 살펴보면 〈표 8-1〉과 같다.

그러나 사회복지전담공무원의 직무 수행과 관련하여 제기되는 문제점은 다음과 같다.

첫째, 공공부조업무, 사회서비스 바우처 이용자 선정, 통합서비스의 제공 등 업무의 증가에 따른 업무과중의 문제다. 특히 공공부조업무 외에 타 업무의 중복수행 등으로 전문 서비스를 기대하기는 어려운 실정이다. 앞으로 지역사회의 특성을 반영하는 복지서비스의 확충이 요구되고 다양한 사회서비스에 대

표 8-1 시 · 군 · 구 및 읍 · 면 · 동의 복지업무 내용

| 구분 | 기능 | 단위업무 |
|---|---|---|
| 시 · 군 · 구 | 상담 | • (내방 민원 및 전화 · 인터넷 · 서식민원) 복지급여 및 서비스 신청 관련 초기 상담, 이의 신청 및 불만 관련 민원 응대, 서비스 안내 등<br>• (방문) 복지급여 및 서비스 신청 관련 대상자 가구 방문, 민원처리를 위한 타 기관(경찰서, 보건소, 학교, 각종 시설 등) 방문 |
| | 복지급여 · 서비스 신청 및 접수 | • 지원대상자 발굴 및 선정, 복지급여 신청 접수, 서류 검토 및 확인, 서류 전달 및 회신, 자료제출 요청, 시스템 관리 등 |
| | 복지급여 · 서비스 지급 행정 | • 급여 지급(자료생성내역 확인), 예산 관리 및 정산, 바우처 예탁금 지급 정산 |
| | 사업 기획 및 홍보 | • 사업의 개발 및 기획, 사업의 평가, 사업 홍보 관련 업무 |
| | 사업 관리 | • 사업 실적 및 성과 확인, 사업 운영 관련 문제 해결 및 타 부서(기관)와의 협조, 사업 관련 상부 기관 자료 제공(보고), 사업 관련 운영위원회 개최 및 관리 |
| | 대상자 관리 | • 대상자 변동사항 확인 및 관리(현금급여 수급), 대상자(사후)관리(재가서비스, 시설거주자, 자금융자) |
| | 시설관리 (거주시설, 이용시설) | • 시설의 등록, 설치 지원, 기능보강 등, 시설 위탁 관리, 시설의 운영 관리(운영비 지원–정산, 예(결)산서 검토 · 공고), 운영 점검, 지도감독, 행정처분, 거주자 관리, 이용자 관리 |
| | 자원관리 | • 관련 기관과의 연계 등 사업 수행에 필요한 자원 발굴 및 관리, 후원 및 기부물품 등 관리 |
| | 단체 및 법인 관리 | • 단체 및 법인 운영 관리, 보조금 집행 · 정산 및 지도 · 점검 등 |
| | 행사참여 | • 지자체 주관 행사 추진, 관내 타 기관 주최 행사 지원 |
| | 업무 관련 역량개발 | • 업무 관련 회의 참석, 업무 관련 교육 참여, 업무수행을 위한 지침 및 매뉴얼 숙지 |
| | 일반 행정업무 (복지 이외) | • 단순 안내, 결재 및 기안, 보고, 자료 작성, 업무의 자체 행사 참여, 선거 관련 업무, 타 업무 지원 등 |

| | | |
|---|---|---|
| 읍·면·동 | 상담 | • 급여신청자 초기상담 및 신청안내(내방, 전화, 방문 민원 모두 포함) |
| | 신청 · 접수 | • 급여신청 제출 서류 검토 및 확인(신청서, 기타 구비서류 등), 신청접수 및 시스템 입력 |
| | 대상자 사후관리 | • 관할지역 대상자 변동(자격 등) 내역 관리, 복지대상자 사후관리 |
| | 찾아가는 방문 상담 | • 찾아가는 방문상담 계획 수립, 담당 공무원의 직접 방문, 지사협, 통장 등 인적 안전망을 통한 방문상담, 사각지대 취약정보를 통한 방문상담 |
| | 복지사각지대 발굴 | • 전수조사 계획 수립, 전수조사 수행, 전수조사 사후관리 (서비스 연계, 사례관리 의뢰 등) |
| | 사례관리 | • 초기상담, 사례회의, 서비스 제공 및 점검, 종결 대상자 사후관리 (모니터링) |
| | 민관협력 | • 민관 네트워크, 인적 네트워크, 복지자원 관리, 민관협력 사업 |
| | 기타 행정업무 | • 행사 지원, 업무 지원, 기타 행정업무 지원 |

자료: 김회성 외(2018).

한 수요가 증대하여 사회복지전담공무원의 업무부담은 더욱 증가할 것으로 전망된다.

둘째, 사회복지전담공무원이 사회복지사와 공무원이라는 이중 역할을 동시에 수행함으로써 야기되는 정체성의 문제다. 정체성 문제는 과다한 업무환경에 기인한 바가 크지만, 공무원으로서 근무하는 행정조직의 환경과 전문직으로서 가지는 사회복지사의 가치 및 역할수행 사이에 갈등이 발생할 수 있다(강혜규, 2003b).

이와 같은 문제점을 해결하기 위해서는 승진기회 구조의 공평성, 업무환경의 개선 및 전문 서비스 제공을 위한 사회복지 전문인력의 확충 및 업무의 전문화, 복지체감도를 증진할 수 있는 전달체계의 정비 등이 이루어져야 한다.

### 3) 사회복지전담공무원과 지역사회복지실천

공공복지실천의 전문인력으로서 사회복지전담공무원은 기존 공공부조업무 외에 지역사회복지실천의 주체로서 위상을 확립할 필요가 있다. 물론 현재의 과다한 업무환경을 개선하고 사회복지사로서 본연의 업무를 수행하는 것을 전제로 한다. 「사회보장급여법」 제43조 3항에 "사회복지전담공무원은 사회보장급여에 관한 업무 중 취약계층에 대한 상담과 지도, 생활실태의 조사 등 사회복지에 관한 전문적 업무를 담당한다."라고 규정되어 있다. 이러한 법 조항에 따르면 사회복지전담공무원은 대상자의 선정 및 급여지급이라는 복지행정업무의 수행과 함께 다양한 문제 상황, 클라이언트의 특성 등을 반영하여 개별화되고 전문화된 서비스를 제공하는 전문가로서의 역할을 수행해야 한다.

예를 들어, 〈표 8-2〉에서 보는 바와 같이 상담가, 자원연결자, 사례관리자 등과 같은 사회복지전담공무원의 역할과 활동에 대한 규범적 접근은 복지대상자의 사회적·정서적 기능을 원조할 사회복지서비스의 강화와 밀접히 관련되어 있다.

따라서 사회복지전담공무원은 복지행정가적 접근을 넘어서 임상사회복지사로의 역할을 요구받고 있으며, 양자의 역할을 효과적으로 수행할 경우 지역사회복지실천가로서 위상을 정립할 수 있을 것이다. 이를 위해서는 한편으로는 사회복지전담공무원의 직무 및 역할을 둘러싼 외적 환경 측면에서의 변화, 즉 업무환경의 개선, 전담인력 배치의 효율화 및 개입서비스의 강화, 사회복지직에 대한 일반직 공무원의 인식 전환, 복지전담행정조직의 설치 등이 이루어져야 할 것이다. 다른 한편으로는 사회복지전담공무원의 전문성을 강화하려는 자기노력이 병행되어야 한다.

**표 8-2** 사회복지전담공무원의 임상사회복지사로서의 역할과 활동내용

| 역할 | 활동내용 |
|---|---|
| 자원연결자 | • 잠재적 수급권자 파악<br>• 자산조사 및 수급권자 욕구조사<br>• 공공부조대상자 책정<br>• 서비스 의뢰 및 시설입소 의뢰<br>• 취업정보 제공 및 알선<br>• 지역사회자원(물적 · 인적 자원) 개발 및 연결 |
| 대변자 | • 기초생활보장수급자 권익옹호<br>• 학대피해자(가정폭력, 아동 및 노인 학대 등)의 발견 및 보호<br>• 지역주민 조직화 |
| 교육자 | • 보호 대상자 자립, 자녀교육 관련 정보 제공<br>• 사회복지서비스 관련 정보 제공<br>• 구직 및 면접기술훈련<br>• 일반생활교육(건강 · 영양 지도 등)<br>• 가족생활교육(부모역할훈련, 자녀교육, 성교육 등) |
| 조력가 | • 욕구 및 문제의식, 문제해결의 주체의식 증진<br>• 욕구 및 문제해결의 동기 부여<br>• 문제해결환경 조성 |
| 사례관리자 | • 요보호(수발 및 보호 필요) 대상의 일상생활 상태 파악<br>• 다양한 서비스 제공자 연결<br>• 서비스 제공결과 확인<br>• 문제해결의 지속적 점검 및 사후관리<br>• 동원된 자원의 조정관리 |
| 상담가 | • 심리사회적 문제해결을 위한 전문적 개입(개별 · 집단 · 가족 상담) |
| 중재자 | • 서비스 제공자 간 의견 조정<br>• 수혜자와 서비스 제공자 간 의견 조정 |
| 자문가 | • 사례나 프로그램에 관한 전문 지식과 정보 제공 |
| 연구자/평가자 | • 지역사회 욕구조사, 지역사회문제 파악 및 해결방향 모색<br>• 프로그램 평가 |
| 프로그램 개발자 | • 욕구 및 문제해결을 위한 프로그램 기획 및 개발 |

출처: 최성재, 이영분, 윤현숙(1999).

## 3. 공공복지실천의 전달체계

사회복지 전달체계란 지역사회 내에 존재하는 사회복지서비스의 공급자 사이를 연결하기 위하여 또는 사회복지서비스의 공급자와 수급자 사이를 연결하기 위하여 만들어진 조직적 체계다. 사회복지 전달체계를 보면, 정책결정기능은 보건복지부에서 이루어지고 있고, 일선집행기능은 행정안전부 산하 시 · 도 → 시 · 군 · 구 → 읍 · 면 · 동으로 이어지고 복지수요자에게 최종적으로 전달되는 상의하달식의 수직적 구조를 가지고 있다. 이와 같은 사회복지 전달체계는 지역주민에 대한 서비스 제공의 포괄성 결여, 복지행정의 일관성 및 전문적 집행의 미흡, 수요자 중심의 복지서비스 제공의 비효과성 등의 문제로 인하여 개편방안이 요구되어 왔다.

그 결과, 지역공공복지 전달체계의 개편방안으로 사회복지사무소의 설치방안이 적극적으로 검토되어 2004년 7월부터 2006년 6월까지 2년간 시범사회복지사무소를 설치 · 운영하였으나, 사회복지사무소의 설치방안은 실현되지 않았다. 2006년 7월에는 시 · 군 · 구 단위에 주민생활지원국을 설치하여 운영하였다. 그러나 사회복지전담공무원의 업무과중 및 복지수요자의 복합적 욕구에 대한 대응 부족, 사례관리의 미흡 등으로 복지체감도의 문제가 지속적으로 제기되었다. 이러한 공공복지 전달체계의 문제점을 해소하기 위해 전달체계의 개편을 논의한 결과, 2012년 상반기부터 시 · 군 · 구에 희망복지지원단을 설치하여 운영하고 있다. 그리고 2013년에 국민 중심의 맞춤형 복지전달체계 구축방안을 수립하였으며, 2014~2015년에 읍 · 면 · 동 복지허브화 시범사업을 실시한 후, 2016~2017년에 읍 · 면 · 동 복지허브화를 추진하였다. 2017년부터는 찾아가는 보건 · 복지 서비스를 확대하고, 보건 · 복지 분야 통합 사례관리, 주민참여형 서비스 제공기반 마련 등 주민자치형 공공서비스를 실시하고 있다. 2023년부터는 주민접점의 최일선인 읍 · 면 · 동을 복지 · 안전 및 스마트한 행정기관으로 개선을 목적으로 하는 스마트복지 안전공동체를 추진하고 있

표 8-3 공공복지 전달체계 개편 추진경과

| 개편사례 | 주요 내용 |
|---|---|
| 사회복지전문요원제도 도입(1987) | • 별정직 공무원으로 사회복지전문요원을 배치하는 "사회복지전문요원 제도" 도입 |
| 보건복지사무소 시범사업(1995. 7.~1999. 12.) | • 보건과 복지의 연계 시도 |
| 사회복지사무소 시범사업(2004. 7.~2006. 6.) | • 복지전담기구에 복지인력 집중화를 통해 복지영역간 연계, 복지기획능력 제고 시도 |
| 주민생활지원서비스의 전달체계 개편(2006. 7.~2007. 7.) | • 보건복지 및 고용, 교육, 주거, 문화 등 8대서비스를 포함한 주민생활지원서비스 행정체계 도입 · 강화<br>• 민간협력강화 추진 |
| 희망복지지원단(2012. 5.~ ) | • 시 · 군 · 구 희망복지지원단 설치 · 운영<br>• 복지종합상담 및 통합사례관리사업 실시 |
| 읍 · 면 · 동 복지허브화 추진(2016~2017) | • 동주민센터 복지기능보강지침시행(2013) 및 읍 · 면 · 동 복지허브화 시범사업(2014~2015) 실시 후, 읍 · 면 · 동 복지허브화 추진 |
| 주민자치형 공공서비스 강화(2017~ ) | • 읍 · 면 · 동 복지기능강화와 찾아가는 보건복지서비스 제공<br>• 보건 · 복지 분야 통합사례관리, 주민참여형 서비스 제공기반 마련 |
| 스마트복지 안전공동체(2023~ ) | • 읍 · 면 · 동을 복지 · 안전, 스마트한 행정기관으로 개선<br>• IT기술과 데이터 공개 · 공유 기반으로 읍 · 면 · 동 혁신 |

자료: 행정안전부, 보건복지부(2024); 보건복지부 홈페이지에서 재정리.

다. 이러한 공공복지 전달체계 개편 추진경과를 정리하면 〈표 8-3〉과 같다.

여기에서는 공공복지 전달체계의 변천과정을 이해하기 위해 과거 공공복지 전달체계의 대안으로 논의되었던 사회복지사무소의 사범사업(2004. 7.~2006. 6.), 주민생활지원서비스 전달체계(2006. 7.~2007. 7.), 2012년 상반기부터 추진하고 있는 시 · 군 · 구 희망복지지원단, 2016~2017년의 읍 · 면 · 동 복지허브화 추진, 2017년부터 추진하고 있는 찾아가는 보건복지서비스, 2023년에 시작된 스마트복지 안전공동체에 대해 살펴보기로 한다.

### 1) 사회복지사무소의 시범사업(2004. 7.~2006. 6.)[1]

과거부터 지역공공복지 전달체계의 개편의 필요성은 끊임없이 제기되어 왔다. 즉, 복지문제와 욕구의 다양화 등 지역복지환경의 변화에 능동적으로 대응할 필요가 있으며, 기존 전달체계의 문제점으로 지적되고 있는 관련 복지기관 간 수평적 연계 · 조정의 미흡, 업무중복, 정책집행의 일관성 문제, 전문서비스 제공의 미흡 등으로 전달체계의 개편이 요구되었다. 이러한 사회복지 전달체계 개편의 필요성에 따라 지역공공복지 전달체계의 주된 개편방안으로 복지전담조직으로서 '사회복지사무소'의 설치방안이 유력하게 언급되었다. 사회복지사무소를 설치하여 공공복지의 인프라를 강화하는 방향으로 개편이 이루어져야 한다는 것이 핵심 사항이었다. 사회복지사무소의 설치에 따른 기대효과를 살펴보면 다음과 같다.

- 복지업무를 효율화 · 전문화하고 기초생활보장 및 노인, 장애인, 아동 등에 대한 복지서비스를 좀 더 내실 있게 제공하는 시스템으로 기능할 것이다.
- 사회복지사무소는 지역 내 다양한 복지주체의 중심축으로서 수요자의 욕구에 맞게 자원을 연계하는 조정자(coordinator)로서의 역할을 수행할 것이다.
- 지역복지 발전을 위한 종합계획을 수립하고 지역사회주민의 욕구를 반영한 정책을 개발 · 시행하는 등 지역사회복지 증진에 대한 지방자치단체의 역할을 강화할 것이다.

1) 이 내용은 보건복지부의 사회복지사무소의 시범사업 기본계획(2004. 1)을 주로 참조하였다.

사회복지사무소의 필요성과 설치의의에 기초하여 사회복지사무소의 시범사업을 2004년 7월부터 2006년 7월까지 시범적으로 실시하였다. 여기에서는 시범사업에서 제시된 사회복지사무소의 목표와 기능, 조직구조와 주요업무를 살펴보기로 한다.

### (1) 사회복지사무소의 목표와 기능

#### ① 사회복지사무소의 목표

- 사회복지사무소는 사회복지행정과 서비스 제공의 체계화를 가능하게 하는 주요 경로가 될 것이다. 이러한 사회복지사무소의 설치는 복지정책의 효율적인 집행으로 국민이 체감하는 복지 구현과 수요자 중심의 복지 전달체계의 확립, 지역사회복지에 대한 민간참여의 확대를 도모한다.
- 사회복지사무소는 공공부문의 사회복지행정 및 서비스 전달체계의 확립을 통해 국민기초생활보장제도를 비롯한 각종 공공부조제도의 효율적 집행과 그동안 대응하지 못했던 각종 사회문제에 대한 개입, 민간복지기관과의 협력을 강화하여 서비스의 양적 · 질적 향상을 도모한다.
- 사회복지사무소는 지역사회의 사회복지업무를 기획 · 집행할 수 있는 전담조직을 설치하여 기존 읍 · 면 · 동에서 분산적으로 수행되었던 복지업무를 통합함으로써 업무수행의 효율화와 전문화를 도모한다.

#### ② 사회복지사무소의 기능

- 시 · 군 · 구 단위 지방행정기관으로서 사회복지 관련 사무를 전담한다.
- 국민기초생활보장제도를 비롯한 공공부조제도를 집행한다.
- 노인, 장애인, 아동, 가족 등에 대한 기존 공공복지서비스제도를 집행하고 기초사례관리를 수행한다.
- 지역단위 사회복지의 종합기획과 지역사회복지 프로그램을 기획하고 개발한다.

- 지역사회 공공 · 민간자원을 관리, 조정, 연계한다.
- 지역사회복지의 중심 경로로서 관련 민간복지기관과의 협력을 증진한다.

### (2) 사회복지사무소의 조직구조 및 업무

#### ① 사회복지사무소의 조직구조

시범사회복지사무소의 조직구조는 인구규모가 반영된 지역별 행정구역과 해당 지역의 직제를 고려한 다음과 같은 3개의 대표모형을 구성하며, 복지자원과 접근성의 기준은 지역 여건에 따라 보완 적용하도록 하였다.

- 대도시형(3개과형): 대도시형의 적용 지역은 특별시 · 광역시의 자치구(도의 시 지역 일부 포함) 중 현재 시 · 구에 사회복지 관련 과가 2개 설치된 지역이며, 지역 특성으로는 인구가 많고(약 40만 명 이상), 비교적 민간복지자원이 풍부하며, 교통이 편리하여 접근성이 양호한 지역을 중심으로 설치된다.
- 일반도시형(2개과형): 일반도시형의 적용 지역은 일반적인 중소도시인 도의 시 지역(특별시, 광역시의 자치구 일부 포함) 중 현재 시 · 구에 사회복지 관련 과가 1개 설치된 지역이며, 지역 특성으로는 인구 약 10~40만 명 수준이고 대체로 민간복지자원의 분포가 양호하며, 도시 지역이므로 접근이 어렵지 않은 지역이다.
- 농어촌형(1개과형): 농어촌형의 적용 지역은 도의 군지역 전체, 도의 시 지역 중 국 단위 조직이 없는 소도시 일부가 포함된 지역이며, 지역 특성으로는 인구가 적고(약 10만 명 이하), 대부분 활용 가능한 복지자원이 적으며, 교통이 불편하고 사무소까지의 거리가 멀어 접근성이 떨어지는 지역이다.

② 사회복지사무소의 업무

시범사업에서 제시된 사회복지사무소의 업무는 팀별로 업무내용을 명시하였으며, 그중 사회복지사무소의 설치효과를 높이기 위해 핵심적인 역할을 할 팀은 복지상담팀, 복지기획팀, 통합조사팀, 서비스연계팀, 자활지원팀 등이다. 각 팀별 주요 업무 및 역할을 살펴보면 다음과 같다.

복지상담팀은 지역사회주민의 접근성을 높이고, 초기상담(intake)을 전문화하여 충분한 시간을 투입함으로써 수급자 선정의 정확도를 제고하고 서비스 수급의 포괄성을 향상하는 데 초점을 둔다.

복지기획팀은 지역사회복지협의체의 구성 및 운영, 지역복지전산망의 운영 등 공공・민간 기관 간의 협력체계를 구성하여 지역복지시스템을 구축하고 해당 지역의 자원 활용 및 서비스 제공을 체계화하는 역할을 담당하게 된다. 그리고 지역 특성 및 주민욕구를 반영한 수요자 중심의 서비스를 확대하는 데 초점을 둔다.

통합조사팀은 공공부조 및 사회복지서비스 대상 선정에 필요한 자산조사를 전담하는 팀으로서 자산조사의 정확도를 높이고 복지행정업무 수행의 효율성을 향상하는 데 초점을 둔다.

서비스연계팀은 서비스의 질적 제고 및 양적 확대를 도모할 것이며, 서비스 제공의 연계기능이 강화됨으로써 서비스 이용의 대상별・지역별 형평성 제고는 물론 서비스의 다양성 및 통합성을 강화하는 데 초점을 둔다.

자활지원팀은 대상자 특성에 따른 자활지원의 개별화를 통하여 자활사업의 효과성이 향상되고 지역 내 자활사업의 종합계획과 자활기관의 관리를 통하여 지역 내 자활사업의 활성화, 전문성 제고, 고용지원과 복지사업의 연계기반 강화에 초점을 둔다.

이와 같은 사회복지사무소의 업무분담을 통한 기대효과를 살펴보면, 첫째, 팀 체제를 기반으로 하기 때문에 업무의 효율성을 높일 것이며, 복지전담조직에서 복지업무에 전념함으로써 사회복지 전문인력의 효율적 활용이 가능할 것이다. 둘째, 업무수행절차의 단순화와 전문성이 강화됨으로써 복지행정업무 수행의 체계화와 전문화를 유도할 수 있을 것이다. 셋째, 지역사회복지협의체를 중심으로 복지서비스 및 자원활용을 연계하고, 복지대상자 가구별·개인별 욕구에 부합하는 맞춤서비스를 제공함으로써 수요자 중심의 복지서비스를 제공할 수 있을 것이다.

### (3) 사회복지사무소의 시범사업 결과

앞에서 살펴본 사회복지사무소의 조직목표와 업무내용에 기초하여 시범사회복지사무소가 설치·운영되었으며, 2006년 6월에 시범사업이 종료됨에 따라 시범사회복지사무소의 운영에 대한 평가가 이루어졌다. 시범사회복지사무소는 사회복지행정과 서비스 전달체계의 체계화, 서비스의 양적·질적 향상, 복지업무의 통합을 통하여 업무수행의 효율화와 전문화를 목표로 하였다. 그러나 시범사회복지사무소 운영을 위한 충분한 인력과 재정지원이 이루어지지 못한 가운데 시범사업에 대한 평가는 긍정적인 측면과 부정적인 측면이 엇갈렸다. 또한 사회복지사무소의 전면적인 확대를 위한 정책 의지의 부족으로 사회복지사무소 설치를 통하여 이루고자 하였던 당초의 목표에도 불구하고 통합된 전달체계로서 사회복지사무소의 설치는 실현되지 못하였다. 이러한 운영평가와 함께 새로운 지역공공복지 전달체계에 대한 논의를 통해 2006년 7월부터 시·군·구 단위에 주민생활지원국이라는 새로운 복지행정조직 개편이 시범적으로 이루어졌으며, 1단계에는 자치구 및 일반시의 일부 동 지역, 2007년 1월에는 자치구 및 일반시의 모든 동 지역, 2007년 7월부터는 도·농 복합도시 및 군의 모든 읍·면 지역 등 단계적으로 확대하여 주민생활지원서비스의 전달체계를 구축하였다.

## 2) 주민생활지원서비스의 전달체계(2006. 7.~2007. 7.)[2)]

주민생활지원서비스의 전달체계는 복지, 보건, 주거, 고용, 평생교육, 생활체육, 문화, 여가 등 8대 서비스 전반에 대한 통합적인 연계시스템과 종합적인 정보제공체계를 구축하여 주민편의를 증진하고 찾아가는 서비스 실현, 서비스 접근성 및 신뢰성, 체감도를 제고하기 위해 시 · 군 · 구에 전담부서를 설치하며, 읍 · 면 · 동에 주민생활지원담당을 설치하는 행정조직 체계를 말한다. 여기에서는 주민생활지원서비스 전달체계의 개편배경과 주요 내용에 대해 살펴보기로 한다.

### (1) 주민생활지원서비스 전달체계의 개편 배경

주민생활지원서비스 전달체계의 개편 배경은 복지문제와 욕구의 다양화 등 지역복지환경의 변화와 기존 전달체계의 한계에서 찾을 수 있다. 이를 구체적으로 살펴보면 다음과 같다.

첫째, 지역사회복지 환경의 변화로 새로운 복지수요의 창출과 지역사회복지업무의 증대, 지방의 자율성과 책임성의 증대를 들 수 있으며, 이러한 변화에 효율적으로 대응하기 위해서는 사회복지전담의 행정기구의 설치가 필요하다. 고령화, 핵가족화 등 사회적 · 경제적 여건 변화로 국민의 복지욕구가 급증하고 있으며, 신빈곤층의 대두, 가족해체 및 위기가정 증가 등으로 새로운 복지수요를 창출하고 있다. 이러한 다양한 복지수요에 대응하기 위한 효과적인 체계의 마련이 필요하다.

둘째, 지방자치단체의 정책기획과 집행의 일관성 및 전문성을 발휘하는 데 한계가 있다. 보건복지부의 정책이 일선 담당자에게 전달되는 통로인 시 · 도, 시 · 군 · 구의 복지담당과는 단순히 읍 · 면 · 동으로 전달하는 역할에 국한함으로써 지역 실정에 맞는 정책 조정 및 정책 개발이 미흡한 실정이다. 그리고 사회복지기능의 지방이양 등 지방자치단체의 자율성 · 책임성이 강화되고, 지역사회 중심의 복지 전달체계의 확립에 대한 요구가 거세지고 있다. 이를 주도할 수 있는 지방자치단체의 책임성과 자율성을 강화할 수 있는 복지전담행정

2) 이 내용은 보건사회연구원(2007), 행정안전부(2008)의 자료를 주로 참조하였다.

기구가 필요하다.

셋째, 기존 전달체계하에서는 행정기관 및 관련 기관 간 수평적 연계 · 조정의 미흡으로 인해 업무의 중복 · 누락 · 비효율이 초래되고 있다. 즉, 공공 · 민간복지기관 간 정보 공유와 연계 · 협력체계가 구축되지 않아 개별적으로 대응함으로써 복지서비스의 중복 · 누락으로 전반적으로 업무의 효율성이 저하되고 있다.

넷째, 사회복지전담공무원은 업무가 가중되고 업무의 전문화가 이루어지지 않은 채 모든 복지업무를 전담하고 있다. 그 결과 행정업무에 급급하고, 취약계층의 발굴, 상담 및 찾아가는 서비스 등 전문 서비스의 제공이 곤란한 실정이다.

이상과 같이 주민생활지원서비스 전달체계의 개편 취지는 복지환경변화 및 복지수요에 대한 대응, 지방자치단체의 자율성 및 책임성 강화, 지역사회 자원 활용을 통한 서비스 연계체계 구축, 복지업무의 질적 개선 등에서 찾을 수 있다. 따라서 주민생활지원서비스 전달체계 구축은 지방자치단체 단위로 서비스 제공을 위한 정책기획력 및 책임성 제고, 수요자 중심의 서비스 제공기반 조성과 서비스의 전문화 증진, 욕구에 맞춘 서비스, 찾아가는 서비스 등 서비스의 대응성 향상 등을 목표로 한다. 궁극적으로 주민생활지원서비스 전달체계는 지역주민의 삶의 질 향상을 위한 서비스 충족에 있으며, 이를 위해 주민생활지원서비스를 강화하기 위한 조직 개편, 복지행정인력의 의식 및 행태 변화, 서비스 연계를 위한 민관협력체계의 조성 및 지역자원의 역량강화에 주안점을 두었다.

### (2) 주민생활지원서비스 전달체계의 내용

#### ① 조직 개편: 인력 및 업무 재배치

복지, 보건, 주거, 고용, 평생교육, 생활체육, 문화, 여가 등 8대 주민생활지원서비스를 제공하기 위해 시 · 군 · 구에 주민생활지원 전담부서를 설치하고,

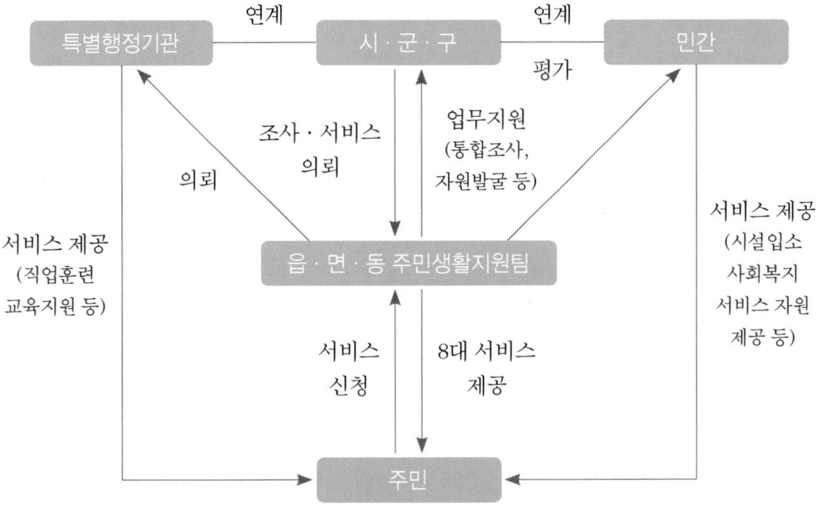


[그림 8-1] 주민생활지원서비스의 제공체계도

출처: 행정안전부(2008).

이 부서에 '총괄기획담당' '서비스연계담당' '통합조사담당'을 신설하여 업무의 전문화를 통한 서비스 제공능력을 강화하였다. 그리고 읍 · 면 · 동에 주민생활지원담당을 설치하여 심층상담, 현장방문, 사후관리기능 등 일선창구의 역할을 담당하는 것으로 조정하였다. 즉, 시 · 군 · 구 본청은 복지기획, 통합조사, 서비스 연계, 급여지급, 긴급지원 등의 업무에 집중시키고, 읍 · 면 · 동은 주민생활지원서비스 관련 기능을 강화하는 방향으로 개편되었다. 읍 · 면 · 동의 일반행정 및 민원업무와 사회복지업무의 일부를 시 · 군 · 구에 이관하였으며, 이에 따른 여유 전문인력을 시 · 군 · 구의 전담부서로 이동 배치하였다. 또한 읍 · 면 · 동에 사회복지직과 행정직 간 합리적인 업무분담을 통한 협업적 업무체계를 구축하여 주민생활지원서비스를 제공하는 방향으로 조직 개편을 추진하였다.

### ② 주민통합서비스 제공체계의 구축

주민생활지원서비스의 전달체계의 핵심은 복지, 보건 등 8대 서비스를 영유아, 아동 · 청소년, 중장년, 노인, 여성, 장애인 등 6대 대상별로 연계하여 수요자 중심의 통합서비스를 종합적으로 제공하는 데 있으며, 취약계층 등 보호 및 서비스가 필요한 주민 욕구를 최대한 발굴하고 이를 충족하기 위한 공공 · 민간 서비스를 최대한 연계하여 지원할 수 있는 체계를 구축하는 데 있다.

주민생활지원서비스의 제공체계도를 [그림 8-1]에서 살펴보면, 읍 · 면 · 동 주민생활지원팀은 통합서비스 제공의 최일선 창구로서 8대 서비스의 신청접수를 받고 서비스 실시계획을 수립하여 시 · 군 · 구-민간과의 서비스 연계를 통해 필요서비스를 안내하거나 종합 제공하는 역할을 수행한다. 따라서 읍 · 면 · 동 주민생활지원팀은 심층상담, 현장방문, 사후관리 등 찾아가는 서비스를 실현하고, 각종 종합적인 정보 제공, 상담, 관련 기관 의뢰 · 연결 등 주민통합서비스 일선창구 역할을 하고 있다.

시 · 군 · 구의 주민생활지원서비스 전담부서에서는 읍 · 면 · 동의 업무진행이 원활히 이루어질 수 있도록 통합조사와 주민생활지원서비스에 대한 정책기획기능을 보강하고 주민생활서비스 종합계획 수립, 지역자원조사 개발 및 관리, 주민생활서비스 민관협의체의 구성 등을 포함하여 주민생활지원서비스의 인프라 제공을 하고 있다.

주민생활서비스 종합계획은 시 · 군 · 구청장이 수립주체가 되어 8대 서비스에 대한 통합서비스 제공 기반을 조성하기 위한 것으로 서비스 분야별 기본계획을 말한다. 기본계획의 내용은 지역 특성, 주민생활서비스 정책의 비전과 방향, 분야별 사업계획, 지역자원의 발굴 및 활용, 행정 · 재정계획, 자체평가 및 향후 과제 등을 중심으로 이루어진다.

지역자원조사 개발 및 관리 방안은 지역사회에 산재한 공공 및 민간 서비스 자원을 주민생활통합정보시스템을 통해 지속적으로 발굴하고 체계적으로 관리하는 것은 물론 실시간 정보 제공으로 실질적인 통합서비스의 제공 기반을 구축하는 것을 목적으로 한다.

주민생활서비스 민관협의체는 시 · 군 · 구 단위로 활용 가능한 공공과 민간의 8대 분야별(복지, 보건, 주거, 고용, 평생교육, 생활체육, 문화, 여가) 주민생활서비스 자원을 영유아, 아동 · 청소년, 중장년, 노인, 여성, 장애인 등 6대 서비스 대상별로, 연계 및 네트워크를 통하여 공공기관협의회(지방자치단체, 중앙행정기관의 일선기관, 특수행정기관의 관계자 등으로 구성된 협의회)와 주민협의회(민간 영역에서 주민생활서비스를 제공하는 민간기관, 시설, 단체, 개인 등으로 이루어진 민간 네트워크), 지방자치단체가 상호 협력하는 거버넌스 체계를 말한다. 그러나 주민생활서비스 민관협의체는 주민생활서비스를 민관협력을 통해 전달하는 체계이지만, 기존 지역사회복지협의체의 역할과 기능, 구성 면에서 중복되고 있어 지역사회복지협의체와 주민생활서비스 민관협의체 간의 관계가 새롭게 정비되거나 통합 · 운영되었다.

③ 주민생활기능 강화 및 업무 여건 개선

서비스 대상자의 상담 여건의 조성 및 대면서비스를 효율적으로 제공하기 위하여 상담실을 설치하고, 사례회의를 통한 업무 중심의 의사소통구조를 확립한다. 그리고 업무의 효율화 및 서비스의 실질적 연계를 위한 통합정보시스템을 구축하는 것을 주요 내용으로 한다.

### 3) 시 · 군 · 구 희망복지지원단과 읍 · 면 · 동 기능 개편

#### (1) 시 · 군 · 구 희망복지지원단(2012~현재)

주민생활지원서비스 전달체계로 개편되었음에도 기대한 효과에 비해 실효성이 떨어져 여전히 복지체감도가 낮고, 인력 재배치의 결과 읍 · 면 · 동의 인력부족, 업무부담의 증대로 사례관리 등 전문 현장지원서비스의 부재 및 신속성이 저하되는 문제가 있었다. 이러한 상황과 관련하여 보건복지부는 복지를 중심으로 주민밀착형 서비스가 가능하도록 공공기관과 민간복지기관의 협업구조를 마련하여 복지체감도를 높이려는 전달체계 개선 노력을 한 결과, 2012년 상반기에 전국 시 · 군 · 구에 희망복지지원단을 설치하였으며, 현재에도 운영하고 있다. 따라서 여기에서는 현재 운영하고 있는 희망복지지원단을 중심으로 살펴보고자 한다.

희망복지지원단은 복지 · 보건 · 고용 등 다양한 문제를 가진 저소득 주민에게 필요한 서비스를 최대한 통합 · 연계 제공하는 것을 목적으로 한다. 시 · 군 · 구 희망복지지원단은 읍 · 면 · 동 주민센터의 충실한 상담을 거친 저소득 주민에게 공공과 민간이 보유한 각종 자원과 서비스를 맞춤형으로 연계 제공하고, 그 과정을 계속해서 모니터링해 나가는 역할을 수행한다. 그리고 희망복지지원단은 지역주민에게 원스톱(One Stop) 서비스를 제공하기 위하여 지역에서 활동하는 다양한 공급기관과의 연계 · 협력을 추진하고 있다. 희망복지지원단의 특성을 살펴보면 다음과 같다(보건복지부, 2024b).

① 희망복지지원단의 개념 및 목표

희망복지지원단은 복합적 욕구를 가진 대상자에게 통합사례관리를 제공하고, 지역 내 자원 및 방문형서비스 사업을 총괄 · 관리함으로써 지역단위 통합서비스 제공의 중추적 역할을 수행하는 전담조직이다.

희망복지지원단은 민관협력을 통한 지역단위 통합적 서비스 제공체계를 구축 · 운영함으로써 찾아가는 보건복지서비스 제공 및 지역주민의 복지체감도를 향상시키는 것을 목표로 한다. 그리고 기초수급자 및 차상위 계층 등 빈곤층의 탈빈곤 · 빈곤예방을 주요 목표로 하고, 전체 지역주민의 다양한 복지수요에도 능동적으로 대응하고 있다.

② 희망복지지원단의 조직구성 및 인력배치

희망복지지원단의 조직구성은 시 · 군 · 구별로 상이한 충원 인력 규모, 기존 독자적 사례관리 모델 운영 등을 고려하여 각 지자체 특성에 맞게 추진되고 있다. 예를 들어 1개 팀(희망복지지원팀), 2개 팀(희망복지지원팀, 복지자원관리팀), '과' 단위 구성[희망복지지원단(과)에 기획, 자원담당, 통합사례관리, 자활 · 고용 등], 기타(동 중심의 사례관리 운영 등) 등으로 지역 특성에 맞는 다양한 형태로 운영이 가능하다. 그리고 희망복지지원단의 인력은 경력 있는 사회복지직

공무원을 통합사례관리 담당으로 배치하고, 통합사례관리의 업무를 전담하는 통합사례관리사를 두고 있다. 또한 내부 · 외부 슈퍼바이저 및 현장 슈퍼바이저(통합사례관리사)를 중심으로 슈퍼비전체계를 구축하여 운영하고 있다.

### ③ 희망복지지원단의 추진체계

희망복지지원단의 추진체계는 [그림 8-2]와 같다. 각 추진 주체별 역할을 보면, 보건복지부는 사업기본계획 수립 및 사업지침 시달, 사업 관리 · 감독 및

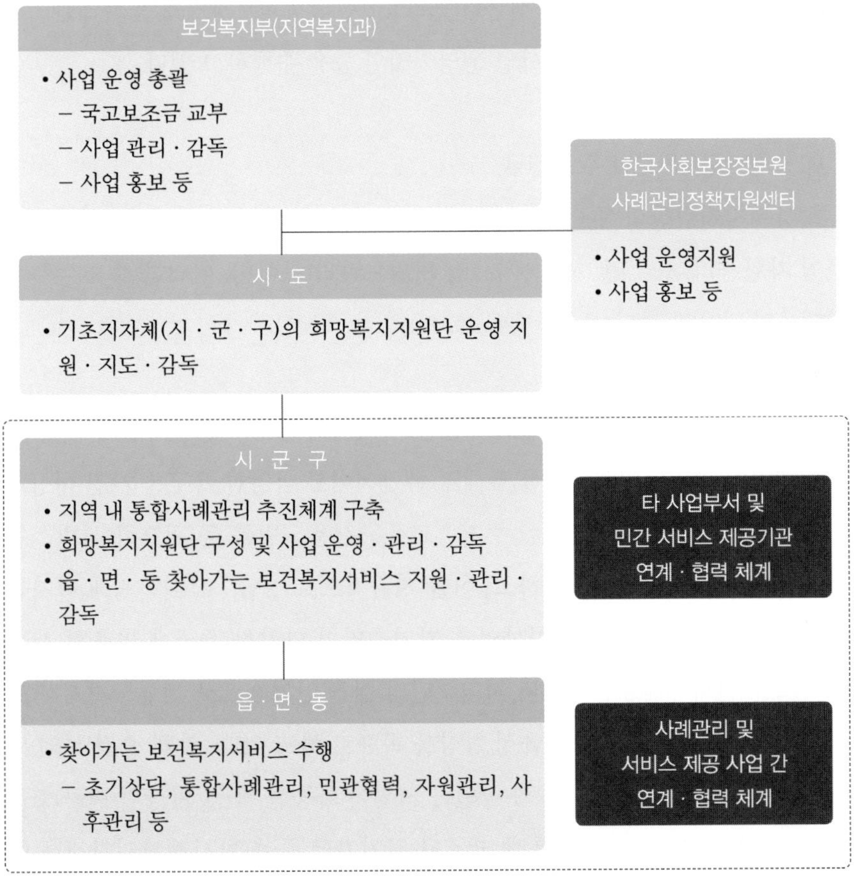


[그림 8-2] 희망복지지원단의 추진체계

출처: 보건복지부(2024b).

사업평가 등 사업운영을 총괄한다. 광역자치단체(시 · 도)는 시 · 군 · 구 희망복지지원단 운영 · 관리에 대한 지원, 시 · 군 · 구의 위기가구 발굴 지원 및 사례관리 연계 체계 구축 지원, 사례관리정책지원센터 등 유관기관과 협력체계 구축 등 시 · 군 · 구 희망복지지원단 운영지원 · 지도 · 감독 등을 담당한다. 기초자치단체(시 · 군 · 구)는 희망복지지원단 설치 · 운영, 통합사례관리사업 운영 · 관리, 복지위기가구 및 차상위계층 지원 등 지역보호체계 운영 등 희망복지지원단 구성 및 사업 운영 · 관리 · 감독 등을 담당한다. 읍 · 면 · 동은 찾아가는 복지상담, 사각지대 발굴, 통합사례관리, 지역자원 발굴 및 연계 등 찾아가는 보건복지서비스를 수행한다. 그리고 한국사회보장정보원 사례관리정책지원센터는 통합사례관리사업 운영 · 지원 등을 수행하고 있다.

④ 희망복지지원단의 주요 업무

희망복지지원단의 주요 업무로는 통합사례관리, 사례관리 연계 · 협력체계 운영 자원관리, 읍 · 면 · 동 복지사업 지원 · 관리 등이며, 이러한 주요 업무를 살펴보면 다음과 같다(보건복지부, 2024b).

- 통합사례관리: 통합사례관리사업은 지역사회 공공 · 민간자원에 대한 체계적인 관리 · 지원체계를 토대로 복합적이고 다양한 욕구를 가진 대상자에게 복지 · 보건 · 고용 · 주거 · 교육 · 신용 · 법률 등 필요한 서비스를 통합적으로 연계 · 제공하고, 이를 지속적으로 상담 · 모니터링해 나가는 사업이다. 통합사례관리사업은 지역주민의 다양한 욕구에 맞춤형 서비스를 연계 · 제공함으로써 지역주민의 삶을 안정적으로 지원 · 지지하고, 복지제도의 효과성 · 효율성 향상을 목표로 하고 있다. 특히 중점 사업 대상은 통합사례관리를 통해 탈빈곤 지원이 가능한 가구, 차상위 빈곤가구, 복지사각지대 조사를 통해 발굴된 위기가구 중 통합사례관리가 필요한 가구 등이다. 통합사례관리의 절차는 [그림 8-3]에서 보는 바와 같이 대상자 발굴, 초기상담, 대상자 접수, 욕구 및 위기도 조사, 사례회의 개최,

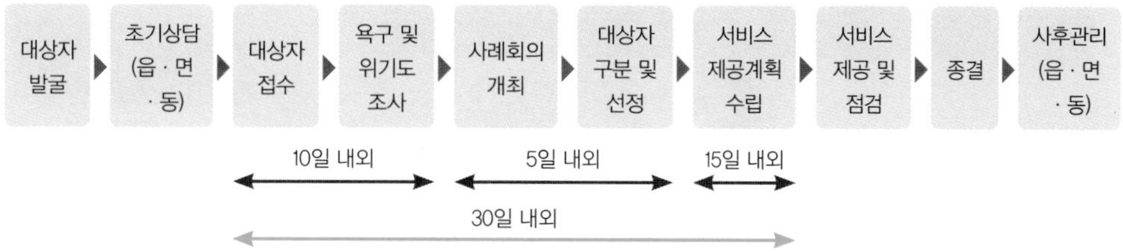


[그림 8-3] 통합사례관리의 절차

출처: 보건복지부(2024b).

대상자 구분 및 선정, 서비스 제공계획 수립, 서비스 제공 및 점검, 종결, 사후관리 등 총 10단계로 구성되어 있다. 희망복지지원단은 읍 · 면 · 동에서 초기상담 후 의뢰된 사례관리 가구에 대해 대상자 접수부터 종결까지의 사례관리를 수행하며, 대상자 접수일로부터 30일 내에 서비스 제공계획을 수립해야 한다.

통합사례관리사업의 운영체계는 [그림 8-4]와 같다. 희망복지지원단은 통합사례관리사업을 총괄 수행하며, 고난도 사례관리, 슈퍼비전 및 솔루션 회의 운영, 자원관리, 읍 · 면 · 동 관리 및 지원, 교육 및 홍보 업무 등을 담당한다. 읍 · 면 · 동은 통합사례관리 대상 가구 발굴, 초기상담, 통합사례관리 및 서비스 연계, 종결가구에 대한 사후관리 등을 수행한다. 그 밖에 민간 복지기관 및 관련 기관, 지역사회보장협의체 등은 통합사례관리 협력체계를 구축하여 대상가구 발굴 · 의뢰 및 서비스 제공, 사례관리 사업에 대한 정보 공유, 역량 강화를 위한 지원활동 등을 하고 있다.

- 사례관리 연계 · 협력체계 운영: 이 업무는 지역보호체계 운영, 공공부문 사례관리 사업 연계 · 협력체계 운영, 인적안전망 운영을 위한 민관협력을 내용으로 하고 있다. 먼저 지역보호체계 운영을 살펴보면, 지역보호체계는 지역 내 보호가 필요한 대상자에 대해 민관협력을 기초로 지역단위 보호망을 구축 및 운영하는 것을 의미한다. 지역사회보호체계의 내용으로

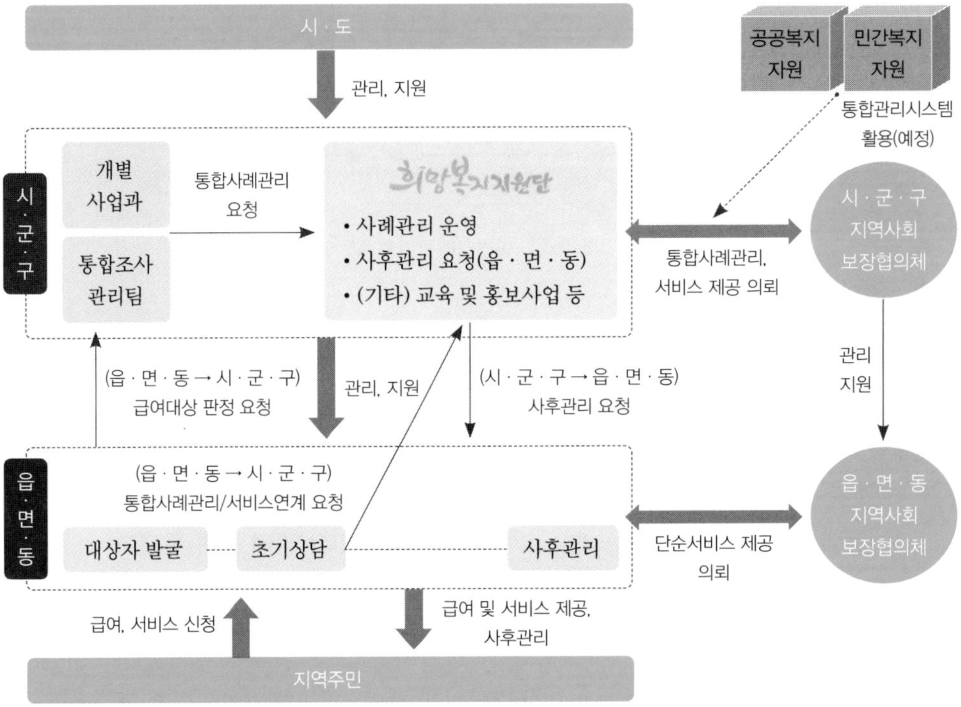


[그림 8-4] 통합사례관리사업의 운영체계

출처: 보건복지부(2024b).

는 지역 내 공공부문 사례관리 사업 간 연계 · 협력 체계 마련, 지역 단위 방문형서비스 사업 간 현황 공유 및 연계 · 협력 체계 마련(특히 읍 · 면 · 동 주민센터와 보건소 간의 협력), 지역복지 활성화 방안 마련 등 지역복지 컨트롤타워로서 역할 강화, 복지통(이)장제 시행 및 읍 · 면 · 동 지역사회 보장협의체의 구성 · 운영으로 읍 · 면 · 동 단위 인적 안전망 강화, '좋은 이웃들' 사업 등과의 효과적인 연계를 통한 지역 내 복지소외계층 상시 발굴체계 구축 및 운영, 위기가 발굴 대책 반영, 차상위계층 지원사업 통합 지원, 고독사 예방대책 지원 등이다.

공공부문 사례관리 사업 연계 · 협력체계 운영은 지역사회 내 공공영역에서 수행되는 다양한 사례관리 사업의 연계 · 협력 체계 구축을 통해 사례관리 서비스 제공 및 이용의 효율성과 효과성 증진을 목적으로 하고 있다. 공공부문 사례관리 사업은 읍면동 찾아가는 보건복지팀과 시군구 희망복지지원단에서 이루어지는 '통합사례관리', '노인맞춤돌봄서비스', '드림스타트(취약계층 아동통합서비스)', '아동보호서비스', '방문건강관리(장애인은 지역사회중심재활사업)', '의료급여사례관리', '자활사례관리', '중독사례관리(중독관리통합 지원)', '정신건강사례관리' 등이다. 이러한 공공부문 사례관리 사업 간 효과적인 연계 · 협력을 위하여 지역 상황에 맞게 다양한 연계방안을 마련하여 운영한다.

인적안전망 운영을 위한 민관협력은 기존에 구축되어 있던 지역사회의 인적안전망을 확대하고 촘촘히 구축함으로써 보다 효과적인 위기가구 발굴 및 복지사각지대를 해소하는데 중점을 두고 있다. 인전안전망이란 지역사회 내 장애, 질병, 빈곤 및 사망 등의 사회적 위험 위기에 놓인 가구를 조기에 발견하여 사회안전망으로의 진입을 지원하는 민관협력 네트워크이다. 인적안전망은 읍 · 면 · 동 지역사회보장협의체 및 복지이통장, 주민단체 등 기존 읍 · 면 · 동 인적안전망과 시군구 명예사회복지공무원을 포함하여 지역특성에 맞게 자율적으로 구성하며, 읍 · 면 · 동 지역사회보장협의체를 중심으로 위기가구 발굴, 가정방문을 통한 안부확인 등 모니터링, 초기 위험감지, 복지 욕구 파악, 읍 · 면 · 동 신고 및 자원 · 서비스 연계 등의 역할을 수행한다.

- 자원관리: 지역사회 복지대상자 등 지역주민이 가지고 있는 다양한 욕구에 능동적으로 대응하기 위해서는 공공 자원(예산, 프로그램 등)뿐만 아니라 지역사회가 보유하고 있는 여러 가지 유형의 민간 자원을 적극 개발하고 체계적으로 관리할 필요가 있다. 또한 복지사각지대 발굴 및 위기가구에 대한 찾아가는 보건 · 복지서비스 제공을 강화하기 위해서는 시 · 군 · 구 희망복지지원단에 의한 지역사회 자원의 총괄 및 읍 · 면 · 동의 민관협력 활용도 필요하다. 자원관리의 주요 사업은 지역사회 공식 · 비공식 자원 발굴 및 관리 총괄, 자원조사 및 자원개발을 통해 희망복지단 및

읍 · 면 · 동 통합사례관리의 효과적 지원, 지역자원에 대한 지속적인 자원현황 업데이트로 지역 내 주민 및 관련 기관에 정보 공유, 나눔 문화 활성화 등 지역사회 자원개발 기획 · 실천 등이다.

- 읍 · 면 · 동 복지사업 지원 및 관리: 희망복지지원단은 읍 · 면 · 동 찾아가는 보건 · 복지서비스에 따른 찾아가는 보건복지전담팀의 업무에 대해 적극적인 지원 · 관리를 통해 읍 · 면 · 동이 지역주민을 위한 공공 복지서비스 수행기관으로 정착 · 기능할 수 있도록 노력해야 한다. 주요 내용으로는 초기상담 및 종합정보 안내, 통합사례관리사업 및 찾아가는 보건 · 복지서비스 지원 · 점검 · 독려, 읍 · 면 · 동 자원개발 및 관리 지원, 복지대상자 모니터링 지원, 지역 내 사례관리 사업 간 연계 실행 등이다.

### (2) 읍 · 면 · 동 기능 개편: 읍 · 면 · 동 복지허브화(2016~2017)

그동안 모든 시 · 군 · 구에 희망복지지원단을 운영하여 보건 · 복지 · 고용 등 통합서비스의 제공 기반을 마련하였으며, 사회보장정보시스템의 구축(행복e음, 범정부), 민관협력 및 나눔 활성화로 수요자 중심의 서비스 기반을 구축하였다. 그러나 여전히 원스톱 서비스가 용이하지 않고, 사회보장급여 제공기관별 협업체계의 미흡으로 서비스 연계가 부족하고, 일선 복지전담공무원의 업무과부하 등의 문제가 해결되지 않고 있다. 이러한 전달체계상의 문제를 개선하기 위해 2013년에 '국민중심의 맞춤형 복지 전달체계 개편방안'을 제시하였다.

국민 중심 맞춤형 복지전달체계 방향은 동 주민센터에 대한 사무 · 기능 조정, 조직 · 인력개편, 업무 효율화 등의 복지기능 보강을 통한 상담 및 찾아가는 서비스와 복지사각지대 발굴 등 체감도 높은 복지서비스를 제공할 수 있도록 행정 중심의 읍 · 면 · 동 기능을 복지 중심으로 재편하고자 하였다.

맞춤형 복지 전달체계 개편은 읍 · 면 · 동의 복지병목 현상을 해소하고, 원스톱 통합서비스 제공, 찾아가는 서비스의 활성화, 공공과 민간의 연계협력 활성화 등을 목적으로 하고 있으며, 읍 · 면 · 동 기능 개편을 주요 내용으로 하고 있다.

이러한 전달체계 개편방안에 따라 읍 · 면 · 동 복지기능 강화 1차년도 시범사업(2014. 7.~12.)과 2차년도 시범사업(2015. 1.~12.)을 추진하였다. 시범사업을 통해 동 주민센터 또는 읍 · 면 사무소의 복지팀에 복지공무원 및 민간 전문인력 등 복지 인력을 보강하였으며, 노인 · 장애인 등 이동 취약 계층에 대한 찾아가는 상담을 확대하고, 민관협력을 활성화하여 복지사각지대 발굴 · 지원을 강화하도록 하였다.

또한 2014년 10월에는 복지사각지대 해소 및 맞춤형 복지서비스 제공을 위해 단계적으로 복지담당 공무원의 확충과 그 인력 확충의 효과성 · 지속성 제고를 위한 복지담당 공무원 전보제한 강화, 사회복지 관련 교육 의무화, 2년 이상 복지업무 담당 행정직에 대한 수당 신설 등 관리 방안을 추진하였다. 복지담당 공무원 확충과 함께 1, 2차 시범사업 결과를 토대로, 2016년에 국민 중심 맞춤형 복지를 위한 읍 · 면 · 동 복지허브화 추진 계획을 마련하여 시행하였다. 이러한 읍 · 면 · 동 기능 개편, 즉 읍 · 면 · 동 복지허브화사업의 주요 내용을 살펴보면 다음과 같다(보건복지부, 2017, 2020).

① 읍 · 면 · 동 복지허브화의 개념 및 목표

읍 · 면 · 동 복지허브화는 국민들의 맞춤형 복지서비스에 대한 체감도를 제고하고, 복지사각지대를 해소하기 위해 국민과 가장 가까운 읍 · 면 · 동의 복지 인력과 조직, 복지기능을 강화하는 복지전달체계 개편 정책이라 할 수 있다. 복지허브화는 읍 · 면 · 동에 맞춤형 복지 전담팀 설치 및 전담인력 배치를 통해 찾아가는 복지상담, 복지사각지대 발굴, 통합사례관리, 지역자원 발굴 및 지원 등의 서비스를 제공하고, 특히 복지관련 공공 및 민간기관 · 법인 · 단체 · 시설 등과의 지역 네트워크를 기반으로 읍 · 면 · 동이 지역복지의 중심기관이 되어 주민의 보건 · 복지 · 고용 등의 다양한 문제에 능동적으로 대응해 나가는 일련의 활동을 의미한다.

읍 · 면 · 동 복지허브화는 행정서비스 중심의 읍 · 면 · 동 기능을 지역복지의 중심기관으로 변화시켜 국민의 복지 체감도를 제고하고 복지사각지대를 해소하는 것을 목표로 하였다.

② 읍·면·동 복지허브화의 주요 내용

읍·면·동 복지허브화의 주요 내용을 살펴보면, 다음과 같다.

첫째, 읍·면·동에 별도의 맞춤형 복지 전담팀을 설치·운영하는 것이다. 맞춤형 복지 전담팀은 개별 읍·면·동에 설치하는 '기본형'을 우선하여 추진하되, 인력상황 및 지리적 여건 등에 따라 여러 개의 읍·면·동을 하나의 권역으로 묶고, 각 권역별 중심이 되는 읍·면·동에 설치하는 '권역형'도 선택 가능하도록 하였다.

맞춤형 복지팀은 노인·장애인 등 거동이 불편한 대상자를 포함해 취약 계층에 대한 방문상담을 활성화하고, 대상자별 욕구에 따라 다양한 공적 급여와 민간서비스를 맞춤형으로 제공하는 통합서비스 제공 역할을 수행한다. 복지통(이)장, 읍·면·동 단위 지역사회보장협의체 등 주민조직을 적극 활용하여 복지사각지대 발굴과 서비스 안내 등의 역할을 강화하며, 민간복지기관과 대상자 및 복지자원 정보를 서로 공유하고 연계함으로써 민관협력을 통해 수요자 중심의 서비스를 제공할 수 있도록 하였다.

둘째, 복지담당 인력의 전문성 강화 및 처우개선 등을 추진하는 것이다. 읍·면·동장 및 맞춤형 복지팀장에 복지업무 경력자 배치를 확대하고, 읍·면·동 맞춤형 복지와 시·군·구 통합조사관리 업무 등에 대한 전문직위제 활성화 및 인사상 우대, 2년 이상 사회복지업무를 담당하고 있는 행정직 등에 대해 수당지급 등 인센티브를 강화하였다.

셋째, 민관협력으로 공공복지를 보완·강화하는 것이다. 복지통(이)장제, 읍·면·동 단위 지역사회보장협의체 등 주민조직을 적극 활용하여 복지사각지대 발굴, 서비스 안내 등 복지역할을 강화하고, 민·관 복지대상자 상호의뢰 및 자원정보 공유를 추진하였다.

이와 같은 내용으로 추진한 읍·면·동 복지허브화는 방문상담 및 복지사각지대 발굴, 통합사례관리의 실시, 민관협력 강화 등의 성과로 나타났다. 그리고 복지제도의 집행 및 지역 복지운영의 기초단위인 지방자치단체가 복지 책임성을 새롭게 인식하고, 주도적으로 복지행정서비스 수행여건을 마련하였다. 그러나 읍·면·동의 기능 확대에도 불구하고 반복적으로 발생하는 복지 사각지대의 문제에 대한 대응 강화, 맞춤형 복지팀 설치 및 운영의 지역별 편차 해소와 담당인력의 전문성 제고, 문제해결 중심의 지역사회 민관협력체계의 재정립 등이 필요하게 되었다.

### 4) 주민자치형 공공서비스: 찾아가는 보건복지서비스(2017~현재)

그동안 공공복지 전달체계는 희망복지지원단의 설치·운영으로 시·군·구 기반을 확충한 이후, 읍·면·동 복지허브화를 추진하면서 주민과 밀착된 읍·면·동의 기능 확대로 지역주민의 서비스 접근성 및 복지서비스의 통합성을 강화하는 방향으로 발전하였다.

그러나 복지인력의 확충 및 읍·면·동의 기능 확대에도 불구하고, 여전히 복지위기가구의 반복적 발생과 단기적 처방, 다양한 서비스의 연계협력 체계가 미흡하다는 평가가 일반적이었다. 이러한 배경에 기초하여 주민과 접촉하는 최일선 행정단위인 읍·면·동을 주민 생활자치와 공동체 돌봄을 위한 중심으로 혁신하기 위해 읍·면·동 기능 개선사업을 전담하여 수행하는 주민자치형 공공서비스 사업을 추진하였다.

주민자치형 공공서비스 사업은 2017년 11월에 '혁신 읍·면·동 추진단'을 설치하면서 시작되었으며, 그 이후 찾아가는 보건복지서비스의 확대, 행정혁신 및 마을공동체 역량강화 등 크게 보건복지 분야와 주민자치 분야로 구분되어 추진되었다.

주민자치형 공공서비스 사업은 주민 참여를 통한 지역사회 중심의 행정 전달체계 구현과 민·관의 기능적 연계체계 구축에 초점을 두고 있으며, 찾아가는 보건복지서비스를 확대하고 보건 · 복지 분야 통합사례관리와 주민참여형 서비스 제공기반을 마련하는 것을 주요 내용으로 하고 있다(행정안전부, 보건복지부, 2019, 2024).

그러나 2023년부터는 주민자치형 공공서비스 사업을 전면 개편하여, 주민자치형 공공서비스 사업 용어가 삭제되고 대신에 스마트복지 안전공동체로 변경하여 추진하고 있다. 스마트복지 안전공동체는 주민접점의 최일선인 읍 · 면 · 동을 찾아가는 보건복지서비스, 안전한 주민생활, 스마트한 행정기관으로 개선하여 주민밀착 서비스 전달체계 구축을 목표로 하고 있다.

여기에서는 보건영역을 확대 강화하여 과거의 읍 · 면 · 동 복지허브화사업을 보완하여 추진한 찾아가는 보건복지서비스 사업(2024년 기준)을 중심으로 살펴보기로 한다(행정안전부, 보건복지부, 2024).

### (1) 찾아가는 보건복지서비스의 개념과 목표

과거에 추진되었던 읍 · 면 · 동 복지허브화 사업 명칭이 '찾아가는 보건복지서비스'로 변경되었다. 찾아가는 보건복지서비스란 복합적이고 다양한 지역문제에 능동적으로 대응하기 위해 주민 생활과 밀착된 읍 · 면 · 동 주민센터를 중심으로 보건복지 등 주민 서비스 기능을 강화하는 것을 말한다. 다시 말해 사회복지공무원과 방문간호사가 도움이 필요한 이웃을 직접 찾아가서 복지상담, 방문건강관리 등 지역주민의 수요를 고려하여 보건 · 복지서비스를 제공하는 것을 의미한다. 찾아가는 보건복지서비스는 기존 읍 · 면 · 동 주민센터 내 복지행정팀 외에 찾아가는 보건복지팀을 추가로 설치하여, 복지대상자를 발굴하거나 방문상담을 통한 가구별 특성에 따른 복지 수요를 파악하여 공공서비스나 민간복지자원 연계 등 맞춤형 복지서비스를 제공하는 것을 주요 내용으로 하고 있다. 따라서 찾아가는 보건복지서비스는, 첫째, 신속 · 정확한 복지위기 가구 발굴, 둘째, 민 · 관협력 복지자원 연계 · 제공 강화, 셋째, 읍면동 보건복지서비스 인프라 강화를 주요 전략으로 설정하여 추진하고 있다(행정안전부, 보건복지부, 2024).

이러한 찾아가는 보건복지서비스는 맞춤형 통합 서비스 제공으로 주민 서비스 만족도 및 체감도를 향상하고, 민관의 촘촘한 인적 안전망 구축 및 방문상담 활성화로 복지사각지대를 해소하는 데 있다. 그리고 복지공동체 형성을 통한 민간자원 발굴 · 연계로 공공복지의 경직성 및 공적자원의 한계를 보완하는 데 초점을 두고 있다.

따라서 찾아가는 보건복지서비스의 추진목표는 다음과 같다(보건복지부, 2024b).

첫째, 국민의 복지체감도 제고를 위한 통합서비스의 지원이다. 찾아오는 복지수요자의 복지서비스 신청 · 접수를 처리하는 데 그치지 않고, 먼저 찾아가 복지대상 발굴 및 심층상담을 수행하고, 가구별 욕구에 따른 통합서비스 제공으로 위기상황의 근본적 해결을 지원한다.

둘째, 찾아가는 보건복지팀의 운영 및 복지업무의 역량 강화이다. 지방자치단체의 사회경제적 여건 및 복지수요 등을 고려한 읍 · 면 · 동 복지 전담팀의 설치로 통합서비스를 활성화하고, 전문가 컨설팅, 맞춤형 교육, 우수사례 확산 및 포상 등 복지인력의 전문성과 역량을 강화한다.

셋째, 민관협업을 통한 지역사회 복지자원 총량의 극대화이다. 지역주민과 협력하여 사각지대 발굴 및 위기가구 모니터링 강화, 지역사회 민간 복지기관과 협력 강화로 복지자원의 개발 및 관리를 체계화하고 복지자원을 효율적으로 활용한다.

### (2) 찾아가는 보건복지서비스의 주요 내용

#### ① 찾아가는 보건복지서비스의 추진체계

찾아가는 보건복지서비스의 추진체계를 보면, [그림 8-5]와 같다. 읍 · 면 · 동은 찾아가는 보건복지상담 등 주민 중심의 실행기능을 담당한다. 읍 · 면 · 동은 인력충원에 따라 방문대상 확대, 종합상담 기능 강화, 복지건강기능 강화, 민관연계 사업 등으로 서비스의 대상과 범위를 확대하여 업무를 수행하고

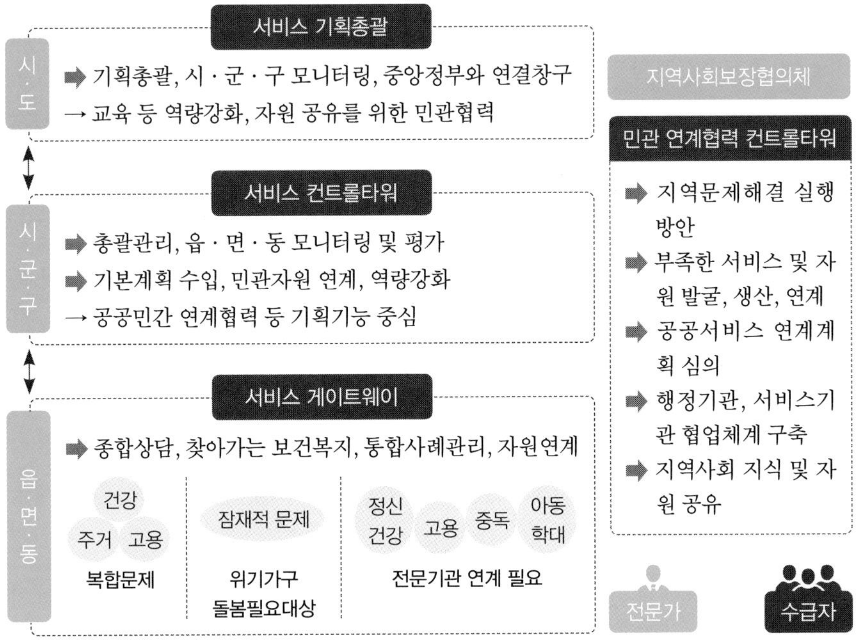


[그림 8-5] 찾아가는 보건복지서비스 추진체계도

출처: 행정안전부, 보건복지부(2024).

있다.

반면에 시·군·구는 위기가구 발굴, 자원연계 등을 위한 공공 및 민간기관 연계·협력 등 기획중심 기능을 하고 있다. 시·군·구는 공공·민간 협력 계획 수립, 복지서비스 공급, 복지자원 연계·지원 등 민관협력 컨트롤타워로 역할을 하고 있다.

#### ② 찾아가는 보건복지팀의 조직 모형 및 업무

찾아가는 보건복지서비스는 읍·면·동에 기존의 '복지행정팀'과는 별도로 '찾아가는 보건복지팀'을 설치하여 통합적이고 전문적인 복지서비스 제공을 추진하고 있다. 찾아가는 보건복지팀의 조직모형은 〈표 8-4〉에서 보는 바와 같이, 기본형과 확장형으로 구분하고 있다. 기본형은 별도의 찾아가는 보건복

표 8-4 찾아가는 보건복지팀의 조직 모형

| 구분 | 모델 | 기능 | 조직 | 인력 |
|---|---|---|---|---|
| 동·읍 | 기본형 | • 종합상담, 방문상담, 통합사례관리 등 찾아가는 보건복지서비스<br>• '복지+건강' 기능강화 | • 찾아가는 보건복지팀 설치 | • (찾아가는 보건복지팀) 복지 3명, 간호 1명 |
| | 확장형 | • 찾아가는 보건복지 대상 · 범위 확대(신규)<br>• 종합상담 심화(신규)<br>• 민관연계 확대(신규) | | • (찾아가는 보건복지팀) 복지 7명, 간호 1명 |
| 면 | 기본형 | • 읍동 기본형 모델과 동일 | | |
| | 농어촌 특성화형 | • 기본형 모델과 동일 | • 찾아가는 보건복지팀 미설치(전담 인력만 배치) | • 복지 2명(팀장 및 복지 행정담당 인력 제외), 간호 1명 |

출처: 행정안전부, 보건복지부(2024).

지팀을 설치하고 간호인력 1명을 포함한 최소 4명 이상 배치하는 것이며, 확장형은 기본형을 확장하는 형태로서 간호인력 1명을 포함한 최소 8명 이상 배치하는 조직구성이다. 면의 농어촌 특성화형은 기본형과 동일하며 보건복지팀을 설치하지 않고 복지 2명, 간호 1명의 전담 인력을 배치하는 형태이다. 찾아가는 보건복지팀은 보건 · 복지 통합사례관리 등 서비스의 양적 · 질적 확대를 각 자치단체별 인력충원상황에 따라 단계적으로 기본형을 거쳐 확장형으로 추진하고 있다.

한편, 찾아가는 보건복지팀의 업무는 〈표 8-5〉와 같이 기본형의 경우 위기가구 발굴, 찾아가는 보건복지상담 및 서비스 제공, 통합사례관리, 민간자원 발굴 · 연계, 건강서비스 제공 등이다. 확장형은 기본형의 업무 외에 종합상담 강화, 서비스 연계 강화, 방문대상 확대, 민관협의기구 활성화 및 민관협력 네트워크 구축 등의 업무를 수행하고 있다.

표 8-5 찾아가는 보건복지팀의 업무

| | 읍·면·동 | | 시·군·구 |
|---|---|---|---|
| 구분 | 복지행정팀 | 찾아가는 보건복지팀 | 복지정책 총괄부서 |
| 기본형 | • 내방상담<br>• 단위사업 관리<br>• 민관자원 접수<br>• 찾아가는 보건복지팀 연계 | • 종합상담창구 설치<br>• 위기가구 발굴<br>• 찾아가는 보건복지상담 및 서비스 제공<br>• 통합사례관리 실시<br>• 민간자원 발굴·연계<br>• 복지+건강기능 강화 | • 찾아가는 보건복지서비스 기획·총괄<br>−기본계획 수립 및 실적관리, 읍·면·동 추진상황 모니터링/평가 등<br>• 공공서비스 연계협력 총괄<br>• 민관협의기구(지역사회보장협의체 등) 역할 강화 지원<br>• 자원연계협력 총괄<br>• 민관협력 체계 구축<br>• 고난도 통합사례 관리 |
| 확장형 | | • 종합상담 강화(전담 인력 배치)<br>• 서비스 연계 강화<br>• 방문대상 확대<br>• 민관협의기구(지역사회보장협의체 등) 활성화 및 민관협력 네트워크 구축 | |

출처: 행정안전부, 보건복지부(2024).

③ 찾아가는 보건복지서비스의 내용

찾아가는 보건복지서비스의 주요 내용을 〈표 8-6〉에서 보면, 종합상담, 위기가구 발굴 및 지원, 찾아가는 보건복지상담, 통합사례관리, 복지+건강 기능 강화 등이다. 이러한 내용에 대해 살펴보면, 다음과 같다(행정안전부 · 보건복지부, 2024).

• 종합상담: 읍·면·동을 방문한 주민 응대 및 공공서비스(복지·보건·주거·고용·금융 등) 관련 종합상담을 실시하고, 통합돌봄서비스 신청접수 및 통합안내, 대상자별 서비스 제공기관으로 연계한다. 그리고 주민의 다양한 욕구를 파악하고 이에 기반한 원스톱 서비스 제공 및 타 기관 서비스

**표 8-6** 찾아가는 보건복지서비스의 주요 내용

| 구분 | 종합상담 | 위기가구 발굴 및 지원 | 찾아가는 보건복지상담 | 통합사례관리 | 복지+건강 기능 강화 |
|---|---|---|---|---|---|
| 시·도 | • 시·군·구 모니터링<br>• 시·군·구 성과평가 | • 시·군·구 모니터링<br>• 시·군·구 성과평가 | • 찾아가는 보건복지서비스 총괄 지원 | • 사례관리 총괄 지원 | • 시·군·구 모니터링<br>• 시·군·구 성과평가 |
| 시·군·구 | • 계획 수립 및 역량강화 지원<br>–교육계획 수립<br>• 읍·면·동 모니터링<br>• 읍·면·동 성과평가<br>• 우수사례 발굴·전파 등 | • 위기가구 발굴·지원체계 기획<br>• 읍·면·동 모니터링<br>• 읍·면·동 인적 안전망 구축 지원 | • 읍·면·동 찾아가는 보건복지팀 인력 관리 및 교육<br>• 찾아가는 보건복지 상담 계획 수립(대상선정 및 업무프로세스 등)<br>• 읍·면·동 찾아가는 보건복지 상담지원<br>• 복지와 보건의 협력체계 구축 | • 사례 관리사업 총괄 수행·관리–고난도 사례관리, 슈퍼비전 및 솔루션 회의 운영 등<br>• 읍·면·동 사례관리 지원 및 역량 강화 | • 계획 수립 및 역량강화 지원<br>–교육계획 수립<br>• 읍·면·동 모니터링<br>• 읍·면·동 성과평가<br>• 우수사례 발굴·전파 등 |
| 읍·면·동 | • 종합상담 실시<br>–돌봄 서비스 접수 및 통합안내 등<br>• 주민의 욕구에 따른 서비스 제공<br>• 타 기관 서비스 필요시 해당 기관 연계 및 사후관리 | • 읍·면·동 특성에 맞는 위기가구 발굴 체계 구성<br>• 주민교육·홍보 실시<br>• 대상자 발굴 후 체계적 지원 및 관리 수행<br>• 주민의 주도적 참여 촉진 | • 기존 복지대상자 및 신규 대상자(노인가구 등) 방문 및 상담<br>• 서비스 제공계획 수립 및 지원<br>• 지역자원 발굴 및 관리<br>• 지속적인 사후관리(모니터링) | • 게이트웨이 및 사후관리 역할 강화<br>–통합사례관리 대상 가구 발굴, 초기상담, 통합사례관리, 종결가구에 대한 사후관리 등 수행<br>–고난도 사례, 솔루션 회의는 시·군·구에 의뢰<br>※ 지역 여건을 고려하여 민간 사례관리 전문기관(지역사회복지관 등)과 통합사례관리 협력 체계 구축 운영 | • 건강의 욕구가 있는 대상자 상담 및 관리<br>• 읍·면·동 간호직 공무원 역할 체계 확립<br>–지역사회현황 파악<br>–지역주민 건강상태 파악 및 건상사례관리<br>–건강관련 지역역량 파악<br>–지역건강돌봄 자원과 연계·협업 네트워킹<br>–마을건강복지를 위한 업무계획 수립<br>–건강 전문가로서 행정 내 협업 주도 |

출처: 행정안전부, 보건복지부(2024).

필요시 해당 기관 담당자에게 연계 및 사후관리를 실시한다.

- 위기가구 발굴 및 지원: 기존의 복지대상자뿐만 아니라 새로운 사회적 위험에 노출되어 있는 모든 주민으로 서비스 제공 대상을 확대한다. 또한 공공·민간기관, 민관협의기구 및 주민들이 지역특성에 맞게 복지대상자 발굴에 참여하는 등 발굴 단위를 다각화한다. 그리고 위기가구의 선제적 발굴 및 지역특성을 반영한 예방적 체계를 구축하고, 발굴된 위기가구는 읍·면·동 찾아가는 보건복지팀에서 체계적인 사후관리를 실시하며 주민참여 지원체계를 마련한다.
- 찾아가는 보건복지상담: 기존 복지대상자뿐만 아니라 각종 복지제도의 집중안내가 필요한 위기가구, 돌봄필요 대상 등으로 대상을 확대하여 찾아가는 보건복지상담을 실시하여 예방적 복지를 실현한다. 특히 주민 중심의 접근성 높은 서비스 제공을 위하여 읍·면·동에서 복지와 보건 서비스를 함께 제공한다.
- 통합사례관리: 읍·면·동 단위에서 복합적인 욕구를 가진 당사자의 욕구조사를 통해, 다양한 지역사회 자원을 연계하고 문제해결을 할 수 있도록 지원하고, 다양한 사례관리사업과의 연계 및 공동 개입 등 지역사회 사례관리의 게이트웨이 역할을 수행한다. 그리고 대상자 욕구충족을 위한 공공·민간자원 연계 확대 및 자원 활용도를 제고하고, 대상자 누락 및 중복 등 기존 사례관리의 분절성을 극복하기 위하여 자료(Data-base)를 공유한다.
- '복지+건강' 기능강화: 읍·면·동에 간호직 공무원을 배치하여 건강, 돌봄을 포함한 다양한 욕구에 대한 창구로서 읍·면·동 역할을 강화한다. 특히 간호직 공무원의 전문성을 활용하여 건강관련 욕구에 대한 대응성 강화, 건강관련 자원 발굴 및 연계 강화 등을 추진한다.

### (3) 찾아가는 보건복지서비스의 특징

찾아가는 보건복지서비스의 특징을 과거 읍·면·동 복지허브화와의 차이를 중심으로 살펴보면, 다음과 같다.

첫째, 찾아가는 보건복지서비스는 기존 저소득층, 사각지대 중심의 복지대상자 뿐만 아니라 위기가구, 돌봄필요 대상 등 서비스 대상을 확대하여 찾아가는 보건복지상담을 실시하고 있다.

둘째, 위기가구 발굴 및 지원과 관련하여 보면, 찾아가는 보건복지서비스는 과거 취약계층 위주 발굴에서 벗어나 새로운 사회적 위험에 노출되어 있는 지역사회 내 모든 주민으로 발굴대상을 확대하였다.

셋째, 읍·면·동 복지허브화는 다르게 찾아가는 보건복지서비스에서 제시되고 있는 중요한 공공서비스는 '복지+건강' 기능 강화이다. 읍·면·동에 간호직 공무원을 배치하여 찾아가는 건강서비스를 강화하였으며, 지역주민의 건강돌봄 욕구에 대한 대응을 강화하였다.

넷째, 통합사례관리과정에서 민간기관과의 협업이 강조되었으며, 과거 행정기관 중심의 민관협력에서 주민이 주체적으로 주도하는 민관협력으로 변화되었다. 소통, 돌봄 등 주민중심의 사업을 수행하는 공간을 확충하고 민관이 함께 마을건강복지계획을 수립·실행하여 지역문제 해결능력을 향상하는 데 중점을 두고 있다.

### 5) 스마트복지 안전공동체(2023~현재)

앞에서 살펴본 바와 같이 그동안 공공복지 전달체계는 시·군·구 기반을 확충한 이후 찾아가는 보건복지서비스 제공 등 주민과 밀착된 읍·면·동으로 전달체계의 외연을 확장하는 방향으로 발전하였다. 그러나 찾아가는 보건복지팀 설치에도 불구하고 도움을 받지 못하는 복지위기가구가 발생하고 있다. 복지·안전 사각지대 발굴 및 체계적이고 지속적인 지원체계를 강화하고, 지역 및 주민 특성을 반영한 보다 세분화된 정책실행이 필요하였다.

이러한 추진배경에 따라 2023년부터 최소 행정단위이자 지역공동체의 공간적 범위인 읍면동을 복지·안전 및 주민 생활에 직결된 지역사회 문제해결의 중심지로 기능을 개선하여 주민밀착 서비스 전달체계 구축을 목적으로 스마트복지 안전공동체를 추진하고 있다.

스마트복지 안전공동체란 '지역사회 기반의 촘촘한 주민 서비스, 특히 복지 · 안전 등 주민밀착 서비스 전달체계 구축을 목표로 IT기술과 데이터 공개 · 공유를 기반으로 읍면동 단위 지역사회 공동체 활성화를 통해 행정과 지역사회를 포괄하는 종합적 읍면동 혁신 모델'을 의미한다. 스마트복지 안전공동체의 추진은 IT 기술 및 지역사회 인적 자원, 네트워크 활성화로 읍면동과 주민 간 소통 및 서비스 제공방식을 효율화함으로써 복지 · 안전 등 주민 실생활에 직결되는 행정 서비스의 역량을 강화하는 데 있다(행정안전부, 보건복지부, 2024).

## 4. 지역사회 통합돌봄(커뮤니티 케어)

지역사회 통합돌봄은 주요 선진국에서 실시하고 있는 커뮤니티 케어(community care)를 우리나라에서 정책적으로 사용한 용어이다. 보건복지부는 2018년 11월에 노인을 중심으로 하는 지역사회 통합돌봄 기본계획을 수립하였으며, 2019년부터 2022년까지 지역사회 통합돌봄 선도사업을 실시하였다. 그리고 2023년부터는 노인 의료 · 돌봄 통합지원 시범사업을 추진하고 있다. 여기에서는 지역사회 통합돌봄의 개념 및 특성, 주요 내용 및 향후 발전방향에 대해 살펴보기로 한다.

### 1) 지역사회 통합돌봄의 개념

우리 사회에서 돌봄문제는 이제 개인이나 가족의 문제가 아니라 사회와 국가가 함께 고민하고 해결해야 할 시대적 과제가 되었다. 특히 초고령사회로의 진전과 돌봄수요의 증가로 광범위한 돌봄사각지대가 발생하고 있고, 자신의 욕구에 맞는 다양한 돌봄서비스를 시설이나 병원이 아닌, 평소 살던 곳에서 제공받기를 요구하고 있다. 또한 현재의 재가 서비스는 공급자 중심의 단편적 · 분절적으로 제공되어 지역사회 통합돌봄에 실질적인 기능을 하지 못하고 있는 실정이다. 이러한 문제인식에 따라 돌봄사각지대 및 가족 돌봄 부담의 해소, 지역사회 내에서의 돌봄욕구 충족, 지역사회의 다양한 자원의 결합과 연계를 통한 돌봄서비스체계 구축방안 등에 관한 논의가 전개되었으며, 그 결과 지역사회 통합돌봄을 정책적으로 추진하고 있다. 그렇다면, 지역사회 통합돌봄의 개념이 무엇인가를 먼저 살펴보기로 한다.

일반적으로 지역사회 통합돌봄의 개념은 지역사회와 통합돌봄의 합성어라 할 수 있다. 즉, 지역사회가 의미하는 바는 기존의 시설이나 병원 중심의 시설에서 탈피하여 지역사회 내에서의 돌봄과 지역사회가 주체가 되는 돌봄이라는 지역사회 중심의 돌봄체계를 말한다. 그리고 통합돌봄은 돌봄수요자의 개별화된 욕구를 고려하여 맞춤형 서비스를 통합적으로 제공하는 것을 의미한다. 예컨대, 주거, 건강의료, 요양돌봄, 서비스 연계 등 다양한 서비스를 통합하여 돌봄의 효율성을 극대화하려는 방식으로 제공하는 돌봄서비스의 일체를 의미한다.

따라서 지역사회 통합돌봄이란 “돌봄이 필요한 주민(노인, 장애인, 정신장애인 등)들이 살던 곳(자기 집, 그룹홈 등)에서 개개인의 욕구에 맞는 서비스를 누리고, 지역사회와 함께 어울려 살아갈 수 있도록 주거, 보건의료, 요양, 돌봄, 일상생활의 지원이 통합적으로 확보되는 지역 주도형 정책”을 말한다(보건복지부, 2020).

다시 말해 지역사회 통합돌봄은 기존 사회복지시설이나 병원 중심으로 제공되는 전통적인 돌봄방식의 문제를 극복하기 위한 대안으로서 지역사회를 공간으로 지역자원과의 상호 연계를 통해 지역주민의 돌봄을 지원하는 종합적인 사회서비스체계로 정의할 수 있다(이중섭 외, 2023).

## 2) 지역사회 통합돌봄의 특징

지역사회 통합돌봄의 특징은 크게 세 가지 차원에서 접근할 수 있다. 그것은 지역사회 내에서의 돌봄, 지역사회에 의한 돌봄 그리고 지방의 권한과 역할의 강화로 대표되는 지방분권화라고 할 수 있다. 이러한 지역사회 통합돌봄의 특징을 살펴보면, 다음과 같다(이승연 외, 2018; 이중섭 외, 2023).

첫째, 지역사회 통합돌봄은 지역사회 내에서의 돌봄(care in the community)을 의미하는 것으로, 지역사회가 돌봄의 주된 장소이며 정책공간이라는 점이다. 기존 시설의 물리적 공간을 통한 돌봄방식은 개인의 자유를 침해하고 이용자의 삶의 왜곡을 만들었던 서비스 제공방식이라 할 수 있다. 지역사회 통합돌봄은 시설 중심의 돌봄에서 탈피하여 지역사회 중심의 돌봄체계를 구축하는데 초점을 두고 있다. 또한 노인이나 장애인 등 돌봄이 필요한 사람들은 전적으로 가족의 돌봄에 의존해야 하고, 가족의 돌봄이 부재할 경우, 시설로 갈 수

**표 8-7** 지역사회 통합돌봄의 세 가지 차원

| 구분 | 주요 내용 |
|---|---|
| 지역사회 내에서의 돌봄<br>(Care in the Community) | • (탈시설화) 시설위주의 서비스 제공방식에서 탈피하여 사회복지시설 이용자의 탈시설화<br>• (커뮤니티화) 시설화의 예방과 가족의 돌봄 부담 경감 |
| 지역사회에 의한 돌봄<br>(Care by the Community) | • (주체적) 서비스 이용자의 권리와 편의 증진<br>• (의미 있는 삶) 욕구 충족에서의 포괄성 확대<br>• (제반 노력체계) 개인, 가족, 이웃, 지방자치단체, 비영리부문 등과의 연계협력하여 지역사회공동체의 복원 |
| 지방분권화<br>(Decentralized Community) | • 지방분권과 지방자치의 토대에 기초하여 지역사회 통합돌봄 추진<br>–중앙과 지방정부의 명확한 역할분담<br>–지방자치단체의 권한과 책임 보장<br>–지역 민관협력의 기반 마련 |

출처: 이승연 외(2018); 이중섭 외(2023).

밖에 없는 재가서비스의 한계를 극복하기 위해 커뮤니티화(comunitization)를 촉진하여 시설화를 예방하고 가족의 돌봄 부담을 줄여 나가는 것을 의미한다. 따라서 지역사회 통합돌봄은 시설 중심의 돌봄서비스의 제공을 다양한 지역주민이 상호 소통하고 생활하는 지역사회 내에서의 돌봄으로 전환을 의미한다.

둘째, 지역사회 통합돌봄은 지역사회에 의한 돌봄(care in the community)으로 접근하고 있다. 돌봄수요자의 돌봄욕구에 맞는 지역사회의 다양한 자원들이 돌봄의 주체가 되는 것이 지역사회 통합돌봄의 중요 가치이다. 지역사회에 의한 돌봄은 서비스 공급자 중심이 아니라 서비스 이용자가 자신의 선택과 통제를 통해 서비스를 이용할 수 있도록 서비스의 개별화를 추진하는 것으로 서비스 이용자의 권리와 편의를 높이는 것이다. 그리고 주체적이고 의미 있는 삶을 살아가게 하는 제도적 장치를 마련하고 지역사회가 기여할 수 있는 기반을 구축해야 한다. 이와 같은 이유로 인해 지역사회 통합돌봄에서는 정부가 책임지고 주도하는 데 그치는 것이 아니라 개인, 가족, 이웃, 지방자치단체, 비영리부문 등 지역사회의 다양한 주체들의 결합에 의한 돌봄서비스를 제공하는 특징을 갖는다.

셋째, 지역사회 통합돌봄은 사업추진의 주체로서 국가주도가 아닌 지역주도의 분권적 형태를 가진다는 점이다. 지역의 다양한 돌봄자원이 유기적으로 연계되고 위해서는 국가의 권한이 아닌 지방자치단체가 돌봄정책의 책임 있는 주체가 되어 지역의 돌봄수요에 맞는 돌봄계획을 수립하고 추진하는 지방분권의 형태로 사업이 추진되는 특징이 있다. 그리고 민간기관과 지역주민이 지역사회 통합돌봄의 주체로서 참여할 수 있도록 촉진하며, 지역의 민관협력 기반을 마련하는 것이 중요하다.

### 3) 지역사회 통합돌봄의 주요 내용

#### (1) 지역사회 통합돌봄 선도사업(2019~2022)

2019년부터 2022년까지 지역사회 통합돌봄 선도사업을 16개 지방자치단체에서 실시하였다. 지역사회 통합돌봄 선도사업은 지역의 자체 기획을 통해 지역의 자율성과 창의성, 다양성을 반영하여 수립하는 것을 원칙으로 하였다. 그리고 지자체뿐만 아니라 지역의 서비스 제공자, 관련자 및 지역주민이 함께 하는 민·관협력 사업으로 운영하였으며, 지역 내 존재하는 자원과 역량을 최대한 투입·활용하며, 다양한 연계사업을 동시에 진행하여 사업효과를 극대화하는 방향으로 추진하였다. 2022년까지 추진하였던 지역사회 통합돌봄 선도사업을 사업목적, 운영체계, 대상자, 서비스 및 재원 등을 중심으로 살펴보기로 한다(보건복지부, 2019; 유애정, 박현경, 2022; 유애정 외, 2022; 홍선미 외, 2021).

① 사업목적

지역사회 통합돌봄 선도사업은 지역사회 통합돌봄의 전국화에 앞서 지역 실정에 맞는 서비스의 발굴, 노인, 장애인, 정신질환자 등 대상자에 대해 지역 여건에 적합한 커뮤니티 케어 모델을 개발, 검증 및 보완하는 것을 목적으로 일부 지자체 중심으로 실시한 사업이다.

② 운영체계

지역사회 통합돌봄 선도사업을 운영함에 있어 선도지역 지자체가 공통적으로 갖춰야 할 운영체계는 시·군·구 본청 내 전담조직 운영, 읍·면·동 통합돌봄창구, 지역케어회의와 민관협의체 운영이라고 할 수 있다. 먼저 선도사업의 사업 주체는 시·군·구 기초 지방자치단체이다. 기초 지방자치단체는 사업을 추진할 전담조직을 설치·운영하며, 전담조직의 주요 기능은 지자체 단위 통합돌봄의 기획, 총괄, 조정기능이다.

또한 대상자 신청·접수창구로서 읍·면·동에 통합돌봄창구를 설치하여 대상자 접수, 기초욕구조사, 사례관리를 진행한다. 특히 복합욕구자에 대해서는 시·군·구 단위 지역케어회의를 설치하도록 하고 있으며, 지역케어회의는 고난도 사례관리를 담당하며 지역의 다양한 자원이 참여한다. 그리고 지역사회 통합돌봄 민관협의체를 구성하여 지역의 공공 · 민간 전문가와 기관, 단체가 참여하도록 하고 있으며, 민관협의체는 지역단위 선도사업 운영의 협의와 방향성을 점검하는 다직종기구로서 역할을 한다.

③ 대상자

지역사회 통합돌봄 선도사업의 대상자는 노화 · 사고 · 질환 · 장애 등으로 돌봄이 필요한 상태로 평소 살던 곳에서 지내기를 희망하는 사람이다. 그러나 지역사회 통합돌봄 선도사업을 추진하는 과정에서 대상자 선정 기준은 변화가 있었다. 2020~2021년에는 당초 지역자율형 운영모델에서 대상자 기준이 표준화되지 못했다는 문제점을 보완하여 대상자 유형을 장기입원자 지역복귀 모델, 만성질환자 관리모형, 장기요양 등급외자 돌봄모형, 퇴원하는 이행기군 그룹으로 제시하였다. 2022년도에는 기준으로는 장기요양 재가급여자, 장기요양 등급외자, 노인맞춤돌봄서비스 심층군, 퇴원환자, 기타 지자체가 필요하다고 인정되는 자로 구성하였다.

④ 서비스 및 재원

지역사회 통합돌봄 선도사업에서 제공된 서비스는 주거, 보건의료, 복지, 돌봄 등 유형별로 지자체가 자율적으로 구성하였으며, 이러한 서비스는 대체로 선도사업 공통 사업(재정지원), 지자체의 자체예산 사업, 연계사업(건강보험, LH 등)으로 구성되어 운영되었다.

각 사업에 따른 재원을 보면, 선도사업 재정지원은 국비와 지방비를 매칭하여 이루어지며, 연계사업은 보건복지부와 행정안전부, 국토교통부의 다양한 시범사업과 기존 사업들을 연계하여 추진하는 사업의 재원으로 활용되었다. 그리고 자체 재원은 선도지역 지자체의 자체적인 재정 투입을 통해 신규사업들을 추진하는 재원을 말한다.

이와 같은 지역사회 통합돌봄 선도사업의 내용을 중심으로 2019년부터

표 8-8 지역사회 통합돌봄 선도사업의 추진과정

| 구분 | 2019년 | 2020년 | 2021년 | 2022년 |
|---|---|---|---|---|
| 내용 | • 선도사업 실시(6월)<br>• 선도사업 모델 및 대상자 선정(지역자율형 운영)<br>• 지자체 실행계획서 확정<br>• 전담조직 구성, 재가서비스 개발 지역케어회의 운영<br>• 민간협의체, 보건의료단체 협의회 운영 | • 선도사업 모델 및 대상자 유형 설정<br>• 장기입원자 지역복귀 모형, 만성질환자 관리 모형, 등외자 돌봄모델, 퇴원화는 이행기군<br>• 지자체 조례 제정 등<br>• 관련 서비스 개발 | • 선도사업 모델 및 대상자 선정(핵심대상+지역자율형 복합)<br>• 요양병원 퇴원환자, 단기 퇴원환자, 75세 도래자, 집중형 건강관리 대상, 지자체 자율형<br>• 지자체 조례 제정 등 | • 장기요양예방에 초점을 맞춘 대상자 기준 구체화<br>• 장기요양 재가급여자 등급외자, 노인맞춤돌봄서비스사업의 심층군, 퇴원환자, 그 외 필요자<br>• 국가서비스 연계+지역특화 서비스 개발 및 적용 |

출처: 유애정, 박현경(2022).

2022년까지의 추진과정을 살펴보면, 다음의 〈표 8-8〉과 같다.

한편, 그동안 추진되었던 지역사회 통합돌봄 선도사업의 성과를 살펴보면, 다음과 같다(유애정 외, 2023). 첫째, 선도사업의 추진경험은 지역사회 통합돌봄의 필요성과 인식을 제고시키는 데 크게 기여하였으며, 지역중심의 통합돌봄체계 구축은 중요한 정책과제로 자리 잡게 되었다. 둘째, 지역사회 통합돌봄 선도사업 운영을 위한 전담조직의 설치나 전담인력의 배치, 지역케어회의의 실시 등 제도적 운영기반을 마련하였다. 셋째, 선도사업을 추진을 통해 가시화된 성과는 다양한 돌봄서비스의 확충이 있었으며, 돌봄서비스를 보다 효과적으로 제공하기 위한 서비스 공급방식에 대한 논의가 진전되었다는 점이다. 특히 의료-돌봄서비스의 통합적인 제공과 확충이 필요하다는 인식을 증대시켰다. 넷째, 서비스 제공과 관련하여 지방자치단체의 책임성 및 역할강화, 공공-민간 간 협업 필요성이 강조되었다.

그러나 이러한 성과에도 불구하고 지역사회 통합돌봄 선도사업에 대해 여러 가지 한계가 지적되었다(유애정 외, 2023). 예를 들어, 선도사업의 지역마다 대상자 선정기준의 차이와 상이한 사업으로 정책추진목표가 다소 명확하지 않아 통합돌봄의 보편화를 실시하기가 용이하지 않다는 것이다. 또한 대부분의 선도지역에서 기존 지역자원을 최대한 활용하는 방향으로 사업수행을 하였다. 그 결과 새로운 서비스 영역을 발굴하고 개발하는 노력이 미흡하였으며, 돌봄욕구에 효과적으로 대응할 수 있는 서비스의 다양성과 충분성은 부족하였다. 그리고 선도사업 운영으로 공공과 민간이 상호 협업하는 노력은 있었으나, 안정적인 협업체계의 구축은 미흡하였다는 것이다.

#### (2) 노인 의료 · 돌봄 통합지원 시범사업(2023~현재)

2022년에 지역사회 통합돌봄 선도사업이 종료됨에 따라, 2023년 7월부터 노인 의료 · 돌봄 통합지원 시범사업이라는 명칭으로 변경하여 9개 지방자치단체 중심으로 추진하고 있다. 이는 지역사회 통합돌봄의 정책기조는 유지하면서도 의료와 돌봄을 통합지원하는 돌봄모델로 추진하는 시범사업이다. 이러한 시범사업을 추진하게 된 배경을 보면, 기존에 실시하였던 지역사회 통합돌봄 선도사업은 의료 및 돌봄을 지원하는 타 지원사업과 연계 · 협력이 미흡하고, 병원입원을 대체할 수 있는 재가의료 확충의 저조, 예방적 건강관리를 지원하는 서비스의 부족, 전국 확산이 가능한 정도의 보편적 모형으로 정립하기가 쉽지 않다는 평가에 근거하였다. 이러한 노인 의료 · 돌봄 통합지원 시범사업에 대해 사업목적, 대상자, 서비스의 내용, 운용체계를 중심으로 살펴보면, 다음과 같다(보건복지부, 2023).

##### ① 사업목적

노인 의료 · 돌봄 통합지원 시범사업의 목적은 요양, 건강관리, 일상생활지원, 주거 등 돌봄서비스와 재가의료서비스의 연계를 통해 살던 곳에서 생애 말기까지 노후생활이 가능한 기본적인 노인 의료 · 돌봄 통합지원 모델을 정립하는데 있으며, 재가의료서비스 확충과 지역자원 또는 의료 및 돌봄서비스를 노인대상자 중심으로 연계 · 통합하여 지원할 수 있는 체계 구축에 있다.

② 대상자

노인 의료 · 돌봄 통합지원 시범사업의 주요 대상자는 요양병원(시설) 입원 경계선상에 있는 75세 이상 노인으로, 장기요양재가급여자, 급성기 · 요양병원 등 의료기관 퇴원환자, 노인맞춤돌봄서비스 중점군, 장기요양 등급외자, 기타 지방자치단체장이 대상자로 인정할 만한 사유가 있는 사람 등이다.

③ 서비스의 내용

노인 의료 · 돌봄 통합지원 시범사업의 서비스 내용은 방문의료서비스를 확대하고, 퇴원환자 재가복귀 지원서비스, 주거지원서비스, 일상생활지원서비스 등 기존 서비스를 우선 연계한 후, 부족한 서비스에 대해서는 해당 지자체가 자체적으로 보충적인 서비스를 개발하고 제공하는 원칙을 적용하고 있다. 특히 지역사회 내 의료접근성 강화를 위한 재가의료서비스를 확대에 초점을 두고 있으며, 장기요양 재택의료센터 연계, 방문의료 지원팀 구성 등 지역 여건에 적합하거나 지역특화형 방문의료 서비스를 제공하고 있다.

④ 운영체계

시범사업을 수행하는 지자체는 시 · 군 · 구에 사업추진을 위한 전담조직(예, 노인통합지원센터) 및 읍 · 면 · 동에 통합지원창구, 지역사회 유관기관을 통합안내창구로 설치 · 운영하고 있다. 통합지원창구로서 읍 · 면 · 동은 대상자 접수 · 발굴, 신규 대상자 종합상담 등을 실시하며, 시 · 군 · 구 지역사례회의를 운영해 지역사회 계속 거주에 필요한 주거지원서비스, 방문의료 · 건강관리 서비스, 이동 · 식사 지원 등 다양한 사회서비스가 통합 · 지원되는 돌봄체계로 운영하고 있다. 또한 통합안내창구로 국민건강보험공단지사, 보건소, 치매안심센터, 서비스 제공기관을 필수적으로 지정하거나, 의료기관(병 · 의원), 장기요양기관 등을 선택적으로 지정하여 통합지원 대상자 발굴 및 의뢰, 사례회의 참여, 의료 · 요양 · 돌봄서비스 제공 등을 수행하고 있다.

여기까지 살펴본 노인 의료 · 돌봄 통합지원 시범사업의 특징을 살펴보면, 첫째, 개별사업이나 서비스 중심보다는 복합욕구가 있는 대상자 중심으로 각 사업과 서비스를 연계하는 데 초점을 두고 있다. 둘째, 지역사회 계속 거주를 위해 필요한 의료 및 돌봄서비스를 충분하게 제공하는 것을 강조하고 있다. 셋째, 지역사회 유관기관 간 협업체계의 운영 등이라 할 수 있다.

따라서 노인 의료 · 돌봄 통합지원 시범사업은 기존 지역사회 통합돌봄 선도사업에서 부족했던 재가의료서비스를 확충하고, 다양한 의료 및 돌봄서비스의 연계 및 민관협업체계를 강화하여 지역사회에서의 건강한 노후생활을 지원하는 통합돌봄체계를 구축하는 데 중점을 두고 있다.

### 4) 지역사회 통합돌봄의 발전방향

지역사회 통합돌봄은 자신이 살던 곳에서 건강하고 안전한 자립생활이 가능하도록 주거, 보건 · 의료, 요양, 돌봄, 생활지원 등 다양한 지원을 통합적으로 제공하는 지역중심의 돌봄체계를 의미한다. 이를 실현하기 위해 2019년부터 2022년까지 지역사회 통합돌봄 선도사업을 실시하였으며, 2023년 7월부터는 노인 의료 · 돌봄 통합지원 시범사업을 추진하고 있다.

지역사회 통합돌봄은 그동안 분절적으로 확대되어 오던 돌봄서비스를 지역사회중심에 기초한 서비스의 통합 및 연계방향으로 패러다임을 전환함으로써 돌봄사회의 기반을 마련하는 데 목적을 두고 있다. 즉, 지역사회 통합돌봄은 기존 시설 중심의 서비스를 지역사회 중심의 서비스로, 국가 중심에서 지역 주도로, 수요자의 선택권 확대와 지역사회의 공동체 참여를 기반으로 하는 돌봄서비스체계를 재구성하는 데 초점을 두고 있다.

따라서 지금까지의 돌봄체계의 한계를 극복하고, 돌봄을 필요로 하는 사람들이 자신의 선택에 따라 지역사회에 거주하면서 자신의 욕구에 맞는 돌봄서비스를 제공받을 수 있는 체계를 구축해야 할 것이다. 앞으로 지역사회 통합돌봄의 안정적인 추진을 위한 발전과제를 살펴보면, 다음과 같다(강혜규, 2021;

유애정 외, 2023).

첫째, 지역사회 통합돌봄 전담조직의 위상강화 및 인력보충 등을 통해 운영체계를 보다 전문화해야 한다. 또한 지방정부의 자율성과 지방정부의 행정조직 간의 역할분담, 민간의 다양한 돌봄서비스 제공기관 간의 협업체계를 강화하여 종합적인 돌봄서비스를 제공하는 것이 중요할 것이며, 지역의 돌봄수요와 공급에 대한 관리책임을 강화하기 위한 지방정부의 노력이 필요할 것이다.

둘째, 지역사회 통합돌봄의 실효성을 강화하기 위해서는 방문의료서비스의 확충, 퇴원환자에 대한 지원체계 강화, 장기요양 재가서비스의 확충 등 재가서비스의 인프라를 확충해야 한다. 특히 돌봄이 필요한 상태가 되어도 시설을 이용하지 않고 재가에서의 생활을 유지할 수 있도록 주거지원 및 주거환경을 적극적으로 개선해야 할 것이다.

셋째, 지역사회 통합돌봄 체계가 포괄하는 서비스는 대상 특성에 따른 개별 욕구에 맞춤형 대응이 가능하도록 다양하게 구성되어야 할 것이다. 그리고 통합돌봄서비스가 개인별 맞춤형으로 제공되기 위해서는 '욕구사정–계획 수립–서비스 제공–모니터링 및 종결'의 사례관리과정을 확립하고 체계화해야 할 것이다.

넷째, 급증하는 돌봄수요에 대한 적극적인 대응과 돌봄사각지대의 해소하기 위해서는 지속가능한 돌봄재정 확충방안을 마련해야 할 것이다. 그리고 돌봄서비스 제공기관의 재가지원 기능을 강화하기 위해서도 인력확보와 재정지원방안도 적극 고려할 필요가 있다.

## 5. 지역사회서비스투자사업[3)]

중앙정부 주도의 복지지원체계로는 지역특성을 고려한 지역주민의 욕구

3) 이 내용은 보건복지부(2024c)의 지역사회서비스투자사업 안내를 주로 참조하였다.

를 충족하기에는 어려움이 있으며 복지사각지대를 해소하기가 쉽지 않다. 또한 지역주민의 욕구반영 및 지역의 복지수요 변화에 탄력적으로 대응하기 위해 다양한 사회서비스 제공이 필요하게 되었다. 중앙정부 중심보다는 지역의 복지욕구와 수요에 맞게 필요한 서비스 제공, 즉 지역중심의 서비스를 발굴 및 기획하는 지역밀착형 복지서비스 제공방식으로 전환을 추진하였다. 이러한 배경하에 실시한 지역사회서비스투자사업은 2007년 7월부터 시작되어 지금까지 아동, 노인, 장애인 등의 대상자에게 돌봄, 상담, 여가, 건강 등 다양한 종류의 서비스를 제공하고 있다.

지역사회서비스투자사업의 변천과정은 〈표 8-9〉에서 보는 바와 같이 2007년부터 지역사회서비스혁신사업으로 시행되었으며, 2009년에 지역사회서비스

**표 8-9** 지역사회서비스투자사업의 변천과정

| 년도 | 2007년 | 2008년 | 2009년 | 2013년 이후 | 2022년 이후 |
|---|---|---|---|---|---|
| 사업명 | 지역사회서비스 혁신사업 | 지역사회서비스 혁신사업 | 지역사회서비스투자사업 | 지역자율형사회 서비스투자사업 | 지역자율형사회 서비스투자사업[2] |
| 사업구성 | 전국표준형<br>• 아동비만관리 서비스<br>• 아동인지능력 향상서비스 | 보편형<br>• 아동인지능력 향상서비스 | 지역선택형<br>• 아동인지능력향상서비스<br>• 아동건강관리서비스 | • 지역사회서비스 투자사업<br>• 산모 · 신생아 건강관리지원 사업[1]<br>• 가사 · 간병방문 관리지원사업 | • 지역사회서비스 투자사업<br>• 가사 · 간병방문 관리지원사업<br>• 청년마음건강지원사업[1]<br>• 일상돌봄서비스 사업[1]<br>• 긴급돌봄 지원 사업[1] |
| | 자체개발형 | 지역맞춤형 | 지역개발형<br>• 10대 유망사회서비스(2011~ ) | | |

주: 1) 산모 · 신생아 건강관리지원사업은 2022년에 지방이양사업으로 전환함. 청년마음건강지원사업은 2022년에 신규 추진, 일상돌봄서비스사업은 2023년에 신규 추진. 긴급돌봄 지원사업은 2024년에 신규 추진함.

2) 2023년에 지역자율형 사회서비스투자사업 국가균형발전특별회계 계정을 지역자율계정(시 · 도자율편성사업: 지역사회서비스투자사업, 가사 · 간병 방문관리 지원사업), 지역지원계정(부처 직접편성사업: 청년마음건강지원사업, 일상돌봄서비스사업)으로 분리. 2024년에 지역지원계정에 긴급돌봄 지원사업 신규 추진함.

출처: 보건복지부(2024c), 전용호, 이민홍(2018)을 기초로 재정리.

투자사업으로 명칭이 변경되었다. 2013년에는 지역 수요에 민감한 지방자치단체가 중심이 되어 사회서비스 사업을 운영할 수 있도록 지역사회서비스투자사업뿐만 아니라 같은 바우처 방식의 사업인 산모 · 신생아 건강관리 지원사업과 가사 · 간병 방문관리 지원사업을 내역사업으로 하는 지역자율형 사회서비스투자사업이라는 명칭으로 통합되었으며, 포괄보조방식(Block Grant)으로 전환하여 운영하였다. 이러한 포괄보조방식으로 지자체가 각 사업 간 예산을 자체적으로 기획해서 조정할 수 있고, 시 · 군 · 구 지역별로 예산 조정이 가능하였다. 2022년에 산모 · 신생아 건강관리 지원사업은 지방이양사업으로 전환되었다. 그리고 2021년에 지역사회서비스투자사업 내 시행되었던 청년심리지원서비스가 2022년부터 청년마음건강 지원사업으로 변경되어 지역자율형 사회서비스 투자사업 내 신규 내역사업으로 추진되었으며, 2023년에 일상돌봄서비스사업, 2024년에는 긴급돌봄 지원사업을 신규로 추진하였다. 따라서 2024년부터 지역자율형 사회서비스투자사업은 지역사회서비스투자사업, 가사 · 간병 방문지원사업, 청년마음건강지원사업, 일상돌봄서비스사업, 긴급돌봄 지원사업을 내역사업으로 두고 있다.

지역자율형 사회서비스투자사업의 내역사업인 가사 · 간병 방문지원사업은 일상생활과 사회활동이 어려운 저소득층을 위한 가사 · 간병 서비스를 지원함으로써 취약계층의 생활 안정을 도모하고 가사 · 간병 방문 제공인력의 사회적 일자리 창출을 목적으로 하는 사업이다. 그리고 청년마음건강지원사업은 청년의 심리정서 지원, 건강성 회복을 통한 삶의 질 향상과 심리적 문제 예방을 통한 건강한 사회구성원으로서 역할을 촉진하는 것을 목적으로 하고 있다. 일상돌봄서비스사업은 돌봄이 필요한 중장년(질병, 부상, 고립 등), 가족돌봄청년과 같이 일상생활에 도움이 필요한 대상에게 재가 돌봄 · 가사, 병원동행, 심리지원 등 서비스를 통합적으로 제공하여 일상생활의 어려움을 해소하는 것을 목적으로 하고 있다. 지역사회서비스투자사업에 대해서는 다음에서 구체적으로 살펴보기로 한다(보건복지부, 2024c).

### 1) 지역사회서비스투자사업의 목적과 의의

지역사회서비스투자사업은 지역별 특성과 주민 욕구를 반영하여 지역 실정에 맞는 사회서비스를 주도적으로 개발 · 제공하도록 지원하는 사업이며, 이러한 사업 수행으로 사회서비스 확충과 관련된 지역사회 공공복지실천의 새로운 변화를 경험하고 있다.

지역사회서비스투자사업의 목적을 살펴보면, 첫째, 지역별 · 가구별로 다양한 특성과 수요에 부합하는 차별적인 사회서비스를 지방자치단체가 주도적으로 발굴 · 집행함으로써 지역주민이 체감하고 만족하는 사회서비스를 제공하는 데 있다. 둘째, 시장 형성의 가능성이 높은 분야를 발굴하여 수요자의 구매력을 보전함으로써 지속 가능한 사회서비스 시장 형성 및 일자리 창출을 도모하는 데 있다. 셋째, 인적 자본 형성, 건강투자, 고령 근로 촉진 등 사회투자적 성격 사업을 집중 지원하여 미래 성장 동력 확보 및 사회경제적 자립 기반을 확충하는 데 있다.

지역사회서비스투자사업은 〈표 8-10〉에서 보는 바와 같이 공급기관 지원방식에서 바우처(서비스 이용권)를 통한 수요자 지원방식으로 운영되고 있다. 그리고 지역사회서비스투자사업은 중앙정부가 전국을 대상으로 일괄 실시하

**표 8-10** 지역사회서비스투자사업의 운영방식: 수요자 지원방식

| 구분 | 공공기관 지원방식 | 수요자 지원방식 |
|---|---|---|
| 대상 | 수급자 등 저소득층(수동적 보호 대상) | 서민 · 중산층까지 확대(능동적 구매자) |
| 서비스 비용 | 전액 국가 지원 | 일부 본인 부담 |
| 서비스 시간 | 공공기관 재량 | 대상자 욕구별 표준화 |
| 공급기관 | 단일 기관 독점 | 다수 기관 경쟁 |
| 특징 | 획일적이고 정형화된 서비스 제공 | 공급자 간 경쟁을 통한 다양한 서비스 제공 |

출처: https://www.socialservice.or.kr:444/

는 국가주도형 서비스 제공 방식에서 탈피하고, 지방자치단체가 지역특성 및 주민 수요에 맞는 사회서비스를 발굴 · 기획하는 사업이다. 또한 서비스 수요자에 대해 바우처를 지원하고, 원하는 서비스 제공자를 선택하도록 함으로써 공급기관 주도 방식에서 수요자 주도 방식으로 사업 방식을 바꾸었다는 점에서 큰 의의를 지닌다.

한편 지역사회서비스투사사업은 전자 바우처 방식으로 운영되고 있다. 바우처(voucher)는 「사회서비스 이용 및 이용권 관리에 관한 법률」에서 '사회서비스 이용권'으로 정의하고 있다. 사회서비스 이용권이란 그 명칭 또는 형태와 상관없이 사회서비스 이용자가 사회서비스 제공자에게 제시하여 일정한 사회서비스를 제공받을 수 있도록 그 사회서비스의 수량 또는 그에 상응하는 금액이 기재된 증표를 말하며, 전자바우처(e-바우처)는 이러한 증표를 전자적 또는 자기적 방법으로 신용카드, 체크카드, 실물카드 등에 기록한 이용권을 말한다. 즉, 전자바우처는 사회서비스를 편리하게 이용할 수 있도록 현금카드 형태로 지급되며, 서비스의 신청에서 이용과 비용지급, 정산 등 전 과정이 전자시스템으로 처리된다.

## 2) 지역사회서비스투자사업의 내용

지역자율형 사회서비스투자사업의 내역사업인 지역사회서비스투자사업은 지역별 자체 개발사업으로 수행되고 있다. 사업의 수립주체는 시 · 도지사 또는 시 · 군 · 구청장이며, 사업유형은 시 · 도 광역개발사업, 시 · 군 · 구 자체개발 및 공동개발사업이다. 과거에 지역사회서비스투자사업의 유형은 지역선택형(보건복지부가 직접 사업을 발굴 · 제시하고 지방자치단체가 선택하는 사업)과 지역개발형(지방자치단체가 발굴 · 기획하는 사업)으로 구분되었지만, 현재에는 시 · 도 또는 시 · 군 · 구에서 관할 지역의 사회서비스 수요와 공급역량을 파악하여 자율적으로 지역맞춤형 사회서비스를 기획 · 개발하여 운영하고 있다.

지역사회서비스투자사업의 주요 내용을 〈표 8-11〉에서 보면, 사업대상은

표 8-11 지역사회서비스투자사업의 주요 내용

| 구분 | 내용 |
|---|---|
| 사업목적 | • 지역맞춤형 사회서비스 개발을 통한 복지사각지대 해소<br>• 사회서비스 시장 활성화 및 일자리 창출 |
| 사업유형 | • 시 · 도 광역개발사업(복지부의 승인)<br>• 시 · 군 · 구 자체개발사업 및 공동개발사업(시 · 도의 승인) |
| 사업대상 | • 전국가구 기준 중위소득 140% 이하 가구를 원칙으로 하며, 지역별 또는 사업별로 상이함<br>※ 단, 아동 · 청소년 심리지원사업(중위소득160%), 장애인 보조기기 렌탈 · 비만아동건강관리서비스(소득기준 없음) |
| 서비스 내용 | • 지방자치단체별로 상이<br>• 예) 영유아발달지원서비스, 아동 · 청소년정서발달지원서비스, 노인맞춤형 운동서비스, 장애인 보조기기 렌탈서비스, 시각장애인 안마서비스, 정신건강 토탈케어서비스, 자살위험군 예방서비스, 아동 · 청소년 비전형성서비스, 성인심리지원서비스 등 |
| 수행방식 | • 사회서비스 이용권(전자바우처)을 활용한 수요자 중심<br>• 사업기획 · 운영상 지역의 자율성과 책임성 강조 |
| 서비스 가격체계 | • 정부지원금(바우처)+본인부담금 |
| 서비스 신청 및 이용 | • 서비스 이용방법: 대상자의 주민등록상 거주지에서 시행되는 서비스에 대해 읍 · 면 · 동 주민센터에서 신청 후 이용 가능<br>• 신청권자: 사회서비스 이용 발급대상자, 친족 또는 법정대리인, 담당공무원의 직권신청(보호자의 동의 필요) |

출처: 보건복지부(2024c)에서 재정리.

전국가구 기준 중위소득 140% 이하 가구(아동 · 청소년 심리지원사업은 중위소득 160%, 장애인 보조기기 렌탈서비스 및 비만아동 건강관리서비스는 소득기준 없음 등)를 원칙으로 하지만, 지방자치단체 및 사업별로 다를 수 있다. 서비스 내용은 사업대상 및 지방자치단체에 따라 다양하게 제공되고 있다. 특히 서비스 이용자의 책임성을 강화하기 위해 서비스 기준가격의 일부를 본인부담금으로 책정하고 있으며, 서비스별 주요 수요계층, 지역의 시장화 정도, 지자체 예산 상황 등을 종합적으로 고려하고 소득구간별로 본인부담률을 차등 적용하고 있다. 서비스 이용방법은 읍 · 면 · 동 주민센터에서 신청 후 이용 가능하다.

### 3) 지역사회서비스투자사업의 추진체계

〈표 8-12〉에서 보듯이 지역사회서비스투자사업의 추진체계는 보건복지부가 사업 기본계획 수립 및 사업총괄을 담당하고 있으며, 사회보장정보원이 시 · 군 · 구 예탁금관리, 바우처 비용 지급 및 정산 등의 기능을 수행하고 있다. 그리고 시 · 도 및 시 · 군 · 구는 지역사회서비스의 기획 및 발굴, 사업시행, 사업관리감독 등을 담당하며, 서비스 제공기관은 서비스 공급인력 모집, 서비스 제공, 실적 보고 등을 수행한다. 지역사회서비스중앙지원단은 사회서비스 기획 및 발굴, 지역사회서비스지원단을 총괄 · 지원하며, 지역사회서비스지원단은 지역사회서비스 제공인력의 교육 및 관리, 사회서비스 제공기관 컨설팅, 제공기관 현장조사 지원, 지역사회서비스 정보 제공 및 홍보지원 기능 등을 담당하고 있다.

또한 지방자치단체의 역할을 살펴보면 다음과 같다.

시 · 도지사는 지역사회서비스투자사업을 전담하여 시행할 수 있는 전담팀(계)을 구성하고, 시 · 군 · 구청장은 담당부서 내 사업전담인력을 배치할 수 있다. 지역사회서비스를 지방자치단체가 개발하여 운영하고 있기 때문에, 서비스 이용자 선정 및 서비스 제공계획(기준정보)을 기획하는 것이 무엇보다 중요하다.

서비스 이용자 선정을 위해 서비스 이용의 우선순위를 지방자치단체에서 정할 수 있다. 즉, 서비스별 특성에 따른 주요 수요 계층, 지역의 사회서비스 시장화 정도, 지자체의 예산 상황 등을 고려하여 시 · 도 또는 시 · 군 · 구에서 서비스 이용의 우선순위를 결정한다. 그리고 서비스 이용자의 소득, 연령, 욕구 판정 결과 등을 종합하여 시 · 군 · 구청장이 예산 범위 내에서 자율적으로 이용자를 선정하고 있다.

표 8-12 지역사회서비스투자사업의 추진 주체 및 기능

| 추진 주체 | 기능 |
|---|---|
| 보건복지부 | • 사업 기본계획 수립, 지침 작성 총괄<br>• 시 · 도 성과평가 추진 총괄<br>• 시 · 도 서비스 심사 및 승인 · 감독 · 평가<br>• 전자바우처시스템 구축 및 관리 |
| 한국사회보장 정보원 | • 시 · 군 · 구 예탁금 관리<br>• 바우처 비용지급 및 정산<br>• 사업 모니터링 실시 및 통계 관리<br>• 사회보장정보시스템(행복e음) 및 전자바우처시스템 운영 · 관리 |
| 시 · 도 | • 지역사회서비스투자사업 시 · 도 총괄 관리<br>• 지역사회서비스투자사업 서비스별 예산조정 및 집행관라<br>• 시 · 도 서비스 기획 및 발굴<br>• 시 · 도별 지역사회서비스투자사업 안내 지침 수립<br>• 시 · 군 · 구 서비스 심사 및 승인 · 감독 · 평가<br>• 시 · 도 사회서비스 심의위원회 운영<br>• 시 · 도 성과관리<br>• 시 · 군 · 구 자체평가체계 구축 및 실시<br>• 시 · 도 내 서비스 제공기관 현장조사 총괄 |
| 중앙사회서비스원 | • 지역사회서비스투자사업 품질관리(평가 등) |
| 지역사회서비스 중앙지원단 (중앙사회서비스원) | • 지역사회서비스지원단 총괄 · 지원<br>• 사회서비스 관련 교육 및 전문인재 양성<br>• 사회서비스 기획 및 발굴<br>• 사회서비스 발전을 위한 조사 · 연구 · 개발<br>• 지역 간 사회서비스사업 연계 · 협력체계 구축<br>• 지역자율형 사회서비스투자사업 평가 및 컨설팅 지원 |
| 지역사회서비스 지원단 | • 지역사회서비스 제공인력 교육 및 관리<br>• 사회서비스 제공기관 컨설팅<br>• 지역사회서비스 발굴 · 기획 지원<br>• 민 · 관 네트워크 구축<br>• 제공기관 현장조사 지원<br>• 지역사회서비스 정보 제공 및 홍보 지원 |

| | |
|---|---|
| 시 · 군 · 구 | • 시 · 군 · 구 지역사회서비스 기획 · 관리 및 시행<br>• 지역사회서비스 예산집행 분석 및 예탁금 집행<br>• 서비스 이용자 선정 및 관리(중도포기자, 미이용자, 대기자 관리, 본인부담금 장기미납자 관리 등)<br>• 지역사회서비스 제공기관 등록 · 관리<br>• 지역개발 서비스 홍보<br>• 서비스 제공기관 지도 · 감독 |

출처: 보건복지부(2024c).

시 · 도지사 또는 시 · 군 · 구청장은 사업 개시 전 이용자 선정기준, 서비스 내용, 바우처 생성 정보, 바우처 단가 등 서비스 제공에 필요한 정보 등이 포함된 서비스 제공계획(이하 '기준정보')을 기획 · 운영하고 있다. 시 · 도 서비스의 기준정보 신규 · 변경 · 폐지는 복지부가 승인하고, 시 · 군 · 구 서비스 기준정보는 시 · 도가 승인하여 시행한다.

한편 2011년부터 서울, 부산, 경기, 대전 등에 지역사회서비스지원단을 설치 · 운영하기 시작하였으며, 2024년 현재 전체 시 · 도에서 운영하고 있다. 그리고 2019년에 사회서비스중앙지원단이 설립되었으며, 지역사회서비스 중앙지원단은 지역사회서비스 정책 기획 및 운영지원, 지역사회서비스 교육 및 협력 네트워크 구축 등의 기능을 수행하고 있다. 2022년에는 사회서비스중앙지원단은 중앙사회서비스원으로 개원하였으며, 중앙사회서비스원 조직 내에 지역사회서비스 중앙지원단을 운영하고 있다.

지역사회서비스지원단은 지역 특성에 맞는 지역맞춤형 사회서비스를 발굴 · 기획하고, 지방자치단체 사업 관리 및 지역사회서비스 품질 향상을 지원하는 전문 체계로서, 지정주체는 시 · 도지사이며 국비와 지방비로 운영되고 있다. 지역사회서비스지원단은 지역사회서비스 종사자 역량강화를 위한 교육과 훈련, 지역자율형 사회서비스 투자사업 품질 향상 및 활성화, 지역맞춤형 사회서비스 기획 · 발굴 등을 주요 목적으로 하고 있다. 주요 기능으로는 제공인력 교육훈련 관리 및 시행, 서비스 품질관리 체계구축, 지역사회서비스 동향

분석 및 서비스 유사중복 조정 등 지역맞춤형 사회서비스 기획 · 발굴, 협력적 네트워크 구축 및 활성화 등이다.

### 4) 지역사회서비스투자사업의 영향

지역사회서비스투자사업이 지역사회에 미친 영향을 살펴보면 다음과 같다.

첫째, 서비스 수요자의 책임성 및 권리의식을 증대하였다. 전통적인 복지공급 방식은 공급자 주도형으로 수요자의 선택권보다는 공급기관의 선택에 의해 서비스가 제공되는 경향이 강하였다. 그러나 공급자 주도방식에서 탈피하여 수요자 중심으로 이루어지고 있는 사회서비스 바우처 방식은 공급기관의 활용 여부에 따라 수요자의 권리를 증대함은 물론 수요자의 선택에 따른 책임성을 강화하는 데 긍정적인 영향을 미치고 있다.

둘째, 지방자치단체의 지역복지 수요에 대한 대응 및 반응성을 높이는 계기로 작용하였다. 지역사회서비스투자사업은 지역 특성에 맞는 사회서비스를 확충함으로써 지역복지의 수준을 높이는 데 기여한 것으로 평가할 수 있다. 특히 전자바우처 형태의 사회서비스 이용자 지원 방식을 통해 개인별 욕구에 따른 다양한 서비스 공급이 이루어지고 있다.

셋째, 복지제공 방식의 변화로 지역복지 공급기관의 역할 및 기능을 강화하는 계기로 작용하였다. 사회서비스에 대한 민간 영역의 확대와 참여를 강조함으로써 지역복지의 공급기관의 다양화를 추구할 수 있을 뿐 아니라 복지수요에 따른 새로운 영역의 서비스를 확충함으로써 사회서비스 부문에 대한 일자리 창출은 물론 공급기관의 역할 및 기능을 강화하고 조직혁신을 도모할 수 있다.

넷째, 지역사회서비스의 개발과정에서 지역복지 거버넌스의 가능성을 제고하였다. 일반적으로 지역복지 거버넌스는 공공부문으로서의 지방정부뿐만 아니라, 민간영리부문인 기업, 민간비영리부문인 사회복지조직 등 참여주체의 다원화 및 이들 참여주체 간의 협력과 네트워크를 특징으로 지역복지문제를 공동으로 해결하는 체계 및 과정으로 정의할 수 있다. 그리고 다양한 참여

행위자 간의 상호작용과정과 상호작용과정의 산물인 조직과 제도, 그리고 이들 간의 조정 기제 및 규칙이 포함된다. 지역사회서비스의 개발은 지방자치단체-관련 사회복지조직-전문가 등의 협력이 필수적이며, 이러한 과정을 통해 지역복지 거버넌스의 가능성을 확인한 것으로 평가할 수 있다.

이러한 긍정적인 영향에도 불구하고 지역사회서비스투자사업의 추진과정에서 나타난 문제점을 살펴보면 다음과 같다.

첫째, 복지자원 또는 제공기관의 지역별 편차로 인하여 형평성 문제가 대두되고 서비스 수요자 간의 불평등을 야기하였다. 동일한 서비스 수요에도 불구하고 서비스 제공기관의 부재나 편중으로 수요자 간 접근성의 불평등을 경험하고 있다. 더구나 지역사회서비스투자사업은 지방자치단체의 소속관할 지역에 국한되기 때문에, 행정구역상 인접한 경우에는 지리적 거주 요건에 따라 서비스의 활용 및 접근성이 제한되고 있다. 그 결과 복지행정에 대한 불신을 가중할 소지가 충분하다는 것이다.

둘째, 지역에서 사회서비스 공급기관의 부족문제는 서비스 경쟁력을 확보할 수 없으며, 그 결과 지역사회서비스투자사업이 기대하는 정책효과를 달성하는 데 한계로 작용하였다. 예컨대, 지역사회서비스투자사업 중 특정 프로그램의 경우에는 서비스 수요가 높지만 서비스 제공기관이 부재하거나 특정 기관에 한정되어 있어 수요자의 선택권을 제한하는 역할로 작용하고 있다.

셋째, 서비스 제공기관의 확대가 대부분 민간 및 개인사업자 위주였으며, 이에 따라 공공영역의 서비스 제공은 일부에 불과하여 공공성 확보가 주된 문제로 부각되었다. 그리고 서비스의 양적 확대에 비해 서비스 품질 관리는 체계적으로 수행되지 못하였다는 평가가 지배적이었다.

지역사회서비스투자사업에 대한 성과 및 문제점과 관련해서는 많은 논의가 있었다. 사회서비스의 일자리 제공 확대, 다양한 서비스 욕구충족을 위한 사업 개발, 보편적 서비스 제공의 기틀 마련, 서비스 수요자의 권리 확대, 전자바우처에 의한 지원방식의 변화로 관리의 투명화 및 행정효율성의 제고 등이 성과로 제시되고 있다.

그러나 이러한 성과 못지않게 사업추진과정에서 제기된 주요 문제점으로 서비스 제공기관의 부족에 따른 소비자 선택권의 제한, 서비스 제공기관의 업무과중, 예산 배정 방식이나 서비스 선정요건 등에 따른 서비스 이용자의 제한, 사회서비스 일자리의 질적 수준 문제 및 종사자의 처우개선, 서비스의 품질제고 문제, 아동 및 노인 중심의 사업편중으로 인한 사업대상자의 다양화 및 보편화 부족 등이 언급되고 있다. 또한 감염병 등 재난 상황 발생 시 비대면 사회서비스 제공체계 마련을 통해 서비스의 지속성을 확보해야 할 것이며, 이러한 문제는 앞으로 해결해 나가야 할 과제라 할 수 있다(김인수 외, 2019; 류진석, 2010; 안수란, 2020; 전용호, 이민홍, 2018).

제 9 장

# 지역사회복지 네트워크와 지역사회보장계획

1. 지역사회복지 네트워크의 개요
2. 지역사회복지 네트워크의 실제
3. 지역사회보장계획

BUS

## 1. 지역사회복지 네트워크의 개요

「사회복지사업법」의 개정(2003. 7. 30.)은 지역사회복지계획의 수립, 지역사회복지협의체의 설치, 시 · 군 · 구 사회복지협의회의 설치에 대한 법적 근거 마련 등 지역사회복지의 발전에 많은 영향을 미쳤다. 그리고「사회보장급여의 이용 · 제공 및 수급권자 발굴에 관한 법률」의 제정(2014. 12. 30.) 및 시행(2015. 7. 1.)으로 지역사회복지계획은 지역사회보장계획으로, 지역사회복지협의체는 지역사회보장협의체로 각각 변경되었다. 지역사회보장협의체 및 시 · 군 · 구 사회복지협의회는 지역사회복지의 네트워크나 협의조정기관으로서 의미를 지니기 때문에, 우선 지역사회복지 네트워크의 의미와 의의, 지역사회복지 네트워크의 기능과 역할, 지역사회복지 네트워크 구축의 원칙과 방향에 대해 살펴보기로 한다.[1)]

### 1) 지역사회복지 네트워크의 의미와 의의

#### (1) 지역사회복지 네트워크의 의미

일반적으로 네트워크(network)란 공유된 목적을 달성하기 위해 개인이나 조직 간 상호작용과 자원을 교환하는 사회체계다. 알터와 하지(Alter & Hage, 1993)는 네트워크를 조직 간 거래의 상호작용, 공동행동, 공동산출의 사회적 형태로 언급하고 있다.

네트워크의 특징을 살펴보면, 첫째, 다양한 이해관계자집단이 독립성을 유지하면서 상호 신뢰를 바탕으로 공통의 목적을 달성하기 위해 연계체계를 구

1) 지역사회복지 네트워크의 의의, 기능과 역할 그리고 네트워크 구축의 원칙과 방향에 대한 내용은 류진석(2002)의 논문을 기초로 재정리하였다.

축 · 유지하는 과정이라 할 수 있다. 둘째, 네트워크의 원리는 상호의존성과 호혜성이 강조되며, 행위자 간의 관계의 맥락이 중요시되고 있다. 셋째, 네트워크는 공동의 목표를 달성하기 위해 긴밀한 상호의존관계를 지니고 있으나, 개별 조직은 자신의 고유목표와 이해관계를 가지고 있기 때문에 수평적 관계가 강조된다.

이러한 네트워크의 특징을 지역사회복지에 적용할 경우 지역사회복지 네트워크란 지역사회복지 수요자의 복지 증진을 위해 사회복지서비스 공급주체 간의 정보 공유, 서비스의 연결 등 지역사회복지조직 및 관련조직 간 유기적 연계체계를 의미하며, 일회적 또는 사안별 연계와 협력보다는 지속적이고 체계적 · 구조적인 연계가 이루어지는 과정이라 할 수 있다. 지역사회복지 네트워크는 지역사회의 다양한 자원을 조직하고 참여시킬 수 있으며, 지역사회복지조직 간 공통의 목표나 문제해결을 추구할 수 있기 때문에 지역사회조직화의 유용한 실천전략이 될 수 있다. 그리고 지역사회구성원이 욕구 충족이나 문제해결과정에 서비스 공급주체로서 참여할 수 있어 지역사회의 결속력을 강화하는 데 도움이 된다.

한편 지역사회복지에서 서비스 네트워크의 활동수준은 다양한 수준으로 나타나는데, 연락, 제휴, 조정, 협력, 통합으로 분류할 수 있다(이용표, 2005).

- 연락(communication): 낮은 수준의 네트워크로서 개별 조직이 서비스 제공에 필요한 정보교환 및 정보공유의 단계이며, 개별 조직 간 또는 조직 내의 서비스 효과성을 증대할 목적으로 이루어지는 것이다.
- 제휴(cooperation): 정보공유와 협력을 통해 조직의 이익과 불필요한 중복을 피하고자 하는 것으로 각 참여조직의 독자적인 활동을 인정하는 것이다. 최소한의 자원공유에 한정되며, 조직에 대해 요구되는 책임이 거의 없는 수준을 말한다.
- 조정(coordination): 서비스의 중복을 방지하고 자원활용의 효율성을 도모하기 위해 개별 조직의 정체성을 유지하되, 서비스 제공에 있어 정기모임

이나 회의를 통해 활동이 이루어지는 것을 의미한다.

- 협력(collaboration): 개별 조직이 단일 프로그램이나 서비스에 참여하여 연계구조를 갖되, 개별 조직의 정체성을 유지하면서 자원을 공유하는 형태를 말한다.
- 통합(integration): 개별 조직이 서비스 제공을 위한 하나의 조직체로 통합하여 개별 조직의 정체성을 유지하지 않고 새로운 조직체로의 정체성을 갖는 것을 의미한다.

이처럼 서비스의 제공 및 활동내용과 관련하여 정보교환과 정보공유라는 낮은 수준에서부터 새로운 조직체로의 변화라는 통합수준으로까지 네트워크의 수준은 다양한 활동으로 구체화될 수 있다.

### (2) 지역사회복지 네트워크의 의의

최근 지역사회복지의 변화는 지역사회 중심의 자활사업의 전개, 사회복지 전달체계의 개편 및 지역사회보장협의체의 구성 등 전달체계 및 복지자원의 효율적 활용에 집중되고 있다. 지역사회복지실천 차원에서도 사례관리의 중요성이 부각되는 등 지역사회 중심의 사회복지가 확대되고 있고, 복지수요의 개별화에 따른 실천현장이 다양화되면서 지역복지서비스 전달의 효과성 및 복지자원 동원을 위한 지역사회복지 전달체계의 혁신이 요구되고 있다. 이러한 혁신은 정부부문을 포함한 민간사회복지조직의 내부 혁신은 물론 지역성과 기능성을 결합한 지역사회복지 관련 조직 간의 네트워크에 대한 요구로 구체화되고 있다.

지역공동체의 연대성 강화와 지역복지의 질적 수준의 향상을 어떻게 추진할 것인가 그리고 이를 위해 지역사회복지정책의 우선순위 결정, 각 분야별 제도내용의 개선과 확충, 사회복지 전문인력의 확충과 처우 개선 등 여러 가지 지역사회의 현안을 효과적으로 추진하기 위해 지역사회복지 관련 조직 간 협력체계를 구축하여 대응하는 것이 필요하다. 지방정부, 사회복지기관, 시민사회가 독자적으로 복지활동을 수행하는 것 못지않게 지역사회의 복지문제에 대한 공동의 대응방식으로서 네트워크의 중요성이 강조되고 있다.

지역사회복지 네트워크는 지역사회 중심의 자기결정권과 자주관리라는 지역혁신과 관련되어 있으며, '참여와 연대'라는 지역분권의 이념과 일맥상통한다고 볼 수 있다. 지역사회복지의 네트워크의 의의를 지역복지 공급주체 간의 역할 재정립이라는 차원과 지역사회 역량강화라는 차원에서 살펴보면 다음과 같다.

첫째, 지역사회복지 네트워크는 지역사회복지 공급주체 간의 역할 재정립이라는 의의를 가진다. 즉, 지역사회복지서비스의 공급주체로서 민간비영리부문이나 공공부문보다 민관협력에 의한 네트워크가 비용효과성 및 서비스 전달의 효율성 측면에서 유용한 역할을 수행할 수 있다는 것이다(강창현, 2002).

둘째, 지역사회복지 네트워크는 지역사회의 강화, 지역사회의 변화를 주도하는 조직활동 및 연대활동을 강화할 수 있다. 지역사회복지 네트워크의 궁극적인 목적은 지역복지의 수요에 대응하고, 지역사회를 변화시켜 그에 따른 문제해결을 도모하는 데 있다. 지역사회를 변화시킨다는 것은 지역사회의 역량강화, 지역사회 변화를 주도하는 조직활동의 강화, 조직활동을 주도하는 지역주민의 의식화와 주체적 참여 확대, 지역주민 · 조직 · 지역사회 차원의 연대활동과 네트워크의 발전을 의미한다. 그러므로 지역사회복지 네트워크는 지역사회복지실천의 중요한 행동체계이며, 지역사회복지의 발전과 밀접하게 연관되어 있다.

### 2) 지역사회복지 네트워크의 기능과 역할

지역사회복지 네트워크의 기능과 역할은 지역사회복지기관 간의 연계와 조정, 역할분담, 지역사회의 자원동원, 지역의 욕구조사와 지역사회보장계획의 수립 등이다. 이러한 내용을 구체적으로 살펴보면 다음과 같다(심재호, 2000).

### (1) 지역사회복지기관 간 서비스의 연계와 조정 및 역할분담

지역사회복지의 증진을 위한 네트워크의 연계 · 조정역할은 다음과 같다.

첫째, 네트워크 참여기관 간 연계프로그램을 개발하고 역할분담 등에 관해 협의 · 조정하는 것이다. 특히 지역사회복지관의 경우에는 앞으로 개별 기관이 전문성을 확보하기 위해 특정한 전문분야(예, 알코올중독이나 장애아동의 재활 등)를 선정하여 역할을 강화하는 방향으로 노력을 기울여야 한다. 네트워크를 통해 각 기관의 방향설정에 대한 논의가 이루어질 수도 있다.

둘째, 지역사회복지기관 간의 협의를 통해 서비스가 중복 제공되는 경우를 방지한다. 예를 들면, 사회복지관이 중복으로 실시하고 있는 사회교육에 대하여, 어떤 기관은 문화 · 여가 프로그램에 집중하고 다른 어떤 기관은 주민교육 · 취업교육을 강화하는 방향으로 역할을 조정하도록 한다. 이러한 역할 조정은 지역사회복지기관의 특성에 따라 그리고 지역사회의 실정에 따라, 즉 일반 지역이냐 저소득층 밀집 지역이냐에 따라 달라질 수도 있다.

셋째, 지역사회복지기관 간에 대상자를 의뢰하는 역할을 한다. 복합적인 욕구가 증가하고 사회복지 관련 기관이 증가하게 되면서 지역사회주민은 자신에게 필요한 서비스를 어디에서 적절하게 제공받을 수 있는지 알기 어려워진다. 이런 상황에서 어떤 기관이 주민의 방문을 받았을 경우에 상담을 통해 욕구를 파악하여 적절한 서비스를 제공할 수 있는 기관에 기초자료와 함께 의뢰할 수 있도록 네트워크가 중간매개체 역할을 하게 된다. 이러한 대상자 의뢰방식과 초기상담을 통해 파악해야 할 기초자료의 내용 등 구체적인 업무는 네트워크 구성원 간의 정기적인 회의를 통해 협의하도록 한다.

### (2) 지역사회 자원동원

지역조사를 공동으로 실시하여 네트워크 참여조직이 필요한 지역 내의 다른 민간자원을 발굴하고 자원봉사자를 교육 · 배치한다. 네트워크 구성원 간의 협의를 통해 지역사회의 전체적인 자원봉사자 모집 및 활용계획을 수립하여 지역 내의 자원봉사자를 모집 · 활용하도록 한다. 이를 위해 네트워크는 자원봉사자의 주요 공급처인 대학이나 기업체 또는 종교기관 등과 수요자인 복지기관을 대상으로 체계적인 협의를 해 나간다. 이러한 역할은 시 · 군 · 구에 설치되어 있는 자원봉사센터가 중점적으로 수행하도록 한다.

#### (3) 지역욕구조사와 지역사회보장계획의 수립

지역 내 보건 및 사회복지서비스 제공 대상자를 파악하기 위한 욕구조사를 네트워크 참여조직이 공동으로 실시하며, 이를 토대로 지역사회보장계획을 수립하도록 한다. 이것은 현재와 같이 지역사회에서 사회복지서비스 제공기관이 조정과 연계를 이루지 못하는 상황에서 반드시 필요하다. 일반적으로 지역사회보장계획은 지역사회문제에 관한 현황 분석, 정책대안 및 실천전략의 모색, 가용 자원의 동원과 효율적인 활용, 프로그램의 개발 · 시행 · 평가 등에 대한 구체적인 내용을 담고 있어야 한다. 이러한 내용의 지역사회보장계획이 지역 차원에서 입안되고 실시된다면 지역사회복지의 발전에 기여할 수 있을 것이다. 지역사회보장계획은 공공기관이나 민간기관이 독자적으로 추진하기는 어려우므로, 공공과 민간이 망라된 지역사회복지 네트워크가 담당하는 것이 더욱 효율적일 수 있다.

### 3) 지역사회복지 네트워크 구축의 원칙과 방향

#### (1) 지역사회복지 네트워크 구축의 전제와 조건

지역사회복지 네트워크가 구축되기 위해 필요한 전제로 먼저 네트워크 참여에 대한 동기부여를 들 수 있다. 네트워크의 필요성에 대한 인식 그리고 이를 통해 추구해야 할 목표가 무엇인가, 지역사회복지의 역량강화를 위한 이념적 지향이 무엇인가 등을 명확하게 설정할 필요가 있다. 지역복지의 가치지향이 사회적 약자의 권리보장과 생활보장을 사회적 차원에서 실현하는 데 있다는 것을 새삼 강조할 필요는 없을 것이다. 지역사회복지 네트워크의 구축은 서비스에 대한 기능적 차원의 협력을 넘어서 지역복지의 발전에 대한 비전, 지역사회의 공동체 형성 그리고 참여와 연대를 통한 지역혁신의 관점에서 네트워크의 목표가 설정되어야 할 것이다.

다음으로 실질적인 네트워크가 가능하기 위한 전제임과 동시에 과제인 협력 장애요인의 극복이다. 그동안 기존 연구에서 언급되었던 협력 장애요인으로는 크게 세 가지 요인이 있다. 첫째, 지방정부의 능력과 의지, 재정능력, 관리기술, 공공지원 등 지방정부 차원의 행정적 요인, 둘째, 지역사회복지기관 실무자의 업무과중과 소극적·배타적인 업무태도 등 기관 내적 요인, 셋째, 공식적인 협력 채널의 부재, 정보 부족, 복지기관 운영지침상의 문제 등 조직 외적인 제도적 요인이다(김경혜 외, 1999; 조애저 외, 1996).

실제 사회복지서비스의 기관 간 네트워크 경험이 있는 사회복지실무자를 대상으로 협력장애요인에 대해 분석한 결과를 보면(이현주 외, 2000) 정보 부족이 가장 높은 비율을 차지하였고, 업무과다, 지역 내 관련 기관 부족, 타 분야에 대한 인식 부족과 갈등, 기관 내 인식 부족 등의 순으로 나타났다. 네트워크 구축의 장애요인으로 가장 높은 비율로 언급한 정보 부족의 문제는 역으로 네트워크의 부재로 인한 결과일 수 있다. 결국 네트워크의 구축을 위해서는 지방정부의 적극적인 지원시스템의 확립, 복지실무자의 합리적인 업무조정과 협력에 대한 인식 제고 등이 중요한 요인임을 알 수 있다.

또한 지역사회복지 네트워크가 실질적으로 가능하기 위한 조건으로 네트워크 참여조직의 전략적 적합성 또는 필요성이 높아야 한다. 즉, 관련 조직에 대해 전략적으로 도움이 되어야 한다는 것이다. 전략적인 적합성과 필요성이 높다면 상호 공유할 수 있는 공통의 관심사가 증대될 것이며, 네트워크 구축의 중요한 토대가 될 것이다. 그리고 사후적 차원으로 호혜성(reciprocity)에 기반을 두어야 할 것이다. 조직 간 협력은 지역복지의 극대화를 위한 시너지 효과의 창출과정이며, 복지수요에 대한 탄력적인 대응과정으로 볼 수 있기 때문에, 호혜성은 지역사회복지 네트워크를 지속할 수 있는 중요한 조건이라 할 수 있다.

지금까지 살펴본 네트워크 구축의 전제 또는 조건으로 네트워크의 구체적인 목표지향성, 행정적 요인, 조직 내부적 요인, 제도적 요인 등이 지적되었다. 이러한 요인 못지않게 지역사회복지 네트워크 구축의 중요한 이념적 토대는 신뢰기반에 기초하고 있다는 사실이다. 사회자본으로 불리는 신뢰(trust)는 네트워크 구축의 성패와 밀접히 관련되어 있다. 신뢰란 '상대방을 감시하고 통제할 수 있는 능력과는 상관없이 최소한 상대방이 자신에게 해를 끼치려 하지 않을 것이고, 상대방이 자신에게 중요한 행동을 할 것이라는 기대를 바탕으로 사회관계에서 기꺼이 위험을 감수하려는 자발성'으로 정의되고 있다(Mayer et al., 1995). 이러한 개념 규정처럼 신뢰는 불확실성, 위험성, 통제 불가능성을 줄이는 역할을 수행하며 지속적인 상호작용, 평판, 제도나 규칙 등을 통해 영향을 받는다. 따라서 사회복지조직의 관련 행위자 간의 신뢰는 무엇보다도 자발성과 적극성의 기초로서, 네트워크의 형성과 지속에 중요한 영향을 미치는 요인이라 할 수 있다.

### (2) 지역사회복지 네트워크 구축의 원칙

지역사회복지 네트워크 구축의 필요성은 다양한 민간자원의 활용을 통한 민관협력방식의 체계화, 복지수요자 중심의 공급주체 간 역할분담의 명확화, 복지자원의 효율적 활용 등에서 찾을 수 있다. 이러한 필요성에 의해 지역사회복지 네트워크가 수행해야 할 궁극적인 목적은 개별 관련 조직의 자율성을 보장하고 수평적 관계를 통해 복지수요에 대한 탄력적 대응, 복지수요자 중심의 서비스 연계체계의 확립, 지역복지의 이슈화 및 정책 개선, 지역복지의 체계화 및 비전 공유를 통한 지역사회복지의 역량강화에 있다.

그렇다면 이러한 목적을 지향하는 지역사회복지 네트워크를 어떤 원칙에 입각해서 구축해야 할 것인가가 문제가 된다. 지역사회복지 네트워크 구축에 필요한 기본원칙은 자발성, 민주성, 포괄성, 책임성, 실용성, 책임성, 다양성을 들 수 있으며, 이를 구체적으로 살펴보면 다음과 같다.

① 자발성의 원칙

지역사회복지 네트워크의 참여는 강제성을 배제하고 자발성을 전제로 한다. 자발적 참여가 이루어지지 않는다면 네트워크의 성과를 기대하기 어려우며, 형식주의(tokenism)에 매몰될 가능성이 높다. 따라서 지역사회복지 네트워크에 참여한 관련 조직의 자발성과 상호 신뢰성이 확보되어야 한다.

② 민주성의 원칙

네트워크에 참여한 관련 조직은 동등한 자격과 의사소통의 개방성, 수평적 관계를 원칙으로 한다. 네트워크 구조를 특징으로 하기 때문에 위계적 조직 형태가 아닌 참여조직 간의 수평적 관계가 전제되어야 한다. 그리고 지역사회복지 네트워크는 개별 조직의 자율성을 보장하고 절차 및 배분의 정당성을 확보하는 등 민주적 원칙에 입각해야 한다.

③ 포괄성의 원칙

같은 분야 또는 같은 종류의 기관에 국한되지 않고 지역복지 관련 조직을 네트워크의 구성 범주로 포괄해야 할 것이다. 지역사회복지 관련 조직이란 크게 자원 제공 조직, 서비스 제공 및 전달 조직, 행정 지원 조직으로 구분할 수 있다. 물적 · 인적 자원을 지원하거나 제공할 수 있는 자원 제공 조직으로 종교기관, 전문가단체, 자원봉사단체, 지역주민조직 등이 있으며, 서비스 제공 및 전달 조직으로는 사회복지기관, 보건소, 고용안정센터, 자활후견기관 등이 있다. 행정 지원 조직으로 시 · 구 · 동의 사회복지전담부서, 시민사회단체 등을 들 수 있다. 이러한 관련 조직을 네트워크로 포괄하는 형태로 구성되어야 한다. 또한 이와 같은 복지활동 수행 측면에서의 관련 조직뿐 아니라 복지 영역, 보건 영역, 노동 영역, 기타 지원 영역 등 영역별로 네트워크의 구성 범주로 포괄하는 형태를 구축해야 한다.

④ 책임성의 원칙

수평적 네트워크의 중요한 요소인 자율성 못지않게 책임성을 확보해야 한다. 수평적 관계를 특징으로 하는 지역사회복지 네트워크에서 책임성이 확보되지 않는다면, 공적 기능 수행이 되지 않을 경우나 의도하지 않은 결과를 초래하였을 경우에 그 책임소재 여부가 문제가 될 수 있다. 따라서 책임성을 부여하기 위해 지역사회복지 네트워크의 내용 및 역할에 따라 주도적인 행위자 선정이 이루어져야 한다.

⑤ 실용성의 원칙

지역사회복지 네트워크의 형식성을 탈피하고 내실을 기하기 위해서는 실제 활동을 수행할 수 있는 실무자 중심으로 운영하는 것이 바람직하다. 그러나 개별 조직의 업무관계 때문에 관련 참여조직 책임자의 이해와 지원이 필수적이며, 실무자의 자율성과 의사결정이 존중되어야 한다.

⑥ 다양성의 원칙

네트워크 구성단위의 사업내용이나 활동 영역의 지리적 특수성을 반영하여 다양성이 이루어져야 한다. 이는 지역사회의 사회경제적 조건과 특성에 따라 다양한 지역사회복지 네트워크가 구축되어야 함을 의미한다.

### (3) 지역사회복지 네트워크의 구축 방향

지역사회복지 네트워크 구축은 지역복지의 수요, 지역복지 관련 조직의 기능 및 역할, 복지자원, 지역 여건 등에 대한 종합적이고 경험적인 분석이 이루어져야 가능하다. 이러한 인식에 기초하여 몇 가지 고려할 사항을 중심으로 지역사회복지 네트워크의 구축 방향을 살펴보면 다음과 같다.

① 지역사회복지 네트워크의 운영구조

지역사회복지 네트워크의 운영구조는 운영위원회와 실무위원회 등과 같이 이원화할 필요가 있다. 운영위원회는 참여조직의 대표자로 구성되며, 네트워크의 주요한 의사결정을 담당하도록 한다. 운영위원회는 합의를 통하여 네트워크의 목적을 분명하게 설정하고, 이에 따른 세부적인 하위목표를 구체화하여 개별 복지기관에 속한 실무자들이 연계서비스를 수행하는 경우 기본지침으로 활용하도록 한다.

그리고 운영위원회 산하의 실무위원회는 각 조직의 중간관리자로 구성하며, 운영위원회의 결정 사항을 구체적으로 수행하는 기능을 담당하도록 한다. 네트워크에 참여하는 기관의 실무자는 실무위원회를 통해 각 기관에서 제공되는 서비스와 대상자에 관련된 정보를 공유하고, 서비스 제공과 관련된 구체적인 협의와 연계서비스를 제공하게 된다. 실무위원회 내에는 필요에 따라 문제 또는 클라이언트 범주별로 전문팀을 두어 서비스 연계에 대한 구체적인 협의를 진행하게 할 수도 있다. 이 전문팀은 클라이언트에게 구체적인 서비스를 제공하기 위하여 담당지역 또는 인구집단의 문제를 사정하고 서비스 계획을 세우며, 서비스 제공을 담당하게 된다. 또한 클라이언트의 욕구에 따라 사례관리자를 선정하고, 사례관리자의 서비스 관리에 대하여 슈퍼비전을 제공한다.

#### ② 지역사회복지 네트워크의 대상 및 구성

네트워크의 원칙으로서 포괄성을 언급하였다시피 행정 지원 조직, 서비스 제공 조직, 자원 제공 조직 등을 포괄하는 방향으로 구축되어야 한다. 그리고 필요시 동종 분야의 범위를 넘어서 타 영역으로 확대되어야 한다. 예를 들어, 활동의 수월성을 위해 복지 영역, 보건 영역, 노동 영역을 네트워크에 참여시키도록 한다.

#### ③ 지역사회복지 네트워크의 주체

지역사회복지 네트워크는 기본적으로 다양한 복지 관련 조직의 참여구조로 이루어진다. 책임성 확보 차원에서 관련 조직을 매개할 수 있는 중심조직(또는 행위자)을 선정할 필요가 있다. 물론 네트워크 내에 별도의 위원회를 두어 수행할 수도 있다. 복지수요자의 일반 특성을 고려하여 서비스 공급조직을 주체로 선정할 필요가 있으며, 이를 통해 지역사회복지 네트워크의 과업을 효과적으로 수행하는 것은 물론 네트워크 참여조직을 상호 조정 및 협력하도록 한다.

④ 지역사회복지 네트워크의 활동내용

지역사회복지 네트워크의 주요 활동은 지역사회의 욕구 파악, 지역사회보장계획의 수립, 지역사회복지의 이슈 분석 등 지역복지의 어젠다 형성을 통한 사회적 공론화 내지 지역복지정책의 개선과 관련된 활동을 중심으로 지역사회복지의 역량을 강화하는 데 초점을 둔다. 그리고 복지수요에 대한 효과적인 대응으로서 서비스 제공의 연계체계를 확립하여 서비스의 조정 및 중복 방지, 의뢰, 프로그램 개발 등의 활동을 수행한다.

지역사회복지 네트워크의 구축은 '지역성'과 '복지기능성'을 결합한 체계로서 지역사회복지의 역량을 강화하는 데 초점을 두고 있다. 좀 더 실질적인 네트워크의 구축과 활동이 이루어지기 위해서는 다음과 같은 문제를 고려해야 한다.

첫째, 네트워크 구축을 위한 동기부여의 문제다. 지역사회복지 네트워크의 구축은 자발적 참여와 연대 노력이 전제되지 않는다면 실효성을 발휘하기가 어려울 것이다. 네트워크의 기반을 형성하고 그 활동을 활성화하기 위해서는 지방정부 차원에서의 예산 지원과 일정 정도의 경제적 동기부여 또는 적절한 인센티브 방안을 마련하여야 한다.

둘째, 지역사회복지 관련 조직 간 역할분담의 문제다. 서비스의 조정, 의뢰, 서비스의 개발 등이 효율적으로 수행되기 위해서는 지역사회복지 관련 조직 간의 역할분담을 더욱 명확히 마련하여야 한다. 이러한 역할분담은 경쟁보다는 상호호혜성의 원칙에 입각하여 협력동반자적 관점에 입각해야 할 것이다.

셋째, 지역사회복지 네트워크의 참여조직 간 상호 신뢰의 문제다. 지역사회복지 관련 조직 및 개인에 대한 우호적 태도 여부 또는 '연줄망에 의한 소집단 지향문화' 또는 '배타적 집단화'의 문제가 암묵적으로 자리 잡고 있어, 참여

조직 및 개인에 대한 신뢰의 문제가 있을 수 있다. 네트워크 구축을 위한 제도적 · 행정적 지원 못지않게 이러한 문제가 극복되지 않고서는 실질적인 네트워크의 구축이 불가능하다.

## 2. 지역사회복지 네트워크의 실제

지역사회복지협의체와 시 · 군 · 구 사회복지협의회(이하 지역사회복지협의회)의 설치에 대한 법적 근거는「사회복지사업법」에 명시되었다. 그러나 2015년 7월 1일부터「사회보장급여의 이용 · 제공 및 수급권자 발굴에 관한 법률」(2014. 12. 30. 제정, 2015. 7. 1. 시행)에 의해 지역복지협의체는 지역사회보장협의체로 대체되거나 변경되었다.「사회보장급여법」의 시행에 따라 지역사회보장협의체 참여 범주가 기존 보건의료 및 사회복지서비스 중심 영역에서 보건의료 및 사회복지뿐만 아니라 고용 · 주거 · 교육 · 문화 · 환경 등 사회보장 영역으로 확대되었다. 그리고 지역사회보장 운영체계의 일원화 및 안정적 구축을 위해 읍 · 면 · 동 단위의 지역사회보장협의체를 구성 · 운영하고, 재정 지원의 법적 근거가 마련되었다.

지역사회보장협의체와 지역사회복지협의회는 지역사회복지의 협의조정 및 네트워크의 원리에 따라 운영되는 대표적인 조직이다. 이 양자의 역할과 위상에 대한 중복문제도 제기되어 왔다. 그러나 지역사회보장협의체는 지역사회복지를 강화하기 위해 민관 네트워크의 상설적인 체계인 데 비해, 지역사회복지협의회는 민간사회복지기관의 협의조정기관이라 할 수 있다. 지역사회복지협의회가 지역사회 민간사회복지의 중심체 역할을 하는 경우 지역사회보장협의체의 중요한 파트너십을 형성할 것이며, 그렇지 않을 경우에는 민간복지자원집단 간의 선의의 경쟁을 통해 지역사회복지의 활성화를 모색해야 할 것이다(변재관 외, 2000). 여기에서는 지역사회복지 네트워크의 실제[2)]로서 지역사회보장협의체, 읍 · 면 · 동 지역사회보장협의체와 지역사회복지협의회에 대해 알아보기로 한다.

## 1) 지역사회보장협의체[3]

### (1) 지역사회보장협의체의 추진배경

지역사회보장협의체 구성 및 운영의 추진배경을 살펴보면 다음과 같다(보건복지부, 2015).

첫째, 지방분권과 사회복지 전달체계의 변화다. 2005년부터 지방분권 강화 차원에서 국고보조금 방식으로 운영되던 사회복지 관련 사업 중 일부 국고보조사업을 지방으로 이양하였다. 지방분권은 단순히 정부기능을 중앙에서 지방정부로 이관한 것에 그치는 것이 아니라, 지역사회 중심의 사회복지 전달체계의 구축이라는 패러다임 전환에 따른 것이다. 이는 공공, 민간, 시민사회의 참여를 통한 지역복지의 통합적 체계 구축을 의미한다. 지역에서는 과거 중앙부처의 기획을 집행하던 차원에서 벗어나, 지역사회 중심의 사회복지 계획 수립·운영과 이에 필요한 지역사회 내 네트워크 구축과 자원 발굴·연계기능이 지방자치단체의 중요한 과제로 부각되었다. 이러한 시대적 흐름을 반영하여 2003년 7월에 「사회복지사업법」의 개정 시 지역사회복지협의체 설치·운영과 함께 지역사회복지계획 수립을 동시에 의무화하여 지역복지 활성화의 기틀을 마련하였다.

특히 2012년 1월에 개정된 「사회보장기본법」은 기존 사회복지서비스 외에 보건의료, 교육, 고용, 주거 등 다양한 복지서비스를 포괄하는 사회서비스 개

2) 지역사회복지 네트워크의 실제는 개별 사례운동을 중심으로 살펴볼 수도 있다. 지역사회의 문제해결을 위해 네트워크를 활용한 지역사회조직화의 예로 푸드뱅크운동을 들 수 있다. 푸드뱅크운동은 결식문제를 해결하기 위해 음식의 공급자원, 연결조정자, 클라이언트(배분처)라는 세 주체 간의 상호연계체제를 확립하여 전개되었다.

3) 지역사회보장협의체에 관한 내용은 보건복지부(2024d)의 『2024 지역사회보장협의체 운영안내』를 기초로 재정리하였다.

념을 도입하여 국민의 보편적 · 생애주기적인 특성에 맞게 소득과 사회서비스를 함께 보장하는 맞춤형 사회보장제도의 운영을 지향하고 있다. 또한 사회보장기본법의 기본이념인 맞춤형 복지를 실현하기에는 기존 사회복지사업법이 사회복지사업 중심의 서비스 이용 절차와 운영에 한정되어 있어 중앙행정기관과 지방자치단체 간의 유기적인 연계를 통한 지역단위 사회보장을 제대로 이루어 내지 못하는 한계가 있었다. 그 결과 중앙행정기관과 지방자치단체 간 유기적인 연계로 지역 단위의 종합적 사회보장계획 수립 및 지원체계를 정립하고 국민 중심의 맞춤형 복지전달체계 개편의 일환으로 국민의 복지체감도를 향상시키고자 민관협력의 중요성이 부각되었다.

이와 같은 한계를 극복하기 위해 2014년 12월에 「사회보장급여의 이용 · 제공 및 수급권자 발굴에 관한 법률」(이하 「사회보장급여법」으로 약칭)이 제정되었다. 2015년 7월에 「사회보장급여법」의 시행으로 중앙부처와 유기적 연계를 통한 지역단위의 종합적 사회보장, 지역 간 사회보장의 균형발전을 위한 지원체계가 정비되면서 지역사회보장협의체의 기능 확대 및 활성화의 전기가 마련되었다.

둘째, 지역사회보장 환경의 특성을 반영한 연계 및 조직화의 필요성이다. 지역사회보장체계의 구축을 위해서는 공공과 민간 영역의 협력적 파트너십이 중요하며, 사회보장영역의 공급주체인 정부와 민간의 장점을 각각 발휘할 수 있도록 서비스의 연계 및 조직화, 민관협력이 강조되고 있다. 특히 공공사회복지 전달체계의 한계를 극복하고 지역주민의 다양한 복지욕구 충족을 위해서는 개별 사회보장급여의 제공기관의 자율성과 탄력성을 보장하면서 지역사회 단위의 통합적 사회보장급여 및 서비스를 제공할 수 있는 방안을 마련할 필요가 있다.

셋째, 지역사회 공동체기능 회복과 사회자본의 확대에 대한 필요성이다. 지역공동체 회복을 통한 복지문제의 해결방식은 지역사회에서 발굴한 복지자원을 활용하여 복지 문제를 현장에서 신속하게 대처함으로써 복지행정의 효율성과 주민만족도의 효과성을 동시에 제고할 수 있는 방법이다. 더구나 지역의제 발굴부터 자원의 배분에 이르기까지 지역사회주민이 주도적으로 참여하고, 지역사회 복지자원의 총량을 극대화하여 수요자에게 최대한 제공할 경우, 지역주민의 복지체감도도 향상될 것이다.

넷째, 정보통신기술의 발전에 따른 새로운 사회 조직화의 가능성이다. 정보통신기술의 발전으로 다자 간 직접 의사소통이 수월하게 이루어질 수 있는 조직구조의 구축, 즉 네트워크 조직구조에 주목하였다. 그 결과 사회보장분야에서도 저비용 · 고효율의 네트워크형 조직 운영의 가능성이 대두되었다. 특히 지역사회보장 관련 기관 간 협력 및 네트워크형 조직을 통해 지역사회보장의 현안을 해결하는 것이 보다 효율적이며, 지역주민의 욕구충족을 보다 용이하게 수행할 수 있다는 것이다.

이와 같은 추진배경을 통해 운영되고 있는 지역사회보장협의체의 성격 및 기능변화에 관한 추이를 살펴보면 〈표 9-1〉과 같다.

**표 9-1** 지역사회보장협의체의 성격 및 기능변화 추이

| 구분 | 05. 7. 31. 이전 | 05. 7. 31.~15. 6. 30. | 15. 7. 1. 이후 |
|---|---|---|---|
| 명칭 | 사회복지위원회 | 지역사회복지협의체 | 지역사회보장협의체 |
| 법적 근거 | 사회복지사업법 제7조 | 사회복지사업법 제7조의2 | 사회보장급여법 제41조 |
| 목적 | –사회복지사업에 관한 중요 사항을 심의 또는 건의 | –관할 지역의 사회복지사업에관한 중요사항과 지역사회복지계획 심의/건의<br>–사회복지서비스 및 보건의료서비스 연계 · 협력 강화 | –지역사회보장계획, 지역사회보장조사 및 지표, 사회보장급여, 사회보장 추진 사항 등심의 · 자문<br>–지역의 사회보장 증진<br>–사회보장 관련 기관 등과 연계 · 협력 강화 |
| 기타 | 시 · 도 및 시 · 군 · 구에 설치 · 운영 | 공공과 민간의 네트워크 강화를 통한 지역복지 거버넌스의 구조와 기능 확대 | 사회복지에서 사회보장으로 범주 확대 |

출처: 보건복지부(2024d).

### (2) 지역사회보장협의체의 목적과 원칙

#### ① 지역사회보장협의체의 목적

지역사회복지의 대표적인 네트워크 조직으로 부상하고 있는 지역사회보장협의체는 「사회보장급여법」에서 설치 근거를 마련하였으며, 본격적인 시행은 2015년 7월 1일부터 시작되었다. 「사회보장급여법」 제41조 1항에서 "시장 · 군수 · 구청장은 지역의 사회보장을 증진하고, 사회보장과 관련된 서비스를 제공하는 관계 기관 · 법인 · 단체 · 시설과 연계 · 협력을 강화하기 위하여 해당 시 · 군 · 구에 지역사회보장협의체를 둔다."라고 명시하였다.

지역사회보장협의체는 지역복지 민관협력체계의 제도화, 수요자 중심의 지역사회보장서비스 제공기반 조성, 지역복지자원의 개발 및 서비스 연계체계 구축 등을 목적으로 하고 있다. 구체적으로 지역사회보장협의체의 운영목적을 살펴보면 다음과 같다(보건복지부, 2024d).

첫째, 지역사회 내 복지문제를 해결하기 위한 민관협력의 구심점으로서 지역사회보호체계 구축 및 운영을 목적으로 한다. 지역사회보장계획 수립 · 집행 · 평가 등 지역사회보장 증진을 위한 과정에 민간의 참여 · 협력기반을 마련함으로써 찾아가는 보건 · 복지서비스 제공에 기여하는 데 있다. 특히 사회보장급여가 필요한 지원대상자에게 필요한 급여 및 서비스를 제공하는 기관 · 법인 · 단체 · 시설의 대표 또는 실무자와 읍 · 면 · 동 지역주민의 참여를 통하여 찾아가는 보건 · 복지서비스를 통합적으로 제공하는 지역사회보호체계를 구축 · 운영하는 데 있다.

둘째, 수요자 중심의 통합적 사회보장급여 제공기반을 마련하는 것을 목적으로 한다. 과거 보건의료와 사회복지 위주의 서비스 제공에서 벗어나 고용 · 주거 · 교육 · 문화 · 환경 관련 서비스 제공자 간 연계망(network)을 구성하여 수요자의 다양하고 복합적 욕구에 대응한 서비스를 상시적(any-stop), 원스톱(one-stop)으로 제공할 수 있는 체계를 마련하는 데 있다. 특히 지역 내 서비스 제공 관련 기관 · 법인 · 시설 · 단체 간 연계 · 협력 강화를 통하여 지역사회보장협의체가 시 · 군 · 구의 희망복지지원단 또는 읍 · 면 · 동의 통합사례관리를 효율적으로 지원하는 데 있다.

셋째, 지역사회 내 복지자원 발굴 및 서비스 제공기관 간 연계 · 협력으로 지역사회복지자원의 효율적 활용체계를 조성하는 것을 목적으로 한다. 지역사회의 잠재된 다양한 복지자원을 발굴 · 확충하고, 서비스 제공기관 간 연계 · 협력을 통해 지역사회 복지자원 및 지원대상자에 대한 정보 등을 공유함으로써 자원 제공의 중복과 누락을 방지하려는 목적을 가지고 있다.

넷째, 민 · 관 협력을 통해 사각지대 발굴 및 지원 강화를 위해 읍 · 면 · 동 단위에 주민 네트워크를 조직하는 것을 목적으로 한다. 읍 · 면 · 동 단위 지역사회보장협의체가 조직 · 운영되면서 주민 스스로 관할 지역의 사회보장대상자의 발굴업무, 사회보장 자원의 발굴 및 연계업무 등의 기능을 수행하는 주민 네트워크를 구축하는 데 있다. 즉, 읍 · 면 · 동 지역사회보장협의체를 중심으로 하는 읍 · 면 · 동 단위 지역사회 인적 자원망을 통해 마을 또는 생활권역 내 취약계층 발굴을 위한 역할을 수행하면서 생계 곤란 가구 동향 파악 및 필요한 지원을 연계하는 목적을 가지고 있다.

### ② 지역사회보장협의체의 구성 및 운영 원칙

지역사회보장협의체의 운영 원칙을 살펴보면 다음과 같다(보건복지부, 2024d).

첫째, 지역성의 원칙이다. 지역주민, 생활권역을 배경으로 구성 · 운영되는 지역사회보장협의체는 지역주민의 복지욕구, 복지자원의 총량 등을 고려하여 현장밀착형 서비스 제공체계를 구축하는 것을 목적으로 하기 때문에 지역성을 중요한 기반으로 한다. 일반적으로 모든 지역에서 수행하는 보편적인 사업과 함께, 해당 지역의 특성 · 복지환경 · 문화 등을 반영하여 협의체의 기능 범위 내에서 자체 재원을 활용한 지역사업도 추진가능하다.

둘째, 참여성의 원칙이다. 네트워크 조직을 표방하는 지역사회보장협의체는 법적 제도나 규제보다는 복지문제 해결을 위한 지역주민의 자발성이 일차적인 동력이 된다고 할 수 있다. 그리고 지역사회보장협의체의 원활한 기능을 수행하기 위해서는 공공과 민간의 적극적이고 자발적인 참여가 선행되어야 하며, 지역사회 내 사회보장과 관련된 서비스를 제공하는 다양한 분야의 대표성을 가진 기관 · 법인 · 단체 · 시설 등의 참여가 전제되어야 한다. 그리고 복지사각지대 및 자원발굴과 서비스 제공 · 연계를 위해 다양한 지역주민의 참여를 필요로 한다.

셋째, 협력성의 원칙이다. 지역사회보장협의체는 네트워크형 조직 구조를 통해 당면한 지역사회 복지문제 등의 현안을 해결하는 민관협력기구이다. 지역사회보장협의체는 지역사회보장계획의 수립 · 집행 · 평가를 위한 협의적 의사결정, 상생적 조직관계, 지역사회 공동체, 사회자본 등을 주요 개념으로 두고, 네트워크를 바탕으로 민주적이고 합리적인 방법으로 운영되어야 한다.

넷째, 통합성의 원칙이다. 지역사회 내 복지자원 발굴 및 유기적인 연계와 협력을 통하여 수요자의 다양하고 복잡한 욕구에 부응하는 서비스를 통합적으로 제공해야 한다. 지역주민의 삶의 터전인 지역사회를 중심으로 주민의 다양한 복지서비스 욕구를 충족시키기 위해서는 삶의 각 영역을 포괄하는 다양한 서비스(보건, 복지, 문화, 고용, 주거, 교육 등)가 지역사회에서 제공되어야 한다.

다섯째, 연대성의 원칙이다. 자체적으로 해결이 곤란한 복지문제는 지역주민 간 연대를 형성하거나 인근 지역과 연계 · 협력을 통하여 복지자원을 공유함으로써 해결하는 것이 바람직하다. 공공부문의 서비스를 보완하는 사회복지법인 외에 비영리 시민단체나 조직의 지역복지 활동 참여 확대뿐만 아니라 가족과 이웃을 통한 복지욕구 충족 등 지역사회에서 활동하는 사회보장 주체의 연대가 중요하다.

여섯째, 예방성의 원칙이다. 지역주민의 복합적인 복지문제를 조기에 발견하여 예방할 수 있도록 노력해야 한다.

한편, 지역사회보장 증진을 위한 민관협력의 거버넌스를 실현하기 위한 지역사회보장협의체가 구성 · 운영되는 과정에 지켜야 하는 원칙을 보면, 첫째, 지역사회보장협의체의 구성이 개방적이고 중립적이어야 한다. 민간분야, 지방자치단체, 학계, 주민의 참여를 망라하여 구성해야 한다. 둘째, 협의체 구성의 대표성을 확보하여야 하며, 특정 조직이나 인물에 편중된 구성이 되지 않도록 협의체 구성에서 균형을 유지해야 한다. 셋째, 실무자의 참여를 포함하는 다층적인 구성이 되어야 하며, 운영과정에서도 실무자의 참여와 활동이 강화될 수 있도록 해야 한다. 넷째, 협의체 운영이 지역특성을 반영하는 탄력적인 것이어야 하며, 관련 조례의 내용이나 구성, 논의 의제 등에서 지역특성이 반영되어야 한다. 다섯째, 지방자치단체의 참여를 보장하되, 궁극적으로 민간의 주도와 공공의 지원의 구조를 지향하여야 한다. 지역사회 거버넌스의 여건에 따라 방식을 달리할 수 있으나, 민간주도 · 공공지원이라는 지향점은 동일하다. 마지막으로 수평적 의사소통 채널뿐만 아니라 연석회의 등 다양한 의사소통의 장을 마련하여야 한다(보건복지부, 2024d).

### (3) 지역사회보장협의체의 구성

지역사회보장협의체는 [그림 9-1]에서 보는 바와 같이 지역사회보장협의체(대표협의체), 실무협의체 및 실무분과, 읍 · 면 · 동 협의체의 수평적 네트워크를 통해 지역사회보장증진을 위한 단위별 역할을 수행하고 있다. 대표협의체에 전문위원회를 구성 · 운영할 수 있다. 협의체 구성과 관련하여 과거 지역복

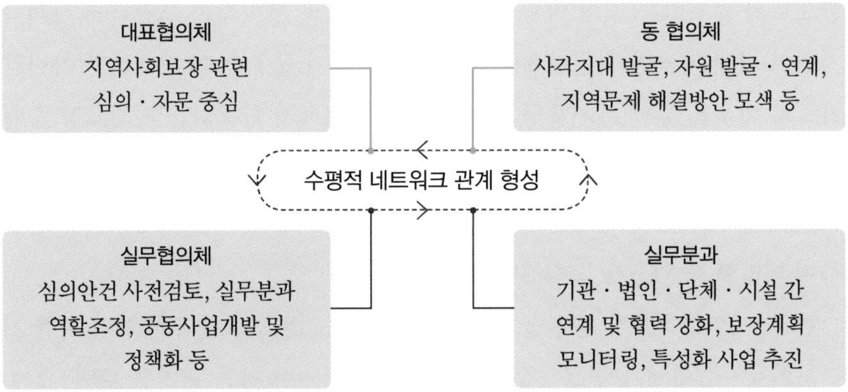


[그림 9-1] 지역사회보장협의체의 구성체계

출처: 보건복지부(2024d).

지협의체와 다른 점은 실무분과 및 전문위원회의 구성에 관한 법적 근거를 마련했다는 점이다.[4] 지역사회보장협의체의 구성에 대해 구체적으로 살펴보면 다음과 같다(보건복지부, 2024d).

① 지역사회보장협의체(대표협의체)

- 구성원칙: 대표협의체의 위원 구성의 원칙은 대표성, 포괄성, 민주성에 기초하고 있다. 즉, 대표협의체의 위원은 해당 시 · 군 · 구의 지역사회보장 이해관계자를 대표할 수 있도록 구성하며(대표성), 시 · 군 · 구의 지역사회보장영역(보건 · 복지 · 고용 · 주거 등) 및 연계 분야의 이해관계자를 포괄할 수 있어야 하며(포괄성), 민주적인 절차와 방법에 따라 임명 또는 위촉해야 한다(민주성).
- 위원의 구성 및 선출: 대표협의체의 위원 구성의 원칙에 따라 해당 시 · 군 · 구의 사회보장 관련 주요 구성주체인 공공부문 대표, 민간부문 대표, 이용자부문 대표 등 세 영역별 주체들과 실무협의체 위원장 등으로 구성한다. 대표협의체는 위원장을 포함하여 10인 이상 40인 이하의 위원으로 성별을 고려하여 임명 또는 위촉하여 구성한다. 지역사회보장협의체의 위원은 사회보장급여법에 근거하여 사회보장에 관한 학식과 경험이 풍부한 사람, 지역의 사회보장 활동을 수행하거나 서비스를 제공하는 기관 · 법인 · 단체 · 시설의 대표자, 비영리민간단체에서 추천한 사람, 읍 · 면 ·

4) 전문위원회 및 실무분과의 구성 및 운영에 관하여 「사회보장급여의 이용 · 제공 및 수급권자 발굴에 관한 법률 시행규칙」(이하 「사회보장급여법 시행규칙」)에 명시되어 있다. 지역 사회보장협의체의 위원장은 지역사회보장협의체의 효율적인 심의 · 자문을 위하여 전문 위원회를 구성 · 운영할 수 있으며, 전문위원회 운영에 필요한 세부적인 사항은 시 · 군 · 구의 조례로 정한다(「사회보장급여법 시행규칙」 제5조 7항). 실무협의체의 위원장은 지역의 사회보장 관련 기관 · 법인 · 단체 · 시설 간 연계 · 협력을 강화하기 위하여 실무분과를 구성 · 운영할 수 있으며, 실무분과의 운영에 관한 세부적인 사항은 시 · 군 · 구의 조례로 정할 수 있다(「사회보장급여법 시행규칙」 제6조 5항).

동 단위 지역사회보장협의체 위원장, 사회보장에 관한 업무를 담당하는 공무원 중 시장 · 군수 · 구청장이 임명 또는 위촉한다. 즉, 대표협의체의 위원은 임명위원과 위촉위원으로 구분할 수 있다. 임명위원은 지방자치단체장을 포함, 사회보장업무를 담당 및 지원하는 소관기관 공무원, 협의체 구성원이다. 특히 읍 · 면 · 동 지역사회보장협의체 공동위원장(민간)은 시 · 군 · 구와 읍 · 면 · 동 간 사업추진 및 정보공유차원에서 대표협의체의 위원으로 임명한다. 그리고 실무협의체 위원장은 대표협의체와 실무협의체의 긴밀한 소통을 위한 대표협의체 위원을 겸임하여 활동하는 것을 권고하고 있다. 반면에 위촉위원은 민간 및 관련 공공기관 소속 구성원이다. 지역특성을 고려하되 복지, 보건의료, 주거, 고용, 교육, 문화, 환경 등 사회보장 전 영역에서 참여할 수 있도록 하며, 법령상의 협의체 위원 자격을 갖춘 대상 가운데 공모 또는 관련 기관의 추천방식으로 시장 · 군수 · 구청장이 위촉한다. 대표협의체 위원장은 위원 중에서 호선하되, 공무원인 위원(지자체의 장 또는 지자체의 장이 지명하는 공무원)과 민간부문의 위촉 위원 각 1명을 공동위원장으로 선출할 수 있다. 대다수의 지자체가 민관협력 강화를 위하여 민간 또는 공동위원장 체제로 운영하고 있다.

- 위원의 임기 및 심의 · 자문사항: 대표협의체 위원의 임기는 2년으로 하되, 위원장은 1회에 한하여 연임할 수 있고, 위원의 연임여부는 지역특성, 인적 자원의 분포 등을 고려하여 지자체 조례로 정한다. 지역사회보장협의체의 심의 · 자문사항은 시 · 군 · 구의 지역사회보장계획 수립 · 시행 및 평가에 관한 사항, 지역사회보장조사 및 지역사회보장지표에 관한 사항, 사회보장급여 제공에 관한 사항, 사회보장 추진에 관한 사항, 읍 · 면 · 동 단위 지역사회보장협의체의 구성 및 운영에 관한 사항, 그 밖에 위원장이 필요하다고 인정하는 사항 등이다.
- 전문위원회의 구성 및 운영: 대표협의체 심의사항의 효율적 수행을 위해 전문위원회를 구성 · 운영할 수 있으며, 전문위원회의 운영에 필요한 세부적인 사항은 지방자치단체 조례로 정할 수 있다. 전문위원회 구성은 심의

사안에 따라 분야별로 구성할 수 있으며, 대표협의체 위원을 전체 위원의 3분의 1 이상을 반드시 포함하여 구성한다.

② 실무협의체

지역사회보장협의체의 업무를 효율적으로 수행하기 위하여 협의체에 실무협의체를 두도록 법에 명시되어 있다. 실무협의체는 지역사회보장과 관련된 대표협의체의 심의 안건에 대해 보다 효율적인 심의를 위한 사전 검토 기능을 수행하고, 심의안건과 관련된 분과 간 갈등 및 문제점 발생 시 이를 조정하는 역할을 수행할 수 있다.

- 구성원칙: 실무협의체의 위원은 해당 시·군·구 지역사회보장 구성 주체들을 모두 포함할 수 있도록 구성하며(포괄성), 지역사회보장과 관련된 분야에 종사하고 있는 전문가들로 구성한다(전문성). 이러한 포괄성 및 전문성의 구성 원칙에 근거하여 실무협의체의 위원은 지역사회기반으로 활동하면서, 지역사회보장 증진에 관심이 많은 각 영역의 실무자 중에서 민주적인 절차와 방법으로 구성한다.
- 위원의 구성 및 선출: 실무협의체 위원은 실무협의체 위원은 포괄성 및 전문성의 원칙에 따라 지역사회에서 활동하고, 지역사회보장 주체들 중에서 해당 분야 종사자로 민주적 절차와 방법을 통해 선출하고 임명 또는 위촉한다. 실무협의체의 위원은 위원장을 포함하여 10인 이상 40인 이하로 구성하며, 성별을 고려하여 위원을 임명 또는 위촉한다. 실무협의체 위원 중 임명직 위원의 수는 전체 위원 수를 고려하여 이해관계자 대표의 참여 균형성을 유지하기 위해 적정 범위 내로 구성하는 것이 바람직하다. 임명위원으로는 사회보장 업무를 담당하는 공무원으로서 사회복지, 보건의료 그리고 사회보장(고용, 주거, 문화, 교육, 환경 등) 분야의 담당부서장 또는 해당분야 팀장을 대표협의체 위원장이 임명하며, 그 외 사회보장 연계영역의 공공부문 실무협의체 위원은 자격 요건을 갖춘 경우 추가로 임명

할 수 있다. 반면에 위촉위원은 지역 내 사회보장 업무를 수행하거나 서비스를 제공하는 기관 · 법인 · 단체 · 시설의 실무자 중에서 해당 기관 등의 추천을 받거나 공모를 통하여 대표협의체 위원장이 위촉하며, 지역 특성과 상황을 고려하여 사회보장 관련 원활한 연계 · 협력체계 운영에 필요한 기관의 대표 또는 종사자를 실무협의체 위원으로 위촉하여 구성 가능하다.

- 위원의 임기 및 회의운영: 실무협의체 위원의 임기는 2년으로 하며, 위원의 연임여부는 지역특성, 인적 자원의 분포 등을 고려하여 지방자치단체 조례로 정한다. 위원장은 위원 중에서 호선하고, 임기는 2년이며, 1회에 한하여 연임할 수 있다. 그리고 위원장은 대표협의체와 실무협의체 사이의 원활환 의사소통체계 확립의 중요한 역할을 수행하며, 대표협의체의 위원을 겸하여 활동할 수 있다. 회의안건으로는 대표협의체의 심의 · 자문사항의 사전 검토와 대표협의체 또는 실무협의체 위원장이 필요하다고 인정하는 사항을 심의한다.

③ 실무분과

- 구성원칙: 지역의 사회보장 관련 기관 · 법인 · 단체 · 시설 간 연계 및 협력, 실무협의체의 운영활성화를 위해 실무분과를 구성 · 운영할 수 있으며, 세부적인 사항은 시 · 군 · 구 조례로 정할 수 있도록 함으로써 지역여건에 따라 탄력적으로 운영할 수 있다.
- 위원의 구성: 실무분과의 위원은 시 · 군 · 구 소속 공무원 또는 협의체 구성원인 임명직 위원과 위촉직 위원으로서 민간 및 관련 공공기관 소속 위원으로 구성하며, 실무협의체 위원장이 임명 또는 위촉한다. 임명직 위원은 사회복지 및 보건 · 의료, 고용 · 주거 · 교육 · 문화 · 환경 등 사회보장 관련 업무를 담당하는 공무원이다. 위촉직 위원은 사회복지 및 보건의료, 관련 사업을 수행하는 법인 · 시설 · 단체 중에서 지역의 복지욕구를 대변하는 종사자로 구성하고 현장에서 주민과 밀접하게 서비스를 제공 또는

연계하는 실무자로 구성한다.

- 분과의 구성형태: 실무분과는 지역특성 및 여건 등(예: 인프라 구축 정도, 지역자원의 적고 많음 등)에 따라 대상별, 지역별, 기능별 분과 형태로 구성 가능하며, 각 실무분과의 위원 수는 지역사정에 따라 협의체 내의 논의를 거쳐 유동적으로 운영할 수 있다. 실무분과의 예를 들면, 대상별 분과는 지역의 영유아, 아동, 청소년, 여성, 노인, 장애인 등 사회보장대상자 특성별 욕구에 대응한 실무분과다. 기능별 분과는 지역에서 필요로 하는 기능적인 분과구성 형태로, 다양한 형태의 분과형성이 가능하다. 사회보장분야 확대영역을 반영하여 소득보장, 보건의료, 고용 · 주거, 문화 · 체육, 환경 등과 관련된 분과를 구성할 수 있다. 지역별 분과는 농어촌 등 사회보장분야별 자원부족으로 대상별 분과운영이 비효율적일 경우 읍 · 면 · 동 또는 소생활권 단위의 분과구성이 가능하다. 특히 인근 지역 읍 · 면 · 동 지역사회보장협의체를 결합한 권역네트워크를 실무분과로 대체하여 지역문제해결 및 자원연계 등의 협력체계 구축 등의 운영도 가능하다.

④ 읍 · 면 · 동 지역사회보장협의체

- 추진배경 및 운영목적: 읍 · 면 · 동 지역사회보장협의체의 추진배경을 보면, 먼저 동네 및 마을단위에서 복지사각지대의 발굴체계를 구축할 필요성 때문이다. 읍 · 면 · 동 단위로 도움이 필요한 이웃을 살피고, 알리고, 보살피는 지역복지 공동체 조성을 위해 지역주민의 다양한 복지욕구와 문제를 해결하는 민관협력네트워크의 구성이 요구되었다. 그리고 사회보장급여법의 시행으로 민 · 관협력을 통한 복지사각지대 발굴 및 통합적 복지서비스 지원체계의 구축과 함께 국민의 복지체감도 향상을 위해 기존의 민관협력체계는 보다 촘촘한 읍 · 면 · 동 단위 지역사회보장협의체로 확대 개편되었다. 읍 · 면 · 동 지역사회보장협의체의 운영목적은, 첫째, 복지사각지대 해소를 위한 읍 · 면 · 동 단위 취약계층 발굴망의 구축, 둘째, 지역사회 내 복지자원 발굴 및 자원 간 연계협력으로 지역사회 복

지자원의 효율적 활용체계의 기반 조성, 셋째, 취약가구 동향 파악 및 모니터링 지원, 넷째, 지역사회 내 복지문제 해결을 위한 민주적 의사소통 구조의 확립 및 지역복지 증진과정에 주민참여 기반 마련 등이다. 따라서 동네 및 마을복지의 주민 네트워크 조직이라 할 수 있는 읍 · 면 · 동 지역사회보장협의체는 공공과 민간의 협력체계 구성을 통하여 읍 · 면 · 동 단위에서 복지사각지대 발굴 등 촘촘한 안전망 역할을 수행하고, 통합적 복지서비스 제공 및 지역복지공동체 형성을 통한 동네 및 마을 주민의 삶의 질 향상을 목적으로 하고 있다.

- 위원의 구성: 읍 · 면 · 동 지역사회보장협의체의 구성방법은 위촉대상[5]을 읍 · 면 · 동장이 추천하고, 시 · 군 · 구청장이 위촉한다. 위원 수는 위원장을 포함하여 10명 이상이 되도록 구성하며, 성별 특성을 고려하여야 한다. 또한 협의체 활성화와 운영 효과성 제고를 위해 다양한 배경을 가진 주민[예, 명예사회복지공무원, 부녀회장, 주민자치회 위원, 상가번영회 회원, 종교기관 관계자, 전문인력 등]이 참여하도록 하며, 복지사각지대 발굴 및 모니터링에 협력을 얻기 위해 우체국 관계자, 교육복지 관계자 등도 위원으로 위촉할 필요가 있다. 위원장은 읍 · 면 · 동장과 민간위원장(위원 중 호선)의 공동위원장으로 구성하고, 위원장은 읍 · 면 · 동 주민센터 및 시 · 군 · 구 지역사회보장협의체와 원활한 의사소통의 중추적인 역할을 수행한다. 그리고 위원의 임기는 2년으로 하며, 연임이 가능하다.
- 조직체계 및 회의운영: 읍 · 면 · 동 지역사회보장협의체의 조직체계는 지역 필요에 따라 복지사각지대 발굴과 자원 연계가 이루어질 수 있도록 소

5) 읍 · 면 · 동 지역사회보장협의체 위원의 위촉자격이 있는 대상은 다음과 같다. 지역의 사회보장 활동을 수행하거나 서비스를 제공하는 기관 · 법인 · 단체 · 시설 또는 공익단체의 실무자, 사회보장업무를 담당하는 공무원(읍 · 면 · 동장을 반드시 포함), 비영리민간단체에서 추천한 자, 복지위원, 통장 · 이장, 주민자치위원, 자원봉사단체 구성원, 그 밖에 해당지역사회의 실정에 밝고 사회보장 증진에 열의가 있는 자 등이다.

단위 분과(발굴조사팀, 나눔지원팀 등) 또는 운영위원 등으로 구성이 가능하다. 그리고 회의운영은 지역사회보장협의체 및 실무협의체의 회의 운영에 관한 사항을 준용하되, 보다 구체적인 사항은 지자체의 조례 또는 운영세칙으로 규정할 수 있다.

- 시 · 군 · 구 지역사회보장협의체와의 관계: 시 · 군 · 구 대표협의체-실무협의체(실무분과 포함)-읍 · 면 · 동 단위 지역사회보장협의체 관계는 상하관계가 아니라 수평적 협력관계를 전제로 하고 있어, 수평적 네트워크 형성이 바람직하다. 읍 · 면 · 동 지역사회보장협의체 위원장이 실무협의체(또는 실무분과) 위원으로 참여하도록 하거나 읍 · 면 · 동 지역사회보장협의체 위원장들로 구성된 실무분과의 대표를 시 · 군 · 구 대표협의체에 참여하도록 하여 시 · 군 · 구-읍 · 면 · 동 지역사회보장협의체 간 의사소통 구조를 확립해야 한다. 시 · 군 · 구 단위에서 운영되는 대표협의체(실무협의체, 실무분과 포함)는 그동안의 경험을 토대로 읍 · 면 · 동 지역사회보장협의체의 원활한 운영을 위해 교육 · 훈련, 모니터링, 컨설팅 등을 지원해야 할 것이다. 또한 시 · 군 · 구 지역사회보장협의체는 읍 · 면 · 동 협의체 위원장 등으로 구성된 지역 실무분과를 조직 · 운영함으로써 대표협의체 또는 실무협의체와 정보 공유 및 사업 연계 · 협력기반을 마련할 필요가 있다.

지금까지 살펴본 지역사회보장협의체 구성의 특징은 다음과 같다.

첫째, 지역사회보장협의체는 민관협력체계로서 지역사회보장 관련 주체의 광범위한 참여를 전제로 하고 있다. 그리고 대표협의체에 사회보장 관련 주체의 대표자를 포함함으로써 실무자의 참여와 활동이 가능할 수 있으며, 복지서비스의 관련 협의의 실행 가능성을 높일 수 있다. 특히 지역사회보장협의체의 효율적인 심의 · 자문을 위하여 전문위원회를 구성 · 운영할 수 있다.

둘째, 지역사회보장협의체에 실무협의체를 둘 수 있어 실무자의 참여를 포함함으로써 다층적인 구성이 가능하다. 실무협의체의 운영은 지역사회보장협의체의 실질적인 기능을 수행하는 데 중요한 요소가 될 것이다.

셋째, 법적 근거에 따라 실무협의체 내에 실무분과를 구성할 수 있다. 실무분과의 구성은 지역사회보장협의체의 활성화에 많은 기여를 할 것이며, 지역상황에 따라 대상별, 지역별, 기능별 등 다양한 형태로 구성이 가능하다.

넷째, 지역사회보장협의체의 운영활성화를 위해 필요한 인력(협의체의 상근유급직원) 및 운영비 등 재정지원을 할 수 있다고 「사회보장급여법」에 규정하고 있어, 협의체의 활동기반이 강화되었다.

지역사회에 따라 사정이 다르겠지만, 지역사회보장협의체의 구성과 관련하여 무엇보다도 중요한 것은 협의체 위원의 대표성 확보문제와 특정 조직에 편중된 구성을 지양하고 다양한 관련 주체의 참여문제 등이라 할 수 있다.

### (4) 지역사회보장협의체의 기능

지역사회보장협의체는 각 사회보장 관련 주체의 전문화와 분화가 강화되는 경향과 서비스 수요자의 복합적인 욕구가 증가하는 지역사회복지의 현실에 대한 조직적인 대응의 결과로 볼 수 있다. 따라서 지역사회보장협의체는 다양한 지역사회보장 관련 조직 간의 연계와 협력을 통해 지역사회 중심의 복지기반을 마련하고 복지서비스 제공단위로서 가지는 지역사회의 잠재력을 현실화할 수 있는 조직체계라 할 수 있다. 여기서는 이러한 지역사회보장협의체가 수행할 기능을 네트워크 조직의 일반적인 차원과 운영 차원으로 구분하여 살펴보기로 한다(보건복지부, 2015; 이현주, 2003).

#### ① 조직 일반적 차원

- 지역사회보장의 제도화 및 체계화 기능: 지역사회보장에 관한 체계적인 의견수렴 및 협의를 통하여 지역복지의 개선방안을 마련하고 지역사회보장계획의 수립과정에의 참여와 심의를 하게 된다. 특히 지역사회보장협의체는 지역사회보장계획에 대한 심의 기능을 법적으로 부여받고 있다. 지역사회의 욕구 및 문제 파악, 이를 해결하기 위한 관련 조직의 다양한 대

응방식의 검토와 지역사회보장에 대한 현황 분석과 개선방안을 논의할 수 있기 때문에 지역사회보장의 제도화 및 체계화 기능을 수행할 것이다.

- 지역사회보장 관련 서비스의 연계 및 조정에 대한 지원 기능: 지역사회보장협의체는 지역사회 사회보장 관련 서비스의 연계 및 조정의 기반을 마련하고 이를 지원하는 기능을 수행한다. 서비스의 중복 누락문제의 해결을 위한 협의, 지역 사회보장 관련 서비스 간 매개를 촉진하는 연계체계를 구성하고 실무자의 서비스 연계 지원 등을 중심으로 이러한 기능을 수행할 수 있다. 또한 사회보장 관련 서비스가 필요한 대상자의 보장계획을 수립하는 데 의견을 제시할 수 있어, 이 과정에서 사회보장 관련 서비스에 대한 연계지원 기능이 가능할 것이다.
- 지역사회 복지자원의 개발과 발굴 기능: 지역사회보장협의체는 지역사회의 복지자원의 파악 및 확보계획의 수립, 지역사회자원의 배분기준의 마련과 배분계획을 협의함으로써 지역사회에서 제공할 수 있는 복지자원을 체계화하고, 잠재적인 자원의 개발과 발굴하는 기능을 가지고 있다.

② 운영 차원

지역사회보장협의체의 구성주체의 역할이나 실질적인 운영 차원에서 지역사회보장협의체의 기능은 [그림 9-2]에서 보는 바와 같이 협치(governance) 기능, 연계 및 조직화 기능, 통합서비스 지원기능을 수행한다(보건복지부, 2015, 2024d). 다음에서 이러한 기능을 구체적으로 살펴보기로 하자.

- 협치 기능: 지역사회보장계획의 수립 · 이행 · 평가 등 지역사회보장의 주요 사항에 대하여 민간과 공공이 협의하여 심의 · 자문하는 기능이다. 즉, 지역사회보장의 주요 사항을 민간과 공공이 협의적 의사결정의 개념하에서 의사결정 및 심의하는 기능으로 주로 대표협의체의 역할이다. 지역사회보장과 관련된 사항을 심의하고 의사결정하기 위해서는 기본적으로 대표협의체 위원들이 지역주민이나 욕구를 대변하거나 대표할 수 있어야

[그림 9-2] 지역사회보장협의체의 기능체계

출처: 보건복지부(2015).

한다. 대표협의체의 주요 기능은 협의적 의사결정을 통한 심의 기능이지만, 실제적으로 어젠다를 개발하고 사업 등을 수행해 나갈 때는 실무협의체와 연계하여 연계 및 조직화 기능을 지원하고 협력해 나갈 수 있다.

- 연계 및 조직화 기능: 지역사회보장과 관련된 서비스를 제공하는 관계 기관 · 법인 · 단체 · 시설과 연계 · 협력 강화기능이다. 지역사회보장협의체의 실제적인 기능으로 인적 연계 및 자원 연계의 기능으로 구분할 수 있다. 연계 및 조직화 기능을 주로 담당하는 주체는 실무협의체와 실무분과다. 그리고 연계 및 조직화 기능의 영역은 크게 주체별 연계 및 조직화 기능과 지역별 연계 및 조직화 기능의 두 가지로 분류될 수 있다. 먼저, 주체별 연계 및 조직화 기능 측면에서 실무협의체의 기능은 연계의 중추적 역할로 서비스 공급자 간의 효율적인 사업진행을 위한 협력과 연계 기능을 수행한다. 즉, 지역 내에서 사회보장 관련 서비스를 제공하는 데 투입될 가능한 자원 및 잠재적 자원 등을 공급하고 공동개발해 나가며, 지역의 실천현장에서 구체적인 통합관리에 필요한 연계 및 논의를 하는 역할을 한다. 다음으로 지역별 연계 및 조직화 기능으로서 지역별 자원의 정도에 따라 연계의 수준이 다를 수 있기 때문에 지역 상황을 고려하여 연계

및 조직화 기능을 수행한다.

- 통합서비스 지원 기능: 지역사회보장협의체 내의 사업과 관련하여 각 분과 간 통합 및 조정 역할을 수행하고 지역주민의 욕구를 반영한 통합적 서비스 제공체계를 지원하는 기능이다. 예를 들면, 통합사례관리사업의 수행에서 협의체는 관련된 자원 간의 연계 조정과 사례관리 수행에 필요한 자원 파악 및 자원동원 등의 지원사업을 수행할 수 있다. 통합서비스를 위한 주요 기능은 우선 의사소통 채널의 다양화를 통해 지역의 의견수렴을 종합적으로 하는 기능을 기본으로 하며, 협의된 사업의 수행과 관련된 모니터링을 함으로써 서비스 진행의 문제와 방향을 점검하는 시스템을 우선적으로 구축한다. 또한 통합서비스의 제공을 위해 기존의 보건복지뿐만 아니라, 고용, 주거, 교육, 문화, 환경 등 다양한 영역과 연계해야 한다.

### (5) 지역사회보장협의체의 역할

지역사회보장협의체의 주요 역할은 정책심의, 지역사회보장계획의 수립, 시행 및 평가, 지역사회보장협의체의 기본사업 시행이라 할 수 있다. 구체적으로 살펴보면 다음과 같다(보건복지부, 2015, 2024d).

- 정책심의의 역할: 중앙정부 및 시 · 도 등에서 전달되는 상위(의무)계획에 대하여 대표협의체 중심으로 심의권을 갖고 정책을 검토하며, 시 · 군 · 구 자체의 지역계획 등을 협의체별로 검토 · 심의한다.
- 지역사회보장계획의 수립, 시행 및 평가의 역할: 계획 수립과 관련한 총괄기획, 지역사회보장조사, 세부사업의 결정 및 협의 등을 진행하여 지역에 맞는 지역사회보장계획 수립을 주도한다. 수립된 계획의 연차별 시행 및 변경, 수정사항을 점검하며, 중앙정부 및 시 · 도에서 제시한 권고, 조정 사항을 심의하고 실행한다. 또한 실행된 연차별 계획 등을 총괄적으로 평가하고, 평가내용을 차기년도에 반영해 나가는 역할을 수행한다.
- 지역사회보장협의체 기본사업 시행의 역할: 지역복지의 총괄논의를 실제

적 서비스의 실행적 측면에서 기능해 나가며, 지역사회보장협의체 기능 활성화를 위한 협의체 사업을 시행한다. 통합사례관리지원사업, 지역자원연계사업, 기관 간 연계 및 조직화 사업 등 지역사회보장협의체의 기본사업을 수행한다.

지역사회보장협의체의 구성 주체별로 주요 역할은 다음과 같으며, 세부적인 역할은 〈표 9-2〉에 제시되어 있다.

① 시 · 군 · 구 지역사회보장협의체의 역할

- 지역사회보장계획 수립 · 시행 · 평가에 관한 사항 심의 · 자문
- 지역사회보장지표에 관한 사항 심의 · 자문
- 시 · 군 · 구의 사회보장급여 제공에 관한 사항 심의 · 자문
- 시 · 군 · 구의 사회보장 추진에 관한 사항 심의 · 자문
- 읍 · 면 · 동 지역사회보장협의체 운영 지원 및 자문
- 그 밖에 위원장이 필요하다고 인정하는 사항
- 사회복지법인 외부추천이사 처리

② 읍 · 면 · 동 지역사회보장협의체의 역할

- 복지대상자 발굴 업무: 관할 지역의 저소득 주민 · 아동 · 노인 · 장애인 · 한부모가족 · 다문화 가족 등 사회보장사업에 의한 도움을 필요로 하는 사람 발굴
- 복지대상자 지원 확대를 위한 지역자원 발굴 업무: 사회보장 자원 발굴 및 연계
- 시 · 군 · 구–읍 · 면 · 동 협의체 간 관계정립 및 연계방안 업무: 지역사회 보호체계 구축 및 운영
- 지역 특화사업 추진 업무: 그 밖에 관할 지역 주민의 사회보장 증진을 위하여 필요한 업무

**표 9-2** 지역사회보장협의체의 구성별 역할

| 기능구분 | 주요내용 | 대표협의체 | 실무협의체<br>(실무분과 포함) | 읍 · 면 · 동 협의체 |
|---|---|---|---|---|
| 지역사회 보장 정책 및 사업 심의 | 상위계획 | 심의 · 자문권 | | 건의 |
| | 지역사회보장급여 제공 및 사업계획 심의/자문 | –관할지역 내 지역사회보장 증진을 위한 사회보장급여 제공 또는 사회보장 추진에 관한 사항으로 실무협의체로부터 안건으로 상정된 제반 사항 | –실무분과를 통해 상정된 안건에 대한 사전 검토<br>–사회보장 대상자별, 사업별로 사례 회의를 통해 조사 · 연구 또는 서비스 제공기관 간 연계 · 협력으로 실무협의체 업무수행을 지원(실무분과) | –읍 · 면 · 동 지역사회보장협의체 위원장 간 네트워크를 구성하여 읍 · 면 · 동 지역사회보장협의체 간 시 · 군 · 구 ↔ 읍 · 면 · 동 지역사회보장협의체 간 정보공유 및 사업 협력 기반 마련 |
| 지역사회 보장계획 수립, 시행, 평가 | 기획 | –지역사회보장 수요의 측정, 목표 및 추진전략<br>–지역사회보장의 목표를 점검할 수 있는 지표(이하 '지역사회보장지표')의 설정 및 목표<br>–지역사회보장의 분야별 추진전략, 중점 추진사업 및 연계협력 방안<br>–지역사회보장 전달체계의 조직과 운영<br>–사회보장급여의 사각지대발굴 및 지원 방안<br>–지역사회보장에 필요한 재원의 규모와 조달 방안 등(법령사항) | 좌 동 | |

| | | | | |
|---|---|---|---|---|
| | 지역사회 보장조사 | –지역 내 사회보장 관련 실태, 지역주민의 사회보장에 관한 인식 등에 관한 사항의 조사설계 · 실시 및 조사결과 처리<br>–지역주민, 사회보장 관련 기관 · 법인 · 시설 · 단체, 관련 분야 전문가의 의견 수렴 사항<br>–시 · 군 · 구청장 또는 실무협의체 위원장이 지역사회특성상 계획 수립의 필요성이 있다고 인정하는 사항 | 좌 동 | |
| | 지역사회 보장조사 | 지역사회주민의 사회보장 욕구 및 자원조사 전반에 관한 사항 | 지역사회보장조사 설계 · 조사실시 · 조사결과 처리 등을 실질적으로 수행 | – |
| 지역사회 보장계획 수립 및 모니터링 | 사업결정 협의 | 사회보장급여 간 연계 조정 및 개선 | 건의 | 건의 |
| | 시행결과 평가 | –지역사회보장계획 시행과정의 적정성에 대한 모니터링 실시<br>–지역사회보장계획(연차별 시행계획을 포함)의 시행결과에 대한 평가 | –분야별/기능별 실행과정 점검 및 시행결과에 대한 평가 실시 | 건의 |
| 사회보장 지원 대상자에 대한 통합 서비스 제공 | 주 기능 | –민관 또는 사회보장 관련 기관 · 법인 · 시설 · 단체 간 의사소통 채널의 다양화 서비스<br>–제공에 관한 협의된 사업의 시행에 대한 모니터링 | | |

| | | | | |
|---|---|---|---|---|
| | 통합 사례관리 사업 지원 | | –사회보장 대상자별 지원계획 수립 등에 관한 사항 총괄<br>–사회보장 대상자별 지원계획 수립 · 시행과정 모니터링 및 서비스 제공결과 평가에 관한 사항 | –지원대상자별 서비스 제공계획 수립(읍 · 면 · 동 사회복지담당공무원 역할에 해당함) 및 서비스 제공<br>–서비스 제공의 적정여부에 대한 모니터링 |
| | 지역자원 연계사업 | –사회보장 분야 서비스 연계 · 협력 강화에 관한 사항<br>–지역 내 사회보장 분야 연계 협력 추진방안에 관한 사항<br>–그 밖의 지역사회 복지 증진을 위해 필요하다고 시 · 군 · 구청장 또는 협의체 위원장이 부의한 사항 | –사회복지, 보건의료 및 관련 영역 등 사회보장급여 연계 · 협력 강화에 관한 사항<br>–사회보장 분야별 정보 공유 및 안건 검토<br>–사회보장 분야별 욕구 파악 및 서비스 연계<br>–사회보장 분야별 관련 기관 · 법인 · 시설 · 단체 간 공동사업의 추진 및 운영 | –지역사회보장분야 관련 기관 · 법인 · 시설 · 단체 간 연계 · 협력 및 복지 자원 발굴에 관한 사항 |
| | 기관 간 연계 및 조직화 사업 | –사회보장 관련 기관 등의 연계 협력을 통한 자원발굴 방안 논의 | –관련영역 기관 등의 역할 분담 조정 | –지역 내 관련 기관 간 연계를 통한 서비스 제공 |
| 사회복지 법인이사 추천 | 사회복지법인은 이사 정수의 1/3이상을 시 · 도의 사회보장위원회 또는 시 · 군 · 구의 지역사회보장협의체에서 3배수 추천한 사람 중에서 선임 | | | |
| 기타 | 그 밖의 지역사회 보장증진을 위해 필요하다고 시 · 군 · 구청장 또는 협의체 위원장이 부의한 사항 | | 그 밖에 지역사회보장 증진을 위해 필요하다고 실무협의체장이 부의한 사항 | 그 밖의 지역사회 보장증진을 위해 필요하다고 읍 · 면 · 동 단위 협의체 위원장이 부의한 사항 |

출처: 보건복지부(2024d).

한편, 지역사회보장협의체의 운영과 관련하여 시 · 군 · 구의 역할도 대단히 중요하다. 시 · 군 · 구의 주요 역할은 조례 제정 · 개정을 통한 지역사회보장협의체 운영 및 사업 방향 제시, 협의체의 운영 및 활동성과 관련 수시 · 정기보고 접수, 평가 및 환류 조치, 협의체 운영 활성화를 위한 지역 내 사회보장 관련 기관 · 단체 등과 연계 · 협력 지원, 지역 내 복지자원 발굴 · 연계 지원 및 기능 수행에 필요한 정보 제공, 협의체의 효율적 운영을 위한 인력 및 운영비 등 재정 지원 등이다.

### (6) 지역사회보장협의체의 발전방향

지역사회보장협의체의 운영과정에서 일반적으로 제기되었던 문제점은 지방자치단체장의 정책의지 부족, 관주도적인 위원 선정, 상근간사의 실질적인 처우 미흡, 운영재정의 부족, 민간참여기관의 연계 부족 등이라 할 수 있다. 이러한 문제점을 극복하고 앞으로 지역사회보장협의체의 운영성과를 높이기 위하여 몇 가지 고려할 사항을 살펴보면 다음과 같다.

첫째, 민관협력체계로 운영되지만, 민간과 공공의 협력동반자 관계 또는 수평적 관계를 확립하기 위해서는 민간의 주도와 공공의 지원구조를 지향하는 방향으로 운영되어야 한다. 그리고 지역사회보장협의체에 대한 지방자치단체의 인식 제고와 정책 의지가 우선적으로 뒷받침되어야 한다.

둘째, 실무자의 참여와 활동을 강화하는 방향으로 운영되어야 한다. 즉, 지역사회보장협의체는 실무협의체 및 실무분과의 역할을 강화하고, 전문위원회의 활성화를 통해 통합서비스 제공과 관련된 전문성을 갖추고 지역사회복지의 실천현장에 기초한 협의와 조정이 이루어지는 체계를 확립해야 한다.

셋째, 지역사회보장협의체가 수요자 중심의 서비스 연계체계를 목적으로 운영하기 위해서는 서비스 수요자 및 지역사회주민의 참여가 가능한 민주적인 의사소통구조와 제도적 통로를 마련해야 한다.

넷째, 지역사회보장협의체의 실질적인 운영 활성화를 위해 지방자치단체의 예산지원이 보다 현실화될 필요가 있으며, 위원의 적극적 활동과 관련 조직의 참여활동을 적극적으로 유도하기 위해서는 다양한 인센티브 제공 방안도 고려해야 한다.

다섯째, 지역사회보장협의체의 구성은 「사회보장급여법」의 취지에 맞게 보건의료 및 복지, 고용, 주거, 교육, 문화, 환경 등 다양한 영역 및 생활권의 대표성 등을 고려하여 주체적으로 참여할 수 있도록 유도해야 하며, 지역사회 자원의 개발 및 활용을 위한 노력을 강화해야 한다.

## 2) 지역사회복지협의회

### (1) 지역사회복지협의회의 정의

사회복지협의회로는 한국사회복지협의회가 있으며, 17개 시 · 도 광역단위에 지방사회복지협의회가 있다. 한국사회복지협의회는 1952년에 한국사회사업연합회라는 명칭으로 최초로 설립되었다. 그 이후 1961년에 사단법인 한국사회복지사업연합회로 명칭을 변경하고 1970년에 다시 사회복지법인 한국사회복지협의회로 변경한 후 1983년에 「사회복지사업법」의 개정과 함께 법정단체로 규정되었다. 그리고 시 · 도 사회복지협의회는 1984년에 일부 조직되면서 현재 세종특별자치시를 포함하여 17개 지역에 조직이 있다. 시 · 도 사회복지협의회는 그동안 한국사회복지협의회의 정관에 의거하여 조직되어 활동하다가 1997년 8월 「사회복지사업법」의 개정과 함께 사회복지법인으로 인정됨에 따라 한국사회복지협의회의 지원 없이 시 · 도 사회복지협의회의 설치를 의무화하였으며, 1998년 7월부터 시행되면서 법정단체로 운영하는 체제로 변화되었다(김범수, 2003).

시 · 군 · 구 사회복지협의회(이하 지역사회복지협의회)는 1995년에 원주시사회복지협의회가 가장 먼저 조직화되었으며, 1998년에 제천시사회복지협의회가, 1999년에 부천시사회복지협의회가 창립되었다. 그 이후 지역사회복지협의체의 설치, 지역사회복지계획의 수립 등 「사회복지사업법」에 따라 지역사회복지협의회의 조직이 증가하였다. 2003년 7월 30일 개정된 「사회복지사업법」에서는 시 · 군 · 구 사회복지협의회의 설치에 관한 법적 근거를 마련하였다. 당시의 법 개정에서는 의무규정이 아니라 시 · 군 · 구 사회복지협의회를 둘 수 있다고 명시하였다. 그러나 2024년 1월 2일에 개정된 「사회복지사업법」에서는 시 · 군 · 구 단위의 사회복지협의회를 둔다고 의무화하였으며, 법 시행은 2025년 1월 3일부터이다.

이러한 지역사회복지협의회에 대해 던햄(Dunham, 1970)은 "복지와 보건에 관한 지역사회문제의 해결에 필요한 계획을 수립하고 사업을 추진함에 있어서 주민의 관심과 전문가의 기술을 결합하는 지역주민과 사회기관 간의 연합체(association)"라고 정의하였다(최일섭, 류진석, 1997에서 재인용). 박태영(2003)은 지역사회복지협의회를 "주민과 사회복지기관 및 관련 조직체에 의해 구성되고 지역사회복지의 과제를 해결하기 위하여 다양한 노력을 기울이는 민간의 대표성을 지닌 조직"이라고 정의한다.

지역사회복지협의회는 지역사회복지의 대표적인 협의조정기관이며, 지역주민에 대한 복지서비스 제공뿐만 아니라 지역사회 내의 다양한 사회복지기관의 욕구를 달성하고 기능을 강화하기 위하여 정보를 제공하고 서비스를 조정하는 역할을 수행하는 민간의 자주적인 조직이라 할 수 있다. 특히 지역사회복지협의회는 지역사회 문제해결을 위해 다양한 사회복지 관련 기관 · 단체간의 연계 · 협력 · 조정, 사회복지 소외계층 발굴 및 민간사회복지자원과의 연계 · 협력 등을 주요 업무로 하고 있어, 지역사회 네트워크 조직으로서의 기능과 역할을 담당하고 있다.

### (2) 지역사회복지협의회의 원칙과 기능

#### ① 지역사회복지협의회의 원칙

지역사회복지협의회는 주민의 조직화와 지역사회복지의 활성화를 위해 지역사회복지기관과의 상호 연락 및 조정, 협의 기능을 수행하고 있다. 지역사회복지협의회의 주요 원칙을 살펴보면 다음과 같다(박태영, 2003).

첫째, 주민욕구 중심의 원칙이다. 지역사회복지협의회는 지역주민의 생활실태와 사회복지욕구를 파악하도록 노력하고, 그 욕구를 충족하기 위한 활동을 수행해야 한다. 이러한 주민의 욕구는 현재의 욕구 수준뿐만 아니라 앞으로 발생하게 될 잠재된 욕구에 대하여도 관심을 가져야 한다.

둘째, 주민참여의 원칙이다. 지역사회복지협의회는 지역주민이 사회복지활동에 주체적으로 참여할 수 있도록 사회복지에 대한 관심을 높이고, 개방된 조직구조와 민주적인 과정을 통하여 합의를 형성해 나가야 한다. 또한 실제적인 주민참여를 활성화하기 위해 적극적인 자원봉사활동을 유도해야 한다.

셋째, 전문성의 원칙이다. 지역사회복지협의회는 지역사회복지의 추진조직으로서 지역사회복지계획의 수립, 평가, 조직화, 조사 및 교육, 홍보 등과 관련하여 전문성을 발휘하는 활동을 수행하여야 한다.

넷째, 민간비영리성의 원칙이다. 지역사회복지협의회는 공공의 성격을 지닌 민간단체로서의 특성을 살려서 지역사회문제의 해결, 클라이언트의 옹호활동, 주민의 복지욕구, 지역사회의 복지과제에 적극적으로 대응해야 한다.

다섯째, 민관협력의 원칙이다. 지역사회복지협의회는 민관의 사회복지 관련 조직, 지역사회주민 등과의 협력과 역할분담으로 지역사회복지를 계획적이고 종합적으로 수행해야 한다. 민간복지의 협의조정기관으로서 공공부문과의 협력, 감시 · 견제와 건설적인 비판을 통하여 지역사회복지 증진을 추구해야 한다.

여섯째, 지역 특성 존중의 원칙이다. 지역사회복지협의회의 조직과 구조는 지역 사정에 따라 결정되어야 하며, 지역적 특성에 적절한 사업내용과 방법을 구사하여야 한다.

### ② 지역사회복지협의회의 기능

지역사회복지협의회는 임의 단체의 성격을 벗어나 법적 근거를 마련함으로써 지역사회 중심의 사회복지사업의 활성화와 이를 위한 민간사회복지 전달체계의 구축이 가능하게 되었다. 지역사회복지협의회의 기능은 다음과 같이 정리할 수 있다(박태영, 2003).

첫째, 지역사회복지활동 기능이다. 지역사회 전체가 갖고 있는 복지 욕구를 찾아내고 해결을 위한 방안을 강구하고 계획을 세워 실천함으로써 지역사회의 복지를 증진한다. 이를 위해서 지역주민의 욕구 및 지역사회문제를 파악하고, 주민의 자발적인 참여를 유도하며, 지역사회복지계획의 수립에 참여하고, 주민의 복지권리 옹호 등을 수행해야 한다.

둘째, 연락 · 조정 · 협의 기능이다. 지역사회복지기관 및 단체 간의 상호연계 · 협력을 통하여 민간복지역량을 강화하고 중복적으로 진행되는 사업을 조정하여 민간자원의 효율적 활용을 도모하는 기능이다. 연락 · 조정 · 협의의 기능을 효과적으로 수행하기 위해서는 관련 기관이 지역사회복지협의회에 대하여 민간기관의 대표성을 지닌 기관으로 인정하여야 하며, 지역사회복지의 대표적인 협의조정기관으로 지역사회복지협의회에 대한 인식을 새롭게 해야 한다.

셋째, 지원 · 유지 기능이다. 지역사회복지협의회의 지역사회복지활동 기능과 연락 · 조정 · 협의의 기능을 잘 수행할 수 있도록 조사 · 연구, 정책 개발 및 제안, 교육 · 훈련, 정보 제공 및 출판 · 홍보, 자원 조성 및 배분, 국제교류의 전개 등 지원 · 유지 기능을 수행한다.

#### (3) 지역사회복지협의회의 발전방향

지역사회복지협의회는 지역사회문제 해결에 필요한 계획을 수립하고 사업을 추진함에 있어서 주민의 참여와 전문가의 기술을 결합하는 지역주민과 사회복지기관 간의 협의조정기관으로서, 지역주민의 문제와 욕구를 효과적으로 대처하기 위한 활동을 전개하고 있다. 앞으로 지역사회복지협의회가 지역사회의 중추적인 역할을 수행하기 위한 발전방향을 살펴보면 다음과 같다.

첫째, 지역사회복지협의회는 주민의 참여를 활성화하여야 한다. 주민의 복지에 대한 권리의식을 향상하고 지역사회의 문제해결에 적극적으로 참여할 수 있도록 조직화에 관심을 가져야 한다. 그리고 지역사회복지협의회의 기능을 강화하기 위해 지역주민이 참여할 수 있는 민주적인 참여절차가 필요하며, 이에 대한 홍보방안도 마련해야 할 것이다.

둘째, 지역사회복지협의회는 지역사회의 문제 파악, 주민욕구 분석, 복지자원의 현황 파악 및 지역사회복지 관련 조직 간의 연계활동을 강화하여 지역사회복지의 위상을 확립해야 한다. 이를 위해서는 사회복지 관련 기관 간 다양한 복지자원의 개발 및 연계, 주민욕구에 기초한 프로그램의 개발과 보급, 사회복지서비스 수요자의 권익옹호활동을 적극적으로 수행해야 한다.

셋째, 지역사회복지협의회는 민간복지기관들의 연계협력을 강화해야 한다. 협의회의 회원구성이 대부분 지역사회복지기관들로 구성되어 있어 자원정보의 공유, 자원개발 및 협력사업의 수행 등을 위해 민간복지기관 간 협력의 구심적 역할 및 지역복지 혁신 주체로서 역할을 강화해야 한다.

넷째, 지역사회복지협의회의 안정과 사업활동의 내실을 기하기 위해서는 재정 확보가 필수적이다. 조직 운영과 관련된 재정은 회비와 자체 재정조달 방안을 통해 해결해야 할 것이다. 반면에 사업의 성격이 지역사회의 공공성을 증진하고 주민밀착형 복지사업인 경우에는 지방자치단체의 지원을 받는 것이 바람직하다.

## 3. 지역사회보장계획[6)]

지역사회보장계획은 2003년 개정된 「사회복지사업법」에 '지역사회복지계획'으로 법적 근거를 마련하면서 시작되었다. 제1기(2007~2010), 제2기(2011~2014), 제3기(2015~2018) 지역사회복지계획을 지방자치단체별로 수립하여 시행하였다. 그러나 2015년 7월 1일부터 시행된 「사회보장급여법」 제35조

6) 지역사회보장계획에 대한 내용은 보건복지부(2024d)의 『2024 지역사회보장협의체 운영안내』, 한국보건사회연구원 지역사회보장균형발전지원센터(2022)를 기초로 재정리하였다.

에 따라 지역사회복지계획은 지역사회보장계획으로 변경되었다. 이에 따라 제4기(2019~2022) 지역사회보장계획이 수립되었고, 제5기(2023~2026) 지역사회보장계획을 수립하여 시행하고 있다. 지역사회보장계획은 지역주민 욕구 · 자원 등 복지환경을 고려, 지역사회의 다양한 주체들의 참여를 통해 사회보장사업의 우선순위 등을 결정하는 지역단위의 사회보장계획 수립을 목적으로 도입되었다. 여기에서는 지역사회보장계획의 개념 및 성격, 필요성, 주요 내용과 수립절차, 평가에 대해 살펴보기로 한다.

## 1) 지역사회보장계획의 개념 및 성격

### (1) 지역사회보장계획의 개념

지역사회보장계획이란 지역주민의 사회보장욕구와 지역 내 복지자원 등을 고려하여 지방자치단체 실정에 부합하도록 수립하는 4년 주기의 지역사회보장에 관한 중기 기본계획을 말한다. 지역사회보장계획은 과거 지역사회복지계획의 범위 확대, 내용 등에서 차이가 있지만 지향하는 목적은 유사하기 때문에, 지역복지계획의 개념에 대한 논의(박태영, 2002; 변재관 외, 2000)를 바탕으로 지역사회보장계획의 의미에 대해 살펴보자.

지역사회보장계획은 사회보장 관련 서비스가 필요한 지역주민이 지역사회를 구성하는 일원으로서 일상생활을 영위하고 사회 · 경제 · 문화 및 기타 모든 분야의 활동에 참가할 수 있는 기회를 제공받을 수 있도록 하는 등 지역사회보장의 추진에 관한 사항을 종합화한 계획을 말한다. 또한 지역사회보장계획은 지역사회보장서비스를 종합적 · 계획적으로 추진하기 위한 방법으로서 주민의 사회보장욕구와 지역 특성 등 지역의 복지문제를 파악하여 이것을 과제로 설정하고, 주민참여를 토대로 공공 · 민간의 협동을 통하여 복지문제의 해결을 도모하기 위한 중기 기본계획이다. 이러한 의미에서 지역사회보장계획은 지역주민의 욕구에 기초한 다양한 사회보장과업의 설정과 이를 실천하기 위한 지역사회의 복지자원 동원과 주민참여가 필수적이다.

### (2) 지역사회보장계획의 성격

지역사회보장계획은 욕구 및 문제 분석, 복지정책의 우선순위 설정, 자원 및 서비스 공급체계의 설계 등 사회계획으로서의 의미와 주민참여, 서비스 제공 및 지원 등 사회복지실천으로서 의미를 모두 가진다. 지역사회복지계획의 성격에 관한 논의(류만희, 2002)를 기초로 지역사회보장계획의 성격을 살펴보면 다음과 같다.

첫째, 사회자원의 배분수단으로서 계획이다. 지역사회보장계획은 주민의 질적 · 양적 복지욕구를 파악하여 그 욕구를 충족하기 위한 서비스 공급체계를 확보하고, 그것을 위해 필요한 사회자원을 조달하고 배분하기 위한 유용한 수단이다. 이를 위해 지역사회보장계획은 지역사회의 특성, 주민의 복지욕구, 사회자원의 양, 정책 현황 등을 파악해야 한다. 그리고 이러한 사회조사 및 분석을 통해 지역사회의 복지문제를 명확히 하고, 주민참여를 기초로 민관협력을 통하여 전략목표를 설정하고 구체적인 실행방안을 지역주민에게 제시하여야 한다.

둘째, 지방자치의 지표로서 계획이다. 지역사회보장계획은 지역의 사회보장문제 및 실천과제에 대해 지역주민과 사회보장 이해관계자의 학습과 구체적 활동을 실천하는 지역사회의 조직화 과정이다. 동시에 지역의 사회보장 관련 서비스의 확충, 재원 및 인력의 조달 등을 통하여 지방자치를 실현하는 지역의 사회지표라고 할 수 있다.

셋째, 종합행정으로서 계획이다. 지역사회보장계획은 양적 또는 질적인 확대가 요구되는 사회보장 관련 서비스에 있어서 국가 및 지방자치단체의 종합적인 행정계획으로서의 성격을 가진다. 기초자치단체와 민간사회복지기관은 구체적인 사업의 실시주체로서, 광역자치단체는 해당 권역 내의 지역복지를 추진하기 위한 종합적인 연락 · 조정의 담당자로서, 그리고 중앙정부는 법제도상의 종합화나 체계화, 재정지원을 담당하는 자로서 각각의 역할을 분담해야 한다.

## 2) 지역사회보장계획의 필요성

지역사회보장계획은 지역사회의 자율성과 독자성에 기초하여 지역사회 중심의 사회복지 발전을 도모하기 위한 기본조건이다. 지역사회복지계획의 필요성에 대한 논의(변재관 외, 2000)를 통해 지역사회보장계획의 필요성에 대해 살펴보면 다음과 같다.

첫째, 지역사회 중심의 사회복지 제도화를 위해 필요하다. 지역사회보장계획은 각 지역의 특성이나 주민의 복지욕구, 사회자원의 과다, 정책현황 등에 대하여 조사를 실시한다. 이 조사에서 드러난 문제를 해결하기 위해 주민참여에 기반을 둔 민관 네트워크를 통하여 앞으로의 목표를 설정하고, 이를 실현하는 데 필요한 사회자원을 조달하여 적정하게 배분하는 것에 대한 구체적인 실시를 약속하게 된다. 이러한 계획을 실현하는 과정에서 지역사회에 필요한 사회보장과업이 제도적 형태로 구체화될 수 있다.

둘째, 지역사회보장서비스의 수급조정과 안정적 공급을 위해 필요하다. 지방정부는 각 지역사회에 있어서 사회보장 관련 서비스의 수급조정과 안정적 공급을 위한 방안을 모색해야 하는데, 이것은 지역사회보장계획을 수립·실천해 나감으로써 해결할 수 있다. 지역사회보장계획에서는 일정한 목표를 정하고 그것을 달성하기 위한 방법이나 수단을 검토하게 된다. 지역사회보장계획을 통해 지역의 사회보장문제나 과제를 해결하는 데 필요한 인적·물적 자원을 조달하여 적절히 분배하고 서비스의 수요와 공급의 균형을 조절함으로써 사회보장대상자에게 안정적·지속적으로 서비스를 공급할 수 있다.

셋째, 지역사회보장서비스 공급주체의 다원화를 위해 필요하다. 지역사회가 지닌 복지욕구와 문제는 공공부문만으로는 해결하기 어려우며, 다양한 민간단체가 참여해야 한다. 지역사회보장계획은 중앙 및 지방 정부뿐만 아니라 지역사회 내의 다양한 민간단체가 참여하여 사회보장 관련 서비스를 공급하도록 하여야 한다. 지역사회보장계획에서는 기존의 사회복지기관·시설이나 사회복지단체뿐만 아니라 보건의료단체, 사회보장사업 실시기관, 자원봉사단체, 시민단체, 전문가단체 등도 복지공급주체로 설정된다.

넷째, 사회자원의 조달과 적정 배분을 위해 필요하다. 지역사회보장계획을 수립하는 과정에서 보건 · 의료 · 복지 · 주택 · 고용 · 문화, 생활체육 등에 관련된 공공 및 민간 기관, 공동모금이나 기부금 등의 물적 자원 그리고 민간부문의 종사자와 일반주민 등의 인적 자원을 개발 · 조달하는 방안이 제시되고, 이것을 효율적으로 배분하기 위한 노력이 이루어진다.

### 3) 지역사회보장계획의 주요 내용과 수립절차, 평가

#### (1) 지역사회보장계획의 주요 내용

지역사회보장계획은 「사회보장급여법」 제35조에 따라 지역주민의 사회보장욕구와 지역 내 복지자원 등을 고려하여 지방자치단체 실정에 부합하도록 수립하는 지역사회보장에 관한 4년 단위 중기 기본계획이다. 지역사회보장계획은 중앙정부의 사회보장에 관한 기본계획과 연계하여 수립하도록 법제화하였다. 특히 시 · 도 지역사회보장계획은 자체 사업을 중심으로 사회보장 전략체계를 수립하고, 관할 시 · 군 · 구 간 사회보장 균형발전을 위한 구체적인 정책 노력을 제시하여야 한다.

시 · 군 · 구 및 시 · 도는 4년 주기로 지역사회보장계획을 수립하고, 매년 연차별 시행계획을 수립해야 한다. 수립기간 및 제출시기를 보면, 시 · 군 · 구 지역사회보장계획은 시행연도의 전년도 9월 30일까지 시 · 도지사에게 제출해야하며, 시 · 도 지역사회보장계획은 시행연도의 전년도 11월 30일까지 보건복지부장관에게 제출해야 한다. 연차별 시행계획의 경우 시 · 군 · 구는 전년도 11월 30일까지 시 · 도지사에게, 시 · 도는 시행연도의 1월 31일까지 보건복지부장관에게 제출해야 한다.

「사회보장급여법」 제36조에 명시된 지역사회보장계획의 주요 내용을 살펴보면 〈표 9-3〉과 같다.

표 9-3 지역사회보장계획의 주요 내용

| 시 · 군 · 구 지역사회보장계획 | 시 · 도 지역사회보장계획 |
|---|---|
| • 지역사회보장 수요의 측정, 목표 및 추진 전략<br>• 지역사회보장의 목표를 점검할 수 있는 지표(지역사회보장지표)의 설정 및 목표<br>• 지역사회보장의 분야별 추진전략, 중점 추진사업 및 연계협력 방안<br>• 지역사회보장 전달체계의 조직과 운영<br>• 사회보장급여의 사각지대 발굴 및 지원 방안<br>• 지역사회보장에 필요한 재원의 규모와 조달 방안<br>• 지역사회보장에 관련한 통계 수집 및 관리 방안<br>• 지역 내 부정수급 발생 현황 및 방지대책<br>• 그 밖에 대통령령으로 정하는 사항 | • 시 · 군 · 구의 사회보장이 균형적이고 효과적으로 추진될 수 있도록 지원하기 위한 목표 및 전략<br>• 지역사회보장지표의 설정 및 목표<br>• 시 · 군 · 구에서 사회보장급여가 효과적으로 이용 및 제공될 수 있는 기반 구축 방안<br>• 시 · 군 · 구 사회보장급여 담당 인력의 양성 및 전문성 제고 방안<br>• 지역사회보장에 관한 통계자료의 수집 및 관리 방안<br>• 시 · 군 · 구의 부정수급 방지대책을 지원하기 위한 방안<br>• 그 밖에 지역사회보장 추진에 필요한 사항<br><br>※ 특별자치시의 경우 다음 사항 포함<br>• 사회보장급여가 효과적으로 이용 및 제공될 수 있는 기반 구축 방안<br>• 사회보장급여 담당 인력의 양성 및 전문성 제고 방안<br>• 그 밖에 지역사회보장 추진에 필요한 사항 |

출처: 「사회보장급여의 이용 · 제공 및 수급권자 발굴에 관한 법률」(「사회보장급여법」) 제36조.

### (2) 지역사회보장계획의 수립절차

지방자치단체는 「사회보장급여법」에 따라 지역사회보장계획을 의무적으로 수립해야 한다. 수립절차를 보면, 우선 시 · 군 · 구청장은 해당 시 · 군 · 구의 지역사회보장계획을 지역주민 등 이해관계인의 의견을 들은 후 수립하고, 지역사회보장협의체의 심의와 해당 시 · 군 · 구 의회의 보고를 거쳐 시 · 도지사에게 제출하여야 한다.

시 · 도지사는 제출받은 시 · 군 · 구의 지역사회보장계획을 지원하는 내용 등을 포함한 시 · 도 지역사회보장계획을 수립하여, 시 · 도 사회보장위원회의 심의와 해당 시 · 도 의회의 보고를 거쳐 보건복지부장관에게 제출하여야 하며, 보건복지부장관은 제출된 계획을 사회보장위원회에 보고하여야 한다.

시 · 도지사 또는 시 · 군 · 구청장은 지역사회보장계획을 수립할 때 필요하다고 인정하는 경우에는 사회보장 관련 기관 · 법인 · 단체 · 시설에 자료 또는 정보의 제공과 협력을 요청할 수 있으며, 지역사회보장조사를 실시하여 계획에 반영할 수 있다.

보건복지부장관 또는 시 · 도지사는 지역사회보장계획의 내용이 법령 위반, 확정된 사회보장에 관한 기본계획 또는 사회보장시책에 부합되지 않은 경우

표 9-4 지역사회보장계획의 수립절차

| 구분 | 주요 내용 |
|---|---|
| (1) 계획준비 단계 –계획 수립을 위한 기획 | • 지역사회보장계획 수립을 위한 기획, 예산 확보 및 활용계획 등을 총괄하여, 계획 수립을 준비함<br>• 계획 수립 과정의 전반적 기획은 사회보장위원회(시 · 도) 또는 지역사회보장협의체(시 · 군 · 구)를 중심으로 지역 주체들이 논의해 나가는 것이 바람직함<br>• 계획 수립 주체 간의 역할을 명확하게 하고 시 · 도 및 시 · 군 · 구의 지원 방향, 논의 방식과 절차, 전문가의 참여 범주 등을 결정함<br>• 특히 사회보장위원회 · 지역사회보장협의체와 지자체 담당부서 중심으로 자체계획을 수립하되, 지역사회보장조사 등은 전문연구기관을 활용하는 방식으로 진행함<br>• 지역사회보장계획의 계획(안)의 작성을 담당하는 '지역사회보장계획 수립 TF팀'(이하 '계획 수립 TF팀')을 구성 · 운영함 |
| (2) 지역분석 단계 –지역사회보장 조사 실시 | • 지역주민의 사회보장 욕구와 활용 가능한 자원을 파악하는 지역의 사회보장조사단계는 전문성이 요구되는 과정이므로, 지역의 전문연구기관이나 내 · 외부 전문가가 주도적인 역할을 하며, 시 · 도 및 시 · 군 · 구는 이에 필요한 사항을 지원함<br>• 시 · 도, 시 · 군 · 구는 지역 관련하여 기 확보된 기초자료를 제공함<br>• 지역사회보장조사의 원활한 수행을 위해 조사 과정을 협조지원함(조사원 역할, 공문 발송 등) |

| | |
|---|---|
| (3) 계획 작성 단계<br>–지역사회보장<br>(계획안) 마련 | • 계획(안)의 작성은 계획 수립 TF팀을 중심으로 진행하며, 이 단계의 중요 사항은 다음과 같음.<br>–지역사회보장계획의 목표와 추진전략 결정<br>–추진전략, 우선순위, 복지자원(예산), 복지욕구와의 적절한 비교분석을 통해서 집중해야 할 중점추진사업 선정<br>–세부사업의 선정과 세부사업의 중기 및 연차별 계획 수립<br>–행정 · 재정계획 수립 |
| (4) 의견수렴 단계<br>–의견 수렴<br>(공고 등) | • 지역사회보장계획의 지역성과 정당성을 확보하기 위해 지역주민의 의견을 수렴함<br>• 법률에서 정하고 있는 공고절차뿐만 아니라 공청회, 간담회, 공모 등 다양한 방식으로 의견을 수렴하여야 함<br>• 지역의 의견 수렴은 계획의 홍보와 지역주민의 관심을 불러일으키는 계기가 되며, 주민 의견수렴을 통해 계획의 실행단계에서 지역주민의 참여를 활성화시키는 데 기여할 수 있도록 함 |
| (5) 계획확정 단계<br>–심의 · 확정 | • 사회보장위원회(시 · 도), 지역사회보장협의체(시 · 군 · 구)에서 지역사회보장계획을 심의하고 계획안을 확정하는 과정을 거침 |
| (6) 제출 단계<br>–보고 | • 심의를 거쳐 확정된 지역사회보장계획을 지방의회에 보고함으로써 향후 계획의 내용과 예산 편성의 연계성을 제고함<br>• 최종 확정된 시 · 군 · 구 지역사회보장계획은 시 · 군 · 구청장에게 보고 후, 시 · 도지사에게 제출함<br>• 또한 최종 확정된 시 · 도 지역사회보장계획은 시 · 도지사에게 보고 후 보건복지부 장관에게 제출함 |
| (7) 권고 · 조정 사항 반영<br>–최종 단계 | • 보건복지부장관 또는 시 · 도지사가 제시한 권고 · 조정 사항이 있는 경우, 이를 논의하여 지역사회보장계획에 반영하고 계획안을 수정하여 이를 확정함 |

출처: 보건복지부(2024d).

등의 사유에 해당하는 경우에는 시 · 도지사 또는 시 · 군 · 구청장에게 그 조정을 권고할 수 있다. 이러한 과정 이후 시 · 도지사 또는 시 · 군 · 구청장은 지역사회보장계획을 시행하여야 한다. 그리고 보건복지부장관은 시 · 도 지역사회보장계획의 시행결과를, 시 · 도지사는 시 · 군 · 구 지역사회보장계획의 시행결과를 평가할 수 있다.

시 · 군 · 구의 지역사회보장계획 및 시 · 도 지역사회보장계획의 수립절차의 구체적인 내용은 〈표 9-4〉와 같다.

### (3) 지역사회보장계획의 평가

지역사회보장계획의 시행결과를 지역사회보장계획 내용의 충실성, 시행과정의 적정성, 시행결과의 목표달성도, 지역주민의 참여도와 만족도, 그 밖에 시행결과를 평가하기 위하여 필요하다고 인정하는 사항 등을 고려하여 평가할 수 있다. 지역사회보장계획의 평가와 관련하여 평가목적, 평가유형 및 방법, 평가주체, 평가결과의 활용에 대해 살펴보자.

#### ① 평가목적

지역사회보장계획의 평가목적을 살펴보면, 첫째, 지역사회보장계획의 목표와 세부사업의 논리적 정합성을 높이고 계획 수립의 합리성 제고, 둘째, 효율적인 자원활용과 지역사회보장계획 집행의 관리 · 조정에 필요한 정책정보의 산출, 셋째, 지역사회보장계획에 대한 지방자치단체의 책임성 제고, 넷째, 지역사회보장계획 수립과정과 내용에 대한 모니터링 및 정책정보 생산 등이다.

#### ② 평가 유형 및 방법

지역사회보장계획에 대한 평가는 세 가지 측면(계획평가, 과정평가, 성과평가)에서 종합적으로 이루어진다.

첫째, 계획평가는 계획집행 이전에 실시되는 사전평가의 성격을 지니며, 다. 지역사회보장계획의 집행결과를 예측하고 실현 가능성을 점검하며 계획의 추진과 집행에 적합한 관리방안을 모색한다.

둘째, 과정평가는 지역사회보장계획이 당초 의도한 대로 사업이 집행되었는지를 점검하는 모니터링과 시행계획의 성과와 이행과정을 평가하는 자체평가이다.

셋째, 성과평가는 지역사회보장계획의 집행에 따른 결과와 영향을 분석 · 평가하는 것으로 지역사회보장계획의 전략목표에 따라 설정된 성과지표를 중심으로 평가한다.

③ 평가주체

첫째, 보건복지부장관은 시 · 도 지역사회보장계획의 시행결과를, 시 · 도지사는 시 · 군 · 구 지역사회보장계획의 시행결과를 평가할 수 있다.

둘째, 시 · 도지사는 평가를 시행한 경우 그 결과를 보건복지부장관에게 제출하여야 한다. 보건복지부장관은 이를 종합 · 검토하여 사회보장위원회에 보고하여야 한다.

셋째, 보건복지부장관 또는 시 · 도지사는 필요한 경우 평가결과를 시 · 도 또는 시 · 군 · 구 사회보장사업의 수행에 필요한 지원에 반영할 수 있다.

④ 평가결과의 활용

평가결과의 환류, 우수사례의 발굴 및 확산, 평가와 컨설팅을 병행한다.

제 10 장

# 지역사회의 자원동원

1. 지역사회 자원동원
2. 자원동원의 방법
3. 사회복지공동모금

BUS

## 1. 지역사회 자원동원

### 1) 지역사회 자원동원의 의의

지역사회복지서비스 공급체계는 공공부문만이 아니라 민간비영리부문, 민간영리부문, 비공식부문을 포함하는 다양한 시스템을 갖고 있다. 이 중 민간비영리부문은 지역사회복지서비스 공급체계에서 핵심적인 역할을 수행하고 있으며, 저소득계층과 일반 국민의 사회복지에서 대단히 중요한 위치를 차지한다. 중앙정부와 지방정부 등 공공조직은「사회복지사업법」등 각종 법령에 기초하여 민간비영리부문에 대한 재정지원을 하고 있으며, 민간비영리부문의 조직운영과 복지서비스 공급의 역할 수행에 기여하고 있다.

그러나 민간비영리부문은 복지서비스 공급을 활성화하고 조직의 건전한 재정을 유지하기 위하여 지역사회의 자원동원을 해야 한다. 지역사회의 자원동원은 개별 민간비영리기관이 개인이나 기업에서 모금활동을 하거나 사회복지공동모금을 통하여 공동모금활동을 수행하기도 한다. 우리나라에서 이루어지고 있는 지역사회 자원동원은 다음과 같은 여러 가지 채널을 통하여 다양하게 이루어지고 있다.

- 사회복지공동모금회를 통한 사회복지 시설 및 기관, 저소득층 지원 등 일반적인 사회복지분야의 지원을 위한 공동모금
- 대한적십자사, 대한결핵협회, 전국재해구호협회 등 전국적 규모의 법정단체 및 협회를 통하여 이루어지는 적십자활동, 이재민구호 등 특정한 목적을 위한 모금
- 월드비전, 어린이재단, 굿네이버스 등 전국적 규모의 사회복지기관으로서 소년소녀가정돕기, 시설보호아동, 노인, 장애인 등을 지원하는 사업수행을 위한 모금

- 개별 사회복지 시설이나 기관에서 결연사업이나 기타 사업수행을 위한 모금
- 구세군자선냄비, 기독교단체 등 종교기관이나 사회단체에 의한 모금
- 방송이나 신문 등 언론기관이 앞서 언급한 모금활동을 돕기 위해 하는 모금

표 10-1 주요 모금기관의 민간사회복지자원 규모(2022) (단위: 억 원, %)

| 구분 | 모금기관 | 금액 | 전체대비 비율 |
|---|---|---|---|
| 법정모금기관 | 사회복지공동모금회 | 7,925 | 41.3 |
| | 대한적십자사 | 507 | 2.6 |
| | 소계 | 8,432 | 43.9 |
| 민간모금기관 | 구세군자선냄비 | 109 | 0.6 |
| | 한국 국제기아대책기구 | 700 | 3.6 |
| | 굿네이버스 | 530 | 2.8 |
| | 세이브더칠드런 | 918 | 4.8 |
| | 밀알복지재단 | 352 | 1.8 |
| | 아이들과미래재단 | 315 | 1.6 |
| | 아름다운재단 | 102 | 0.5 |
| | 어린이재단 | 1,760 | 9.2 |
| | 유니세프한국위원회 | 1,436 | 7.5 |
| | 월드비전 | 2,097 | 10.9 |
| | 한국컴패션 | 999 | 5.2 |
| | 홀트아동복지회 | 146 | 0.8 |
| | 소계 | 9,464 | 49.3 |
| 협회 | 한국아동복지협회 | 82 | 0.4 |
| | 전국재해구호협회 | 1,231 | 6.4 |
| | 소계 | 1,313 | 6.8 |
| 합계 | | 19,209 | 100.0 |

주 1) 각 기관의 2022년 사업보고서 결산기준. 물품기부금액은 제외함.
2) 굿네이버스(사회복지법인 굿네이버스와 사단법인 굿네이버스 인터내셔날)는 기부금과 물품 포함.

- 식품의 제조 · 유통 · 판매과정에서 발생한 여유식품을 푸드뱅크를 통하여 어려운 이웃에게 무상제공
- 기업의 사회공헌

우리나라에서 대표적인 모금기관을 중심으로 매년 발표되고 있는 각 기관 사업보고서의 모금실적에 따르면 주요 민간사회복지기관의 모금 규모는 〈표 10-1〉에서 나타난 바와 같이 2022년 기준 총 1조 9,209억 원으로 추계되고 있다. 이 중 법정모금기관인 사회복지공동모금회의 모금액은 7,925억 원으로 전체 모금액의 41.3%를 차지한다. 공동모금회의 모금액은 매년 비약적으로 성장하고 있고, 민간사회복지자원 모금총액에서 차지하는 비중이 매우 크다.

그리고 2022년을 기준으로 개인 및 법인의 기부금액을 국세통계연보에서 살펴보면, 개인기부 10.7조 원, 법인기부 4.4조 원으로 기부금 총액은 15.1조 원으로 나타났으며, 2022년 명목 GDP(2,161.8조 원) 대비 기부금의 비중은 0.7% 수준이다.

과거보다는 민간나눔에 의한 사회복지자원은 빠른 증가 추세에 있으나, 우리 사회에서 GDP 대비 기부금 비중이 1% 미만이어서 민간나눔에 의한 사회복지자원은 앞으로 개발의 가능성이 매우 높은 영역이라고 할 수 있다.

한편 기부식품등제공사업은 한국사회복지협의회가 위탁운영하고 있는 전국기부식품등지원센터(전국지원센터, 혹은 전국푸드뱅크) 및 광역기부식품등지원센터(광역지원센터 혹은 광역푸드뱅크)에서 기부식품 및 생활용품을 접수하여 기부식품 등 제공사업장(기초푸드뱅크 · 마켓)으로 배분하고, 기초푸드뱅크 · 마켓에서는 이용자에게 직접 제공하는 역할을 수행하고 있다. 이 사업은 1998년 서울, 부산, 대구, 과천의 4개 권역에서 시범사업으로 시작하여 2023년 기준 전국지원센터 1개소, 광역지원센터 17개소, 기초푸드뱅크 · 마켓 425개소가 운영되고 있다(보건복지부, 2024e).

이러한 지역사회 자원동원은 다음과 같은 사회적 의의를 가진다.

첫째, 지역사회 자원동원은 지역사회 구성원의 공동체의식의 함양에 기여

한다. 사회복지의 문제를 사회구성원의 공동의 문제로 인식하게 하며, 사회문제에 대한 사회적 개입의 정당성을 확보하는 데 중요한 요소가 된다.

둘째, 지역사회 자원동원은 지역사회주민의 사회복지에 대한 자발적인 참여를 촉진한다. 자발적 모금에 의한 기부문화의 확산은 사회복지에 대한 관심의 확대를 가져오며, 사회문제에 대한 지역주민의 자발적인 대응능력을 높이고 참여를 통한 사회봉사활동의 확대를 가져온다.

셋째, 지역사회 자원동원은 지역사회 내의 가용 복지재원의 총량을 확대하는 데 기여한다. 모금은 지역사회 내에 잠재되어 있는 기부에 대한 시민의 동기를 고취하며, 모금된 자원은 부족한 사회복지재원을 확충하는 데 기여한다.

넷째, 지역사회 자원동원에 의한 재정 확충은 민간비영리조직이 정부나 지방자치단체의 공공재정에 지나치게 의존하는 것을 막아 주며, 자율성 향상에 기여한다.

## 2) 자원동원의 메커니즘

에드워즈 등(Edwards, Benefield, Edwards, & Yankey, 1997)의 비영리조직에 대한 기부행위에 관한 연구에 따르면 기부는 잠재적인 기부자의 능력(capacity), 동기(motivation) 및 기회(opportunity)라는 맥락에서 이루어진다([그림 10-1] 참

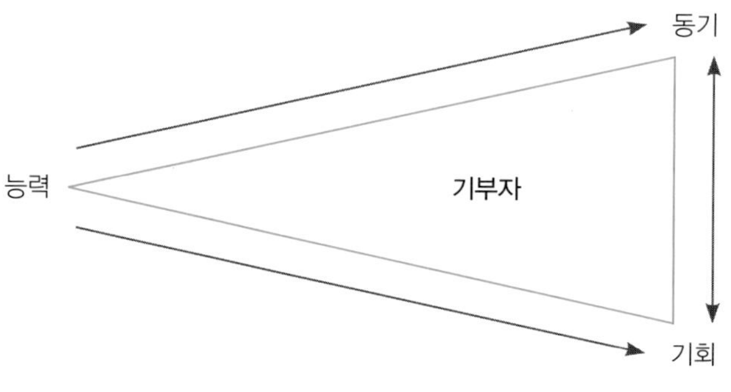


[그림 10-1] 기부행위의 삼각모형

출처: Edwards et al. (1997).

표 10-2 비영리조직에 대한 기부행위의 동기

| 동기 | 비율(%) |
|---|---|
| 많이 가진 자는 적게 가진 자를 도와야 하기 때문에 | 55 |
| 기부와 자원봉사로 인한 개인적 만족 | 43 |
| 종교적 신념이나 헌신 | 41 |
| 사회에의 환원으로 얻는 이득 | 39 |
| 친구나 동료의 권유 | 36 |
| 자신이나 가족이 혜택을 받는 기관이나 활동을 유지하기 위하여 | 34 |
| 타인에 대한 모범으로 봉사하기 위하여 | 31 |
| 사업이나 지역사회의 의무 충족 | 19 |
| 자신이나 가족구성원을 기념하기 위하여 | 17 |
| 세금의 감면을 얻기 위하여 | 12 |
| 고용주의 권유 | 10 |

출처: Edwards et al. (1997), p. 8.

조). 따라서 충분한 기부능력이 있는 잠재적인 기부자를 발굴하고, 개인이나 조직이 특정한 명분 있는 목적에 기부할 수 있도록 동기를 부여하며, 잠재적인 기부자에게 기부 제공의 기회를 만들어 주면 기부행위를 이끌어 낼 수 있다.

이 세 가지 요인 중 기부행위의 동기는 매우 다양하고 복합적이다. 기부의 동기에는 종교적 신념, 동료나 친구의 압력, 기부로 인한 세금공제 등 다양한 요인이 있다. 호지킨슨 등(Hodgkinson, Weitzman, Noga, & Gorski, 1992)에 따르면 비영리조직에 대한 사람들의 기부행위에는 〈표 10-2〉에 제시된 것과 같이 열한 가지의 동기가 있다.

기부행위의 동기는 크게 세 가지 유형으로 분류할 수 있다. 앞의 네 가지 동기는 타인에 대한 개인적인 의무감에 관련되어 있고, 그다음 네 가지 동기는 다른 사람과의 관계에 관련되어 있으며, 마지막 세 가지 동기는 개인이 얻는 이득이나 혜택과 관련되어 있다.

또한 기부행위는 자원봉사정신과 상관관계가 있는 것으로 나타나고 있다.

캐플란(Kaplan, 1995)에 따르면 자원봉사를 한 경험이 있는 사람은 90%가 비영리조직에 기부행위를 한 바 있으며, 자원봉사를 하지 않은 사람은 59%만이 기부한 것으로 나타나고 있다. 이러한 연구결과는 잠재적인 기부자를 자원봉사나 위원회 활동과 같은 비영리조직의 활동에 참여시키는 것이 중요함을 시사한다. 그리고 기부행위에 영향을 미치는 요인으로는 사회적 · 경제적 위치나 세금공제 등이 있다.

파나스(Panas, 1984)는 고액기부자의 기부동기를 연구하였는데, 100만 달러 이상의 고액기부자에 대한 동기를 기부자 자신과 전문가의 견해로 나누어 비교한 내용은 다음과 같다. 고액기부자의 동기는 조직의 미션(mission)에 대한 신념, 지역사회에 대한 책임과 시민적 자존감, 비영리조직의 재정안정 도모, 직원의 리더십에 대한 존경, 지역의 비영리조직에 배려, 비영리조직의 이사회나 위원회에서의 헌신 등의 순서로 나타난다. 한편 모금전문가가 보는 고액기부자의 기부동기는 조직의 미션에 대한 신념, 구체적인 프로그램에 대한 관심, 이사회나 위원회에서의 헌신, 기념을 위한 기회, 지역의 시설에 대한 배려 등의 순서로 나타난다.

기부행위에 관한 연구는 또한 기부행위에는 내적 동기와 외적 영향이 상호작용하고 있음을 보여 준다. 내적 동기로는 개인적, 사회적, 부정적 차원이 있는데, 이것은 'I' 요인, 'We' 요인, 'They' 요인으로 표현되는 동기다. 개인적 요인, 즉 I 요인은 자존감, 성취, 개인적 성장, 죄책감의 감소나 회피, 인생의 목적이나 의미 추구, 개인적 이득, 영성 등이다. 사회적 요인, 즉 We 요인은 지위, 집단의 노력, 상호의존, 이타주의, 가족과 자손 및 권력 등이다. 부정적 요인, 즉 They 요인은 좌절, 상황에 대한 무지, 불안정, 공포와 불안, 복잡성 등이다. 기부자는 모금과정에서 존중을 받고 조직의 미션에 흥미를 가지며, 자신의 가치나 동기와 일치하는 방향으로 보상을 받을 때 기부행위를 할 가능성이 커진다. 반면에 부정적인 동기는 모금의 실패를 가져온다.

외적 영향도 보상, 자극, 상황이라는 세 가지 차원을 가진다. 보상이란 인정이나 기타 개인적 · 사회적 이득을 의미한다. 자극은 인간의 욕구, 개인적 요청, 비전, 사적인 주도성, 효율성과 효과성, 조세공제 등이다. 상황은 개인의 참여, 계획과 의사결정, 동료의 압력, 관계망, 가족의 참여, 문화와 전통, 역할의 정체성, 가처분소득 등이다. 기부행위에 관한 세 가지 요인 중에서 비영리조직이 활용할 수 있는 요인은 동기와 기회다.

성공적인 모금이 되기 위해서는 기부자를 동기화하는 이러한 요인에 대한 적절한 배려가 있어야 하며, 이러한 동기를 직접적인 기부행위로 전환할 수 있도록 보상, 자극, 상황을 모금전략과 배분 프로그램에 반영함으로써 기부행위의 기회가 될 수 있도록 해야 한다.

## 2. 자원동원의 방법

### 1) 대중모금

미국의 『기부백서』(Kaplan, 1996)에 따르면 개인에 의한 기부가 전체 기부액의 77%를 넘는다. 개인은 최대의 잠재적인 기부자이며, 이러한 잠재기부자를 개발하는 대중모금은 민간사회복지 자원동원의 관건이 된다. 개인기부자는 다음과 같은 여러 단계의 과정을 거쳐 발전한다(Edwards et al., 1997).

#### (1) 잠재적 기부자

잠재적인 기부자는 기부에 대한 동기와 능력을 갖고 있으며, 기부의 기회가 주어지면 참여할 수 있는 개인을 의미한다. 이들은 기부행위의 가장 낮은 단계에서 물품판매의 소비자, 특별행사의 참여자 등으로 기부의 기회가 주어지면 자신이 선택한 방법으로 참여하게 된다.

#### (2) 일반기부자, 회원 및 약정자

사회복지기관이 모금을 위하여 기부자에게 접근하는 다음 단계는 인터넷의 웹사이트, 광고우편, 전화, 직접방문을 통하여 이루어진다. 사회복지기관은 웹사이트를 통하여 방문자를 받아들이며, 기관에 관한 최신의 정보를 제공하여 기부참여와 회원가입의 동기를 부여한다. ARS와 수신자부담 전화모금도 개인기부자와 접촉하는 효과적인 방법으로 우리나라에서는 방송을 통한 모금에서 많이 활용되고 있다. 광고우편은 대규모의 독자에게 기관의 메시지를 직접적으로 전달하는 효과적인 방법으로 텔레비전이나 웹사이트에 비하면 응답률이 매우 높다. 전화모금은 잠재적인 기부자에게 전화를 걸어 기부를 요청하는 것으로 잠재적 기부자에게 가장 빠르고 직접적인 접촉이 가능한 방법이다. 호별 직접방문은 대중모금전략 중 가장 개인적인 방법이며, 모금활동가로 하여금 쌍방 간의 의사소통을 할 수 있도록 해 준다. 직접방문은 금전적인 모금 외에 청원서에 서명을 받거나 새로운 자원봉사자를 찾을 수 있는 방법이 되기도 한다. 그러나 이러한 대중모금전략은 어떠한 방법을 취하건 대체로 비우호적인 장애나 어려움에 직면하게 된다. 따라서 이러한 장애나 어려움에 극복할 수 있는 전략을 준비하여야 한다.

### (3) 주요기부자 및 계획기부자

주요기부자란 일정 금액 이상의 고액의 금전이나 재산을 기부하는 사람을 의미한다. 이러한 주요기부자에게 접근하기 위해서는 기부자에 대한 최신의 기록과 광범위한 정보를 수집하여야 한다. 주요기부자에게 접촉하기 위해서는 이러한 정보의 수집과 함께 훈련된 자원봉사자나 CEO의 역할이 중요하게 작용한다. 주요기부자를 위한 기부방법으로는 개별 요청과 함께 기념기부, 명예기부 등의 방법을 활용하기도 한다. 기념기부는 고인이 된 가족을 기념하는 글을 건물이나 기념패에 표기하는 방법을 사용하며, 기부자가 익명으로 남기를 요구하는 경우에는 기부자의 이름을 엄격하게 보호해야 한다.

계획기부자란 장래에 기부할 것을 현재 계획하는 사람을 의미한다. 계획기부는 기부자에게 장래에 자신이 원하는 이상을 실현하게 하고, 이에 대해 명예를 부여한다. 그리고 기부를 받는 비영리기관은 미래에 대비한 재정계획을 세울 수 있게 된다. 계획기부에는 유증의 대상이 되는 부동산, 신탁 등 다양한 방법이 있다.

### 2) 기업후원금

기업은 비영리기관의 훌륭한 파트너로서 기부에 참여하는 주체가 된다. 비영리기관은 기업의 고액기부금으로 재정 안정을 얻게 되며, 기업은 비영리기관에 대한 기부를 통하여 상당한 세제상의 혜택과 함께 기업의 대사회적 이미지를 향상하는 효과를 얻게 된다.

기업의 기여 형태로는 현금, 물품, 인력, 서비스 등이 있다. 기업은 일반기부자에 비하여 보수적인 성향이 강하며, 기업의 이미지를 제고하고 위험부담이 없는 사안에 대하여 기부하고자 하며, 특히 교육, 보건, 사회복지활동, 예술 등이 주요 기부대상이 된다.

### 3) 재단지원금

재단(foundation)이란 공익사업을 위하여 자금을 지원하는 기관으로서 공익재단, 기업재단 등을 의미한다. 우리나라에는 대기업이 공익사업을 위하여 설립한 다수의 재단이 있다. 이들 재단은 각각의 고유한 사업목적을 갖고 매년 사업신청을 받아 지원한다. 따라서 재단이 요청하는 사업의 성격과 내용, 효과성을 입증하는 사업 계획과 자료를 제시하여야 한다.

### 4) 기타 후원기관

비영리기관의 사업을 지원하는 기관으로는 대중모금, 기업후원금, 재단지원금 외에 종교법인이나 기관, 사회복지법인, 학교법인 등이 그들과 관련된 사회복지 시설이나 기관의 사업을 지원하고 있다.

## 3. 사회복지공동모금

### 1) 사회복지공동모금의 배경과 의의

사회복지공동모금회의 기능은 민간자원의 동원을 통하여 사회복지의 향상에 기여하는 것이다. 시민을 대상으로 한 모금활동에서 공동체의식의 개발은 모금의 성공을 위하여 필수적이다. 사회복지에 대한 참여와 공동체의식이 취약한 우리의 경우에 공동모금회의 역할은 매우 중요하다.

우리나라에서 민간모금에 관한 법적 근거는 한국전쟁 중이던 1951년에 제정된「기부금품모집금지법」이 처음이다. 이 법의 목적은 사회적 혼란과 궁핍 가운데 난립하던 기부금품의 강요에서 국민을 보호하고 민생을 안정시키는 것이다(이혜경, 2002). 이에 따라 민간의 모금행위는 정부의 허가 없이는 엄격하게 통제되었다. 이 법은 민간모금에 대한 부정적인 시각을 반영한 것으로서 오랜 기간 자율적인 민간모금이 전개되지 못하였다. 이러한 상황에서 1970년에는 사회복지서비스분야의 기본법으로서「사회복지사업법」이 제정되었는데, 이 법은 사회복지사업의 범위, 사회복지법인제도, 사회복지사업 종사자에 관한 일반적인 내용을 규정하였으며, 민간자원의 동원방법으로서 사회복지공동모금에 관한 조항을 포함하였다. 이에 따라 1971년에 한국사회복지공동모금회가 구성되었다(양용희, 김범수, 이창호, 1997). 이에 따라 1972년에 백만 인 걷기운동 등 민간 주도의 공동모금운동이 전개되기도 하였으나, 사회적 · 경제적 여건의 미성숙과 홍보 부족으로 지속적으로 발전하지 못하고 중단되었다. 그리고 1983년「사회복지사업법」개정 시에 공동모금에 관한 조항이 삭제되었다. 그럼에도 우리나라 사회복지공동모금의 역사는 1970년대 초의 민간모금운동에 기원을 두고 있다고 볼 수 있다.

이후 사회복지사업을 수행하기 위한 자원동원의 방법으로 민간 주도의 운동보다는 정부기관이 주도하는 경향이 나타났다. 정부는 1980년에「사회복지사업기금법」을 제정하여 관 주도의 불우이웃돕기운동을 전개하여 기탁된 성금을 국민복지 증진을 위하여 사용하도록 하였다. 그러나 정부 주도의 사회복지사업기금의 운용은 민간의 자발적 성금을 정부가 관리함으로써 민간의 자율성을 저해하였을 뿐 아니라 공공부문이 담당해야 할 영역에 민간의 성금이 투입되는 문제점이 있고 비민주적이고 불합리한 기금운용이라는 비판을 받아왔다.

한편 1951년에 제정된「기부금품모집금지법」은 실효가 없는 법으로서 유명무실하게 운영되어 오다가 1996년에「기부금품모집규제법」으로 개정되었다. 이 법의 개정 이유는「사회복지사업기금법」에 의한 이웃돕기성금과정에서 발생하는 공무원에 의한 성금의 불법사용 등의 문제를 규제하고 민간의 모금허가도 새롭게 규제하려고 한 것이다. 이에 따라 이 법에 의하지 않고는 기부금품을 모집할 수 없도록 하고, 기부금의 모집은 행정자치부장관, 특별시장, 광역시장, 도지사의 허가를 받아 하도록 하였다. 그러나 증대하고 있는 민간모금의 필요성이라는 사회변화에 대응하지 못하여 민간모금의 경우 실질적으로는 법의 적용이 이루어지지 못하였다.

이에 따라 민간 주도의 사회복지공동모금의 필요성이 다시 제기되었으며, 1997년에「사회복지공동모금법」이 제정되었다. 이 법은 1999년 중앙의 사회복지공동모금회와 시 · 도별 사회복지공동모금을 관장하는 지회의 형태로 운영되는「사회복지공동모금회법」으로 개정되었는데, 사회복지공동모금회의 출범이 갖는 가장 큰 의의는 1981년 이후「사회복지사업기금법」에 의하여 운영되었던 정부 주도 모금의 폐지와 함께 민간의 자율성에 기초한 사회복지공동모금이 본격적으로 이루어지게 되었다는 점이다. 따라서 사회복지공동모금회의 출범은 오랫동안 비정상적으로 운영되어 온 민간사회복지 자원동원을 정상적인 제도의 궤도 위에 올려놓았다는 의의를 갖는다. 특히 공공사회복지부문의 제한되고 유연하지 못한 서비스 공급기능을 보완하고 민간부문의 자원개발과 서비스 공급의 확대에 기여한다는 점에서 의미 있는 발전으로 평가된다.

## 2) 조직

사회복지공동모금회의 조직은 내부조직의 구조, 전국조직의 구성, 정부 등 외부와의 관계로 나누어 볼 수 있다.

### (1) 내부조직의 구조

중앙조직은 이사회, 분과실행위원회, 시민참여위원회, 사무처로 구성되어 있다. 이사회의 구성은 회장 1인, 부회장 3인, 사무총장 1인, 이사 15~20인(회장, 부회장, 사무총장 포함), 감사 2인으로 구성한다. 이사는 경제계, 언론계, 법조계, 의료계, 노동계, 사회복지 관련 학계, 시민사회단체 종사자, 사회복지전문가 등으로 구성되고, 임기는 3년이며, 1회에 한하여 연임할 수 있다. 이사회는 모금회의 최고의사결정기구로서 이념적 지도력과 기능적 지도력을 행사한다. 즉, 이념적으로는 모금회의 목적과 사명에 대한 깊은 이해를 통해 운동의 방향을 지도하며, 기능적으로는 모금과 배분의 실제적인 활동에 기여하는 역할을 수행한다. 분과실행위원회로는 기획, 모금, 배분, 홍보 분과실행위원회를 두며, 각 위원회는 전문가와 시민대표 20인 이내로 구성한다. 다만, 모금분과실행위원회 및 배분분과실행위원회는 각각 20명 이상의 위원으로 구성한다.

지회는 운영위원회, 분과실행위원회, 사무국으로 구성되어 있다. 운영위원회는 중앙의 이사회와 같이 지회의 최고의사결정기구이며, 분과실행위원회는 중앙과 동일한 형태로 구성하고 있다.

### (2) 전국조직의 구성

공동모금회의 중앙과 지회의 관계는 중앙집중형으로 지회는 17개 광역시 · 도별 조직으로 구성된다. 1997년에 「사회복지공동모금법」이 제정될 때에는 중앙 공동모금과 시 · 도별 공동모금이 독립법인으로 규정되어 있었으나, 1999년에 「사회복지공동모금회법」으로 개정되면서 공동모금회 설립 초창기의 전국적인 통일성을 이용한 이미지 구축과 대국민 신뢰도를 확보한다는 측면에서 중앙집중형으로 변경되었다. 그러나 공동모금회 조직과 운영이 안정되고 지방의 자율성이 확대되면 지회가 독립조직으로 발전할 수 있는 기반 조성이 되어야 한다.

#### (3) 정부와의 관계

공동모금회는 정부 소관부처인 보건복지부에 예산과 사업계획 및 결과를 보고할 의무가 있으며, 보건복지부는 정관 승인, 임원취임 승인권 등을 가진다. 공동모금회는 정부와 협력관계를 유지하는 것이 필요하며, 지회는 지방자치단체와 협력관계를 유지하여야 한다. 그러나 모금과 배분에 있어 민간모금운동으로서 자율성을 확립하여야 한다.

### 3) 모금사업

#### (1) 모금사업의 목표

공동모금회의 모금활동은 민간사회복지활동의 전체를 포괄하는 모금 이미지의 대표성 구축과 모금의 잠재력을 최대한 개발하는 것을 목표로 한다. 공동모금회의 모금은 민간사회복지모금의 대표적인 것으로서 모든 민간사회복지활동을 위해 수행되는 활동이라는 이미지를 구축하고 공동모금회의 모금활동이 가장 효율적이고 효과적이라는 인식을 강화하는 것이 필요하다. 그리고 모금의 증대를 위해서는 새로운 모금시장과 모금방법을 개발하여 공동모금회의 모금 잠재력을 확대해 나가야 한다.

#### (2) 모금사업의 내용과 과제

모금은 연말집중모금과 연중모금캠페인으로 이루어지며, 특히 희망나눔캠페인을 통한 연말집중모금(매년 12. 1.~다음 해 1. 31.)은 방송, 신문, ARS, 지로모금, 사랑의 계좌모금 등을 통해 실시하고 있다. 연중모금은 기업의 사회공헌성금기부와 정규방송 및 특별방송을 통한 기부 참여, 직장인 월급공제형 정기기부를 통한 '착한일터' 캠페인, 소규모 사업장의 월 정기기부 프로그램인 '착한가게' 캠페인, 매월 자동이체를 통한 개인 정기기부, 노블레스 오블리주 실천을 통한 나눔의 가치를 창조하는 아너 소사이어티(honor society), 홈페이지, 포털사이트, 포인트, 온라인 이벤트를 통한 온라인기부, 나눔실천으로 지역사회의 나눔문화를 선도하는 개인기부자를 위한 나눔리더, 나눔선물, 기념일, 인쇄나눔 등 특별사연을 통한 특별기부 등 다양한 방법을 통하여 이루어지고 있다.

공동모금회의 모금액은 1998년 설립 이후 매년 지속적으로 증가하여 왔고, 2002년에 이미 1,000억 원을 넘어섰으며, 2019년에 6,541억 원, 2020년에 8,461억 원, 2022년에 7,925억 원, 2023년에는 8,305억 원을 모금하였다. 특히 2020년에는 코로나-19 펜데믹의 확산으로 인한 피해지원을 위해 특별모금으로 지원하였으며, 지원 분야별로는 위기가정 생계비 지원, 식료품 지원, 생필품 지원, 기타 취약계층 생계지원, 의료진 · 자원봉사자 · 확진자 등 지원, 복지서비스 공백지원 등을 지원하였다. 사회복지공동모금의 모금액은 매년 크게 증가하고 있고, 민간모금총액에서 차지하는 비중도 크게 증가하였다.

그러나 공동모금과 관련하여 선진국에서는 개인모금이 많은 비중을 차지하는 데 비해 우리나라에서는 대기업에 의한 기부금액이 큰 비중을 차지하며, 개인기부금이 차지하는 비중은 여전히 미약한 수준이다. 이것은 전 국민이 자발적으로 참여하는 기부문화가 충분하게 확산되지 못하였음을 보여 주는 것이다. 따라서 지속적인 대국민 홍보활동과 효과적인 모금방법의 개발, 제도적 지원을 통하여 기부문화를 확산하고 전 국민의 자발적인 참여를 이끌어 내는

**표 10-3** 사회복지공동모금회 연도별 모금과 배분현황 (단위: 억 원)

| 구분 | 2018년 | 2019년 | 2020년 | 2021년 | 2022년 | 2023년 |
|---|---|---|---|---|---|---|
| 모금 | 5,965 | 6,541 | 8,461 | 7,619 | 7,925 | 8,305 |
| 배분 | 8,444[1)] | 5,958 | 7,261 | 7,104 | 7,334 | 7,446 |

주: 1) 2018년 삼성중공업-허베이스피리트 호 기름유출사고 성금 3,067억원 배분 포함
출처: 사회복지공동모금회 홈페이지(경영공시).

것이 무엇보다도 중요한 과제라 하겠다.

### 4) 배분사업

#### (1) 배분사업의 목표

배분사업의 핵심은 배분원칙의 공정성과 배분기준의 합리성 그리고 배분의 효과성을 달성할 수 있는 제도적 틀을 정착하고 발전시키는 것이다. 이러한 배분사업의 핵심적 기준은 사회복지공동모금회의 출범 이후 단계적인 발전목표로서 제시되어 왔다.

사회복지공동모금의 도입기(1999~2000년)에는 배분의 공정성이 목표로 제시되어, 민간의 자율적인 모금조직으로서 명분과 설립의 정당성을 확보해 나가는 것이 중요하였다. 구체적인 세부목표로는 정부 또는 지방자치단체의 편의적 배분의도 차단, 특정 집단의 이해관계에서 벗어나 중립적인 의사결정과정 정착, 배분결과에 대한 대사회와 대복지계의 신뢰 구축이 제시되었다. 따라서 객관적이고 엄정한 심사원칙의 확립, 배분분과위원의 적절한 인적 구성 확보, 심사절차의 공정성을 담보하는 심의 및 결정 구조 확립이 무엇보다 중요하였다.

성장기(2001~2010년)에는 초기에 확보된 배분사업에 대한 신뢰성을 바탕으로 배분의 합리성이 목표로 제시되었다. 구체적인 세부목표로는 사회복지부문 중 중점 지원부문 설정, 집중지원, 복지사업의 사각지대 발굴 및 해소, 새로운 복지주체의 발굴, 지원을 통한 복지주체의 역량강화가 설정되었으며, 이에 따른 기획사업의 활성화, 시민사회단체 등 다양한 복지실천주체, 미신고시설에 대한 지원틀의 확립이 추구되었다.

2010년 이후 정착기에는 공동모금회 조직의 안정과 모금의 지속적인 확대가 이루어지는 가운데, 증대되고 있는 모금액을 바탕으로 최대한의 투입효과를 달성하는 배분사업의 효과성 제고가 기대되고 있다. 따라서 배분사업의 효과성 목표는 공동모금회의 도입기와 성장기에 추구된 목표로서 공정성과 합리성을 전제로 배분의 궁극적인 목표로 나아가는 지향점을 제시하고 있다.

#### (2) 배분사업의 내용과 과제

배분사업의 내용은 신청사업, 기획사업, 지정기탁사업, 긴급지원사업, 물품지원사업으로 분류된다.

첫째, 신청사업은 지역사회의 개별 사회복지 기관이나 시설에서 공동모금회의 공고에 따라 프로그램 사업과 기능보강 사업으로 나누어 공모 형태로 신청하며, 지회를 중심으로 사업이 이루어진다.

둘째, 기획사업은 복지사각지대를 발굴, 지원함으로써 산재해 있는 다양한 사회복지 현안 중에서 정부나 민간이 쉽게 개입하지 못하는 사회복지인프라 구축 및 민간복지 전반의 폭넓은 변화를 촉진하고 있다.

셋째, 지정기탁사업은 기부자의 기부의도에 따라 사업 영역이나 사업의 기관, 시설을 지정하는 사업이다. 2022년도 배분실적에 의하면, 전체 배분현황은 7,334억원이며 이 중 지정기탁사업은 5,551억원으로 전체 배분실적의 75%로서 가장 많은 비중을 차지하고 있다. 이것은 공동모금회 배분사업의 자율성을 감소시키는 것으로 이에 대한 대책이 요청된다.

넷째, 긴급지원사업은 「긴급복지지원법」 제9조와 「사회복지공동모금회법」 제25조에 따라 재난, 긴급구호 및 사회복지 영역의 긴급지원이 필요한 사업으로서 재난재해구호사업과 개인긴급지원사업이 있다. 그러나 긴급지원의 경우 개인신청은 받지 않으며, 사회복지기관이나 사회복지전담공무원 등 공공기관을 통하여 신청하도록 되어 있다.

배분사업의 분야는 기존에 수행하고 있던 기초생계, 긴급지원 등 복지사각지대 해소를 위한 배분사업뿐만 아니라 사회적 과제를 중심으로 배분사업을 수행하여 경제적 빈곤퇴치, 영양 및 급식지원, 신체 · 정서적 건강과 회복, 교육 및 자립역량 강화, 깨끗한 물과 위생, 양질의 자리 만들기, 사회적 배제 감소와 불평등 완화, 지속가능한 지역사회 인프라 구축 등으로 다양하게 발전하고 있다.

배분의 과정은 배분 공고, 배분신청서 접수와 심사, 배분 통보, 사업 실행, 사업결과보고서 제출, 평가의 순서로 이루어진다. 배분사업의 효과성을 제고하기 위해서는 다음과 같은 사항이 이루어져야 한다.

첫째, 배분사업을 추진하는 내부적인 조직과 절차의 합리성을 좀 더 제고하여야 한다. 중앙모금회와 지역모금회의 배분사업에 관한 역할과 기능상의 합의점을 모색하고 중장기적 발전방안을 마련하여 추진하여야 한다.

둘째, 배분사업의 목표로서 배분효과성이 배분사업의 성격과 내용에 따라 명확하게 정의되어야 한다. 배분효과성 측정을 위한 전문 도구를 개발하고 훈련된 전문평가팀에 의한 평가가 이루어지도록 해야 한다. 이를 위하여 신청사업과 기획사업 등의 신청서, 보고서에 사업의 목표와 효과성 입증에 관한 자료를 더욱 구체적으로 제시하도록 효과성 부분을 강화하여야 한다.

셋째, 대외적으로는 건전한 기부문화를 정착시키고, 공동모금회를 전적으로 신뢰하고 배분을 맡길 수 있도록 모금과 배분사업의 추진과정에서 투명성에 기초한 경영공시와 윤리경영으로 대사회적 홍보를 강화하고 지속적인 정책의지를 표명해야 한다.

넷째, 배분대상기관의 사업수행능력을 향상할 수 있는 지원방안을 마련하여야 한다. 배분사업의 효과성 향상을 위해서는 사업수행 인력에 대한 교육과 투자가 이루어져야 하며, 특히 프로그램 사업에 대하여는 일정한 기준을 갖춘 사업수행 인력이 전문성과 책임성을 발휘할 수 있도록 적절한 지원방안을 마련하여야 한다.

제11장

# 지역사회의 자활

1. 지역사회 자활의 의의
2. 지역사회 자활사업의 내용
3. 지역사회 자활실천기관

BUS

## 1. 지역사회 자활의 의의

### 1) 지역사회 자활의 개념

자활의 사전적 의미는 '자기 스스로의 힘으로 살아감'을 뜻한다. 이와 같은 사전적인 의미와는 달리 사회복지에서 자활의 의미는 누구를 대상으로, 어떤 방법으로, 무엇을 지원할 것인가, 그리고 이러한 지원을 통해 어떤 상태를 자활되었다고 정의할 것인가가 중요하다. 그러므로 자활은 대상, 목적, 방법 및 성과에 따라 의미하는 바가 상이할 수 있다. 예를 들어, 자활이 공공부조가 필요 없는 수준으로 '독립'한 상태를 의미하는 것인지, 아니면 공공부조가 지속되는 상태에서 자신의 기능과 소득으로 생활하려고 '노력하는 과정'을 의미하는지를 명확히 할 필요가 있다. 이러한 차이를 알기 위해서는 자활을 단일 차원으로 이해하기보다는 개인적인 속성과 지원방식 등을 중심으로 다차원적으로 이해해야 한다.

일반적으로 자활은 재활 · (협의의) 자활 · 자립이라는 세 가지 차원의 의미를 포함한다. 먼저, 재활은 육체적 · 정신적 · 심리적으로 노동능력과 의지를 상실한 사람들이 다시 일할 수 있도록 지원하는 것을 의미한다. 협의의 의미로서 자활은 실직 상태에 있거나 극히 불안정한 생계수단을 가진 사람들에게 취업 내지 창업 기회를 제공함으로써 노동을 통한 자립으로 이어지도록 하는 과정이다. 반면에 자립은 불안정한 고용상태에서 생계를 유지하는 사람들에게 안정적인 고용 및 생업 환경을 조성함으로써 독립적인 생활이 가능하도록 하는 것을 말한다(청와대 삶의질향상기획단, 2000).

이와 같은 자활의 의미와 관련하여 사회복지에서의 자활은 협의의 정의로서 자활에 초점을 두고 있다. 즉, 공공부조를 통해 기초생활이 보장된 상태에서 자신의 기능과 수입으로 생활할 수 있도록 지원하는 '과정'에 중점을 두는 것이다. 그렇게 함으로써 노동시장, 소비시장에서 소외되고 배제되는 사회적 취약계층을 지역사회공동체의 성원으로 통합하려는 사회복지의 목적을 달성할 수 있기 때문이다.

한편 자활에서는 지역사회가 매우 강조된다. 지역사회는 도움이 필요한 이웃을 발견하고 지원하는 장소일 뿐 아니라 사회연대의식이 발현되는 구체적 실현현장이며, 지역공동체의 연대의식에 바탕하여 사회적 지출을 통해 보완하는 장소라 할 수 있다. 자활과 관련하여 지역사회가 중요한 이유는 빈곤과 실업이 존재하는 구체적 공간이 특정한 지역사회이고, 사회연대가 실현되는 구체적 공간으로서 의미를 지님과 동시에 자활의 핵심이 지역사회에 유용한 서비스 제공 및 공공재 공급이기 때문이다(김수현, 2000).

따라서 지역사회 자활이란 근로능력을 가진 빈곤층에 대해 지역사회에서 노동의 기회 및 다양한 서비스를 제공함으로써 빈곤에서 벗어나게 하려는 일련의 과정이며, 조직적이고 체계적인 원조활동이라 할 수 있다.

### 2) 지역사회 자활의 의의

지역사회 자활을 목적으로 실시하고 있는 자활사업은 2000년 10월에 시행된 「국민기초생활 보장법」에 따라 근로능력이 있고 실직상태에 처한 수급자 및 저소득층에게 고용 및 복지 서비스를 제공하는 사업으로 지역사회의 중요한 복지활동으로 자리 잡고 있다. 자활사업은 탈빈곤정책 프로그램으로서 제도적으로나 실천적으로 많은 관심을 받아 왔다. 과거의 일방적인 급여제공 방식 중심의 빈곤 프로그램과는 달리 지역사회 차원에서 공동으로 문제해결을 모색하고 자활의지를 고취함으로써 지역사회로의 통합과 사회연대를 강화하는 것을 목표로 한다.

자활사업은 일자리 · 기술 · 자금 부족 등으로 일할 기회를 찾기 어려운 취약계층에 대해 지역사회 내에서 고용기회를 제공하는 것으로, 지역사회 중심의 사회복지서비스 지원과 개인의 역량강화를 통해 노동시장의 참여라는 일련의 과정으로서 의미를 지니며, 지역사회의 역동성과 밀접한 관계를 가진다.

그러므로 자활사업은 다음과 같은 성격을 가진다.

첫째, 지역사회 중심의 수요자밀착형 사업이다. 지역사회는 일할 기회를 만들고 근로의욕을 가지도록 지원하는 역할을 담당해야 한다.

둘째, 자활사업은 민간이 주도하는 참여형 사업이다. 공공조직의 비효율성을 극복하고 수요자의 다양한 욕구 충족을 위해 개별화되고 창의적인 민간부문의 참여가 필수적이다.

셋째, 자활사업은 포괄적이면서 종합적인 사업이다. 기초생활을 보장하는 한편 상담, 교육, 취업 알선, 창업지원, 기술지원 등 다양한 지원서비스가 포괄적이면서 종합적으로 제공되어야 한다.

결국 자활사업이 성공하기 위해서는 시장과 국가 영역의 외부에서 혹은 공동으로 창출하는 일자리가 필요하며, 사회연대의식에 바탕을 둔 서비스 제공과 지역사회의 복지 관련 조직의 참여가 필요하다. 그리고 자활사업은 '재활과 자립'을 포괄할 수 있는 복합적이고 종합적인 접근이 필요하기 때문에 지역사회 내 사회복지서비스 연계를 넘어서 다양한 지역사회복지조직 간 네트워크가 필요하다(김수현, 2000).

이러한 자활사업이 지역사회복지실천으로서 갖고 있는 의의를 살펴보면 다음과 같다.

첫째, 자활사업은 지역사회복지실천을 제도화하는 데 기여할 것이다. 자활사업은 지역사회 내의 빈곤계층 및 저소득층을 대상으로 그들의 문제를 해결하려는 지역사회복지실천의 제도화된 정책 프로그램이라 할 수 있다. 지역사회복지실천은 개인이나 집단 등의 문제해결을 위한 미시적 실천뿐만 아니라 거시적 실천으로서 정책 실천과 관련되어 있다. 지역사회복지실천으로서 자활사업은 개인의 자활의지를 고취하는 미시적 실천과정임과 동시에 빈곤탈피를 목적으로 하는 정책 실천으로서 의의를 갖는다. 또한 자활사업은 자활공동체와 같은 집단형성, 참여자의 조직화, 자활실천계획의 수립, 사회행동 등의 관련 기술을 강화함으로써 지역사회복지실천의 제도화를 촉진하는 의의를 가진다.

둘째, 자활사업은 지역사회의 자원동원으로서 의의를 가진다. 자활사업은 빈곤계층 및 저소득계층의 빈곤문제를 해결하기 위해 지역사회자원의 활용과 밀접히 관련된다. 자활사업의 수행과정에서 지역사회는 문제해결의 자원으로서 활용되며, 서비스 전달의 중심적인 요소다. 자활사업에는 단순한 생계급여 외에도 노동 기회를 제공하기 위한 사회복지서비스, 취업 관련 서비스, 창업 지원 등이 동시에 필요하며, 지역사회자원의 활용 및 사회복지 관련 조직의 참여가 필수적이다.

셋째, 자활사업은 지역사회의 역량 강화와 변화를 위한 지역사회조직화 사업으로서 의의를 가진다. 자활사업은 지역사회의 책임성을 강조하며, 사회적 약자의 노동을 통한 사회적 참여가 필요하기 때문에 개인 및 지역사회의 역량 강화와 밀접히 관련된다. 그리고 자활사업은 참여주체 간의 유기적 관계의 형성, 다양한 지역사회자원 간의 연계 및 네트워크를 요구하며, 지역공동체 형성과 삶의 질을 향상하려는 궁극적인 목적을 가지고 있기 때문에 지역사회의 변화를 위한 지역사회조직화 사업이라 할 수 있다.

## 2. 지역사회 자활사업의 내용

### 1) 자활사업의 체계

자활사업은 2000년 10월 국민기초생활보장제도의 시행과 함께 본격적으로 실시되었으며, 근로역량 배양 및 일자리 제공을 통한 탈빈곤 및 빈곤예방 지원과 함께, 자활사업을 통해 근로능력 있는 저소득층이 스스로 자활할 수 있도록 자활능력 배양, 기능습득 지원 및 근로기회 제공을 목적으로 하고 있다. [그림 11-1]은 자활사업의 추진체계를 나타낸 것이며, 각 추진주체별 역할은 다음과 같다.

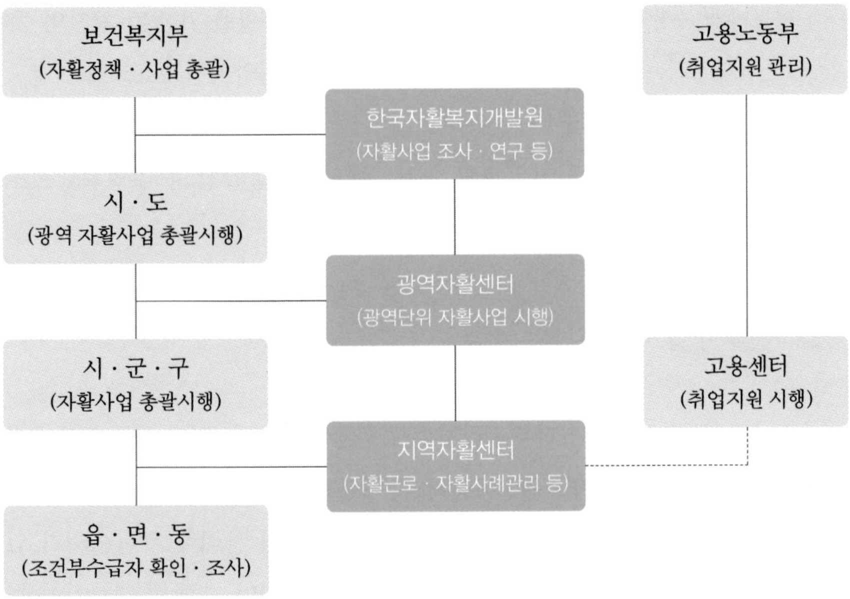


[그림 11-1] 자활사업의 추진체계

출처: 보건복지부(2024f).

- 보건복지부: 국민기초생활보장제도 총괄, 종합자활지원계획 수립(매년 12월), 자활 프로그램 개발 · 추진, 지역자활센터 지정 · 관리
- 시 · 도/시 · 군 · 구: 지역자활지원계획 수립(매년 1, 2월), 자활기금의 설치 · 운영, 급여 실시 여부 및 내용 결정, 지급, 자활기관협의체 운영, 조건부수급자 책정 및 생계급여 중지여부 결정, 참여자자활지원계획 수립 · 관리
- 읍 · 면 · 동: 조건부수급자 확인조사(자산조사 제외)
- 한국자활복지개발원: 자활지원을 위한 조사 · 연구 · 교육 및 홍보사업, 자활지원을 위한 사업의 개발 및 평가 등
- 광역자활센터: 광역단위의 저소득층에 대한 취업 · 창업 지원, 지역특화형 자활 프로그램 개발 · 보급 등
- 지역자활센터: 자활의욕 고취를 위한 교육, 참여자 사례관리, 자활을 위한

정보제공 · 상담 · 직업교육 및 취업 알선, 기타 자활을 위한 각종 사업 등
- 고용노동부: 종합취업지원계획 수립(매년 12월), 취업지원프로그램 개발 · 추진
- 고용센터: 개인별 취업지원계획 수립 · 관리, 취업 알선 등 취업지원프로그램 시행, 취업 대상자의 조건이행여부 확인

## 2) 자활사업 대상자의 선정

자활사업의 대상자는 조건부수급자와 자활급여특례자, 일반수급자(참여 희망자), 특례수급가구의 가구원, 차상위자, 근로능력이 있는 시설수급자이며, 이 중 조건부수급자와 자활급여특례자가 자활사업의 참여에 우선순위가 있다. 그리고 조건부수급자는 의무적으로 참여해야 하지만 그 밖의 대상자는 희망하여 참여할 수 있다.[1)]

[그림 11-2]는 자활사업대상자의 선정 및 관리 절차를 보여 주고 있다. 기초생활보장수급권자의 신청 또는 직권에 의해 신청이 이루어지면 근로능력 유무를 판정해야 한다. 근로능력이 없는 수급자는 중증장애인, 질병 · 부상 또는 그 후유증으로 치료 또는 요양이 필요한 자 중에서 근로능력평가를 통해 시 · 군 · 구청장이 근로능력이 없다고 판정한 자, 20세 미만의 중 · 고교 재학생과 「장애인복지법」상 장애의 정도가 심한 장애인 및 희귀 · 난치성 질환자 등 기타 근로가 곤란하다고 보건복지부장관이 정하는 자 등이다.

근로능력이 있는 수급자는 18세 이상 64세 이하의 수급자로서 근로능력이 없는 수급자에 해당하지 아니하는 자를 말한다. 특히 수급자 또는 급여신청자

1) 조건부수급자는 자활사업 참여를 조건으로 생계급여를 지급받는 수급자, 자활급여특례자는 수급자가 자활근로, 자활기업 등에 참가하여 발생한 소득으로 인하여 소득인정액인 선정기준을 초과한 자를 말하며, 차상위자는 근로능력이 있고 소득인정액이 기준 중위소득의 100분의 50 이하인 사람이다. 일반수급자 중 만 65세 이상 등 근로무능력자도 희망 시 참여 가능하다.

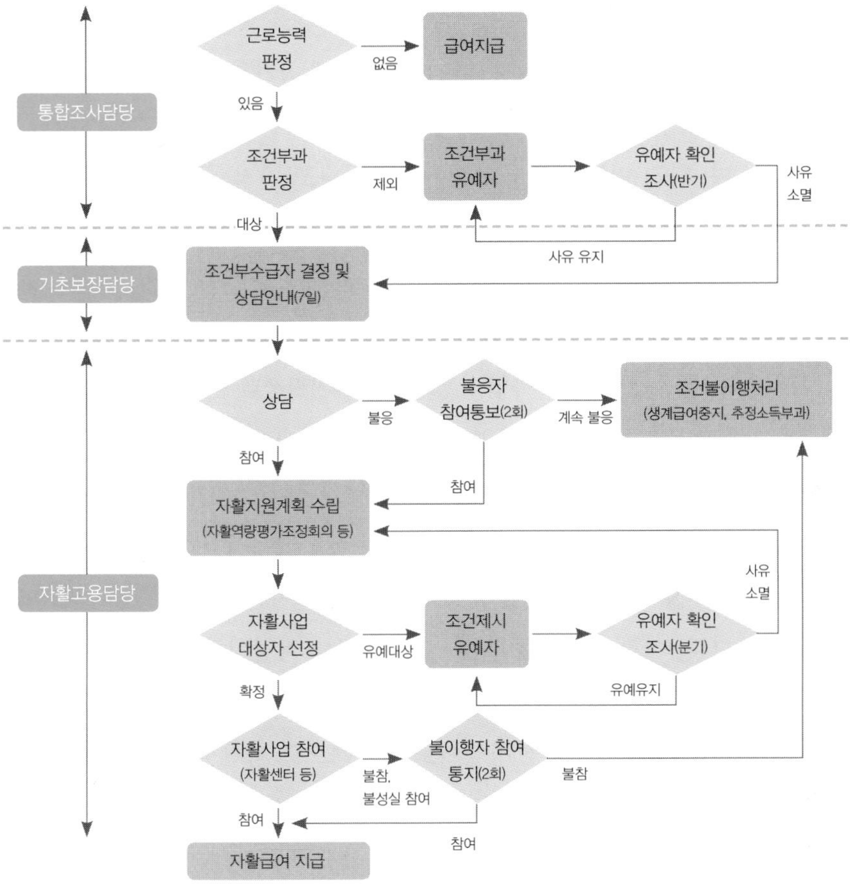


[그림 11-2] 자활사업대상자의 선정 및 관리 절차

출처: 보건복지부(2024g).

중에서 질병 · 부상 또는 그 후유증으로 치료 또는 필요한 자에 대해 근로능력 평가를 실시하고 있다. 근로능력판정 구비서류 접수 시 행복e음을 통해 국민연금공단에 근로능력평가를 요청하면, 국민연금공단에서 '의학적 평가'와 '활동능력 평가' 등 근로능력평가 결과를 행복e음을 통해 시 · 군 · 구로 통보한다. 시 · 군 · 구에서는 국민연금공단에서 통보받은 근로능력평가 결과를 토대로 근로능력판정을 실시한다.

근로능력판정에 관한 평가 결과에 따라 근로능력이 있는 수급자는 조건부수급자로서 자활사업 참여 의무를 부과한다. 단, 양육 및 간병, 대학생, 임산부 등 개별가구 또는 개인의 여건 등으로 자활사업에 참가하기가 곤란한 자, 근로 또는 사업에 종사하는 대가로 월 일정액(2024년 월 90만원)을 초과하는 소득을 얻고 있는 자, 환경 변화로 적응기간이 필요하다고 인정되는 자, 기타 자활사업에 참여할 것을 조건으로 생계급여를 지급하는 것이 곤란하다고 보건복지부장관이 정하는 자 등에 대해서는 조건부과 유예자로 선정한다.

자활참여 대상자는 조건부수급자 및 희망 참여자로서, 시 · 군 · 구에서 결정하여 행복e음을 통해 자활사업수행기관(지역자활센터 등)에 통보된 자만 자활사업 참여가 가능하며, 자활사업수행기관(지역자활센터 등)에서 임의로 사업 참여 조치를 하는 것은 불가능하다. 지역자활센터에서 시 · 군 · 구에서 의뢰받지 않은 사람을 자활에 참여시키거나, 시 · 군 · 구에서 의뢰받은 사람을 자활에 참여시키지 않기 위해서는 그 사유를 소명하여 시 · 군 · 구청장의 승인을 받아야 한다. 자활참여 대상자는 연령 · 건강 · 직업이력 등 '자활역량평가' 결과에 따라 자활사업에 배치된다.

한편, 자활참여 대상자로 선정되어도 단기적으로 자활사업 참여를 유보할 수 있다. 조건부과 유예자(또는 조건제시 유예자)는 조건부수급자 중 조건이행이 불가능한 특별한 사유(예: 도서벽지거주 수급자, 북한이탈주민, 시험준비생 등)를 인정받아 단기적으로 자활사업 참여를 유보할 수 있는 대상을 말한다.

### 3) 자활사업의 프로그램

자활사업의 프로그램은 보건복지부 지원사업과 고용노동부 지원사업으로 분류된다. 보건복지부의 주요 자활사업 프로그램은 자활사례관리, 자활근로사업, 자활기업 지원사업, 자활근로소득공제 등이며, 고용노동부 지원사업의 주요 프로그램은 국민취업지원제도 등이다.

여기에서는 보건복지부의 「자활사업안내」에 제시된 주요 자활사업 프로그램에 대해 간략히 살펴보고자 한다.

### (1) 자활사례관리

#### ① 자활사례관리의 개념 및 목적

자활사례관리는 Gateway 과정[2]을 포함하여 참여자에게 근로의 기회 제공, 취업 알선 등 자활프로그램 지원과, 참여자의 자활프로그램 수행 모니터링 및 사후평가 등 지역자활센터에서 자활참여자의 자립을 위해 수행하는 모든 과정을 의미한다. Gateway는 자활사업 참여자의 욕구, 적성, 능력, 여건에 따라 개인별 맞춤형 자립계획 및 경로 제공과 적절한 자활프로그램 연계로 효과적인 자립을 지원하는 경로설정 프로그램으로, 배치된 참여자의 상담, 기초교육, 개인별 자립경로(Individual Action Plan: IAP)와 개인별 자활지원계획(Individual Service Plan: ISP) 수립과정으로 자활사례관리의 초기과정이라 할 수 있다.

자활사례관리는 자활사업 참여 전 필수과정인 Gateway 과정을 필수 프로그램화하여 개인별 자립계획과 개인별 서비스계획을 기반으로 한 자활지원을 실시하는 데 초점을 두고 있다. 자활사례관리를 통해 자활방향 수립을 지원하며, 자활을 위해 필요한 서비스 연계와 조정, 점검 및 사후관리를 실시한다. 특히 Gateway 전담관리자, 시 · 군 · 구 자활담당공무원, 읍 · 면 · 동 사회복지 전담공무원, 통합사례관리사, 고용센터 담당자, 지역자활센터 사례관리사, 정신보건센터 정신보건전문요원, 지역사회 내 · 외 사회복지 유관기관 등과 상시 업무 연계 및 협조체계를 구축하여 운영하고 있다. 이와 같은 자활사례관리 · Gateway 업무흐름도는 [그림 11-3]과 같다.

2) 2009년에 자활인큐베이팅 사업을 실시하였으며, 2013년에 자활인큐베이팅, 자활사례관리를 통합 운영하였다. 그동안 자활인큐베이팅과정은 상담, 기초교육, 자립경로, 자활지원계획 수립 외에 공동부업 등 자활근로를 병행하였다. 그러나 자활인큐베이팅과정이 자활참여자에 대한 상담이나 자립지원계획의 수립보다는 공동부업 등 자활근로사업 위주로 운영되고 있다는 평가가 지배적이었다. 2013년부터 자활인큐베이팅과정은 Gateway 과정으로 명칭을 변경하고 공동부업 등 자활근로를 병행하지 못하도록 하고, Gateway 과정에서는 상담 및 자립지원계획 수립에 집중하도록 하였다.

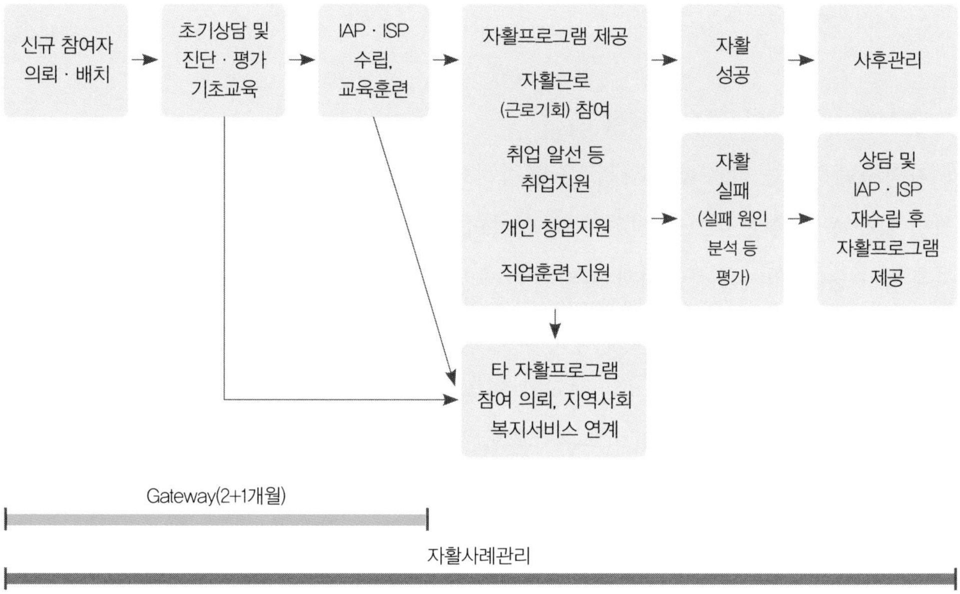


[그림 11-3] 자활사례관리 · Gateway 업무흐름도

출처: 보건복지부(2024f).

자활사례관리의 대상자는 자활사업 신규 참여자와 기존 자활사업 참여자다. 자활사업 신규 참여는 조건부수급자, 희망참여자로서 자활급여특례자, 일반수급자(조건부과 제외자), 급여특례가구원, 차상위자, 시설수급자 등의 순이며, 기존 자활사업 참여자는 국민취업지원제도 등 타 자활프로그램에 참여 후 취업에 실패한 자, 기타 자활경로 재설정이 필요한 자를 말한다.

② 자활사례관리의 절차

자활사례관리의 절차에 대해 살펴보면 다음과 같다(보건복지부, 2024f).

1. 접수 및 초기상담(인테이크) 단계

• 지방자치단체 의뢰 후 14일 이내 실시
• 참여자 접수: 자활사업 안내, 기본정보 수집 등 초기 면접, Gateway 참여여부 결정 및 지자체 재의뢰
• Gateway 과정에 대한 설명과 일정안내 일정 안내

2. 사정(Assessment) 단계

• 참여자의 자활역량, 욕구, 특성, 장애요인, 환경 및 자원 등에 대한 파악을 위하여 전문상담 및 사정 실시: 욕구사정, 참여자 교육 · 훈련 및 자활사업단 현장학습 실시

3. 계획 수립 단계

• 참여자 의뢰 후 2개월 이내(Gateway 과정 내)에 참여자 개인별 자립경로(IAP) 및 개인별 자활지원계획(ISP) 수립
• 참여자 교육 · 훈련 및 자활사업단 현장학습 지속 실시
• Gateway 종결
• 접수 및 초기상담(1), 사정단계(2), 계획 수립단계(3)는 Gateway 과정 내에 종결, Gateway 과정 중 수립한 개인별 자립경로(IAP) 및 개인별 자활지원계획(ISP) 변경 시 지역자활센터 슈퍼바이저, 자활사례관리사, Gateway 담당자, 필요시 자활근로사업단 담당자가 참여하는 사례회의를 통한 참여자 중심의 재사정 및 서비스 계획 재수립이 이루어져야 함

4. 실행 및 점검 단계

• 참여자의 개인별 자립경로(IAP) 및 개인별 자활지원계획(ISP)을 성취할 수 있는 자활프로그램 발굴 연계, 모니터링: 참여자에게 근로기회 제공을 위한 자활근로 사업단 배치, 취 · 창업 지원, 자산형성 지원, 참여자의 자립을 위한 장애요소 제거 등을 위한 지역사회 복지서비스 연계

5. 평가 및 종결

• 참여주민의 자활목표(IAP/ISP) 성취율과 관련하여 자활프로그램 발굴 연계, 모니터링, 복지서비스 연계 등을 종합적으로 평가
• 종결과 사후관리 여부 판정

6. 사후관리

• 참여자의 성과가 유지될 수 있도록 사례관리 종결 후 12월 이내에 지속적으로 사후관리 계획에 따라 진행상황을 모니터링
• 참여자의 취 · 창업 관련 모니터링 및 서비스 요구에 대한 대응: 서비스 제공기관 및 지역사회와의 협조체계 구축, 참여자 자조모임 등을 통한 비공식적 지지망을 활용한 효율적인 사례관리

### (2) 자활근로사업

자활근로사업은 「국민기초생활 보장법」에 의한 저소득층에게 자활을 위한 근로의 기회를 제공하여 자활기반을 조성하는 사업이다. 저소득층이 노동시장에서 취·창업을 통해 경제활동을 영위하는 데 필요한 기초능력 배양 및 자립 장애요인의 제거에 초점을 두고 있다. 특히 간병·집수리·청소·폐자원재활용·음식물재활용사업의 5대 전국표준화 사업을 중점사업으로 추진하되, 커뮤니티 케어 관련 사업(주택개보수, 돌봄), 정부양곡배송사업, 영양플러스, 환경정비 등 정부재정사업의 자활사업 연계 활성화 및 영농사업, 외식사업 등 지역 실정에 맞는 특화된 사업을 적극 개발하여 추진한다.

자활근로사업은 참여자의 자활능력과 사업 유형에 따라 근로유지형, 사회서비스형, 인턴·도우미형, 시장진입형 자활근로사업으로 구분되며, 각 유형의 내용은 다음과 같다.[3)]

- 근로유지형: 현재의 근로능력 및 자활의지를 유지하면서 향후 상위 자활사업 참여를 준비하는 형태의 사업
- 사회서비스형: 매출액이 총 사업비의 10% 이상 발생하고, 사회적으로 유용한 일자리 제공으로 참여자의 자활능력 개발과 의지를 고취하여 향후

3) 차상위자란 근로능력이 있고, 소득인정액이 기준 중위소득 50% 이하인 사람 중 국민기초생활보장 비수급권자를 말한다. 차상위자는 근로유지형 자활근로사업에 참여할 수 없다. 사회서비스형 자활근로는 매출액이 총 사업비의 10% 이상 발생하여야 하며, 매출액 기준을 이행하지 못하였을 경우 사업단 폐지가 원칙이나 시·군·구와 협의하에 1년간 운영 연장 가능하다. 그리고 지역사회 취약계층 대상 사회서비스 개발·제공을 위한 공익형 사회서비스 사업단은 매출액 기준을 적용하지 않으나 매출이 발생하면 기관의 매출정산방식에 따라 정산하여 참여자의 인센티브를 지급할 수 있다. 한편, 청년자립도전자활사업단(자활사업에 참여하는 청년들이 맞춤형 자립지원을 통해 스스로 개인의 변화와 성장을 이끌어 내고 공동체성을 회복하는 것에 중점을 맞춘 사업단)과 광역자활근로사업단(광역단위의 자활사업을 목적으로 2개 이상의 기초자치단체 참여자로 구성되는 시장진입형 자활근로사업단과 연 매출액이 총 사업비의 10% 이상인 사회서비스형 자활근로사업단)을 운영하고 있다.

시장진입을 준비하는 사업

- 인턴 · 도우미형: 지자체, 지역자활센터, 사회복지시설 및 일반기업체에서 자활사업 대상자가 자활인턴사원으로 근로하면서 기술 · 경력을 쌓은 후 취업을 통한 자활을 도모하는 취업유도형 자활근로사업
- 시장진입형: 매출액이 총 사업비의 30% 이상 발생하고, 일정 기간 내에 자활기업 창업을 통한 시장진입을 지향하는 사업단 사업

자활근로사업의 참여대상은 조건부수급자, 희망참여자(일반수급자, 자활급여특례자, 차상위자 등)이며, 이들은 사회서비스형, 인턴 · 도우미형, 시장진입형 자활근로사업의 참여대상자이다. 그러나 근로유지형 자활근로사업의 참여대상자는 생계 · 의료급여 수급자, 자활급여특례자이며, 대상자 선정 시 노동강도가 낮은 사업에 참여가 필요하거나 간병, 양육 등 가구여건, 근로의욕증진 대상자 등을 고려한다.

한편 자활참여자의 자활 촉진 및 자활근로 사업 참여에 안주하는 것을 방지하기 위하여 자활근로 참여기간을 최대 60개월로 제한하지만, 근로유지형 자활근로는 연속 참여기간의 제한이 없다.

### (3) 자활기업 지원사업

#### ① 자활기업

「국민기초생활 보장법」의 개정에 따라 2012년 8월부터 자활공동체는 자활기업으로 명칭이 변경되었다. 자활기업은 2인 이상의 수급자 또는 차상위자가 상호 협력하여 조합 또는 공동사업자의 형태로 탈빈곤을 위한 자활사업을 운영하는 업체를 말한다. 단, 1인이 창업한 경우는 자활기업이 아닌 개인 창업으로 관리한다.

자활기업은 취약계층의 공동창업을 통한 탈빈곤을 지원하는 제도이며, 근로능력 있는 저소득층에게 일자리를 제공하는 등 사회적 가치를 창출하는 목

적을 가지고 있다. 그리고 자활기업의 유형은 자립형 자활기업과 사회형 자활기업으로 구분하고 있다. 자립형 자활기업은 자활근로사업단을 거친 사업자로서, 사회형 자활기업을 제외한 모든 자활기업이다. 사회형 자활기업은 2인 이상의 수급자 또는 차상위자가 운영주체로 참여하며, 기업운영 자체결정권, 사업자 등록 등 인정요건을 충족한 자활기업을 말한다.

자활기업에 대한 지원은 자활기업 창업자금 지원, 한시적 인건비 지원, 자활기금 등 지원으로서 자활을 위한 사업자금의 융자, 전문 컨설턴트와 연계한 창업 컨설팅 지원, 인정 후 3년이 경과된 자활기업에 대하여 기계설비 구입 및 시설보강 사업비 지원, 사업개발비 지원, 탈수급자에 대한 4대 보험 기업 부담금 지원, 우수 자활기업 지원 등이다. 그리고 기타로 자활기업의 사업에 필요한 작업장 등의 장소 마련을 위한 국·공유지 우선임대 지원, 국가 또는 지방자치단체가 실시하는 사업의 우선 위탁, 국가 또는 지방자치단체의 조달구매 시 자활기업 생산품의 우선구매 등이다.

② 광역자활기업

자활사업의 확대로 광역단위로 추진이 필요한 사업이 나타나고 있고, 기초단위별 사업추진의 제약을 극복하고 광역 단위의 홍보·영업·조사 등 사업범위의 확대가 필요함에 따라 광역자활사업을 실시하고 있다. 이러한 광역단위의 자활사업 추진을 목적으로 광역자치단체에서 인정한 자활기업이 광역자활기업이다.

광역자치단체로부터 인정을 받은 광역자활기업은 광역단위의 자활사업에 우선 참여할 수 있도록 광역자치단체의 지원을 받을 수 있으며, 간병, 집수리, 청소, 재활용, 외식사업, 유통사업, 택배 등 광역사업의 추진이 필요한 분야를 주된 사업으로 하고 있다.

③ 전국자활기업

전국자활기업은 전국단위의 자활사업 규모화 및 경영지원을 통해 경쟁력을 강화하고, 전국단위 자활기업을 육성함으로써 일자리 창출 및 저소득층의 자립지원 활성화를 도모할 목적으로 보건복지부에서 인정한 자활기업이다. 보건복지부로부터 인정을 받은 전국자활기업이 전국단위의 자활사업에 우선 참여할 수 있도록 보건복지부는 필요한 지원을 할 수 있다.

④ 저소득층 생업자금융자

저소득층 생업자금융자는 수급자 등 저소득층의 자활을 위한 사업의 창업·운영 등에 필요한 자금을 장기 저리로 대여하여 자립을 유도하고 생활안정을 도모하기 위한 자활사업이다. 그러나 2016년부터 저소득층 생업자금융자 사업은 폐지되어 신규대출이 중지되었으며, 기존에 융자된 저소득층 생업자금 관련 사후관리를 시행하고 있다.

#### (4) 자활근로소득공제

국민기초생활보장제도는 보충급여를 기본원리로 하고 있다. 소득인정액이 기준중위소득에 미달될 경우에 보전해 주는 보충급여방식은 수급자의 근로의욕을 약화시킬 수 있기 때문에, 수급자의 근로의욕 감퇴를 예방하는 차원에서 근로소득의 일정비율을 산정하여 '자활근로소득공제'를 적용하고 있다. 자활근로소득공제는 국민기초생활보장 급여산정 시 소득인정액에서 자활소득의 일정비율(공제율 30%)을 공제하여 생계급여를 지급하는 제도를 말한다.

### 4) 자산형성지원사업과 국민취업지원제도

#### (1) 자산형성지원사업: 희망저축계좌(I, II)사업, 청년내일저축계좌 사업

자산형성지원사업은 자산형성지원 대상자가 자활에 필요한 자산을 형성할 수 있도록 재정적으로 지원하고 필요한 교육을 실시하는 사업을 의미한다. 자산형성지원사업은 2010년부터 희망키움통장을 시작으로 내일키움통장사업, 희망키움통장 II, 청년희망키움통장, 청년저축계좌를 실시하였으나, 2022년부터 가입대상에 따라 희망저축계좌 I, II, 청년내일저축계좌로 사업이 개편되었다. 자산형성지원사업의 주요 내용을 살펴보면, 다음과 같다(보건복지부, 2024g).

- 희망저축계좌(I) 사업: 소득인정액이 기준 중위소득 40% 이하인 일하는 수급가구(생계 · 의료급여 수급가구) 중 가구 전체의 총 근로(사업)소득이 기준 중위소득 40%의 60% 이상인 가구다. 지원방식은 가입자가 매월 10만 원 이상(50만 원까지 저축 가능)을 저축하고, 여기에 매월 근로소득장려금(30만 원)을 적립하여 유예기간(3년 만기 후 6월) 이내 탈수급하는 경우 적립된 근로소득장려금을 전액을 지급하고 있다. 또한 생계 · 의료 탈수급한 경우 탈수급장려금, 자활참여 시 내일키움장려금, 내일키움수익금 등 추가지원금을 지원하고 있다.
- 희망저축계좌(II) 사업: 근로빈곤층의 생계 · 의료수급가구 진입을 사전에 예방하고, 중산층으로의 진입을 지원할 수 있도록 주거 · 교육수급가구 및 차상위계층까지 자산형성지원 사업을 확대하였다. 희망저축계좌(II) 사업의 지원대상은 주거 · 교육급여 수급가구 및 차상위계층이며, 현재 근로 활동 중이며 근로 · 사업소득이 있는 가구이다. 가입자가 매월 10만 원 이상 저축하고, 3년간 근로활동 지속 및 교육 및 사례관리를 이수하고, 자금사용계획서를 제출한 경우, 본인 저축액에 1:1 매칭하여 근로소득장려금(월 10만 원)을 적립하여 지원하고 있다. 또한 내일키움장려금, 내일키움수익금 등 추가지원금을 지원하고 있다.
- 청년내일저축계좌 사업: 연령, 소득기준, 가구소득, 가구재산 기준을 충족한 청년이 지원대상이다. 차상위 이하 대상은 매월 10만 원 이상 저축, 3년간 근로활동 지속, 교육이수, 자금사용계획서를 제출하면, 근로소득장려금(월 30만 원)을 적립하여 지원하고 있다. 차상위 초과 대상은 근로소득장려금(월 10만 원)을 적립하여 지원하고 있다. 또한 가입 시 생계급여가구인 차상위 이하 청년에게 월 10만 원의 근로소득공제금(청년내일저축계

표 11-1 자산형성지원사업의 주요 내용 비교

| 구분 | 희망저축계좌 I | 희망저축계좌 II | 청년내일저축계좌 | |
|---|---|---|---|---|
| 가입 대상 | 일하는 생계 · 의료 수급가구 | 일하는 주거 · 교육 수급가구 및 차상위 계층 가구 | 일하는 생계 · 의료 · 주거 · 교육 급여 수급 가구 및 차상위 가구의 청년(만 15~39세) | 일하는 기준 중위 50% 초과 100% 이하 가구의 청년(만 19~34세) |
| 본인 저축 | 월 10만 원 이상 자율저축<br>*최대 50만 원까지 가능 | | | |
| 정부 지원 | 30만 원 | 10만 원 | 30만 원 | 10만 원 |
| 기타 지원 | 대상자별 추가지원금 지원 | | | |
| 3년 평균 적립액 (10만 원 저축 시) | 1,440만 원+이자<br>*본인 저축 360만 원 포함 | 720만 원+이자<br>*본인 저축 360만 원 포함 | 1,440만 원+이자<br>*본인 저축 360만 원 포함 | 720만 원+이자<br>*본인 저축 360만 원 포함 |
| 지원 조건 | 3년 이내 생계 · 의료 탈수급 | 자립역량교육 이수 및 자금 사용 계획서 제출 | 자립역량교육 이수 및 자금사용 계획서 제출 | |

출처: 보건복지부(2024g).

좌만 가능), 탈수급장려금, 내일키움장려금, 내일키움수익금 등 추가지원금을 지원하고 있다.

지금까지 살펴본 자산형성지원사업의 주요 내용을 비교하면 〈표 11-1〉과 같다.

### (2) 취업지원사업: 고용노동부 국민취업지원제도

2009년에 기초생활수급자, 차차상위 이하자 등 저소득 취업애로계층의 일을 통한 탈빈곤 지원을 위해 취업성공패키지를 도입하였으며, 2012년부터 청년 미취업자, 중장년 미취업자(최저생계비 250% 이하) 등도 지원대상으로 확대되었다. 취업성공패키지는 취업취약계층에 대하여 개인별 취업지원계획에 따라 '진단 · 경로설정 → 의욕 · 능력증진 → 집중 취업 알선'에 이르는 통합적인 취업지원 프로그램을 제공하고, 취업할 경우 '취업성공수당'을 지급함으로써 이들의 노동시장 진입을 체계적으로 지원하는 종합적인 취업지원체계를 말한다.

취업성공패키지는 저소득 구직자의 취업에 많은 도움을 주었다. 그러나 예산 사정에 따라 지원규모가 변경되면서 경기가 어려울수록 저소득층에 대한 더 많은 지원을 하지 못하였으며, 소득지원에 대한 법적 근거가 미약하여 구직활동 기간 중 저소득층에 대한 소득지원도 부족하였다. 또한 저소득 구직자 등에 대한 고용안전망 사각지대를 해소하고 취업지원 프로그램의 문제점을 획기적으로 보완하고 발전해야 할 필요성이 꾸준히 제기되었다. 이러한 배경으로 2021년 1월 1일부터 「구직자 취업촉진 및 생활안정지원에 관한 법률」에 근거하여 한국형 실업부조인 국민취업지원제도가 시행되었다(고용노동부, 2021).

국민취업지원제도는 취업을 희망하는 국민이 조속히 취업할 수 있도록 취업지원 서비스와 생계지원을 함께 제공하는 고용안전망 제도이다. 즉, 저소득층, 청년실업자, 경력단절여성 등 고용보험의 사각지대에 놓인 취업취약계층을 대상으로 취업지원서비스를 제공하고, 저소득 구직자에는 소득지원도 결합하여 지원하는 제도라 할 수 있다.

국민취업지원제도는 참여자의 소득과 재산 등에 따라 두 가지 유형으로 지원하고 있다. 국민취업지원제도의 지원대상은 15~69세 구직자를 대상으로 구직촉진수당과 취업지원서비스가 결합된 I 유형과 I 유형에 해당하지 않는 특정계층, 청년, 중장년을 대상으로 취업지원서비스와 구직활동 시 발생하는 취업활동비용 일부를 제공하는 II 유형으로 운영하고 있다. 국민취업지원제도의 지원대상 및 지원내용을 보면, 〈표 11-2〉와 같다.

국민취업지원제도의 지원내용은 맞춤형 취업지원서비스와 소득지원이다. 2024년 현재 I 유형과 II 유형 공통으로 취업활동계획 수립 지원, 취업활동계획

**표 11-2** 국민취업지원제도의 지원대상 및 지원내용

<table>
<tr><th colspan="3" rowspan="3">구분</th><th colspan="3">I 유형</th><th colspan="3">II 유형</th></tr>
<tr><th rowspan="2">요건심사형</th><th colspan="2">선발형</th><th rowspan="2">특정 계층</th><th rowspan="2">청년</th><th rowspan="2">중장년</th></tr>
<tr><th>청년</th><th>비경제활동<br>(비경활)</th></tr>
<tr><td rowspan="4">지원 대상</td><td colspan="2">나이</td><td colspan="6">15~69세(청년: 18~34세, 중장년: 35~69세)</td></tr>
<tr><td colspan="2">소득</td><td>중위소득 60% 이하</td><td>중위소득 120% 이하</td><td>중위소득 60% 이하</td><td>무관</td><td>무관</td><td>중위소득 100% 이하</td></tr>
<tr><td colspan="2">재산</td><td>4억 원 이하<br>(청년: 5억 원 이하)</td><td>5억 원 이하</td><td>4억 원 이하</td><td colspan="3">무관</td></tr>
<tr><td colspan="2">취업경험</td><td>2년 이내 100일 또는 800시간 이상</td><td>무관</td><td>2년 이해 100일 또는 800시간 미만</td><td colspan="3">무관</td></tr>
<tr><td rowspan="3">지원 내용</td><td colspan="2">취업지원서비스</td><td colspan="6">○</td></tr>
<tr><td rowspan="2">소득지원</td><td>구직촉진 수당</td><td colspan="3">○</td><td colspan="3">×</td></tr>
<tr><td>취업활동 비용</td><td colspan="3">×</td><td colspan="3">○</td></tr>
</table>

출처: https://www.kua.go.kr/

에 따라 직업훈련, 일경험, 복지프로그램 및 구직활동지원프로그램을 내용으로 하는 취업지원서비스를 제공한다. 그리고 소득지원의 내용을 보면, I 유형은 취업활동계획에 따른 구직활동 이행 시 구직촉진수당, 조기취업성공수당을 지원하며, II 유형 참여자에게는 취업활동계획 수립, 직업훈련 참여 등에 따른 참여수당, 생계급여 조건부 수급자에 한하여 조기취업성공수당을 지원한다. 또한 I 유형과 II 유형 공통으로 참여자 중 중위소득 60% 이하인 자, 특정계층(소득무관)이 6개월 이상 근속할 경우 취업성공수당을 지원하고 있다.

## 3. 지역사회 자활실천기관

자활사업 실시기관으로는 지역자활센터, 사회복지관, 고용센터 등이 있으며, 이러한 기관 중에서 대표적인 자활실천기관은 지역자활센터라 할 수 있다. 일반적으로 자활사업의 인프라체계는 한국자활복지개발원 → 광역자활센터 → 지역자활센터로 구축되어 있다. 그리고 지역자활사업의 활성화를 위해 민관협력체계인 자활기관협의체를 운영하고 있다. 여기에서는 한국자활복지개발원을 제외하고 지역사회 자활실천기관으로서 지역자활센터, 광역자활센터 및 자활기관협의체의 주요 내용에 대해 살펴보기로 한다.

### 1) 지역자활센터

#### (1) 지역자활센터의 정의

지역자활센터란 근로능력 있는 저소득층에게 집중적 · 체계적인 자활지원서비스를 제공함으로써 자활의욕 고취 및 자립능력 향상을 지원하고, 기초수급자 및 차상위계층의 자활 촉진에 필요한 사업을 수행하는 민간자활사업실시기관을 말한다. 이러한 지역자활센터의 지정절차를 보면, 지역자활센터를 지정받고자 하는 사회복지법인 등 비영리법인과 단체 또는 개인이 관할 시 · 군 · 구청장 및 시 · 도지사를 거쳐 보건복지부장관에게 신청하며, 보건복지부장관은 심사를 통해 지정 · 결정한다. 즉, 신청인은 지역자활센터의 운영목표, 운영계획 및 사업별 세부계획에 대한 사업계획서를 작성 · 제출하여야 하며, 이 사업계획서에 대한 심사와 함께 지역사회복지사업 및 자활사업의 수행능력과 경험, 사업계획서의 타당성 여부, 지역자활센터의 지역 간 균형 배치 등이 고려되어 이루어지고 있다.

지역자활센터의 연혁을 살펴보면, 1996년에 설립된 자활지원센터에서 출발하였다. 이 당시에 자활지원센터는 빈곤지역의 주민운동 차원에서 전개된 생산자공동체운동의 연장선에서 저소득층의 자립생활을 지원하기 위해 시범적으로 설치 · 운영되었다. 자활지원센터는 1996년 처음 5개소에서 시작되어 시범사업기간을 거치면서 1999년에 20개소로 확대되었다. 자활사업의 전국적인 확대는 「국민기초생활 보장법」의 시행으로 이루어졌다. 과거의 「생활보호법」은 근로능력이 없는 일정한 범주의 노인, 장애인 등을 대상으로 급여가 제공된 반면, 「국민기초생활 보장법」은 최저생계비에 미달되는 모든 국민을 대상으로 하는 보충급여제도를 도입하고 근로능력이 있는 대상자에게는 근로유인(work incentive)의 조건부 급여를 제공함으로써 조건부수급자를 대상으로 한 자활사업의 필요성이 크게 부각된 것이다. 이에 따라 2000년 10월 「국민기초생활 보장법」의 시행과 함께 자활지원센터는 그 명칭이 '자활후견기관'으로 변경되었다. 2006년 12월 28일의 「국민기초생활 보장법」 개정(2007. 7. 1. 시행)에 따라 2007년 7월부터 '자활후견기관'은 다시 '지역자활센터'로 변경되었다. 그 이후 자활사업의 추진 여건을 조성하기 위해 지역자활센터는 양적으로 크게 증가하였다. 지역자활센터는 전국에 250개소가 지정 · 운영되고 있고, 지역특성에 따라 도시형, 도 · 농복합형, 농촌형으로 구분되며, 재정지원 및 사업규모에 따라 확대형, 표준형, 기본형 등으로 분류되고 있다.

### (2) 지역자활센터의 운영원칙

지역자활센터의 운영에 관한 기본 사항은 보건복지부장관이 정한 '지역자활센터 운영지침'과 '지역자활센터 직제 · 보수지침'에 따라 운영하여야 하며, 지역자활센터의 재정은 국가 및 지방자치단체의 보조금, 법인전입금, 당해 기관이 운영하는 사업의 수익금, 자활기업의 수익금 및 기타 수입으로 충당한다.

지역자활센터는 근로능력이 있는 저소득층에게 집중적 · 체계적인 자활지원서비스를 제공함으로써 자활의욕 고취 및 자립능력 향상을 지원함을 원칙으로 한다. 지역자활센터의 운영은 다음과 같은 기본 원칙에 따라 수행되어야 한다(보건복지부, 2024f).

첫째, 참여주민의 고유성과 존엄성의 원칙이다. 인도주의 원칙하에 주민의 개별적 고유성과 존엄성이 최대한 보장되도록 수행하여야 한다.

둘째, 주민자발성의 원칙이다. 저소득층 주민의 자발적 참여와 자조 자립할 수 있도록 지원하여 주민의 역할과 책임을 장려한다.

셋째, 독립성의 원칙이다. 독립된 행정체계와 운영체계를 가져야 하며, 기존 복지관이나 시설의 프로그램 일부로 편입하여 운영해서는 안 된다.

넷째, 기준시설 확보의 원칙이다. 주민과의 상담, 교육, 훈련 및 경영 지도 등의 자활 자립을 도모하는 종합 서비스를 제공하기 위하여 일정한 규모의 기준시설을 확보해야 한다.

다섯째, 전문가에 의한 사업수행의 원칙이다. 지역사회복지, 지역사회조직 및 개발 관련 분야의 전문지식과 함께 지역조직활동에 전념하여 지역현장 경험을 갖춘 전문적이고 헌신적인 인력에 의해 수행되어야 한다.

여섯째, 지역사회 제반자원 활용의 원칙이다. 주민의 자활자립을 위하여 지역 내 다양한 물적 · 인적 자원이 필요하며, 이를 위해 지역의 제반 자원을 조직 · 동원하여 가용 자원으로 활용한다.

일곱째, 사업실행 평가의 원칙이다. 주민의 생활 향상과 변화의 효과, 재정투자의 효과, 사업 내용 및 방법의 적합성 등이 지속적으로 평가되어야 하며, 평가결과가 새로운 사업 수행에 환류하여 활용되도록 한다.

### (3) 지역자활센터의 사업과 과제

지역자활센터는 저소득층의 일자리를 창출하고 주민의 경제적 자립 지원, 나아가 지역사회연대를 실현하고 지역공동체를 형성하는 데 노력하고 있으며, 지역자활사업의 핵심 인프라 역할을 수행하고 있다. 그리고 지역자활센터의 특징은 과거의 일방적인 급여 전달을 중심으로 하는 방식에서 탈피하여 저소득층 주민 간 유대감을 바탕으로 하는 공동체적 사업방식을 적용하고 있다는 데 있다.

지역자활센터의 자활지원 대상자로는 지역사회 내 저소득층의 자활을 위하여 지원이 필요한 사람들을 자활지원 대상자로 선정하여 지역자활센터의 사업에 참여하게 하되, 국민기초생활보장 대상자를 우선 선정하여야 한다. 지역자활센터의 자활사업 대상자는 「국민기초생활 보장법」에 의한 수급자(자활급여 특례자 포함), 차상위계층 등 저소득 취약계층 중 지역자활센터의 수용능력과 사업의 특성을 감안하여 적합한 자를 선발하도록 되어 있다.

지역자활센터가 자활지원 대상자에게 실시하는 주요 사업으로는 자활의욕 고취를 위한 교육, 자활을 위한 정보제공 · 상담 · 직업교육 및 취업 알선, 자영창업 지원 및 기술 · 경영 지도, 자활기업의 설립 · 운영 지원, 사회서비스지원사업, 수급자나 차상위자의 자활사업 참여나 취업 · 창업으로 인하여 지원이 필요하게 된 가구에 대하여 사회복지서비스 등 필요한 서비스 연계, 기타 자활을 위한 각종 사업 등이다.

한편 지역자활센터는 지역사회의 다양한 자원을 연계한 지지기반을 구축하여 자활사업을 역동적으로 추진하고 있다. 그러나 자활사업에서의 개인별 사례관리의 강화, 성과계약제의 도입, 사회적 협동조합으로의 전환[4] 등 지역자활센터의 기능 다변화를 추진하고 있는 현실을 고려하면, 지역자활센터의 역할 변화를 요구하고 있다. 지역자활센터가 지역자활사업을 더욱 효율적으로 추진하고 지역사회의 자활실천주체로서 위상을 확립하기 위해서는 다음과 같은 과제를 심도 있게 검토해야 한다.

첫째, 지역자활센터는 지역사회에서 자활사업의 핵심 인프라로서 역할을 하고 있으나, 자활사업 참여자의 선정 · 확대, 지방자치단체의 협조, 지역자활센터 실무자의 전문성, 자활지원 네트워크의 구축 등에서 보완이 필요하다. 그리고 지역자활센터의 연대 및 조직운영능력에서의 지역별 편차를 극복해야

4) 2015년 3월에 근로빈곤층의 안정적인 일자리 창출과 탈빈곤을 위해 지역자활센터 5개소를 사회적 협동조합으로 전환하였으며, 이들 센터는 자활사업 매출금으로 자활사업에 참여하는 저소득 취약계층을 직접 고용하는 형태의 운영을 하고 있다. 사회적 협동조합은 지역주민의 권리 · 복리 증진과 관련된 사업을 수행하거나, 취약계층에게 사회서비스와 일자리를 제공하는 등 영리를 목적으로 하지 아니하는 협동조합을 의미한다.

할 것이다. 왜냐하면 지역별 편차는 생활공간의 차이로 인하여 자활서비스의 수급 측면에서의 불평등을 심화하기 때문이다.

둘째, 자활사업의 효과와 관련하여 참여자 개별 특성을 반영한 프로그램을 다양화하고 전문상담 및 사례관리활동을 강화하여야 한다. 어느 정도 근로 의지와 능력은 가지고 있으나 시장에서 경쟁하기에는 취약한 대상자에게 적합한 일자리, 지역사회에서 해결해야 할 과제이면서 공익성이 강한 사회적 일자리를 적극적으로 개발하고 지원하는 역할을 강화해야 한다.

셋째, 지역자활센터의 역할을 재정립할 필요가 있다. 지역의 자활수요 및 여건, 맞춤형 급여체계에 따른 급여자격의 변화 등으로 과거와 같은 지역자활센터의 역할로는 한계가 있으며, 새로운 역할변화를 도모할 필요가 있다. 지역적 특성을 반영하여 전문지원기관으로서 지역자활센터의 역할을 재설정할 필요가 있다.

넷째, 지역자활센터의 전문역량을 높이기 위해서는 실무자의 처우 개선에 적극적인 노력을 기울여야 한다. 특히 지역자활센터 실무자의 이직률이 상대적으로 높게 나타나는데, 실무자의 잦은 이직은 사업의 연속성이나 축적된 업무역량을 감소함으로써 지역자활센터의 사업수행능력과 전문성을 약화하는 결과를 초래할 것이다. 따라서 지역자활센터의 전문성 강화는 실무자의 처우 개선에서 출발해야 한다.

한편 자활사업의 사회적 쟁점으로는 대상자의 탈빈곤의 효과성이 낮다는 점이 문제로 제기되고 있다. 즉, 최근 자활사업이 지속적으로 진행되고 있으나 대상자의 탈빈곤의 비율이 낮아 자활사업의 목적과 효과성에 대한 문제가 제기되고 있는 것이다. 빈곤계층을 대상으로 하는 자활사업은 참여자의 근로능력에 근본적인 한계가 있고 생산성이 대체로 낮아 이러한 문제점은 쉽게 해결하기 어려운 과제다. 따라서 탈빈곤의 효과를 높일 수 있는 방안 모색과 함께 자활정책의 성과목표 자체에 대한 재검토가 필요하다.

## 2) 광역자활센터

### (1) 광역자활센터의 목적

광역자활센터는 수급자의 탈빈곤을 도모하기 위한 자활지원체계가 주로 지역 내에서만 이루어지고 있고, 지리적 범위의 특성에 따라 자활지원기관 간의 연계 및 서비스 제공에 한계가 발생하는 문제점을 해소하기 위해 설치되었다. 2004년부터 2006년까지 3개 지역(인천, 대구, 경기)을 선정하여 시범사업을 실시하였으며, 자활지원사업의 지원인프라로서의 광역자활센터 기능 및 사업 성과가 확인되어 2007년에 도입되었다. 2011년에 법적 근거가 마련되었으며, 2024년 현재 세종특별자치시를 제외한 전국 16개 시 · 도에 광역자활센터가 운영되고 있다.

광역자활센터의 목적은 기초단위에서 단편적으로 추진되고 있는 자활지원체계를 광역단위의 자활사업 인프라를 구축하여 종합적이고 효율적으로 자활사업을 추진함으로써 자활사업 효과성 제고 및 활성화 도모에 있다. 즉, 광역자활센터는 광역단위의 공동사업 추진, 자활사업 네트워크 구축 등을 통한 지역 내 자활사업 활성화를 위한 다각적인 사업을 추진하고, 다양한 자활정보 제공 및 전문적 · 체계적인 교육 · 훈련으로 창업 · 취업능력을 배양하여 센터별 구체적인 자활성공 사례를 배출하는 것을 목적으로 하고 있다(보건복지부, 2024f).

### (2) 광역자활센터의 주요 사업

광역자활센터의 사업추진 방향은 기초생활수급자 및 차상위계층 등 저소득층의 자활 촉진을 위해 역량을 강화하여 안정적이고 지속적인 소득보장을 통해 탈빈곤을 촉진할 수 있도록 사업추진, 지역 내 전문인력 등 네트워크를 구성 · 운영하는 등 지역 내 자원을 최대한 활용하여 자활사업을 활성화, 참여자 성별 특성 및 지역특성을 고려한 자활프로그램 개발 · 보급 및 사업개발 지원에 있다.

광역자활센터의 주요사업은 다음과 같다(보건복지부, 2024f).

- 지역자활센터 지원: 자활근로사업단 프로그램 개발 지원, 자활근로사업단 경영 및 상품 · 서비스 개발 지원, 지역자활센터의 자활사례관리 역량강화 지원, 기타 지역자활센터 운영 관련 지원
- 자활기업 지원: 광역지방자치단체 내 지역자활기업 및 광역자활기업 창업 지원, 광역자활기업 및 전국자활기업(주사무소 소재지 관할 광역자치단체) 사업활성화 지원 및 관리, 자활기업의 경영 및 상품 · 서비스에 대한 자문 연계, 자활기업의 사업보고 지원 등
- 지역 내 자활기업 및 자활근로 사업단이 생산한 상품 및 서비스의 유통 및 판촉 지원
- 교육훈련 실시 · 지원: 자활근로 참여자, 지역자활센터 종사자, 자활기업 직원에 대한 교육훈련 실시 및 자활연수원 공동교육 지원, 교육 수요조사, 사후관리(이력 관리, 실적 및 교육만족도 관리) 등 지원, 지역 내 자활 전문성을 갖춘 교육인력 육성 및 연계 등
- 기타 자활 활성화를 위한 사업: 중앙 및 광역지자체 위탁사업 운영, 시 · 도 단위의 자산형성지원사업 위탁 운영, 시 · 도 내 지역자활센터 및 자활기업 간 네트워크 지원, 자활근로 참여자의 취 · 창업 관련(자격증 취득, 취업 컨설팅 등) 지역사회 자원발굴 및 지역자활센터 · 자활기업과 연계, 시 · 도 자활사업 홍보, 조사, 연구, 자활정보시스템 입력관리 등

## 3) 자활기관협의체

### (1) 자활기관협의체의 개념과 목적

자활기관협의체란 기초자치단체장이 지역자활사업의 조건부수급자에 대한 자활사업의 효율적인 추진을 위하여 자활사업과 관련된 제반 사항을 지역사회의 복지 관련 조직, 즉 직업안정기관, 자활사업실시기관 및 사회복지시설 등의 장과 상시적으로 구축하는 협의체를 말한다. 이러한 자활기관협의체가 추구하는 기본 목적은 다음과 같다(보건복지부, 2024f). 첫째, 조건부수급자 등

저소득층의 자활을 위한 사업 의뢰 및 사후관리체계를 구축함으로써 자활사업을 효율적으로 추진한다. 둘째, 지역자활사업의 활성화를 위한 공공 · 민간자원의 총체적인 활용을 도모한다. 셋째, 수급자의 자활 및 복지욕구 충족을 위한 지역사회 중심의 복지서비스 연계시스템을 마련함으로써 실질적인 사례관리체계를 구축한다.

### (2) 자활기관협의체의 구성과 역할

자활기관협의체의 구성 및 운영주체는 시 · 군 · 구청장이며, 보장기관(시 · 군 · 구), 직업안정기관(고용센터), 자활사업실시기관(지역자활센터, 자활근로사업위탁 민간기관 등), 사회복지시설, 상공회의소 및 소상공인지원센터 등이 참여하되, 지역 여건 및 자활사업 특성을 감안하여 융통성 있게 구성한다.

자활기관협의체는 명실상부한 자활사업의 민관협력체계로서의 위상을 가진다. 자활기관협의체의 위원장은 시 · 군 · 구청장이 되며, 부위원장은 보건복지국장(또는 과장)으로 하며, 사회복지과장(또는 계장)을 간사로 한다. 지역자활센터의 장은 자활기관협의체에 당연직 위원으로 참여한다.

자활기관협의체의 조직구조는 대표자회의와 실무자회의로 이루어지고 있다. 자활기관협의체 대표자회의는 각 자활사업 관련 기관의 해당 연도 사업실시계획 및 사업별 수용가능인원 등에 대한 보고, 지역 특성을 반영한 자활사업의 실시방향 등 당해 연도 지역자활지원계획의 수립 관련 사항 및 각 기관의 사업 중 변경사항에 대한 보고를 하고, 지역자활지원계획의 이행 상황을 점검하며, 자활근로 위탁기관 선정에 관한 사항, 기타 협의체 위원장이 부의하는 사항 또는 협의체 구성기관이 협의 필요성을 제기하는 사항, 자체 운영규정 제정 및 개정 등을 협의한다.

반면에 자활기관협의체 실무자회의는 보장기관(시 · 군 · 구 실무자, 읍 · 면 · 동 사회복지담당공무원), 직업안정기관(직업상담원 등), 기타 자활사업실시기관 등의 실무자로 구성된다. 자활기관협의체 실무자회의는 전년도 지역자활사업 추진 실적 및 개선 필요사항의 점검, 조건부수급자의 사업별 적정 대상자의 선정, 자활 대상자 사전·사후관리 방안, 지역자활지원계획 내용의 검토 및 이행 사항의 점검, 신규 자활 대상자에 대한 개인 및 가구 특성, 상담이력, 프로그램 결정 등 공유, 프로그램 부적응자, 상담 불응자 등 조건불이행자에 대한 개선 방안 협의, 대표자 회의에서 결정된 사항에 대한 실무작업 추진, 자활사업 추진경과 및 문제점 점검, 각 기관의 당해 분기 사업계획(사업별 수용 가능 인원 조정 등) 등을 협의한다.

또한 자활기관협의체는 조건부수급자의 욕구와 특성에 맞는 자활사업의 실시를 위하여 자활기관협의체 내에서 자활사업별 적정 대상자 선정에 대해 검토하고, 자활근로 민간위탁단체를 선정하며, 지역자활지원 연계망 구축 및 우수 사례를 발굴·전파하는 기능을 수행하고 있다(보건복지부, 2024f).

그러나 지역 여건에 따라 차이가 있겠지만 자활기관협의체가 형식적으로 운영되고 있고 지침에 근거한 정기적인 회의를 개최하는 경우도 드물며, 지역자활계획의 수립에 크게 기여하지 못하고 있다는 비판이 제기되고 있다. 따라서 지역자활사업의 효과성을 배가하고 설립 취지와 운영 규정에 맞는 민관협력체계로 기능하기 위해서는 지방자치단체의 협의체에 대한 인식 전환, 협의체 구성의 대표성 확보, 조직 간 생산적인 협력관계와 적극적인 참여 등을 모색해야 할 것이다.

제12장

# 지역사회복지운동

1. 지역사회복지운동의 개념과 의의
2. 지역사회복지운동의 특성과 유형
3. 지역사회복지운동단체의 개요

BUS

## 1. 지역사회복지운동의 개념과 의의

### 1) 지역사회복지운동의 개념

지역사회복지운동이 최근 들어 크게 성장하고 있다. 시민사회의 확장으로 1990년대 이후 지역사회복지운동은 새롭게 조명을 받고 있으며, 다양한 활동을 전개하고 있다. 즉, 민주화의 진전과 지방자치제의 정착으로 지역사회의 중요성이 대두되었고, 지역사회의 생활 영역 문제가 중심 이슈로 부각되었다. 또한 지역사회에서 사회적 약자에 대한 관심과 권리보장문제가 지역 현안으로 대두되면서 이에 대한 조직적이고 목적지향적인 대응으로서 지역사회복지운동이 활성화되고 있다. 1990년대 이후에 나타난 지역사회복지운동은 다음과 같은 두 가지 형태로 전개되어 왔다(김성기, 2002).

첫 번째는 1997년 말 외환위기를 계기로 본격적으로 자활운동과 실업극복운동을 전개하기 시작한 지역사회주민운동의 활성화다. 자활운동의 시초는 도시빈민운동 차원에서 실업이나 불안정 취업, 저임금으로 집약되는 빈민지역의 특수한 문제와 생존욕구를 해결하기 위한 방법인 주민조직화와 탈빈곤사업으로서 이것이 1995년에 생산공동체운동으로 발전하였다. 당시 생겨난 대표적인 생산공동체는 서울 하월곡동의 '일꾼 두레', 상계동 나눔의 집이 중심이 된 봉제협동생산공동체인 '실과 바늘', 봉천동 나눔의 집이 일용노동자를 조직화한 '나레건설' 등이다. 이와 같은 도시 빈곤층에 대한 탈빈곤사업으로 전개된 생산공동체운동은 1997년의 「생활보호법」 개정으로 자활지원센터로 제도화되기 시작하였다. 그 이후 2000년에 「국민기초생활 보장법」이 시행되면서 본격적으로 지역자활센터(자활후견기관)가 확대 설치 · 운영되어 자활운동은 공적 전달체계에 대부분 편입되었다.

실업극복운동에는 외환위기 이후 전국 각 지역의 풀뿌리 주민운동단체, 노동단체, 여성단체, 종교계 등이 참여하였으며, 저소득 · 실직자를 대상으로 긴급구호, 일자리 창출, 생계지원사업을 전개하였다. 이러한 사업은 외환위기 초기에는 지역사회 차원에서 후원과 모금을 통하여 사업이 진행되었고, 주로 실업극복국민운동위원회의 제안사업 참여를 통해 이루어졌다. 즉, 이미 빈곤계층의 탈빈곤화를 위한 노력을 전개하기 시작했던 지역사회주민운동은 외환위기 후 자활운동과 실업극복운동에 적극적으로 참여하여 전자는 공식적인 서비스 전달체계로 편입되었으며, 후자는 저소득 · 실업계층에 대한 직접서비스 지원사업을 민간 차원에서 진행하고 있다.

두 번째는 지역사회복지운동단체의 설립과 활동이다. 지역사회복지운동단체는 지역사회주민운동에 뿌리를 두고 있으며, 정부에 독립성을 갖는 민간의 자주적 조직으로서 저소득층에 대한 직접서비스 기능뿐만 아니라 지역사회복지정책의 개발, 사회행동 등의 다양한 복지기능을 수행하는 지역사회운동조직이라고 할 수 있다. 1990년대 중반 이후 우리복지시민연합, 관악사회복지, 경기복지시민연대 등과 같이 '복지'를 공식적으로 표방하는 지역사회복지운동단체가 활동하고 있다. 푸드뱅크, 의료지원사업, 사각지대계층 생계비 지원 등 저소득 · 빈곤계층을 위한 직접서비스 지원사업뿐만 아니라 지역복지정책 개발사업, 사회적 약자를 위한 입법활동, 지역사회 단위를 중심으로 전개된 각종 복지정책 관련 조례제정운동 등의 사회행동형 사업을 수행하고 있다.

이상과 같이 1990년대 이후 우리나라의 지역사회복지운동은 지역사회복지 실천의 중요한 영역으로 발전하고 있는 추세다. 이러한 지역사회복지운동의 의미에 대해 살펴보면, 지역사회복지라는 용어에 운동을 조합한 것으로 지역사회복지 발전을 목표로 하는 사회운동적 노력이라고 말할 수 있다. 즉, 목표로서의 지역사회복지 발전과 이를 달성하기 위한 수단적 노력으로서의 사회운동의 조합을 의미한다.

실제 지역사회복지라는 용어에 운동이란 말을 덧붙인 이유는 지역사회복지 그 자체가 이미 운동으로서의 속성을 가지고 있기 때문이다. 운동(movement)이란 용어는 현재 또는 미래에 주어질 구체적인 무엇을 지칭하기보다는 미래에 얻고자 하는 그 무엇을 향해 나가는 과정을 의미한다. 또한 지역사회복지란 지역사회주민의 조직화란 전략을 통해 문제해결능력의 강화라는 목표를 지니고 있으며, 주민의 공동체 형성을 통한 지역사회의 삶의 질을 끊임없이 향상해 나가려는 주체적 노력의 과정이다(이호, 2001).

따라서 지역사회복지운동은 지역사회문제를 해결하고자 지역사회의 변화 또는 역량강화를 통해 지역사회주민의 욕구 충족과 사회연대의식의 고취, 지역공동체 형성을 목표로 전개되는 조직적인 운동이라 할 수 있다. 즉, 지역사회복지운동은 사회구성원의 삶의 질을 높이기 위한 목적의식적이고 조직적인 집합적 활동이며, 사회복지수요자뿐만 아니라 사회복지실무자나 전문가, 넓게는 지역사회주민이 주체적인 참여와 행동을 통하여 사회복지의 목표 달성을 위해 의도적으로 추진해 가는 지역사회복지실천이라 할 수 있다.

### 2) 지역사회복지운동의 의의

지역사회복지실천으로서 지역사회복지운동이 가지는 의의에 대해 살펴보면 다음과 같다.

첫째, 지역사회복지운동은 지역사회주민의 주체성과 역량을 강화하고, 지역사회의 변화를 주도하는 조직운동이다. 지역사회복지운동은 지역사회의 문제해결 주체로서 지역사회의 역할을 강조하고 지역공동체성을 함양함으로써 지역사회의 역량을 강화하는 데 목적이 있으며, 지역사회주민의 의식화와 주체적인 참여 확대 그리고 지역사회주민 간 연대의식을 높이는 지역사회의 민주적 실천과정을 의미한다.

둘째, 지역사회복지운동은 주민참여의 활성화를 통해 복지권리의식과 시민의식을 배양하는 사회권 확립운동이다. 지역사회복지운동이 추구하는 목표는 지역사회주민의 복지권리를 확보하고 시민의식을 고취함으로써 지역사회의 통합을 추진하는 데 있으며, 특히 사회적 약자의 생존권 보장에 초점을 두고 있어 사회권의 확립과 밀접히 관련되어 있다.

셋째, 지역사회복지운동의 주된 관심사는 지역사회주민의 삶의 질과 관련된 생활 영역에 있기 때문에 지역사회복지의 확산과 발전을 위한 생활운동으로서 의미를 가진다. 지역복지운동은 지역공동체운동으로서의 속성을 지닌 것이기 때문에 단순히 복지적 욕구뿐만 아니라 지역사회 전반의 삶의 질을 높이는 생활운동이자 주민운동이라 할 수 있다.

넷째, 지역사회복지운동은 지역사회의 다양한 자원 활용 및 관련 조직 간의 유기적인 협력이 이루어지는 동원운동이다. 지역사회복지운동의 조직화 방식 및 활동내용은 주민참여 외에 지역사회의 다양한 자원 활용을 통해 문제해결을 도모한다. 또한 지역사회복지운동은 지역사회 관련 조직 간에 연대와 협력이 이루어지며, 자치단체에 대항적인 활동으로 구체화되거나 협력관계를 구축하면서 활동이 전개되기도 한다.

## 2. 지역사회복지운동의 특성과 유형

### 1) 지역사회복지운동의 특성

지역사회복지운동은 타 부문 운동에 비해 역사가 짧은 편이며, 운동의 내용과 조직에 있어서도 미약한 수준이지만, 시민사회의 성장 및 사회변화와 함께 사회적 관심의 초점으로 부각되고 있는 운동이다. 지역사회복지운동은 사회구성원의 삶의 질을 높이기 위한 목적의식적이고 조직적인 활동이며, 사회복지대상자뿐만 아니라 사회복지 실무자나 전문가, 넓게는 모든 지역사회주민이 주체적인 참여와 행동을 통하여 사회복지 목표달성을 위해 의도적으로 추진해 가는 사회운동으로서의 성격을 지닌다.

〈표 12-1〉에서 보듯이 지역사회복지운동은 특정 이념을 지향하기보다는 주민복지의 향상에 관심을 두고 있어 대체로 실용주의적 관점에 기초하고 있다. 또한 지역사회복지운동의 초점 및 가치지향을 정치권력 장악이라기보다는 사회복지 증진이라는 시민사회의 동원에 두고 있고, 지역사회의 변화라는

표 12-1 지역사회복지운동의 분석 관점과 특성

| 구분 | | 지역사회복지운동 |
|---|---|---|
| 분석 관점 | 방법론 | 실용주의적, 이념지향적 혼재 |
| | 분석의 초점 | 자원동원과 가치지향 |
| | 분석의 단위 | 지역사회주민, 조직 |
| 특성 | 주체 | 지역사회주민, 클라이언트, 전문가 |
| | 계층적 기반의 범위 | 포괄적 |
| | 이슈의 특성 | 이슈의 다양성(사회복지문제) |
| | 가치지향성 | 시민사회의 영역 확장 |
| | 행위의 특성 | 표출적 행위, 가치지향적 행위 |
| | 정부와의 관계 | 작위요구적, 작위저지적 |
| | 내적 구조 | 조직 · 네트워크 중시 |

시민운동과 맥을 같이하고 있다. 그러나 사회복지운동이 사회복지의 확대와 지역사회문제해결을 위한 주민동원이라면 이는 정치성을 띠는 것이며, 바로 이러한 점이 기존의 다른 부문 운동과 연대할 필요가 있음을 말해 준다(최일섭, 류진석, 1997).

지역사회복지운동의 계층적 기반은 노동운동, 민중운동 등과 같이 뚜렷한 계층적 기반을 두고 있는 것이 아니라 포괄적으로 지역사회주민 전체에 두고 있다. 그러나 지역사회에서의 사회적 약자의 복지욕구에 초점을 맞추고 있기 때문에 사회적 약자에 우선순위를 부여한다. 그리고 지역사회복지운동은 지역사회 내의 특정 문제해결을 위해 지역사회의 공론화를 통한 표출적 행위로 나타나거나 자조적인 문제해결과정을 도모한다.

이와 같은 지역사회복지운동의 특성과 관련하여 중요한 쟁점 중 하나인 주체 설정의 문제와 지역사회복지운동의 구성요소에 대해 살펴보기로 한다.

### (1) 지역사회복지운동의 주체

지역사회복지운동의 주체는 당연히 지역사회주민에 초점을 두어야 하지만, 실제 운동을 주도하는 관점에서 보면 지역사회활동가, 사회복지전문가, 사회복지실무자, 지역사회복지이용자, 일반 지역사회주민 등이 주체가 될 수 있다. 이와 같이 운동의 주체가 다양한 이유는 무엇보다도 사회복지의 전문성 측면에 기인하며, 각 주체의 역할 수행에 따라 지역사회복지운동의 성과가 좌우될 수 있기 때문이다. 여기에서는 지역사회복지운동과 관련된 각 주체의 역할에 대해 살펴보기로 한다(이인재, 2002).

#### ① 지역사회활동가

지역사회복지운동의 현실을 고려해 보면, 우선 지역사회활동가의 역할이 뚜렷하다. 지역사회활동가는 비록 사회복지의 전문성은 상대적으로 떨어질지 모르지만, 실천현장의 경험에 기초하여 실제로 지역사회복지운동을 주도하는 경우가 많다. 예를 들어, 대표적인 지역사회복지운동단체인 서울의 관악사회복지와 대구의 우리복지시민연합의 경우 지역사회활동가의 리더십이 지역사회복지활동에서 중요한 역할을 차지하고 있음을 보여 주는데, 대부분의 지역사회복지운동단체의 실천활동은 지역사회활동가의 지도력에 의존하고 있다. 사회복지실무자에 의한 지역사회복지운동이 미약한 현실을 고려할 때 앞으로도 상당 기간은 지역사회활동가의 일차적 역할에 주목해야 할 것이다. 그렇지만 지역사회복지실천활동을 주도하는 지역사회활동가의 수가 얼마 되지 않는다는 문제를 해결하고 사회복지의 전문성을 강화해 나가야 할 필요성이 있다.

#### ② 사회복지전문가

지역사회복지운동의 주체로서 사회복지전문가의 역할을 생각할 수 있다. 사회복지를 이론적으로 연구하는 사회복지전문가가 지역복지실천에 앞장서는 것은 어떻게 보면 당연한 일이다. 현재 우리나라에서 활동 중인 상당수의 지역사회복지운동단체의 경우 사회복지전문가가 직간접적으로 지역사회복지실천활동을 수행하고 있다. 문제는 사회복지전문가가 운동의 주된 동력이 될 수 있는가 하는 점에 있다. 아직은 미약한 우리의 실천현장 속에서 사회복지전문가의 역할이 상당 부분을 차지하지만, 그들이 지역사회복지실천의 일차적 주체가 될 수는 없을 것이다. 다만 실천활동의 전문성 측면에서 보완 및 촉진하는 역할을 수행하거나 지역사회활동가와 함께 지역사회복지운동을 주도할 수는 있을 것이다.

③ 사회복지실무자

사회복지를 이해하고 실천하는 것을 과업으로 삼고 있는 사회복지실무자는 지역사회복지운동의 중요한 주체가 될 수 있다. 현재 사회복지실무자는 개인에 따라 차이가 있지만 지역사회복지운동에 적극적으로 동참하지는 못하고 있다. 그 이유에는 여러 가지 요인이 있지만, 사회복지실무자의 개인적인 성향보다는 조직환경의 요인이 더 큰 제약요인이 되고 있다. 개인적 성향이 큰 문제가 되지 않는다는 사실은 사회복지실무자의 조직화에 대한 강한 의지에서도 확인할 수 있다. 따라서 사회복지실무자의 지역사회복지운동에 대한 개인적 인식의 전환과 함께 지역사회복지운동에 적극적으로 참여하도록 돕는 조직환경의 마련이 시급하다.

④ 지역사회주민과 지역사회복지이용자

지역주민이 지역사회복지운동의 주체가 되어야 한다는 것은 당연하다. 그러나 일반 지역주민은 지역사회복지에 대한 관심이 부족하므로 지역사회복지운동조직이 주민의 주체적 참여를 이끌어 내야 한다. 지역사회복지실천활동의 궁극적인 지향은 지역주민의 주체적인 참여에 달려 있다고 해도 과언이 아니다. 따라서 지역주민을 실천활동에 참여시킴으로써 지역문제해결의 주체로 전환하여야 할 것이다.

지역복지이용자 역시 중요한 지역복지활동의 주체가 될 수 있다. 이용자가 단순히 대상으로서의 역할이 아니라 주체가 됨으로써 자신의 역량을 강화할 수 있으며, 지역사회복지실천에서 중요한 역할을 수행할 수 있다. 예를 들어, 지역사회문제 해결과정에 서비스 이용자를 참여시킴으로써 지역사회에 대한 이해 증진과 지역주민으로서의 정체성 고양을 돕는 결과를 낳을 수 있다.

지금까지 지역사회복지운동의 주체로서 지역사회활동가, 사회복지전문가, 사회복지실무자, 지역주민, 지역복지이용자의 경우를 살펴보았다. 지역사회복지운동에 다양한 주체의 참여가 필요하다는 지적은 지극히 당연한 것이다. 그러나 이들 주체 중 각 지역 여건에서 더욱 적극적으로 실천활동을 이끌어야 할 역할을 누가 담당하는 것이 더 타당하며 현실성이 있는가를 결정하여야 한다. 먼저, 지역사회복지이용자는 지역복지활동을 통해 의식을 개선하고 지역사회에의 관심을 제고하는 결과를 가져오기도 하였으나, 이들이 활동을 주도하기는 어렵다. 지역주민의 경우도 이용자의 경우와 크게 다르지 않다. 따라서 지역복지활동에서 지도력을 발휘하여야 할 주체는 지역사회활동가, 사회복지전문가, 사회복지실무자가 된다. 지역사회활동가의 주도적인 활동과 이를 지원하는 사회복지전문가와 사회복지실무자의 보완적인 활동이 이루어져야 최소한의 지역복지실천이 가능할 것이며, 궁극적으로는 지역사회주민과 지역사회복지이용자가 복지실천의 주체가 되어야 할 것이다.

### (2) 지역사회복지운동의 구성요소

지역사회복지운동은 지역사회에 기초하여 특정 문제의 해결을 추구하는 목적의식적이며 개별적인 행동이라기보다는 집합적인 대응이라는 특징을 가진다. 지역사회복지운동이 갖추어야 할 요소를 살펴보면 다음과 같다(이호, 2001).

첫째, 지역사회주민이 복지활동에 주체적으로 참여해야 한다. 지역사회복지에 있어 주민의 적극적이고 주체적인 참여는 모든 것에 우선하는 기본적인 것이다. 즉, 지역주민의 삶의 질을 높이는 길은 다른 사람에 의해 주어지지 않는다는 점에서 주민의 참여는 가장 기본적인 대전제라 할 수 있다.

그러나 지역사회주민이 지역사회복지실천에 참여하는 것은 참여 수준에 따라 차이가 있다. 〈표 12-2〉에서 보듯이 주민의 참여는 단순한 지역의 정보를 접하는 수준에서부터 기획과 집행에서 책임과 권한을 가지는 단계까지 다양하다. 지역사회복지실천에서 오해하기 쉬운 현상은 낮은 단계인 '조직 대상자로서의 참여'를 설정하는 경우가 많다는 것이다. 즉, 어떤 행사나 프로그램에 동원하는 것을 참여로 인식하는 경우가 많다는 것이다. 이는 지금까지 주민이 조직운영의 주체로 나서지 못했기 때문이다. 그러나 지역사회주민의 참여는 제반 활동의 기획과 의사결정과정에까지 확대되어야 한다. 물론 아무런 조건 없이 가장 높은 단계의 참여를 요구하는 것이 항상 바람직한 것은 아니며, 지역사회주민의 여러 가지 사정 및 여건 등을 고려하여야 한다.

둘째, 지역사회에서 조직화된 지역사회주민이 정치적 영향력과 사회적 권

**표 12-2** 지역사회복지실천에의 참여 수준 및 지역사회복지운동조직과의 관계

| 참여 수준 | 참여자의 위상 | 지역사회복지운동조직과의 관계 |
|---|---|---|
| 높음 | 기획과 집행에서의 책임과 권한 부여 | 지역문제의 분석, 활동계획의 수립과정뿐만이 아니라 계획의 실행에서도 명확한 책임과 권한을 위임받아 수행 |
| ↕ | 의사결정권을 지님 | 문제의 분석과 활동계획 등을 수립하는 과정에서부터 참여하여 구체적인 계획을 함께 마련 |
| | 계획단계에의 참가 | 활동계획을 수립할 때부터 참여하여 내용을 검토하는 등의 역할을 부여 |
| | 자문담당자 | 운동조직에서 분석한 문제나 활동계획 등에 대해 단순히 의사를 문의하고 참고하는 정도의 관계 |
| | 조직대상자 | 운동조직에서 계획한 활동에 이해관계나 욕구를 갖고 있는 사람들로, 일차적인 동원의 대상 |
| 낮음 | 단순정보수혜자 | 운동조직에서 계획한 지역활동계획이나 지역의 문제점 등에 대해 단순히 홍보 등을 통해 소식을 접하는 정도의 관계 |

출처: 이호(2001); Brager & Specht(1973)에서 재정리.

리를 확보하여야 한다. 지역사회주민의 참여는 단순히 주민에게 자족감을 주기 위한 것이 아니라 지역사회에서 영향력을 획득해 가는 과정이어야 한다. 즉, 지역에서 이루어지는 제반 정책 결정의 단위 등에 영향력을 발휘할 수 있어야 하고, 지역사회복지실천이 지역사회의 삶의 질, 복지욕구를 충족하며, 실질적인 문제해결을 도모할 수 있어야 한다. 이를 위해서는 주민이 공적인 의사결정단위에서 자신의 입장을 관철할 수 있는 조직적 힘을 가져야 하며, 지역사회복지실천활동의 영향력이 조직화된 소수의 주민에게만 파급력을 미치지 않고 지역사회 전체로 확장될 수 있어야 한다.

셋째, 지역사회주민이 자신의 개별 이해를 공공의 이해와 일치하도록 공동체의식을 강화하고 자신의 역량을 높여야 한다. 지역사회복지가 지역주민의 조직화를 전략으로 채택한다면, 그 조직화된 구성원 각자가 자신들의 이해만 주장할 수는 없다. 다양한 프로그램과 실천활동을 통해 주민 자신들의 배타적인 개별 이해를 극복하고, 이를 공공의 이해로 전환해 나가는 과정이 필요하다. 이를 위해서는 의사소통구조의 민주화와 이웃과 긴밀한 관계를 맺고 살아갈 수 있는 다양한 공동체적 소모임이 활성화되어야 한다.

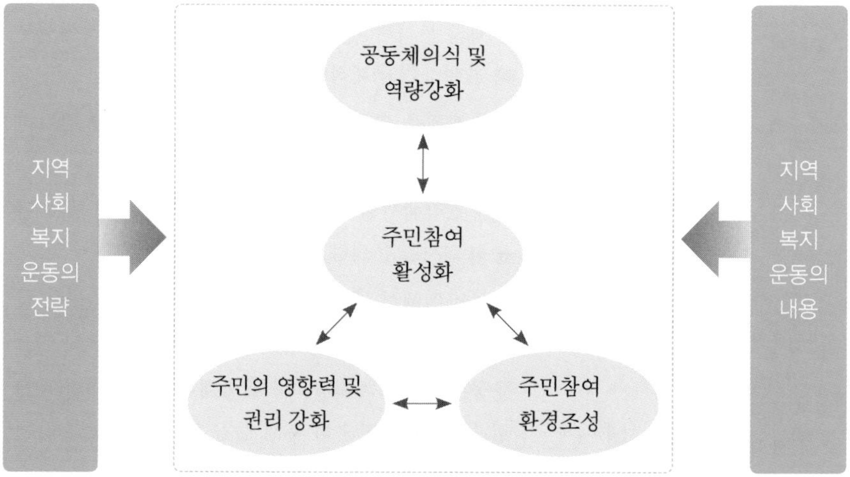


[그림 12-1] 지역사회복지운동의 구성요소

출처: 이호(2001)에서 재정리.

넷째, 지역사회주민의 참여가 자신들의 욕구뿐만이 아니라 지역사회 전체에 영향력을 미칠 수 있도록 제도 등의 제반 환경을 만들어 나가야 한다. 이는 주민의 참여를 보장하고 그에 대한 공적인 권위를 부여해 주는 제도를 정립하며, 지역사회복지활동을 통해 추구하고자 하는 내용을 제도화하는 것 등을 의미한다.

이와 같은 내용은 각각 독립된 것이 아니라 하나의 일관된 흐름을 세분하여 설명한 것이다. 지역사회복지운동의 중요한 구성요소는 [그림 12-1]과 같이 정리할 수 있다.

## 2) 지역사회복지운동의 유형

현재 우리나라의 지역사회복지운동은 운동의 쟁점, 즉 사회복지문제 또는 주민의 욕구 충족이라는 기준에 근거할 경우 크게 두 가지로 분류할 수 있다. 하나는 지역사회를 중심으로 하는 사회복지운동, 즉 지역사회주민의 복지와 관련된 주민운동이고, 다른 하나는 직접적인 지역성과는 관련성이 약하더라도 사회적 이슈 차원에서 사회복지문제를 운동의 쟁점으로 설정하고 있는 이슈 중심의 지역사회복지운동이다. 그러나 이러한 구분은 규범적이고 운동이라는 것은 지속적으로 변모해 나가는 것이기 때문에 실제로는 상호 결합된 형태로 나타날 수 있다. 다만 여기에서는 지역사회복지운동의 유형을 이해하기 위해 두 가지로 구분하여 살펴보기로 한다.

### (1) 주민참여와 지역사회복지운동

일반적으로 주민운동은 지역 내에서 생활근거지를 갖는 주민이 주체가 되어 주민으로서 일상생활상의 요구와 이의 궁극적 해결을 위하여 전개하는 대중운동으로 정의된다. 이러한 정의에서 몇 가지 중요한 요소를 발견할 수 있다. 첫째, 주민운동은 주민의 생활근거지로서 지역사회를 기반으로 하며, 둘째, 운동주체를 주민으로 설정하며, 셋째, 지역사회문제의 해결을 위해 목적지

표 12-3 지역사회주민 조직화에 따른 지역사회복지실천의 형태 및 장단점

| 분류 | 형태 | 장점 | 단점 |
|---|---|---|---|
| 외부 자극을 통한 조직화 | 사안을 관철하기 위한 집단동원 | • 대중적<br>• 대중적 정치력의 형성 | • 일시적<br>• 사안이 끝난 이후에 주민조직의 지속성 유지 어려움 |
| 프로그램 중심의 일상활동 | 주민대중과 함께할 수 있는 다양한 프로그램의 개발 및 운용 | • 일상활동 유지 용이<br>• 다양한 주민교육 가능 | • 지역 현안에 대한 구성원의 대처 미흡<br>• 주민 주체의 세력화 미흡 |
| 공동체 형성과 마을 만들기 | 뜻이 맞는 주민끼리 모임 운영 | • 주민공동체의 대안 제시<br>• 주민참여의 활성화 전제 | • 고립성의 위험<br>• 대중적인 참여의 어려움<br>• 지역세력화 미흡 |
| 제도 변화를 위한 노력 | 제도 개선을 통해 지역사회 변화 추구 | • 효율적인 성과 달성<br>• 성과의 지속성 | • 주민의 소외와 전문가 중심의 활동<br>• 주민의 참여와는 무관 |

출처: 이호(2001)에서 재정리.

향적이며, 넷째, 주민운동은 사회운동의 일환이라는 것이다.

지역사회복지운동의 형태를 주민조직화라는 관점에서 크게 네 가지로 분류하면, 외부 자극을 통한 조직화, 프로그램 중심의 일상활동, 공동체 형성과 마을 만들기, 제도 변화를 위한 노력이다. 주민조직화에 따른 지역사회복지실천의 형태에 대한 장단점에 대한 내용은 〈표 12-3〉과 같다(이호, 2001).

① 외부 자극을 통한 조직화

외부 자극을 통한 조직화는 지역사회주민의 이익을 현저히 침해하는 정책 등에 대해 주민이 자신들의 권리를 주장하는 조직운동이다. 예를 들면, 빈민지역의 강제철거에 저항하는 철거민의 조직화, 핵폐기장 설치 반대운동이나 쓰레기소각장 등 혐오시설의 입지를 반대하는 주민의 조직화 등이 대표적이

다. 이러한 경우는 지역사회주민이 자발적으로 주체가 되어 활동하며, 정치적인 영향력을 행사하기도 한다. 그러나 이러한 유형의 활동에서는 주민의 대중적인 참여가 이루어지고 정치적 영향력이 강하게 발휘되기는 하나, 지역주민의 요구가 과연 공공성을 확보하고 있고, 지속적으로 지역사회의 발전에 기여할 수 있는가라는 점은 명확히 해야 한다.

② 프로그램 중심의 일상활동

프로그램 중심의 일상활동은 저소득 지역의 방치된 아동을 대상으로 하는 프로그램, 주민 도서실, 주부를 대상으로 하는 시민대학, 복지학교 등 다양하다. 이러한 활동방식은 대체로 주민의 문화적 · 사회복지적 욕구를 충족해 주는 등의 활동을 주요 내용으로 하고 있어 주민을 큰 부담 없이 조직의 활동에 참여시킬 수 있으며, 지속 가능한 프로그램의 운영과 발전을 도모할 수 있다는 장점을 갖는다. 그러나 이런 방식의 활동은 지역의 각종 이슈에 대해 주민이 주체적으로 대응하기 어렵다는 단점이 있다. 최근에는 이러한 문제점을 극복하기 위해 주민의 주체적인 참여를 이끌어 내려는 노력을 강구하고 있다.

③ 공동체 형성과 마을 만들기

작은 근린지역의 주민이 모여 상호 간의 친목을 도모하고 이를 통해 복지실천을 수행하는 사례가 이에 해당된다. 살기 좋은 아파트 만들기 모임, 마을문고 만들기 모임 등과 같이 일상적인 주민모임을 통해 지역공동체를 형성해 나가거나, 나눔과 보살핌 운동 등 지역복지실천활동을 전개한다. 소집단활동을 통해 자신들만의 이해를 추구하기보다는 지역사회 전체에 영향을 미칠 수 있는 프로그램을 의도적으로 계획하고 추구한다.

④ 제도 변화를 위한 노력

주민의 직접 참여하에 지역사회복지정책이나 제도의 변화를 위한 조직화 활동이다. 이러한 유형은 참여형 대안제시운동이라 할 수 있으며, 지역사회주민이 조례제정운동 등과 같은 제도 변화과정에 참여함으로써 지역사회의 정치행위에 영향력을 미칠 수 있는 제도적 기반을 확립할 수 있다.

#### (2) 이슈 중심의 지역사회복지운동

문제 또는 이슈 중심의 사회복지운동은 지역사회를 근거로 하기보다는 특정 사회복지문제나 사회복지와 관련된 이슈를 중심으로 시민운동 차원에서 접근하는 사회복지운동이라 할 수 있다. 이러한 유형의 사회복지운동은 1990년대 이후 다양한 방향에서 발전하기 시작하였다. 사회복지운동의 특징을 보면, 무엇보다도 운동의 주체와 활동범위가 확대되었다. 예를 들어, 장애인, 노인, 산재노동자 등 부문별 복지대상자의 주체적인 투쟁이 조직화되고 활동 범위도 넓어졌으며, 경제정의실천시민연합(경실련), 참여연대 등과 같은 시민운동단체들이 사회복지운동에 조직적으로 참여하기 시작하였다.

또 다른 특징은 운동의 내용이 사회복지 부문별 요구운동에서 나아가 복지예산 확대 등 정책지향의 근본적 개혁을 요구함과 동시에, 사회복지정책과 관련된 복지입법을 개정하거나 복지입법의 실현을 구체적으로 요구하고 있다는 점이다. 최근 지역 비전을 어떻게 만들어 나갈 것이며, 어떤 가치에 입각해야 할 것인가라는 문제의식하에 복지예산을 포함하여 지방정부의 예산 수립 및 집행에 적극 개입하고 참여하려는 목적으로 전개되는 '예산참여운동'은 새로운 시도라고 할 수 있다. 그리고 시민운동과 사회복지계의 협력 형태를 띠면서 복지 이슈 제기와 대안 마련을 위한 다양한 연대활동으로 구체화되고 있고, 지역단위를 중심으로 직접적인 복지문제의 제기 및 대안 마련, 관련 조례제정운동, 복지 이슈의 선거 어젠다 형성 등 지역사회복지운동단체의 활동 영역이 확장되고 있다.

## 3. 지역사회복지운동단체의 개요

### 1) 지역사회복지운동단체의 설립 및 현황

1990년대 등장한 지역사회복지운동단체는 기존의 지역사회복지조직과는 다른 새로운 유형의 지역사회복지조직이다. 지역사회복지운동단체는 사회운동의 전통을 가지면서, 1990년대 중반 이후 정치권력 문제에서 생활 영역의 중요성을 인식하기 시작한 지역주민운동이 지역사회복지운동의 도입 필요성을 느끼고 설립한 민간의 자주적 조직이다. 따라서 지역사회복지운동단체는 기존의 지역단위를 중심으로 서비스 전달을 목표로 하는 지역사회복지관 등과는 성격이 다르다. 이러한 지역사회복지운동단체는 지역사회의 자원을 적극적으로 동원하여 저소득층에 대한 지원사업을 헌신적으로 수행하고 있다. 지역사회주민과 근접성을 갖고 있어 사각지대에 있는 저소득층에 대한 지원과 이들이 갖고 있는 개별적인 문제 발견과 해결에 적극적으로 나서고 있다. 또한 정부에 대한 상대적인 독립성을 바탕으로 지역복지정책개발사업, 사회행동형 사업을 통해 포괄적 의미의 지역사회복지 증진을 위해 노력하고 있다.

〈표 12-4〉와 같이 지역사회복지운동단체의 현황은 1994년 대구의 우리복지시민연합, 1995년 서울의 관악사회복지를 시작으로 지역별로 다양하게 활동을 하고 있다. 이러한 단체의 활동유형으로는 '주민운동조직형' '복지이슈형' '정책참여형' 등으로 분류할 수 있으며, 활동 내용 및 전략은 지역사회의 실정에 따라 다양하게 나타나고 있다.

지역사회복지운동단체는 생활 영역으로의 운동 영역 변화라는 문제의식에 기반을 두고 '지역사회공동체 건설과 지역주민의 삶의 질 향상'을 조직의 이념으로 삼고, '지역사회복지정책 개발, 주민참여, 사회복지권익 옹호'를 중요한 활동목표로 하고 있다. 또한 지역복지 발전을 위해 미시적 · 거시적 통합적 실천방법을 추구한다. 이를 위해 지역사회복지운동단체는 미시적 차원으로는

표 12-4 지역사회복지운동단체의 현황

| 지역 및 명칭 | | 설립일 |
|---|---|---|
| 서울 | 관악사회복지 | 1995. 12. |
| | 광진주민연대 | 2001. 3. |
| | 구로건강복지센터 | 2000. 2. |
| | 서울복지시민연대 | 2007. 11. |
| | 참여연대 | 1994. 9. |
| 수도권 | 경기복지시민연대 | 1999. 3 |
| | 인천평화복지연대 | 2015. 7. |
| 충청권 | 대전참여자치시민연대 복지포럼 (대전복지공감) | 1998. 3. (2019. 3) |
| | 천안 복지세상을 열어가는 시민모임 | 1998. 6. |
| | 충북행동하는 복지연합 | 2005. 6. |
| 호남권 | 광주복지공감플러스 | 2009. 12. |
| | 전북평화와인권연대 | 1998. |
| | (사)전북희망나눔재단 | 2009. 3 |
| 영남권 | 부산사회복지연대 | 2006. 12. |
| | 우리복지시민연합 | 1998. 11. |
| | 울산시민연대 | 2007. 4. |

주: 1) 2024년 3월 기준. 지역복지운동단체네트워크의 참여단체를 중심으로 정리한 것이다.
2) 구로건강복지센터는 2000년에 설립, 2006년에 지역복지운동단체네트워크 참여.
3) 인천평화복지연대는 인천사회복지보건연대(2006년 창립)와 인천연대가 합병하여 2015년에 창립.
4) 대전참여자치시민연대 복지포럼은 2019년 4월에 대전복지공감으로 변경.
5) 전북평화와인권연대는 1994년 12월에 정의평화정보센터 설립 등으로 활동 시작, 1998년에 현재 명칭으로 변경.
6) 울산시민연대는 울산경실련, 울산참여연대가 통합하여 2007년에 창립.
출처: 지역복지운동단체네트워크(2015), 각 단체의 홈페이지.

사각지대계층, 저소득·빈곤계층에 대한 직접 지원사업을 전개하고 있으며, 거시적 차원으로는 지역복지정책의 개선과 제안, 지역주민 및 사회적 약자의 복지권 실현을 위한 사회복지운동을 전개하고 있다. 또한 미시적·거시적 차원의 지역복지 발전을 위해 지방정부, 사회복지기관·단체 간 지역사회복지 네트워크를 형성하고 있다.

한편 2005년에 전국에서 활동하고 있는 지역사회복지운동단체의 경험과 비전을 공유하고 공동 실천 어젠다를 논의하기 위해 '전국지역복지운동단체네트워크'가 공식적으로 발족되었으며, 현재 지역복지의 수준을 향상하기 위해 여러 가지 활동을 전개하고 있다. 지역복지운동단체네트워크는 지역복지운동단체 간 교류협력사업, 지역복지강화사업, 지역복지활동가의 역량강화사업 등을 수행하면서, 지역사회복지운동을 지향하는 단체들의 연대활동을 통해 지역사회, 나아가 한국사회 사회복지운동을 활성화함을 목적으로 한다고 규약에 명시되어 있다(지역복지운동단체네트워크, 2008).

그동안 지역복지운동단체네트워크는 복지예산참여운동, 지역사회보장계획 수립 참여 및 모니터링 등을 공동사업으로 선정하면서 지역복지 활성화를 위한 다양한 활동을 전개하고 있고, 복지운동의 전국화를 시도하는 등 지역복지운동의 새로운 계기를 만들어 가고 있다.

앞으로 지역복지운동단체네트워크는 지역의 상황과 각 단체의 설립주체 및 활동유형의 차이로 공동의 어젠다를 형성하기가 쉽지 않지만, 지역적 한계를 넘어 전국적으로 연대할 수 있는 네트워크의 강점을 발휘하여 지역복지의 제도적 기반을 확충하는 데 노력해야 할 것이다.

## 2) 지역사회복지운동단체의 조직적 특성

지역사회복지운동단체의 조직적 특성을 살펴보면 정부에 대해 상당한 정도의 '재정 독립성'을 갖고 있으며, 사회복지 전문성을 확보한 집행력을 갖추고 있다. 지역사회복지의 원활한 추진을 위해 일정 정도의 사회복지 관련 조직체계를 갖춘 독립적인 임의단체로 활동하고 있다.

지역사회복지운동단체가 사용하고 있는 조직전략을 살펴보면, 주로 외부환경에 대해 운동적 영향력 행사 전략을 구사하고 있으며, 사각지대계층 지원을 위해 정부와 협력적 관계와 보충적 서비스 전략도 병행하고 있다. 목적 달성을 위한 자원동원은 정부에 상대적으로 재정적 독립성을 가지고 활동하고 있다. 이는 운동적 영향력 행사 전략에 원동력이 되고 있으며, 정부를 비롯하여 민간 관련 조직 간 네트워크를 형성하고 있다. 운동적 영향력 전략은 전국 단위 시민운동단체와 지역주민운동단체 간의 복지, 지방자치, 지역의 사회적 자본 형성 등 다양한 영역에서 네트워크를 형성하고 있으며, 이를 통해 지역복지정책 개발과 사회행동형 사업을 수행하고 있다. 또한 협력적 영향력 행사 전략은 사각지대계층과 저소득층 · 빈곤계층의 지원을 위해 시도되고 있으며, 지방정부의 사회복지 관련 위원회 참여, 지역자활센터의 위탁운영 등을 통해 지원체계를 구축하고 있다.

이와 같이 지역사회복지운동단체는 사안, 대상 및 상황에 따라 운동적 영향력 행사 전략, 보충적 서비스 전략, 협력적 영향력 행사 전략, 네트워크 전략 등 다양한 전략을 사용하고 있음을 알 수 있다.

한편 1990년대의 지역사회복지운동이 사회운동의 문제의식 변화를 통한 독자적인 등장이었다면, 2000년대 이후의 지역사회복지운동은 지역주민운동과 사회복지계의 결합이 이루어진 것이다. 지역사회복지운동단체가 사회복지계와 결합하고 있는 현상은 여러 부분에서 찾아볼 수 있다. 예를 들어, 관악사회복지는 복지자원 네트워크를 통해 푸드뱅크사업을 추진하고 있으며, 성동복지연대는 지역주민운동단체들이 주도하여 설립한 사회복지기관 · 단체 간 상설 연대체다. 그리고 지방선거 시의 복지정책사업이나 사회적 약자에 대한 지원사업, 지역복지학교 등에서 지역복지운동단체는 사회복지계와 연계를 시도하고 있다(김성기, 2002). 특히 복지 이슈와 관련된 지역의 정치적 어젠다 설정 등을 통하여 지역복지정치의 주요 행위자로서 활동하는 등 본격적으로 지역복지정치운동의 주체로 등장하기 시작하였다.

### 3) 지역사회복지운동단체의 활동내용

지역사회복지운동단체는 사회행동형 사업에서 기존 지역복지조직과 두드러진 차이를 보이며, 다양한 지역복지기능을 수행하고 있다. 지역사회복지운동단체는 자원 조성 및 배분 사업을 제외하고 직접서비스 지원사업, 지역복지 정책개발사업, 사회행동형 사업 등 다양한 지역복지사업을 수행하고 있다. 조사연구사업분야에서 저소득층 및 복지사각지대계층에 대한 조사·연구사업을 주로 진행하고 있으며, 이를 통해 '사각지대 빈곤계층 지원체계' 구축을 위한 정책 수립과 사례 개발을 위해 노력하고 있다. 교육·훈련사업분야의 경우 사회복지실무자 대상으로 한 사회복지 관련 교육 프로그램과 지역주민이나 청소년을 대상으로 한 자원봉사 교육 프로그램을 진행하고 있다. 이러한 교육 프로그램은 대상 참여자의 일부에서 조직해 나가고 있다. 사회복지기관 등과의 협의·조정·연락 등의 사업의 경우 부족한 단체의 자원을 지역사회복지 자원과의 연계를 통해 확보해 나가고 있으며, 지역복지 활성화 목적으로 지역사회복지 네트워크 구축을 시도하고 있다. 직접서비스 지원사업의 경우 사회적 약자의 생계비 지원사업, 음식나눔사업, 푸드뱅크사업, 의료서비스 지원사업, 저소득층 아동 방과 후 교육사업, 미인가시설 지원사업 등 다양하게 진행하고 있다. 지역사회복지운동단체가 기존 지역사회복지조직과 가장 차별성을 갖는 사업분야는 사회행동사업분야로 나타났다. 사회행동형 사업은 다양하게 나타나고 있으며, 사업 양상은 국가복지에 대한 대응, 사회복지시설 비리에 대한 대응, 지방정부 정책에 대한 대응, 복지권·건강권에 대한 대응, 제도 참여와 조례 제정 등 다섯 가지 유형으로 나타나고 있다.

지금까지 살펴본 내용은 지역사회복지운동단체에 대한 경험적인 연구(김성기, 2002)에 기초한 것으로, 실제로는 지역단위에서 더 많은 조직이 활동하며 다양한 사업을 수행하고 있다. 이러한 내용을 기초로 지역사회복지운동단체의 조직 특성과 활동내용을 정리하면 〈표 12-5〉와 같다.

표 12-5 지역복지운동단체의 조직 특성 및 활동내용

| 구분 | | 활동내용 |
|---|---|---|
| 최초 설립 단체 | | • 1994년 우리복지시민연합 |
| 단체의 법률적 위치 | | • 임의단체 |
| 설립과 목적 | 설립 배경 | • 지역주민운동 문제의식 변화 |
| | 이념 | • 지역사회공동체 건설<br>• 주민 삶의 질 향상 |
| | 목표 | 지역복지정책 개발, 주민참여, 사회복지권익 옹호 |
| 조직적 특성 | 회원 | • 자발적 개인가입형<br>• 상대적으로 주민참여 활발 |
| | 체계 | • 총회–운영위원회–사무국<br>• 정책위원회, 부설기관, 특별부서 등 |
| | 실무자 (사무국) | • 사회운동 출신의 비율 높음(일부 사회복지계)<br>• 상근자의 규모와 역량이 단체 운영과 사업의 중요한 척도 |
| 전략과 자원 | 전략 | • 운동적 영향력 행사 전략<br>• 부분적으로 협력적 영향력, 보충적 서비스 전략 병행 |
| | 자원동원 | • 상대적으로 정부에 독립성 |
| 체계와 관계 | 정부와의 관계 | • 위원회 참여, 부설기관 위탁 |
| | 네트워크의 특징 | • 사회행동 등의 기능 수행을 위해 사회운동단체 간 연대 활발<br>• 사회복지기관 · 단체 간 연계 |
| 지역복지기능 | 조사연구사업 | • 복지사각지대 계층에 관심 |
| | 복지정책 개발 | • 복지정책 개발과 대응 활발 |
| | 교육훈련사업 | • 주민 · 복지종사자 대상 교육 |
| | 협의 · 연계 | • 지역복지 네트워크 구축 관심 |
| | 직접서비스 사업 | • 저소득층 · 빈곤계층 직접 지원사업 활발 |
| | 사회행동사업 | • 복지 이슈, 시설비리 척결, 조례 제정 등 활발(운동으로서 접근) |

출처: 김성기(2002).

### 4) 지역사회복지운동의 과제

지역사회복지운동은 사회적 약자의 권리 보장과 분배 정의의 실현을 목적으로 하며, 지역사회 변화를 주도하고 지역사회주민의 역량 강화를 통해 지역공동체를 형성하고자 한다. 이러한 지역사회복지운동의 과제를 살펴보면 다음과 같다.

첫째, 지역사회조직화 과정에서 운동의 성과를 높이기 위해서는 지역주민의 적극적인 참여를 유도할 수 있는 다양한 프로그램과 전략을 개발해야 하며, 지역사회활동가를 비롯한 사회복지전문가와 실무자의 결합과 연계활동을 강화해야 한다.

둘째, 지역사회복지운동의 정착 및 확대를 위해서는 사회복지계와 시민운동 간의 연계와 협력 그리고 지역사회복지 관련 조직 간의 네트워크를 구축하여야 한다. 복지문제는 지역사회의 삶의 질과 관련되며, 지역사회복지의 확충 그 자체가 지역사회 발전의 중요한 지표가 될 수 있다.

셋째, 지역사회복지운동이 지역에서 뿌리를 내리고 지역사회복지의 변화를 주도하기 위해서는 복지에 대한 지역사회주민의 인식 전환과 대중적 지지기반을 확보해야 한다. 전반적인 사회개혁운동과의 상호연관성 확보, 신뢰, 지속적인 프로그램의 전개, 지역의 시민사회운동과의 결합은 대중적 기반 확충에서 필수적이다.

넷째, 지역사회복지운동의 전문역량을 강화해야 한다. 복지문제를 비롯한 지역사회문제 해결과정은 전문성과 결합될 때 더욱 효과가 있다. 복지 이슈의 가치와 비전을 추상적 구호수준을 넘어서 더욱 구체적으로 제시함으로써 지역주민의 복지체감도를 증진할 수 있어야 한다.

다섯째, 복지수요자 중심의 자조집단의 조직화와 조례제정운동 등과 같은 지역사회복지정책에 영향을 미칠 수 있는 제도적 여건을 마련하기 위해 노력해야 한다. 또한 지방정부의 복지정책 추진에 대한 견제와 감시 기능의 강화, 지역복지의 어젠다 형성 등 지역복지정치가 작동될 수 있는 사회 기반을 확충하는 데 노력해야 할 것이다.

제13장

# 지역사회복지의 동향과 과제

1. 지역사회복지 환경의 변화 동향
2. 외국의 지역사회복지 동향
3. 우리나라 지역사회복지의 과제

BUS

## 1. 지역사회복지 환경의 변화 동향

### 1) 세계화, 지방화, 정보화

21세기에 진입한 오늘의 우리 사회가 맞이한 사회환경은 엄청난 변화의 소용돌이에 있다고 해도 과언이 아니다. 세기의 변화를 주도하는 두 가지 흐름은 세계화(globalization)와 지방화(localization)다. 이 두 방향의 흐름은 다소 모순되는 현상 같으면서도 동시성을 갖고 진행되고 있다. 우리 사회가 겪어 온 역사적 맥락을 살펴보면 이러한 두 흐름은 동질성을 갖고 있음을 알 수 있다. 이것은 두 차례의 세계대전을 겪으면서까지 거칠게 20세기를 주도하여 온 또 다른 흐름인 국가중심성(state-centricity)이 구소련과 동구권의 사회주의 국가체제의 붕괴 이후 급속하게 약화되고 있는 시대적 흐름의 반작용이라는 점에서, 세계화와 지방화는 지향의 공통성을 지닌 것으로 보인다. 이 두 가지 흐름 외에 정보통신기술(IT)의 발전에 기초한 정보화의 흐름이 진행되었다. 이러한 흐름은 우리 사회의 모든 부문과 관련되어 있음에도 특히 사회복지분야의 이목을 끄는 것은 그것이 사회복지조직의 목표, 방향 및 활동내용과도 긴밀하게 상호 관련이 되어 있는 사회변동의 요인이기 때문이다.

세계화의 흐름은 국가의 경계를 넘어 다국적 기업이 주도하는 경제적 교역분야에 한정되지 않고 사회 각 분야의 개방에 영향을 미치고 있다. 우리나라 사회복지행정의 경우도 그동안 국가에 의한 지도감독이 강화되어 왔던 과거의 관습에서 벗어나 지방의 자율성을 강화하는 방향으로 나아가고 있다. 이는 국가에 의한 타율적인 행정규제체제로는 시대적 흐름에 효율적으로 대처하기 어렵다는 인식에 기초한 변화이며, 지방정부 차원의 일련의 개혁조치는 정부 주도보다는 지방의 자율에 기초하여야 할 것이다.

지방화란 각 지역사회공동체가 중앙 중심에서 탈피하여 지방의 자율성을 회복하고 확대해 나가는 과정 또는 결과를 의미한다. 대부분의 사회복지 행정업무는 본질적으로 사회서비스 제공이 목적이므로 지역주민의 접근성과 복지욕구의 다양성에 부응할 수 있는 지방자치와 상호 친밀성이 높은 분야이며, 「지방자치법」에도 주민의 복지 증진에 관한 사무가 지방자치단체의 대표적인 업무로 규정되어 있다.

그러나 현 단계에서 사회복지행정의 지방자율화를 추진하는 데 있어 다음과 같은 제한점이 지적되고 있다. 첫째, 지방정부의 경제적 여건에 따라 지방재정의 자립도가 취약하다. 둘째, 지역이기주의가 발생할 우려가 있다. 장애인시설 등에 대한 기피와 같은 혐오시설에 대한 님비(Not In My Back Yard: NIMBY) 현상, 보육시설과 같은 선호시설에 대한 핌피(Please In My Front Yard: PIMFY) 현상을 야기해 지방행정과 주민 간 갈등을 일으킬 소지가 있다. 셋째, 지방재정능력의 차이에 따라 지역 간 복지공급 수준의 불균형이 심화될 수 있다. 넷째, 지역 차원에서 전문인력 공급의 부족으로 사회복지업무의 전문성 부족을 초래할 수 있다. 다섯째, 지역경제 우선 정책이나 지역 인프라 개발이 선호될 경우 지역복지사업은 상대적으로 위축될 우려가 있다. 따라서 중앙정부와 지방정부 간의 사회복지행정기능 배분은 지방자치의 기본원칙을 지키되, 이러한 문제점을 최소화하는 방향으로 조정이 이루어져야 할 것이다.

지방화가 사회복지분야에 미치는 영향은 지역 특성에 맞는 지역사회복지행정을 요구하는 것인데, 이것은 공공부조와 사회서비스 분야에 큰 영향을 줄 것으로 보인다. 특히 지역 실정에 따른 지역사회보장계획의 수립과 시행이 이루어져야 하며, 종합적인 지역사회복지행정이 지방정부의 책임하에 추진되어야 한다.

21세기 사회에서 나타난 사회변화의 동향인 세계화 및 지방화와 함께 또 다른 주도적인 흐름은 정보화인데, 정보화가 사회복지부문에 미치는 영향은 우선 사회복지전산망의 구축이다. 보건복지행정전산시스템 개발은 국민복지망 기본계획에 따라 현재 사회보장정보시스템(행복e음) 구축, 독거노인 응급 안전 돌보미 시스템 구축, 사회복지시설정보시스템 구축, 복지로(구 국가복지정보포털 시스템), 보육통합정보시스템 구축, 사회서비스 전자바우처시스템 구축 등으로 다양하게 추진되고 있다. 또한 지역사회 차원의 공공 시스템과 민간 사회복지부문 간 정보화 체계의 연계시스템 구축이 필요하며, 이와 같은 지역사회복지의 정보시스템의 발전은 우리나라의 앞서 가는 정보통신기술의 발전과 함께 더욱 활발하게 추진될 것으로 보인다.

## 2) 지역사회복지의 새로운 변화

지역사회복지는 지역사회의 사회복지기관과 사회적 상황이 상호작용하는 과정의 산물이다. 21세기 지역사회복지에 대한 새로운 도전은 다음과 같은 새로운 사회변화와 함께 나타나고 있다.

### (1) 정보통신기술의 발달에 따른 새로운 개념의 지역사회 등장

사이버(cyber) 공간에서의 새로운 공동체로서 가상공동체(virtual community), 네트워크공동체, 컴퓨터 네트워크공동체, 사이버 동호인 모임 등이 증가하고 있다. 이러한 정보통신기술의 발전을 기초로 한 새로운 개념의 지역사회 또는 공동체는 지역복지실천에 있어서도 새로운 도전과 변화를 요구하고 있다. 사이버복지관을 통한 상담과 각종 서비스는 이러한 새로운 변화의 사례로 나타나고 있는 것이다. 사회복지분야에서는 다양한 복지정보시스템의 확충이 이루어지고 있다. 지역복지실천에서는 정보화 사회의 발전에 요구되는 새로운 개입과 실천기술, 실천윤리 등의 개발과 대응이 필요하다.

### (2) 지역복지실천의 이념적 다양화

우리나라의 현대사에서 지역사회복지의 두 흐름은 제도화된 지역복지실천과 진보적인 운동으로서의 지역복지실천으로 구분할 수 있다. 제도권의 지역복지실천으로는 외원기관, 새마을운동, 사회복지 시설과 기관, 사회복지협의회, 사회복지공동모금 등의 복지활동을 들 수 있다. 반면 진보적인 운동으로서의 지역복지실천으로는 도시빈민운동, 노동운동, NGO 운동 등을 통한 복지

활동을 들 수 있다.

그러나 우리나라의 지역사회복지실천은 1980년대에 이르기까지는 주로 제도화된 사회복지 기관이나 시설을 중심으로 이해되고 해석되어 왔다. 제도권의 민간사회복지는 정부의 지원을 받음과 동시에 감독을 받고 있기 때문에 독자적인 목소리를 갖고 자율적인 발전을 하기에는 한계가 있었다. 이러한 정부의 영향력에서 벗어나기 위해서는 독자적인 재정동원의 능력이 선행되어야 하나, 현재까지의 상황에서는 민간재정 동원의 능력이 부족한 실정이다. 이러한 상황에서 1990년대 이후 시민사회단체, 종교단체의 사회복지 참여가 확대되고 있다. 이러한 단체는 열악한 재정적 환경 아래에서도 자생적인 생존능력을 갖고 꾸준하게 지역복지실천에 기여하여 왔다.

시민사회단체와 종교단체의 지역복지실천은 사회적 약자의 옹호와 사회개혁에 앞장섬으로써 제도권 사회복지조직에 자극과 도전이 되고 있다. 그러나 이들 단체의 활동은 전문성의 부족과 열악한 종사자 처우로 인해 사회복지 근무환경을 더욱 악화시키는 부정적인 측면도 있다.

시민사회 참여와 활동이 강화되는 21세기의 사회변화의 흐름에 비추어 이들 단체의 활동은 활발해질 것으로 보인다. 따라서 시민사회단체의 사회복지 참여와 제도권 민간사회복지와의 역동적인 상호작용이 긍정적인 결실을 가져올 수 있도록 상호 간의 협력과 조화가 요청된다. 지역사회복지실천의 역사에 대한 이해에서도 이와 같은 이념적 다양화를 포괄할 수 있는 구도로 재해석되어야 할 것이다.

### (3) 지역복지실천기술의 변화

지역복지실천기술에서도 전통적인 지역사회복지의 실천방법을 넘어 새로운 다양한 모델이 개발되고 있다. 지역사회복지실천에서 지역사회 역량강화가 새로운 실천목표로서 강조되고 있다. 그리고 지역사회의 현실과 주민의 복지욕구를 반영한 지역사회보장계획의 수립과 실천, 통합적 지역복지서비스와 사례관리의 실천, 전문적인 프로그램의 개발과 평가, 민간자원동원의 전략의 중요성 등도 새로이 강조되고 있다.

## 2. 외국의 지역사회복지 동향

### 1) 미국

미국은 민간기관 중심의 지역사회복지와 지역복지실천을 발전시켜 왔다. 1960년대 초반부터 1970년대 중반까지 지역사회의 사회행동은 빠른 속도로 성장하였다. 지역사회조직은 일상생활에서의 지역문제에 시민의 직접적인 참여를 가져왔으며, 민주주의적 정의를 확장하였다. 지역사회조직은 사회적 · 경제적 정의를 위한 연대와 장기적 변화를 목표로 하는 운동을 전개하였다. 역설적인 사실은 이 시기의 지역사회조직은 정부의 재정적인 지원을 받아 이루어졌다는 점이다. 지속적인 경제 성장과 안정은 미국의 주정부 복지 프로그램과 혁신을 확장하기 위한 자원을 제공하였다. 1970년대 중반의 새로운 접근방법은 노동운동과 계급투쟁과 직접적인 관련이 있었다. 그리고 소수민족, 성소수자, 장애인이 그들의 주장에 대한 합법성을 얻기 위하여 노력하였다.

1960년대와 1970년대의 지역사회운동은 지역사회조직운동가에게 많은 것을 제공하였다. 여기에서 얻을 수 있었던 주요 교훈은, 지역사회조직이 사회변화를 위한 역동성을 지니기 위해서는 두 가지가 필요한데, 하나는 지역사회조직은 지역사회 만들기(community building)이며, 두 번째는 사회적 · 경제적 정의를 위한 폭넓은 투쟁에 관여하는 지역복지실천이라는 것이다.

그러나 1970년대 후반에 이르러 지역사회운동은 새로운 변화를 맞이하였다. 지역사회실천에서 전문가주의의 성장은 풀뿌리조직운동의 역량을 약화하였다. 지역사회실천을 위한 새로운 시도가 모색되었으며, 더 많은 지역사회서비스가 제공되고 지역사회의 새로운 형태와 경제 개발을 위한 실험이 실천의 새로운 모델이 되었다. 이 시기의 이념적 변화도 이러한 변화에 기여하였다.

국가는 경쟁적인 지구화 경제에서 사회비용을 줄이고 다국적 기업을 지지하기 위해 노동조합에 전례 없는 공격을 가하였다. 지역사회조직은 점증하는 실업과 빈곤과 같은 사회문제에 직면하여 새로운 혁신을 도모하였다. 그들은 푸드뱅크, 무주택자를 위한 쉼터, 자조조직 등 새로운 형태의 지원과 사회연대를 만들어 냈다. 정부는 예산을 삭감하였을 뿐 아니라 정부 프로그램의 대안으로서 더 유연하고 비용절감을 가져올 수 있는 사회적 급여를 재조직하였다.

1980년대와 1990년대의 지역사회활동은 정치적 힘을 상실하였으며, 정부와 민간조직이 협력하는 형태를 취하였다. 이 시기의 지배적인 지역사회실천의 모델은 지역사회운동이 아닌 지역사회개발과 지역사회 만들기 모델이었다. 이 모델들은 지역사회능력을 실현하는 데 파트너십과 합의의 전략 및 전술을 사용한다는 점에서 1960년대의 지역사회운동과 차이가 있다.

이러한 지역사회실천모델의 탈정치적 경향에 대한 대안으로 최근에는 과거의 사회행동모델과 지역사회개발모델을 결합하는 실천이 나타나고 있다. 이러한 노력은 사회서비스와 정치, 임파워먼트를 결합하는 형태로 이루어지고 있다.

21세기 세계화 경제에 대하여 지역사회조직은 새로운 도전에 직면하고 있으며, 대안의 접근방법을 발전시킬 필요가 있다. 세계화의 맥락에서 지역사회가 안정성과 정체성을 갖기 위해 지역사회의 재구조화를 요구하고 있다. 그러한 지역사회 만들기의 작업이 없으면 공동의 정체성을 표현할 수 있는 지역사회를 상실하게 될 것이다. 세계화 경제의 자본주의는 지역사회의 삶에 대한 그것의 영향을 무시하고 지역사회의 안정성을 근본적으로 해치게 될 것이다. 이와 같은 21세기의 상황에서 피셔와 스라지(Fisher & Shragge, 2000)는 21세기의 사회적 · 경제적 정의의 목표를 실현하는 지역사회실천을 위해서, 첫째, 지역사회실천의 지도자는 지역사회조직과 더욱 폭넓은 의미의 정치 · 경제의 상황에서 현상 유지를 타파하는 도전을 해야 하고, 둘째, 지역사회조직은 지역사회의 범위를 넘어선 폭넓은 시야를 갖추어야 한다는 제안을 하고 있다. 만약 지역사회조직이 이러한 시야를 갖지 못하면 내부지향적 지역민주주의로 끝나게 되며, 민주적 사회를 향한 목표는 실패할 것이다.

### 2) 영국

미국의 지역사회복지가 지역사회조직이라는 실천적 측면에서 조명된 반면, 영국은 복지국가 개혁과 지방정부 중심의 제도 변화의 측면에서 조명될 수 있다. 영국은 1980년대 이후 복지국가 개혁이 추진되면서 복지다원주의 이념하에 지방정부의 역할 외에 민간영리, 비영리부문, 비공식부문의 역할이 강조되고 있다. 특히 1981년에 발간된 정부백서는 '지역사회 내의 보호(care in the community)'는 '지역사회에 의한 보호(care by the community)'여야 한다는 점을 강조하였다. 1960년대부터 추진되어 온 지역사회보호정책은 장기체류를 요하는 노인이나 정신질환자를 수용하는 병원이나 시설의 폐쇄를 가져왔으나, 지역사회 노인홈 등 소규모 민간주거시설의 증가를 동시에 가져왔다.

1986년의 감사위원회(Audit Commission)의 지역사회보호에 관한 조사보고서에서는 지역사회보호에 대한 정부의 정책적 강조에도 불구하고 재가서비스의 발전이 저해되고 있다고 지적하였다. 공공재정의 지원을 받는 주거시설의 팽창은 과거의 장기체류병원에서 새로운 장기체류시설로 발전하는 것에 불과하며, 더욱 유연성이 있는 비용효과적인 지역사회보호의 발전을 저해하는 것으로 보았다. 노인인구 증가에 따라 민간 주거홈에 대한 공공사회보장지출의 허용은 복지국가 개혁을 추진하는 보수당정부의 공공재정지출 억제정책에도 불구하고 급속하게 증가하였고, 정책적 검토와 비판의 대상이 되었다. 지역사회보호에 대한 이러한 현실은 지역사회에 기초한 서비스라는 당초의 목표 달성을 저해하는 것으로 평가되었다. 보고서는 이제 지역사회보호가 더욱 현실성을 띠기 위해서는 기존 제도에 조율을 맞출 것이 아니라 제도의 새로운 급진적 개혁을 해야 한다고 주장하였다.

1988년의 「그리피스 보고서」는 이러한 정책개혁의 필요성에 따라 지방정부 사회서비스국의 역할 변화와 함께 주거시설에 대한 사회보장지출의 재정통제를 주요 정책대안으로 제시하였다. 1990년의 NHS와 「지역사회보호법」은 이러한 내용을 입법화한 것이었다. 따라서 1993년부터 이 법이 시행됨으로써 지역복지정책에서 지방정부 사회서비스국은 서비스의 공급자이기보다는 구매자 · 조정자로서 그 역할이 변화하였다. 이러한 변화는 「시봄 보고서」에 의한 사회서비스국 창설 이상의 근본적인 지역사회복지서비스 전달체계의 변화를 의미하는 것이다. 이제 지역사회에서 노인, 장애인의 독립적인 생활을 하도록 도와주는 지역사회보호는 주거홈과 같은 시설보다는 좀 더 비용효과적인 주간보호센터의 주간보호서비스나 가정봉사서비스 등 재가복지서비스의 발전에 중점을 두고 있다. 또한 복지다원주의는 이러한 주간보호센터의 주간보호서비스와 재가보호서비스에 있어서도 공공부문보다는 민간부문이 더 많은 역할을 담당할 것을 촉구하고 있다.

1990년의 NHS와 「지역사회보호법」 및 관련 정책지침은 1970년에 「시봄 보고서」의 제안에 의하여 지방정부에 아동복지와 지역사회복지기능이 통합된 사회서비스국을 설치한 이래 지역사회복지서비스 전달에 관한 가장 근본적인 조직의 개혁을 가져왔다. 개혁을 주도한 새로운 지역사회복지정책의 방향으로는 소비자주의 복지행정, 복지혼합경제, 지역분권화를 들 수 있다(오정수, 1997: 371-373).

1980년대 이후 영국 복지국가의 개혁에서 나타난 탈사회화, 경제효율성의 추구 등은 전통적인 복지국가의 서비스 전달체계에 변화를 가져온 도전이었다. 더욱이 1990년대에는 이러한 도전에 추가된 새로운 흐름으로서 소비자주의의 개념이 대두하였다. 원래 소비자주의 개념은 민간부문의 경영에 관한 문헌에 기원을 둔다. 이러한 개념이 복지서비스 부문에 도입되어 소비자주의의 원칙이 적용된 것으로 볼 수 있다. 소비자주의를 더 강한 어조로 표현한 것이 소비자주권(consumer sovereignty)이다. 이 개념에서는 서비스 공급조직은 소비자가 원하는 양과 질, 방법으로 재화와 서비스를 제공한다는 시장경제원칙에 바탕을 둔다. 한편 이보다 다소 약한 어조로는 서비스의 소비자에게 가까이 다가간다는 소비자지향(consumer orientation)의 개념이 있다. 전통적으로 시장기구 밖에 위치하는 사회자원의 분배체계로 인식되는 복지서비스 분야에서 사용되는 소비자주의는 후자의 개념에 더 가깝다.

부처(Butcher, 1995)는 소비자지향 복지행정이 다음의 몇 가지 요소를 포함한다고 지적한다. 첫째, 소비자의 욕구를 파악하는 데 우선순위를 둔다. 이를 위하여 지방정부는 지역주민의 복지욕구에 관한 정보를 수집하기 위하여 서베이를 실시한다. 둘째, 서비스에 관한 정보를 소비자에게 더 많이 제공한다. 지방정부는 서비스에 관한 소책자나 자료를 소비자가 쉽게 얻을 수 있도록 편의를 제공한다. 셋째, 서비스에 대한 접근성을 높인다. 서비스를 제공하는 사무소의 조직을 하향분권화하며, 이를 위하여 소비자의 편의를 반영하는 서비스 시간, 우호적인 분위기의 면접 장소 등을 제공한다. 넷째, 일정한 서비스 기준을 보장하는 소비자헌장을 제정한다. 그리고 페인(Payne, 1995)은 포터(Potter, 1988)가 제시한 접근성, 선택, 정보, 대변성이 「그리피스 보고서」 이후 영국 지역사회보호정책에 반영되고 있다고 분석하고 있다.

또한 소비자지향의 지역복지행정은 주민참여의 활성화를 지향한다. 월시(Walsh, 1989)에 따르면 주민만족 중심의 행정은 지역복지행정에 있어서 주민판단에 의한 서비스의 질 향상, 서비스에 대한 주민의 접근성 증대, 주민에 의한 서비스 선택, 주민의 참여통제가 이루어질 수 있는 계기가 된다.

첫째, 주민판단에 의한 서비스의 질이란 복지행정서비스의 평가는 공급자가 아닌 소비자인 주민에 의하여 이루어지고 피드백되어야 한다는 것이다. 지역사회복지행정은 소비자인 주민의 의견에 부단히 귀를 기울이고 양질의 서비스를 제공할 수 있는 서비스교육과 행정체계를 갖추어야 한다.

둘째, 서비스에 대한 주민의 접근성은 효과적인 복지행정의 첫 단계다. 특히 지역복지행정의 수요가 큰 집단인 노인, 장애인 등에게 접근성이 문제가 되는 경우가 많다. 지리적 요인, 사회심리적 요인, 언어와 문화적 요인, 정보 등이 접근성의 장애가 된다.

셋째, 주민에 의한 서비스 선택에 있어 복지서비스는 집단적으로 행하여지는 경우가 많으므로 주민에 의한 선택권을 제한할 위험이 있다. 주민의 만족을 추구하는 서비스지향 행정은 개인의 개별성과 예외성을 중시하는 복지행정이어야 한다.

넷째, 서비스에 대한 주민의 참여통제가 이루어져야 한다. 서비스에 대한 만족은 주민에 의한 참여통제에 의하여 이루어진다. 따라서 서비스지향 복지행정은 서비스 질의 평가에서 주민의 참여를 극대화하는 방향으로 이루어져야 한다.

그리고 수요자 중심의 복지행정의 입장에서 볼 때, 서비스 간의 연계와 통합에 대한 관심이 증대하고, 분리되어 제공되는 서비스의 통합이 요청되고 있어, 주민참여의 증대 요구는 보건과 복지서비스 등의 서비스 통합을 촉진할 것이다. 따라서 서비스 공급과정에서 보건과 복지서비스가 동시에 사정되고 계획되는 조직구조와 행정절차가 요구된다.

한편 지방화라고 일컬어지는 지역분권화는 각 지역사회공동체가 중앙 중심의 질서에서 탈피하여 지방의 자율성을 회복 및 증대하여 나가는 과정 또는 그 결과를 의미한다. 따라서 지방화는 지방을 단위로 한 정치, 경제, 사회, 문화활동의 활성화를 가져올 것으로 기대된다. 그리고 지방화란 탈중앙집권화, 즉 권력의 지역분권화라는 의미 외에 국가역할에 대한 반작용으로 시장과 시민사회의 중요성 증가를 의미한다. 탈관료화와 상품화는 이러한 경향으로 나타난 새로운 복지형태다. 더 넓은 관점에서 보면, 지방화는 국가, 시장, 시민사회의 세 개의 축에서 국가, 시장, 시민사회의 역할이 중심으로 수렴되는 범세계적인 추세 속에서 이루어지고 있고, 이러한 세 개의 축이 중앙으로 수렴하는 경향을 보이고 있다. 북유럽은 복지의 자원으로서 가족과 지역사회의 역할을 통합하고 있으며, 동유럽은 시장의 역할을 강화하고, 남유럽은 국가와 시장형태의 복지를 구축하고 강화한다는 것이다. 이러한 관점에서 볼 때, 영국은 복지국가시대에 강조되어 온 국가의 축에서 시장과 시민사회의 축으로 이동하고 있다 하겠다.

## 3. 우리나라 지역사회복지의 과제

### 1) 지역분권정책에 따른 합리적 지역사회복지정책의 확립

21세기 사회에서 지방화는 사회변화의 큰 흐름이 되고 있으며, 지방화의 추세에 따라 지역자치가 강조되고 있다. 지역분권정책의 일환으로 과거 국고보조금으로 추진되던 사업들이 지방이양되었다. 국고보조금 정비와 지방이양은 주로 사회복지재정에 초점이 맞추어져 있었으며, 지역분권 재정정책으로 가장 영향을 받은 분야가 사회복지서비스 영역이다. 이러한 정책의 변화는 공공과 민간 분야의 지역사회복지에 막대한 영향을 미치고 있다.

그러나 지역분권 재정정책의 이상적인 목표에도 불구하고 지방정부의 복지정책 추진과 민간사회복지시설, 기관의 운영 측면에서는 다음과 같은 심각한 부작용과 문제점이 발생하고 있다. 첫째, 재정자립도가 낮은 지방정부의 사회복지예산 축소 또는 부족 현상이 나타나고 있고, 둘째, 지방정부 간 사회복지재정의 불균형이 심화되고 있으며, 셋째, 민간사회복지 시설 및 기관의 운영이 악화되고 있다. 지역분권 재정정책은 이러한 문제점을 극복하고 기대하는 정책목적을 달성할 수 있도록 합리적인 대안을 모색하여야 한다. 바람직한 지역분권은 지방정부의 지역사회복지정책과 민간사회복지 기관 및 시설의 운영이 체계적으로 발전할 수 있도록 촉진하여야 하며, 중앙과 지방, 지방과 지방, 공공과 민간 간에 합리적인 예산조정과 균형자의 역할을 수행할 수 있도록 중앙정부의 책임과 기능에서의 혁신이 요청된다.

### 2) 공공지역복지 전달체계의 확립

저출산 · 고령화에 따른 인구변화, 가족구조의 변화, 그리고 최근 사회양극화 현상과 함께 증가하고 있는 신빈곤층의 복지수요에 대응함과 더불어 수요자 중심의 복지서비스를 제공할 수 있는 지역사회 중심의 복지 전달체계의 필요성이 증대하고 있다. 그러나 국민기초생활보장제도가 실시된 후 사회복지 전담공무원이 대폭 확대 배치되었으나 행정기구의 개편은 이루어지지 못하여 복지행정의 일관성과 전문성이 미흡한 실정이다. 사회복지사무소의 설치는 공공부문의 사회복지행정 및 서비스 전달체계의 확립을 통해 공공부조의 효율적인 집행과 지역사회서비스의 확대와 질적 향상을 도모하는 것으로, 2004년도부터 2006년까지 시범사업으로 추진되었다. 그 이후 희망복지단의 설치운영, 읍·면·동 기능강화, 찾아가는 보건복지서비스의 추진, 스마트 복지·안전마을 공동체 구축 등 지역복지전달체계가 변천되어 왔다. 그러나 여전히 행정안전부의 지방행정체제가 지속되고 있으며, 독립적인 사회복지 전달체계는 아직 마련되지 못하였고, 독립된 사회복지청과 사회복지사무소의 설치는 지속적인 숙원사업으로 남아 있다.

그럼에도 불구하고 지역의 공공복지 전달체계는 지역사회보장계획의 수립을 통해 체계적인 사회서비스의 제공의 주체로서 역할을 수행하여야 하며, 지역사회보장협의체의 조직과 효과적인 운영을 통해 공공복지기관과 민간기관 간의 연계협력체계에서 중심축이 되어야 한다.

### 3) 지역사회보장계획의 수립과 발전

공공지역복지 전달체계의 핵심 기능 중 하나는 지역사회복지계획에서 지역사회보장계획으로 전환된 지역복지정책의 수립과 시행에 있다. 지역사회보장계획은 지역사회의 고유한 특성을 반영하고 지역주민의 복지욕구에 부응하는 정책을 개발하게 하며, 복지대상자의 욕구에 맞는 전문서비스를 가능하게 하는 기초가 된다. 지역사회보장협의체와의 협력을 통하여 지역사회의 욕구를 조사하고 지역의 복지문제를 협의하며 사회복지 관련 자원과 동원능력을 파악하게 된다. 지역사회보장계획의 수립은 결과로서의 의미뿐 아니라 계획의 수립과정에서 관련 주체의 상황에 대한 인식과 대응방안의 협의, 의사결과과정에의 참여라는 의미를 가진다. 따라서 지역사회 수준의 욕구에 부응하는 지역사회보장계획을 수립하는 과정과 그 결과로서 만들어지는 지역사회보장계획은 지역사회복지실천을 향상하는 데 크게 기여할 것으로 전망된다.

### 4) 지역사회 중심의 통합돌봄과 사회서비스 기반의 구축

인구의 고령화와 복지수요의 증가로 거동이 불편한 만성질환노인, 장애인, 정신질환자 등 가정과 지역사회에서 생활하면서 다양한 복지서비스가 필요한 인구가 증가하고 있다. 이러한 인구에 대한 포괄적이고 통합적인 서비스를 제공하기 위해서는 지역사회에 존재하는 각종 공공과 민간 복지와 보건서비스가 협력과 조정을 통하여 연계되어야 한다. 사회서비스 연계는 전달체계의 개선이라는 거시적인 효율성의 차원과 통합적 사회서비스 제공방식의 개발이라는 미시적인 전문성의 차원의 두 가지 목표를 갖고 있다. 전달체계의 개선은 공공부조, 보건과 의료, 사회서비스 분야의 개별조직이 협력과 조정을 통하여 통합적인 서비스를 제공할 수 있도록 조직 간, 사업 및 프로그램 간, 인력 간의 연계체계를 형성하고 이를 강화하는 것이다. 또한 통합적인 사회서비스 제공은 수요자 중심의 구체적인 서비스 제공방식을 개발하는 것이다.

통합적 사회서비스 연계체계를 발전시키기 위해서는 다음과 같은 과제가 수행되어야 한다. 첫째, 지역사회복지 연계망(network)이 구축되어야 한다. 공공지역복지 전달체계와 함께 운영되고 있는 지역사회보장협의체는 이러한 지역사회복지 연계망 구축의 일환으로 보인다. 이에 따라 시 · 군 · 구의 공공기관, 건강보험공단 등 사회보험 기관, 지역자활센터, 고용센터, 지역사회복지관, 보건소, 드림스타트센터, 사회복지시설 등 지역 내 각종 서비스 기관을 포괄하는 사회서비스 연계시스템의 구축이 요청되고 있다. 둘째, 사회서비스를 제공하는 현장의 전문가는 통합적인 지역사회복지서비스의 제공기술과 프로그램을 개발하여야 한다. 서비스 수요자의 욕구를 포괄적으로 진단하고 서비스를 통합적으로 제공할 수 있는 서비스의 모형개발, 사례관리, 서비스평가체계 등의 기술이 요청된다. 셋째, 지역사회 통합돌봄 정책에 따라 한국형 커뮤니티 케어가 확대되고 있다. 지역사회 통합돌봄 체계는 현재는 다가오는 초고령사회의 노인돌봄에 우선순위를 두고 있으나 장애인, 아동, 저소득 계층, 다문화사업대상 등 사업대상을 포괄하는 보편적인 지역사회서비스의 기반을 구축하는 방향으로 발전하여야 한다. 특히 시 · 도 지방정부 차원에서 추진되고 있는 사회서비스원이 지역사회 통합돌봄의 구심점으로서 공공과 민간의 역할 분담과 효과적인 서비스 제공을 위한 중추적인 역할이 요청되고 있다.

## 5) 민간복지 전달체계의 자율적 발전

우리나라 민간복지 전달체계의 세 축은 조직의 측면에서는 한국사회복지협의회, 재정의 측면에서는 사회복지공동모금회, 인력의 측면에서는 한국사회복지사협회를 중심으로 형성되었다. 민간복지 전달체계의 발전과제를 살펴보면 다음과 같다.

### (1) 한국사회복지협의회

민간사회복지조직의 중심축으로서 지역복지공동체 형성을 강화하기 위한 한국사회복지협의회의 현안 과제는 독립적인 민간사회복지조직의 최상위 협의체로서의 정체성과 위상을 제고하는 일이다. 이를 위해서는 우선 재정의 독립성을 확보하여야 한다. 이는 회원기관단체에 대한 리더십 향상과 함께 중앙정부 또는 지방정부 조직과 대등한 위치에서 정책 수행을 견제하고 협력할 수 있는 전제조건이다. 그리고 협의회가 민간조직의 협의체로서 위상을 강화하기 위해서는 자율성, 전문성, 통합성, 책임성의 원칙에 기초하여 회원조직, 업무의 기능, 사무국조직을 강화하여야 할 것이다.

시 · 도 단위의 지방사회복지협의회는 1998년에 개정된 「사회복지사업법」에 의하여 독립된 법인단체가 됨으로써 그 기능이 강화되었다. 지방협의회의 회원은 사회복지분야의 개별 비영리법인회원, 사회복지 관련 분야의 개별 비영리법인단체회원, 개인회원으로 구성된다. 회원의 범위는 사회복지 관련 인사 외에 종교계, 언론계, 법조계, 시민단체 등이 참여하여 회원구성이 폭넓게 되도록 하였다.

지방사회복지협의회가 독립성과 전문성을 담보하기 위해서는 재정 확보가 주요 관건이다. 이를 위해 기존의 회원 수입, 지방정부보조금 외에 공동모금 배분수입, 사회복지회관의 확보와 임대 등 수익사업의 수입, 전문도서 및 간행물 출판사업 수입을 확대하는 방향으로 나아가야 할 것이다. 또한 회원기관과 시설에 대한 서비스를 확대하기 위하여 정책기능, 협의조정 기능을 강화하여야 한다.

사회복지협의회가 민간 사회복지계의 중심축으로서 위상을 확립하기 위해서는 재정의 독립성과 함께 회원 가입비율과 참여를 확대하여야 하는데, 이를 위해서는 회원 시설과 기관에 실질적으로 기여하는 정책 수립과 건의활동, 정보 제공, 종사자의 복지 향상 등을 위한 구체적인 성과가 필요하다.

그리고 2015년 7월부터 시행된 「사회보장급여 이용 · 제공 및 수급권자 발굴에 관한 법률」에 따라 시 · 군 · 구의 지역사회보장협의체가 운영되고 있다. 이에 따라 지역사회 내에서 공공부문과 민간부문의 역할분담과 조정이 요청되고 있다. 관련 법률의 규정에 따라 지역사회보장협의체는 관할지역의 사회복지에 관한 중요 사항과 시 · 군 · 구의 지역사회보장계획을 심의 또는 건의하고, 사회복지가 필요한 사람에 대한 보호계획 수립 시에 복지욕구의 평가나 사회복지서비스를 제공하는 데 참여할 수 있다. 한편 사회복지협의회는 시 · 군 · 구 사회복지협의회 조직과 활성화가 요청되고 있고, 지역사회보장협의체와 어떠한 관계와 역할을 수행하느냐가 사회복지협의회의 기능과 역할의 발전에 중요한 관건이 될 것이다. 사회복지협의회는 광역시와 시 · 군 · 구 단위의 지역사회보장계획의 수립에 적극적인 참여와 조정 역할을 수행하기 위하여 전문성 확보와 정책수립 기능이 대폭 강화되어야 할 것이다.

#### (2) 사회복지공동모금회

사회복지공동모금회의 기능은 민간자원의 동원을 통하여 사회복지의 향상에 기여하는 것이다. 특히 일반시민을 대상으로 한 모금활동에서 나눔문화와 공동체의식의 개발은 모금의 성공에 있어 필수적이다. 사회복지에 대한 시민의 참여와 공동체의식이 취약한 우리의 경우에 공동모금회의 역할은 시민 참여의식의 개발을 위하여 매우 중요하다. 한편 사회복지계 내의 공동체 형성이 민간사회복지계의 활성화를 위하여 필요하며, 사회복지계의 자율적인 참여에 의한 공동모금 활동이 요청된다.

#### (3) 한국사회복지사협회

한국사회복지사협회는 사단법인으로서 「사회복지사업법」이 규정한 법정단체가 됨으로써 그 위상이 높아지고 회원의 가입비율도 증가하였다. 사회복지사협회의 활동을 더욱 활성화하기 위해서는 현재 수행하고 있는 국가위임사무인 사회복지사 자격증의 발급과 함께 사회복지사의 권익과 사회복지실천의 전문 기술 향상을 위한 다양한 사업의 추진이 요청된다. 사회복지사의 자질 향상을 위한 교육훈련, 사회복지현장실습 인증제도 도입과 이를 수행하기 위한 심사와 평가가 이루어져야 하며, 회원의 자질 향상을 위한 세미나, 정보 제공, 회원권익옹호활동 등 회원을 위한 서비스를 강화하여야 한다.

### 6) 효과적인 민간복지 자원동원

지역사회복지가 균형 있게 발전하기 위해서는 공공복지 전달체계의 발전과 함께 민간복지가 동시에 성장할 수 있는 기반이 마련되어야 한다. 민간복지가 갖는 자율성과 전문성을 강화하기 위해서는 무엇보다도 안정된 민간복지 자원의 확보가 필요하다. 이를 위해서는 지역사회에서 시민사회 구성원들의 참여와 효과적인 자원동원이 이루어져야 한다. 우리나라의 GDP 대비 기부금 비중은 1% 미만으로 미국의 약 1/2 수준에 그치고 있고, 민간복지 자원은 상당한

규모로 확대 개발될 수 있는 잠재적인 가능성이 열려 있다. 기업기부와 개인기부는 2000년 이전에는 7 대 3 비중으로 기업기부의 비중이 높았으나 개인기부는 2000년대 이후부터 점차 증가하여 현재는 개인기부의 비율은 전체 민간기부의 65% 수준으로 성장하였다. 그러나 미국 등 선진국가에 비하여 낮은 수준이다. 따라서 나눔문화의 확산과 생활화가 이루어질 수 있도록 국민의식 개선과 제도적 지원이 필요하다. 생활 속의 나눔교육의 확대와 나눔문화의 저변 확산, 기업의 사회공헌 활성, 나눔에 대한 제도적 기반 구축 등 민간복지자원을 육성하여 민간복지의 지속적인 성장기반을 확충하는 것이 21세기 지역사회복지가 당면하고 있는 주요한 과제라 하겠다.

# 참고문헌


감정기, 최원규, 진재문(2010). 사회복지의 역사(개정판). 경기: 나남.

강창현(2002). 지역복지공급 거버넌스 연구: 네트워크 접근. 한국행정학보, 36(2), 313-332.

강철희(1999). 한국모금문화의 현재와 선진화 과제. 국회복지포럼, 사회복지공동모금회 공편, 한국의 모금문화의 현실과 선진화 방안. 국제복지포럼.

강혜규(2003a). 국민기초생활보장과 사회복지전담공무원의 역할. 한국사회복지행정학회 편, 한국의 사회복지행정. 서울: 현학사.

강혜규(2003b). 사회복지전담공무원의 직무수행 실태와 인력관리. 한국사회복지행정학회 편, 한국의 사회복지행정. 서울: 현학사.

강혜규 외(2013). 지방자치단체 복지 전달체계 개편방안 연구. 서울: 한국보건사회연구원.

강혜규 외(2021). 중장기 지역사회 통합돌봄 추진전략 수립 지원연구. 서울: 한국보건사회연구원.

고용노동부(2021). 국민취업지원제도 업무 매뉴얼.

김경혜 외(1999). 서울시 지역복지전달체계 개선방안. 서울: 서울시정개발연구원.

김근홍, 서화자, 심창학, 이만식, 함세남, 홍금자(2008). 사회복지 역사와 철학(2판). 서울: 학지사.

김범수(2000). 기초자치단체 지역사회복지협의회의 이념과 구조. 지역사회복지운동, 제8집, 149-162. 한국지역사회복지학회.

김범수(2003). 지역사회복지의 이해. 서울: 현학사.

김상균, 이혜경, 오정수(2000). 사회복지학. 서울: 서울대학교출판부.

김성기(2002). 1990년대 이후 지역복지운동단체의 성격 연구. 성공회대학교 대학원 석사학위논문.

김성이, 오정수, 전광현, 황성철(1997). 비교지역사회복지: 사회복지관과 재가복지의 국제비교. 서울: 한국사회복지관협회.

김수현(2000). 지역사회중심의 자활지원: 그 이상과 현실. 2000년 춘계학술대회 자료집. 한국사회복지학회.

김영종(2010). 사회복지행정(3판). 서울: 학지사.

김원중 외(1995). 지방화시대의 보건복지정책 방향. 서울: 한국보건사회연구원.

김인수 외(2019). 사회서비스 품질평가 모형 개선연구. 사회보장연구원.

김치영(1999). 영국의 지역사회보호 정책 전환에 관한 연구. 사회복지연구, 9, 133-163. 부산대학교 사회복지연구소.

김형식(1997). 사회복지프로그램 평가기법. 서울: 아시아미디어리서치.

김회성 외(2018). 지자체 사회복지공무원 직무분석 및 효율적 운영방안연구. 한국보건사회연구원.

남기민(1999). 사회복지관의 책임성과 변화. 제1차 WORKSHOP 자료집. 한국사회복지행정학회.

류만희(2002). 시 · 군 · 구 기초자치단체 지역복지계획수립의 과제와 방향. 2002년 추계학술대회 자료집. 한국지역사회복지학회.

류진석(2002). 지역복지의 발전과 NGO의 역할: 지역복지 협력체계의 구축을 중심으로. 사회과학연구, 13, 111-133. 충남대학교 사회과학연구소.

류진석(2008). 대전지역 사회서비스 바우처 사업의 쟁점 및 영향. 새정부 사회서비스 증진 및 일자리 창출을 위한 2008 민관협력네트워크 역량강화 워크숍 자료집. 충남대학교 사회과학연구소, 대전사회복지사협회.

류진석(2010). 지역사회서비스투자사업의 특징과 쟁점: 대전광역시 지역개발형을 중심으로. 사회과학연구, 21(2), 85-108. 충남대학교 사회과학연구소.

박태영(2002). 시 · 도 · 광역자치단체 지역복지계획수립의 과제와 방향. 2002년 추계학술대회자료집. 한국지역사회복지학회.

박태영(2003). 지역사회복지론. 서울: 현학사.

변재관, 이인재, 홍경준, 김원종, 이재원, 심재호(2000). 참여형 지역복지체계론. 서울: 나눔의 집.

보건복지가족부(2008a). 국민기초생활보장사업안내.

보건복지가족부(2008b). 자활사업안내.

보건복지가족부(2008c). 지역사회서비스혁신사업안내.

보건복지부(2004). 사회복지사무소 시범사업 기본계획.

보건복지부(2015). 2015년도 지역사회보장협의체 운영 안내.

보건복지부(2019). 지역사회 통합돌봄(커뮤니티케어) 선도사업 추진계획.

보건복지부(2020). 지역사회 통합돌봄 자체 추진 가이드북.

보건복지부(2022). 2021 보건복지백서.

보건복지부(2023). 2023년 노인 의료 · 돌봄 통합지원 시범사업 안내.

보건복지부(2024a). 2024년 사회복지관 운영관련 업무처리 안내.

보건복지부(2024b). 2024년 희망복지지원단 업무 안내.

보건복지부(2024c). 2024 지역사회서비스 투자사업 안내.

보건복지부(2024d). 2024년도 지역사회보장협의체 운영 안내.

보건복지부(2024e). 2024년도 기부식품등제공사업 안내.

보건복지부(2024f). 2024년 자활사업 안내.

보건복지부(2024g). 2024년 자산형성지원통장사업 안내.

보건복지부, 한국보건사회연구원(2001). 지역사회중심의 보건복지 통합서비스체계 모형개발 연구.

사회보장위원회(2013). 국민 중심의 맞춤형 복지전달체계 방안-지자체 복지행정 체계 개편 및 민관협력 활성화-.

사회복지공동모금회(1999). 한국의 모금문화 현실과 선진화 방안.

사회복지공동모금회(2003a). 사회복지공동모금회 배분사업 발전방안. 2003년도 전국배분분과실행위원회 Workshop 자료집.

사회복지공동모금회(2003b). 희망 2003 이웃돕기캠페인 결과보고서.

사회복지공동모금회(2006). 사회복지자원총량조사연구.

사회복지공동모금회(2014). 2014 민간나눔자원 총량 추계 연구.

서상목, 최일섭, 김상균(1988). 사회복지전달체계의 개선과 전문인력 활용방안. 서울: 한국개발연구원.

송정부(2000). 지역사회복지협의회의 역할과 과제. 지역사회복지운동, 8, 163-181. 한국지역사회복지학회.

심재호(2000). 지역복지네트워크 구축에 관한 연구: 주민자치센터와 사회복지관을 중심으로. 한국사회복지행정학, 3, 151-171. 한국사회복지행정학회.

심재호(2003). 지역단위 공공복지전달체계의 개편방안. 한국지역사회복지학, 13, 79-107. 한국지역사회복지학회.

양용희, 김범수, 이창호(1997). 비영리조직의 모금전략과 자원개발. 서울: 아시아미디어리서치.

오영인(2022). 영국의 새로운 의료시스템 구조: 통합의료시스템(Integrated Care System, ICSs). 의료정책포럼, 20(3), 22-26.

오정수(1996). 지방화 시대와 지역복지행정의 방향. 충북사회복지연구, 58, 1-12. 충북사회복지연구소.

오정수(1997). 한·영 지역복지행정의 비교사례연구: 지방화시대 지역복지행정의 과제를 중심으로. 한국사회복지학, 31, 369-392. 한국사회복지학회.

오정수(1998). 우리나라 민간복지 부문의 기능과 구조 개선방안. 사회복지, 136, 4-52. 한국사회복지협의회.

오정수(1999). 사회복지행정 조직환경의 변화와 대응전략. 한국사회복지행정학, 1, 69-87. 한국사회복지행정학회.

오정수(2000a). 영국의 공공사회복지실천-변화와 쟁점. 2000년도 춘계학술대회자료집. 한국사회복지학회.

오정수(2000b). 지역단위 사회복지공동모금의 효과적인 모금과 배분방안에 관한 연구. 한국사회복지학, 43, 222-245. 한국사회복지학회.

오혜경(1996). 영국의 지역사회보호서비스의 전개와 기본조건. 사회복지리뷰, 1, 73-100. 가톨릭대학교 사회복지연구소.

유애정 외(2022). 지역사회 통합돌봄 선도사업 모니터링 및 종합평가 연구(4차년도). 보건복지부·국민건강보험공단.

유애정 외(2023). 노인대상 의료-돌봄 통합지원 모델 개발연구. 보건복지부·국민건강보험공단.

유애정, 박현경(2022). 지역사회 통합돌봄 추진현황과 향후 과제. 대한공공의학회지, Vol.6, 75-98.

이기연 외(2008). 지역사회복지·고용 통합사례관리서비스도입을 위한 기초연구: 자활사례관리모델개발. 보건복지부.

이승연 외(2018). 해외사례와의 비교를 통한 한국형 커뮤니티 케어 개념 정립 및 추진방향 연구. 서울연구원.

이용표(2005). 지역사회네트워크와 지역복지조직 활동방향: 지방정부와의 권력관계를 중심으로. 사회복지리뷰, 10, 113-132. 가톨릭대학교 사회복지연구소.

이인재(2002). 지역복지실천의 의미와 주체. 상황과 복지, 11, 205-233. 비판사회복지학회.
이인재(2006). 자활사업 현황과 정책과제. 2006 춘계학술대회 자료집. 한국지역사회복지학회.
이중섭 외(2023). 전북형 통합돌봄 지원체계 구축방안 연구. 전북연구원.
이현주 외(2000). 지역단위 사회복지 관련서비스 연계체계 모형개발. 서울: 한국보건사회연구원.
이현주 외(2007). 주민생활지원서비스 업무수행체계 분석 및 개선방안. 서울: 한국보건사회연구원.
이현주(2001). 공공복지전달체계에 대한 새로운 대안 모형의 모색. 사회복지연구, 18, 161-183. 한국사회복지연구회.
이현주(2003). 지역사회복지협의체에 관한 연구. 2003년 춘계학술대회자료집. 비판사회복지학회.
이혜경(2002). 한국사회복지서비스 공급체계의 민관 파트너십 구축의 과제와 전망. 사회복지공동모금회 창립 4주년기념 심포지엄 자료집.
이호(2001). 지역복지와 주민참여 활성화 방안. 제2회 지역복지학교자료집. 관악사회복지사하늘사랑복지회.
장인협(1996). 지방화시대의 지역복지실천방법론. 서울: 서울대학교출판부.
전용호, 이민홍(2018). 사회서비스의 시장화에 대한 지방정부의 평가에 관한 연구: 지역사회서비스투자사업의 등록제를 중심으로. 보건사회연구, 38(3), 521-554.
정무성(1997). 지역사회복지 실천모델에 관한 이론적 고찰. 1997년 추계학술대회자료집. 한국사회복지학회.
정무성(1999). 사회복지조직의 책임성. 1999년 추계학술대회 자료집. 한국사회복지행정학회.
정무성, 정진모(2001). 사회복지프로그램 개발과 평가. 서울: 양서원.
조애저 외(1996). 지역단위 사회복지서비스 연계체제 구축방안. 서울: 한국보건사회연구원.
조휘일(2002). 지역사회실천을 위한 이론 및 기술모델의 고찰. 사회복지, 154, 49-78. 한국사회복지협의회.
조홍식 외(2000). 사회복지공동모금회 중장기 발전계획에 관한 연구보고서. 서울: 사회복지공동모금회.
지역복지운동단체네트워크(2008). 지역복지운동단체네트워크 규약집.
청와대 삶의질향상기획단(2000). 공동체와 함께 하는 자활지원. 서울: 퇴설당.

최성재, 이영분, 윤현숙(1999). 사회복지전문요원의 임상적 역할. 임상사회사업연구회 편, **사회복지실천과 임상사회사업**. 서울: 학문사.

최옥채(2000). **지역사회실천론**. 서울: 아시아미디어리서치.

최원규(1996). 외국민간원조단체의 활동과 한국 사회사업발전에 미친 영향. 서울대학교 대학원 박사학위논문.

최일섭, 김태성, 홍경준(1996). **민간복지 활성화를 위한 기업참여에 관한 연구**. 서울: 한국사회복지협의회, 서울대학교 사회복지연구소.

최일섭, 류진석(1997). **지역사회복지론**. 서울: 서울대학교 출판부.

한국보건사회연구원 지역사회보장균형발전지원센터(2022). 제5기(2023-2026) 지역사회보장계획 수립 안내.

한국보건사회연구원, 보건복지부(2003). **사회복지사무소 시범사업 운영방안**.

한국사회복지관협회(1995). **지역복지의 이론과 실제**.

한국사회복지관협회(1999). **사회복지관백서**.

한국사회복지관협회(2002). **사회복지관 프로그램사례연구 II**.

한동우(2000). **주요국 공동모금조직의 모금 및 배분활동 연구**. 서울: 사회복지 공동모금회.

한동우(2001). 사회복지프로그램 평가의 방향과 실천. **한국사회복지행정학, 제4호**, 117-146. 한국사회복지행정학회.

행정안전부(2008). **주민생활서비스 통합매뉴얼**.

행정안전부, 보건복지부(2019). **2019년 주민자치형 공공서비스 구축사업 보건복지분야 매뉴얼-찾아가는 보건복지서비스-**.

행정안전부, 보건복지부(2024). **찾아가는 보건복지서비스 업무안내**.

홍경준, 박현선, 김순규, 백학영(2001). **자활지원 사례관리(Case Management) 매뉴얼 개발**. 서울: TCG사회복지연구소.

홍선미 외(2021). **통합돌봄 선도사업 컨설팅 및 운영모델 연구**. 보건복지부 · 한신대학교.

황성철(1997). 지역사회복지와 전문적 사회복지실천. **1997년 추계학술대회자료집**. 한국사회복지학회.

大橋謙策 外 共編(2003). **지역복지계획의 이론과 실천**(박태영 외 편역). 서울: 현학사.

Alter, C., & Hage, J. (1993). *Organization working together*. Newbury Park, CA: Sage.

Angell, R. C. (1968). *Social integration*. International encyclopaedia of the social sciences, Vol. 7. New York: Macmillan & Free Press.

Barbarin, O. A. (1981). Community competence: An individual systems model of institutional racism. In O. A. Barbarin, P. R. Good, O. M. Pharr, & J. A. Siskind (Eds.), *Institutional racism and community competence* (pp. 6-19). Rockville, MD: Department of Health and Human Services.

Berger, P. & Neuhaus, R. (1977). *To empower people: The role of mediating structures in public policy*, Washington, DC: American Enterprise Institute.

Brager, G., & Specht, H. (1973). *Community organizing*. New York: Columbia University Press.

Bulmer, M. (1987). *The social basis of community care*. London: Unwin Hyman.

Butcher, T. (1995). *Delivering welfare: The governance of the social services in the 1990s*. Buckingham: Open University Press.

Cottrell, L. S. (1983). The competent community. In R. Warren & L. Lyon (Eds.), *New perspectives on the American community* (pp. 401-412). Homewood, IL: The Dorsey Press.

Dalley, G. (1988). *Ideologies of caring: Rethinking community and collectivism*. London: Macmillan.

Dunham, A. (1970). *The new community organization*. New York: Thomas Y. Crowell Company.

Edwards, R. L., Benefield, E. A. S., Edwards, J. A., & Yankey, J. A. (1997). *Building a strong foundation: Fundraising for nonprofits*. Washington, DC: NASW Press.

Fellin, P. F. (1995). *The Community and the Social Worker*. Itasca, IL: F. E. Peacock.

Fisher, R. (1984). *Let the people decide: Neighborhood organizing in America*. Boston: Twayne.

Fisher, R., & Shragge, E. (2000). Challenging community organizing: Facing the 21st century. *Journal of Community Practice, 8*(3), 1-19.

Flanagan, J. (2002). **성공적인 모금전략**(안재권 역). 서울: 학지사.

Gabor, P. A., Unrau, Y. A., & Grinnell, Jr. R. M. (1998). *Evaluation for social workers* (2nd ed.). Boston: Allyn & Bacon.

Garvin, C. D., & Cox, F. M. (2001). A history of community organizing since the civil war with special reference to oppressed communities. In J. Rothman, J. L. Erlich, & J. E. Tropman (Eds.), *Strategies of community intervention* (6th ed., pp. 65-100). Itasca, IL: F. E. Peacock.

Hardcastle, D. A., Wenocur, S., & Powers. P. R. (1997). *Community practice: Theories and skills for social workers*. New York: Oxford University Press.

Hardina, D. (2002). *Analytical skills for community organization practice*. New York: Columbia University Press.

Hawtin, M. et al. (1994). *Community profiling*. Buckingham: Open University Press.

Hepworth, D. H., & Larsen, J. A. (1993). *Direct social work practice*. Pacific Grove, CA: Brooks/Cole.

Hodgkinson, V. A., Weitzman, M. S., Noga, S. M., & Gorski, H. A. (1992). *Giving and volunteering in the United States: Findings from a national survey*. Washington, DC: Independent Sector.

Jansson, B. S. (1988). *The reluctant welfare state*. Belmont, CA: Wadsworth.

Johnson, L. C., Schwartz, C. L., & Tate, D. S. (1997). *Social welfare: A response to human need* (4th ed.). Boston: Allyn and Bacon.

Kaplan, A. E. (Ed.). (1995). *Giving USA 1995*. New York: AAFRC Trust for Philanthropy.

Landecker, W. S. (1951). Types of integration and their measurement. *American Journal of Sociology, 56*, 332-340.

Malinowski, B. (1939). The group and the individual in functional analysis. *American Journal of Sociology, 44*, 938-964.

Martin, L. L., & Kettner, P. M. (1996). *Measuring the performance of human service program*. Thousands Oaks, CA: Sage.

Mayer, R. C. et al. (1995). An Integrative Model of Organizational Trust. *The Academy of Management Review, 20*(3), 709-734.

Mayo, M. (1994). *Communities and caring*. London: Macmillan.

Meier, A., & Usher, C. L. (1998). New approaches to program evaluation. In R. L. Edwards, J. A. Yankey, & M. A. Altpeter (Eds.), *Skills for effective management of nonprofit organization* (pp. 371-405). Washington, DC: NASW press.

Meyer, C. H. (1993). *Assessment in social work practice*. New York: Columbia

University Press.

Mondros, J., & Wilson, S. M. (1994). *Organizing for power and empowerment*. New York: Columbia University Press.

Moore, S. (1993). *Social Welfare Alive*. Cheltenham, UK: Stanley Thornes Publishers.

National Audit Office(2022). *Introducing Integrated Care Systems: joining up local services to improve health outcomes.*

Netting, E., Kettner, P., & McMurtry, S. (1997). *Social work macro practice*. New York: Longman.

Panas, J. (1984). *Mega gifts: Who gives them, who gets them?*. Chicago: Bonus Books.

Payne, M. (1995). *Social work and community care*. London: Macmillian.

Popple, K. (1996). Community work: British models. *Journal of Community Practice, 3*(3/4), 147-179.

Posavac, E. J., & Carey, R. G. (1997). *Program evaluation: Methods and case studies* (5th ed.). Upper Saddle River, NJ: Prentice Hall.

Potter, E. C. E. (1988). Movements of Atlantic salmon in an estuary in south-west England. *Journal of Fish Biology, 33*, 153-159.

Rossi, P. H., & Freeman, H. E. (1982). *Evaluation: A systematic approach* (2nd ed.). Beverly Hills, CA: Sage.

Rothman, J. (2001). Approaches to community intervention. In J. Rothman, J. L. Erlich, & J. E. Tropman (Eds.), *Strategies of community intervention* (6th ed., pp. 27-64). Itasca, IL: F. E. Peacock.

Rothman, J. (2007). Multi Modes of intervention at the macro level. *Journal of community practice, 15*(4), 11-40.

Rothman, J., & Sager, J. (1998). *Case management: Integrating individual and community practice* (2nd ed.). Boston: Allyn and Bacon.

Rothman, J., Erlich, J., & Tropman, J. (2001). *Strategies of community intervention* (6th ed.). Itasca, IL: F. E. Peacock.

Rubin, A., & Babbie, E. (1997). *Research methods for social work*. Pacific Grove, CA: Brooks/Cole.

Rubin, H. J., & Rubin, I. S. (2001). *Community organizing and development* (3rd ed.). Boston: Allyn and Bacon.

Shalins, M. D. (1965). On the sociology of primitive exchange. In M. Banton (Ed.), *The relevance of models for social anthropology* (pp. 139-236). London: Tavistock.

Siegel, L. M., Attkisson, C. C., & Carson, L. G. (2001). Need identification and program planning in the community context. In J. E. Tropman, J. L. Erlich, & J. Rothman (Eds.), *Tactics & techniques of community intervention* (4th ed., pp. 105-129). Itasca, IL: F. E. Peacock.

Taylor, S. H., & Roberts, R. W. (1985). *Theory and practice of community social work*. New York: Columbia University Press.

Titmuss, R. (1970/1997). *The gift relationship: From human blood to social policy*. London: the New Press.

Walsh, K. (1989). *Marketing in local government*. Essex: Longman.

Warren, M. (2001). *Dry bones rattling: Community building to revitalize American democracy*. Princeton, NJ: Princeton University Press.

Weil, M. (1996). Model development in community practice: An historical perspective. *Journal of Community Practice, 3*(3/4), 5-67.

Weil, M. (2005). Introduction: Contexts and challenges for 21st-century communities. In M. Weil (Ed.), *The handbook of community practice* (pp. 3-33). Thousands Oaks, CA: Sage.

Weil, M., & Gamble, D. N. (1995). Community practice model. In R. L. Edwards (Ed.), *Encyclopedia of social work* (19th ed., pp. 577-694). Washington, DC: NASW.

Weiss, R. S. (1974). The provisions of social relationships. In Z. Rubin (Ed.), *Doing unto others* (pp. 17-26). Englewood Cliffs, NJ: Prentice-Hall.

Wilensky, H. L., & Lebeaux, C. N. (1965). *Industrial society and social welfare: The impact of industrialization on the supply and organization of social welfare services in the United States*. New York: Free Press.

Williams, R. (1976). *Keywords*. London: Croom Helm.

https://www.kua.go.kr/

http://www.hopegrowing.com/

# 찾아보기

## 인명

## 내용

# 저자 소개

**오정수**(Oh, Jeong Soo)

서울대학교 사회복지학과 학사

서울대학교 대학원 사회복지학과 석사

서울대학교 대학원 사회복지학과 박사

영국 University of Birmingham Post-Doc.

미국 University of Washington 방문교수

전) 충남대학교 사회복지학과 교수

[주요 저서 및 논문]

『사회주의 체제전환과 사회정책』(공저, 집문당, 1999)

『사회복지학개론』(3판, 공저, 양서원, 2020)

『아동복지론』(4판, 공저, 학지사, 2021)

『사회복지 윤리와 철학』(공저, 학지사, 2022)

「요보호아동을 위한 중국가정위탁의 발전방안에 관한 연구: 중 · 한 비교분석을 중심으로」(2020) 외 다수

**류진석**(Ryu, Jin Seok)

서울대학교 사회복지학과 학사

서울대학교 대학원 사회복지학과 석사

서울대학교 대학원 사회복지학과 박사

미국 Northwestern University 방문교수

현) 충남대학교 사회복지학과 교수

[주요 저서 및 논문]

『사회복지학개론』(3판, 공저, 양서원, 2020)

『사회보장론』(4판, 공저, 나남, 2022)

「농촌 폐교 활용 복지시설에 대한 이용자 인식 연구」(2022) 외 다수

지역사회복지론(6판)

Community Welfare(6th ed.)

2004년 5월 25일 1판 1쇄 발행
2006년 1월 10일 1판 5쇄 발행
2006년 8월 25일 2판 1쇄 발행
2008년 9월 20일 2판 6쇄 발행
2009년 3월 10일 3판 1쇄 발행
2012년 5월 10일 3판 8쇄 발행
2012년 9월 13일 4판 1쇄 발행
2013년 8월 20일 4판 3쇄 발행
2016년 2월 25일 5판 1쇄 발행
2024년 1월 25일 5판 16쇄 발행
2024년 8월 30일 6판 1쇄 발행

지은이 • 오정수 · 류진석
펴낸이 • 김진환
펴낸곳 • ㈜학지사
04031 서울특별시 마포구 양화로 15길 20 마인드월드빌딩
대표전화 • 02-330-5114 팩스 • 02-324-2345
등록번호 • 제313-2006-000265호

홈페이지 • http://www.hakjisa.co.kr
인스타그램 • https://www.instagram.com/hakjisabook

ISBN 978-89-997-3190-7 93330

정가 24,000원

저자와의 협약으로 인지는 생략합니다.
파본은 구입처에서 교환해 드립니다.